성경의 선교 내러티브를 우리 삶의 지평에 착근시키려는 저자들의 한결같은 노력은 이 책에서 더욱 빛을 발한다. 선교적 성경 해석을 깊이 있게 연구하고 현장에서 적용해 온 저자들은, 이제 성경을 하나님의 선교 교향곡으로 묘사하면서 그리스도인들이 그 영광스러운 연주의 단원이라는 정체성을 일깨운다. 이 책은 단순히 성경의 선교적 차원을 나열해서 설명하는 방식이 아닌, 예수 그리스도 안에서 완성되는 성경의 이야기와 우리의 이야기가 공명을 이루는 짜임새를 보여 준다. 태초로부터 지금까지 이어지는 이 멋진 교향곡에서 우리는 소명과 섬김, 복음 전파의 악장을 연주하는 자리로 초대받는다. 우리의 일, 기술, 운동, 요리, 대화 등 모든 일상이 하나님의 선교 교향곡 연주를 이룬다는 그 가슴 벅찬 비전으로!

김선일 웨스트민스터신학대학원대학교 선교학 교수

삶의 환경, 성격, 직업, 나라, 인종이 다른 사람들에게 진리를 공유하고 진리의 감각을 전하며 나누는 일은 참으로 애타는 작업이다. 인간의 존재, 삶의 이유와 목적 등을 묻는 근원적 질문이 사라지고 어차피 모두가 불행하다 여기는 불안과 분노가 일상이 된 때에, 어떻게 세상 사람들의 편견을 깨고 진리의 지식과 예수 그리스도의 겸손을 전할 수 있을까? 복음을 마치 천국행 쿠폰을 나누어 주듯 하는 가벼운 방법이 오히려 회의감을 불러일으키는 시기에 말이다.

『하나님의 선교를 연주하다』에서는 인간을 하나님의 형상 회복으로, 성경의 방대한 이야기로, 교회로 부르신 가운데 공동체와 세상을 향하는 하나님의 다양한 전략이 발휘되기를 강조한다. 그러면서 청지기 직분을 감당하고 섬기고 말씀을 나누며 소명을 따르는 인격적 선교 활동을 제시한다. 이 책은 우리에게 하나님의 속성으로 말미암아 개인과 교회 공동체에 주어진 잠재적 요소, 역할, 소명을 발견할수록 다른 사람의 유익을 위한 열정과 세상의 필요에 민감한 태도가 형성됨을 알려 준다. 우리에게 주어진 시간, 자원, 관심, 경험, 사랑의 도구로 하나님의 성품을 드러내는 창의적 방법을, 삶의 모든 영역에서 이루어지는 인격적 통합을 꿈꾸게 한다. 그러할 때 우리는 독창적이고 독보적인 복음 전도자가 될 수 있다.

인간과 세상에 대한 솔직한 이야기를 듣기 어려운 시기에도 성경의 이야기에 귀 기울이는 사람들이 있다. 하나님의 선교라는 교향곡을 알리고 연주하는 이 책의 두 저자가 그렇다. 복음 선교가 불꽃처럼 타오르는 소망을 기대하며 끊임없이 연구하고 실천하는, 성령의 마음과 전략을 지닌 사람들이 있는 한 선교에는 한계가 없다.

서자선 독서 운동가, 『읽기:록』 저자

'선교적 교회'(missional church)가 유행이다. 한국에서는 자칫 수입판 거대 담론에 그치거나 특정 유형 혹은 프로젝트 몇 가지로 축소하여 진행되고 있어 한계를 보인다는 비판을 받기도 한다. 하지만 이 책에서 마이클 고힌과 짐 멀린스는 '교향곡'이라는 근사한 은유를 통해 '하나님의 선교란 무엇인가?' '하나님의 선교에서 나의 역할은 무엇인가?' '일상생활 가운데서 하나님의 선교는 어떤 모습일까?'라는 근원적 질문에 훌륭하게 답한다. 두 저자는 하나님의 창조의 목표가 삶의 모든 측면을 창조자의 영광을 위한 화음, 샬롬 교향곡 속으로 끌어들이는 것이며, 우리는 이 창조의 샬롬 교향곡의 공동 지휘자로 위임된 견습 음악가들로 지음받았기 때문에 하나님이 세상에 복음의 음악을 들려주기 위해 사용하시는 오케스트라가 되어 가정생활부터 일상 업무, 사적 대화부터 공적 담론에 이르기까지 삶의 모든 측면을 선교 교향곡을 연주하는 연습실, 리사이틀 룸, 콘서트홀로 보아야 한다고 말한다. 하나님이 각 개인과 신자 공동체가 청지기 직분, 섬김, 말씀 나눔이라는 독특한 소리를 이 교향곡에 더하도록 만드셨다는 저자들의 주장은 단순히 이론을 반복하는 데 그치지 않는다. 독자들은 이 책에 담긴 실제적이고 구체적이며 풍성한 사례를 통해 제대로 된 하나님의 선교, 미션얼을 맛볼 수 있을 것이다.

지성근 일상생활사역연구소 미션얼닷케이알 대표

나는 "새 노래로 노래하라…온 땅이여…백성들 가운데에…만민 가운데에"라는 시편 96편의 요청을 선교를 음악으로 묘사한 장엄한 그림으로 인식한 이후로는, 흔히들 이야기하는 군사 이미지(그것들도 나름의 성경적 근거가 있지만)와 대조되는 음악적 은유가 더 적절한 성경적 선교관이라고 옹호하게 되었다. 그리고 바로 여기에 선교라는 음악을 다룬 책이 있다! 나는 온 창조 세계를 위한 하나님의 위대한 교향곡이라는 선교에 대한 풍성한 이미지가 정말 마음에 든다. 그런데 고힌과 멀린스는 단순히 은유를 활용하는 것 이상을 한다. 이 책은 매우 성경적이면서도, 영감을 주고 도전하는 현실 경험으로 가득 차 있으며, 소위 평신도가 하나님의 선교에서 자신의 역할을 어떻게 감당해야 하는지에 대한 가장 현실적이고 실용적인 안내서로 독보적이다. 우리는 전문 음악가(선교사)들에게 박수를 보내는 청중이 아니다. 우리가 곧 오케스트라요, 하나님은 작곡가이시다. 우리는 그분의 영광스러운 음악을 함께 연주하도록 초대받았다.

크리스토퍼 라이트 랭엄 파트너십 인터내셔널 국제 디렉터, 『하나님의 선교』 저자이 책은 우리에게 통합된 신앙의 표현을 제시하고, 총체적 제자도라는 기나긴 과정의 축복과 특권을 누리도록 초대한다. 목회자와 성도 모두 두 저자의 안내에서 엄청난 유익을 얻을 것이다.

빈센트 바코트 휘튼 칼리지 응용 기독교 윤리 센터 디렉터

기독교의 기본은 무엇인가? 수 세기를 통과한 정직한 신앙의 핵심은 무엇인가? 내가 아는 한, 우리는 하나님께도 세상에도 도움이 되지 않는 방식으로 신앙을 파편화하는 온갖 종류의 이원론으로 고통받고 있으며, 하나님이 누구시며 무엇을 하도록 우리를 부르셨는지에 대한 의미를 놓치고 있다. 온 세상 교회가 도움이 필요하기 때문에, 고힌과 멀린스의 이 새 책은 깊이 있고 진지하게 읽혀야 한다. 레슬리 뉴비긴과 존 스토트의 메아리가 느껴지는 이 책은 신학적으로 뿌리가 단단하고 성경적으로 풍성하여, 우리 모두가 하나님이 세상에서 행하시는 위대한 이야기 안에서 우리 자신을 보도록 초대한다. 동시에 이 책은 매우 인간적이고, 목회적으로 세심하며, 교육학적으로 삶의 복잡성과 독특성, 곧 우리 각자가 고유한 개성을 갖고 있으며 하나님의 이야기에서 우리 위치를 찾아야 한다는 측면에 잘 맞춰져 있다. 『하나님의 선교를 연주하다』는 세상에서 인생을 이해하고자 하는 모든 아담의 아들과 하와의 딸, 세상을 위해 살고자 하는 모든 곳의 모든 이를 위한 책이다.

스티븐 가버 리젠트 칼리지 일터신학 교수, *Visions of Vocation: Common Grace for the Common Good* 저자

이 책은 두 마리 토끼를 다 잡은 걸작이다. 교향곡이라는 핵심 은유는 하나님의 선교가 지닌 탄탄한 폭과 복잡한 깊이를 모두 포착한다. 이 책은 사무직과 생산직 종사자 모두를 대상으로 일상의 선교적 신실함이라는 입체적 그림을 그린다. 이 책은 직장 신앙 운동의 초보자와 베테랑 모두를 위한 책이다. 이 책은 요즘 사회에서 증언에 관한 신선하고 실용적인 조언과 위대한 종교개혁가들의 변치 않는 지혜를 상기시켜 준다. 신학과 실천이 모두 풍성한 책이다. 요컨대, 고힌과 멀린스는 매력적이면서도 예리하고, 창의적이면서도 현실적이며, 깊이 있으면서도 접근 가능한 자료를 교회에 안겨 주었다. 별 다섯 개가 아깝지 않다!

에이미 셔먼 *Kingdom Calling: Vocational Stewardship for the Common Good* 저자

정의에 관심이 있지만, 당신을 둘러싼 혼란스러운 세상에 압도당하고 있는가? 하나님이 당신 삶에서 무엇을 원하시는지 궁금한가? 좌절하지 말고 이 책을 읽으라! 두 저자는 하나님의 선교 참여에 관한 이 성경적이고 희망적이며 실용적인 책을 통해 거장이자 현명한 상담가로서의 면모를 보여 준다.

스테파니 서머스 공공정의센터 CEO

하나님의 선교란 무엇이며 거기서 나의 역할은 무엇인가? 가난, 폭력, 난민, 인종차별, 미전도 종족 등 중요한 지역 및 세계 문제들이 내 관심을 받으려고 경쟁할 때, 어떻게 삶의 방향을 설정해야 하는가? 두 저자는 성경적 지혜와 실용적 지침으로, 예수님을 따라 구원하시고 회복하시는 하나님의 선교의 길을 신실하게 걸어가려는 지역 교회와 개인에게 앞으로 나아갈 길을 제시한다. 『하나님의 선교를 연주하다』는 하나님의 부르심을 듣고 따르는 데 꼭 필요한 안내서다.

매슈 소어런스 월드릴리프 교회 동원 사역 미국 디렉터, *Welcoming the Stranger*와 *Seeking Refuge* 공동 저자

『하나님의 선교를 연주하다』는 지상의 악기인 우리가 어떻게 연주에 참여하여 하늘의 선율 자원을 통해 회복을 가져올 수 있는지를 실제적으로 설명한다. 고힌과 멀린스는 하늘의 구속 서사를 가져다가 일상의 상호작용이라는 리듬 속에 담아냈다.

쇼 바라카 기독교 힙합 아티스트, *The Narrative*, 터미너스 컬렉티브 경영 디렉터

이 책은 최근 몇 년 동안 내가 만난 최고의 선교 도서 몇 권에 들어갈 만하다. 나는 선교를 영광스러운 교향곡으로 묘사하는 저자의 그림에 공감하는데, 그 교향곡은 창조 세계 전체를 위한 작곡가 하나님의 뜻 안에서 다양한 선교 활동과 소명을 조화시킨다. 두 저자의 접근에서 독특한 점은, 그들이 하나님의 선교가 어떻게 일상에서 펼쳐지는지에 주목한다는 것이다. 이 책에는 매력적인 예시, 흥미진진한 이야기, 유용한 도구가 가득하다. 독자들은 깊은 감동과 도전을 통해 하나님의 교향곡에 더 신실하게 참여할 준비를 해야 할 것이다. 이 책을 학생들과 빨리 나누고 싶다!

딘 플레밍 나사렛 대학교 신약학 교수, 『요한계시록, 오늘을 위한 미래』 저자

『하나님의 선교를 연주하다』는 기독교 선교의 본질에 대한 최신 논의에 중요하게 기여한다. 저자들은 신학적 전문성과 사역 경험이라는 흔치 않은 조합을 제공하여, 목회자, 학생, 교수 모두가 유익을 얻을 수 있는 내러티브 기반의 성경 신학과 선교에 대한 총체적 접근을 제공하고 있다. 적극 추천한다.
브루스 애쉬포드 커비 레잉 공공신학센터 연구교수, 『왕의 복음』 저자

세상에서 하나님 백성의 선교는 논쟁적인 주제다. 오늘날 우리가 직면한 많은 도전은, 교회가 지금 여기서 그리스도의 몸으로 존재한다는 것이 무엇을 의미하는지에 대한 협소한 관점을 가지고 있기 때문이다. 이 책은 하나님의 세계 전체를 고려하는 선교관을 제시함으로써 교회뿐만 아니라 사회에도 기여한다.
타일러 존슨 애리조나주 리뎀션 교회 담임목사

하나님의 선교를 연주하다

IVP(InterVarsity Press)는
캠퍼스와 세상 속의 하나님 나라 운동을 지향하는
IVF(InterVarsity Christian Fellowship)의 출판부로
생각하는 그리스도인을 위한 문서 운동을 실천합니다.

미셔널신학연구소(Institute for Missional Theology)는
"하나님이 교회에 부여하신 선교적 사명 회복"을 모토로
교회의 본질과 방향을 고민하며 연구에 힘쓰고 있습니다.
https://www.imt.or.kr

이 책은 IVP와 미셔널신학연구소가 함께 만들었습니다.

© 2019 by Michael W. Goheen and Jim Mullins
Originally published in English under the title
The Symphony of Mission by Baker Academic,
A division of Baker Publishing Group
P.O. Box 6287, Grand Rapids, MI 49516, U. S. A.
All rights reserved.

Used and translated by the permission of Baker Publishing Group
through rMaeng2, Seoul, Republic of Korea.

This Korean translation edition © 2024 by Korea InterVarsity Press
156-10 Donggyo-ro, Mapo-gu, Seoul 04031, Republic of Korea.

이 한국어판의 저작권은 알맹2를 통하여
Baker Publishing Group과 독점 계약한 IVP에 있습니다.
신 저작권법에 의하여 한국 내에서 보호받는 저작물이므로
무단 전재와 복제를 금합니다.

미셔널신학번역총서 03
하나님의 선교를 연주하다
The Symphony of Mission

세상 모든 곳에서
선교적 교회로 살아가기

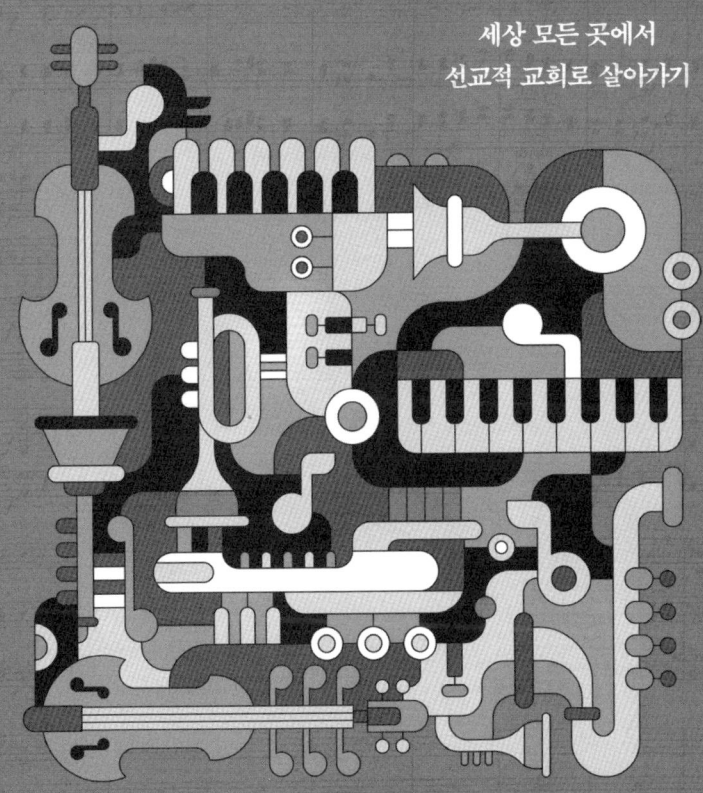

마이클 고힌·짐 멀린스

김일호 옮김

IVP

희생적이고 창의적인 사랑을 보여 준
아내 제니 멀린스와 딸 엘리아나 멀린스에게

피닉스 그리스도의 교회의
충성되고 선견지명 있는 지도자
톰 슈레이더에게

차례

미셔널신학번역총서를 펴내며 • 13

머리말 • 15

감사의 글 • 35

1. 이야기: 교향곡 듣기 • 39
2. 단순성: 음표 배우기 • 83
3. 의도성: 선교의 악장들 • 109
4. 청지기 직분: 손으로 하는 일을 통해 아버지의 영광 나타내기 • 133
5. 섬김: 세상의 발을 씻기며 그리스도의 사랑 나타내기 • 173
6. 말씀 나눔: 입을 열어 성령의 능력 나타내기 • 215
7. 듣기: 하나님의 교향곡에서 자기 자리 찾기 • 251
8. 연주하기: 하나님의 교향곡에 참여하기 • 283
9. 지속하기: 하나님의 교향곡에서 인내하기 • 307

추천 자료 • 328

미셔널신학번역총서를 펴내며

한국 교회는 지난 20여 년간 아주 빠르게 쇠퇴의 길을 걸어왔다. 그동안 한국 교회는 세계에서 유례가 드문 부흥과 성장을 경험하였기에 이 급격한 쇠퇴는 적잖은 충격을 주고 있다. 그러나 단지 수적으로 감소한다는 사실이 진정한 문제는 아니다. 오히려 교회가 세상 속에서 존재감을 잃어버리고 있다는 사실이야말로 큰 문제다. 급변하는 세상 가운데서 변하지 않는 하나님의 말씀을 전해야 하는 교회가 많은 경우 세상과 아예 분리되거나 정반대로 세상에 동화되는 모습을 보여 왔음을 부인하기 어렵다.

서구 교회에서는 이러한 문제를 우리보다 앞서 겪어 왔다. 그러는 동안 교회의 정체성을 반성하며 등장한 흐름이 '미셔널 처치'(Missional Church, 선교적 교회) 운동과 '미셔널신학'(Missional Theology)이다. 이 새로운 신학적 지향을 중심으로 한 교회 운동의 목적은 하나님이 교회에 부여하신, 세상을 향한 선교적 사명(Mission)을 회복하는 것이다. 세상과 분리되거나 세상에 동화되지 않고, 세상 속에서 예수를 따르며 그분을 증언하는 교회의 정체성을 드러내는 것이다. 세상 속에서 존재감을 잃어버리고 있는 오늘날의 한국 교회가 이러한 신학과 교회 운동에 관심을 가져야 할 이유는 충분하다.

사실 한국 교회에 미셔널신학이나 미셔널 처치 운동이 소개된 지도 적잖은 시간이 흘렀다. '미셔널'이라는 개념이 지금 우리에게 적어도 그리 낯설지 않은 것은 그동안 앞장서서 이를 소개하는 일을 감당해 온 분들의 커다란 수고가 있었기 때문이다. 그럼에도 한국 교회에 이 운동이 처음 소개될 때 신학적 측면보다는 주로 실천적 측면에 초점이 맞춰져 있었기에 아쉬웠다. 물론 이 둘을 날카롭게 분리할 수 없으나, 한국 교회 전반적으로 지속 가능한 변화를 도모하기 위해서는 신학적 토양의 변화가 반드시 필요하다.

사단법인 미셔널신학연구소는 하나님이 교회에 주신 선교적 사명이 무엇이며 교회가 그것을 어떻게 감당해야 할지에 대한 고민을 한국 교회와 나누고자 설립되었다. 무엇보다 교회의 체질을 변화시켜 새로운 방향으로 이끄는 원동력은 성경에 있다고 믿으며, 목회자와 성도 들이 성경을 새로운 시각으로 읽도록 돕기 위해 '선교적 해석학'(Missional Hermeneutics)에 기반한 연구를 중점적으로 수행하고 있다. 이와 더불어 오늘날 교회가 마주하는 여러 도전과 과제를 미셔널신학의 관점에서 고찰할 수 있는 연구를 다양한 측면에서 펼치려 한다.

"미셔널신학번역총서"는 그간 영미권에서 수행된 미셔널신학 및 선교적 교회 운동과 관련한 연구를 한국 교회에 소개하기 위해 기획되었다. 이를 통해 선교적 해석학을 중심으로 교회가 선교적 사명을 감당하는 데 필요한 다방면의 연구를 나누고자 한다. 이 일에 IVP가 흔쾌히 뜻을 같이해 주어 감사하다. 이 총서가 한국 교회의 신학적 토양을 새롭게 하여 교회가 자신의 본질과 사명을 회복하는 일에 작은 밑거름으로 쓰임받을 수 있기를 바란다.

송태근 목사
사단법인 미셔널신학연구소 이사장

머리말

'또 선교에 관한 책이야?' 아니면 이렇게 생각할 수도 있다. '더 이상 책은 필요 없어. 이미 아는 것을 실천하기만 하면 되지.'

우리는 분명 이런 생각에 공감한다. 실제로 이 책은 하나님 백성을 신학적 성찰에서 신앙적 실천으로, 선교라는 **개념**과 씨름하는 데서 하나님이 **하시는** 선교에 신실하고 순종적으로 참여하는 데로 옮겨 놓기 위해 기획되었다. 두 저자 모두에게 영향을 준 하비 콘(Harvie Conn)은 전도와 사회 정의에 관한 그의 책 서두에서 이렇게 간청했다. "이제 제발 서재가 아닌 거리로 향하길!"[1]

이 책은 마이클 고힌(Michael Goheen)과 짐 멀린스(Jim Mullins)의 공동 프로젝트다. 마이클은 피닉스 지역 교회들 사이에서 선교적 신학 교육에 대한 창의적인 실험을 주도하는 미셔널 트레이닝 센터(Missional Training Center, 이하 MTC)를 이끌고 있다.[2] 그는 이 일을 위해 많은 목회자와 협력하고 있는

---

1 Harvie Conn, *Evangelism: Doing Justice and Preaching Grace* (Philipsburg, NJ: P&R, 1992), p. 10.
2 MTC에 관한 더 많은 정보는 웹사이트(http://www.missionaltraining.org)에서 찾을 수 있다.

데, 짐도 그중 한 명이다. 짐은 템피에 있는 리뎀션 교회(Redemption Church)에서 신학과 사명 형성을 담당하는 목사다. 그는 MTC 이사를 맡고 있으며 피닉스 지역 여러 교회에서 선교와 관련하여 교회들의 연합을 촉진하고 통합하는 데 중요한 역할을 하고 있다. 또한 매년 수백 명을 직업 소명과 관련하여 훈련하는 초교파 기관인 서지 스쿨(Surge School)을 이끌고 있다. 우리 둘 다 교회의 선교에 깊이 관여하고 성경에 비추어 그것을 고민하지만, 이 책에는 특히 마이클의 신학적 성찰과 짐의 창의적 실행이 한데 어우러져 있다.

이 책은 다음 세 가지에서 시작했다. 우리 각자의 개인적 이야기, 그 이야기들의 만남, 서지 스쿨 사역을 하면서 선교에 대한 특별한 종류의 책에 대한 필요성을 자각한 것이다. 먼저 우리 각자의 이야기부터 들려주려 한다.

마이클 이야기

1970년대 후반, 내가 그리스도를 따르기로 결심한 것은 20세기 초 부흥 운동 전통에 자리 잡고 있던 교회에서였다. 선교의 본질과 선교 참여의 의미에 대한 나의 전제는 그 토양에서 싹을 틔웠다. 나에게 선교는 사람들이 천국에 갈 수 있도록 특정한 메시지를 전하는 것이었다. 그 당시 복음주의와 에큐메니컬 전통 사이의 적대감이 직접 경험해 보지 않고는 믿을 수 없을 정도로 심각했다. 말씀과 실천은 긴장 관계에 있는 것처럼 보였는데, 내가 속한 교회는 행동보다는 말을 더 중시하는 확고한 신념을 갖고 있었다.

그래서 나는 열성적인 전도자가 되었다. 지역 성경 대학에서 개인 전도 과정을 수강하고 사영리와 로마서의 복음 요약(Romans Road) 등 많은 전도 공식을 외웠다. 교회의 전도 폭발(Evangelism Explosion) 사역에 참여하게 되면서 모든 기술을 부지런히 익힌 결과 훈련 교사까지 되었다. 나는 우리 교회를 방문한 적이 있는 사람들의 집으로 찾아가서 예수님을 믿으라고 강권했다. 복음(적어도 좁은 의미의 복음)을 들어줄 법한 사람은 물론 들으려 하지 않는 사람들에게도 기회가 닿는 대로 전했다. 요컨대, 나는 어떤 책 제목대로 "어리석은 증인"(witless witness)³의 모습을 몸소 실천했다. 그 책 표지에는 화난 표정의 남자가 바닥에 누워 있는 다른 남자의 가슴을 밟고 서 있는 그림이 있다. 사내는 한 손에는 커다란 성경책을 높이 들고 있고, 다른 한 손으로는 힘없는 피해자의 넥타이를 거칠게 잡아당기고 있다. 이 그림을 기독교 서점에 오는 구매자의 시선을 끌기 위한 웃기는 캐리커처로 치부할 수도 있겠지만, 나에게는 그 이상의 의미가 있다. 마이애미 길거리에서, 책 표지 속 성경책을 든 불량배와 다름없이 **되어 가던** 내 모습이 기억나기 때문이다. 나는 한 청년이 끝내 영접 기도를 따라 할 때까지 그에게 '복음'을 강요했다. 청년은 영접 기도를 따라 하긴 했지만, 단지 내게서 도망치기 위한 구실에 지나지 않았다고 확신한다. 나는 그 기억이 썩 자랑스럽지 않다. 하지만 선교의 본질이 무엇인지, 선교에 어떻게 참여해야 하는지, 일상에서 선교가 어떤 모습이어야 하는지에 대해 진정으로 (비록 무지했지만) 씨름하던 시절을 떠오르게 한다.

그런데 얼마 지나지 않아 내가 선교에 대해 갖고 있던 가장 뿌리 깊은 전제를 서서히 무너뜨린 사건이 일어났다. 교회 건물 앞 계단에 한 아이티 사람이 나타난 것이다. 오랜 시간 걸은 듯 발에서 피가 흐르고 있었고 굶주린 상태였다. 살 집도, 직업도 없었다. 나는 그를 건물 입구로 데려와 자리에 앉히고는 어떻게 도와줄 수 있을지 고민하기 시작했다. 그러나 계획을 세우기도 전에 목양실로 불려 갔는데, 거기 모인 모든 목회자는 이 사람을 건물에서 당장 내보내라고 말했다. 비교적 초신자였던 나는 존경하던 지도자들이

---

3   Fritz Ridenour, *Tell It Like It Is: How Not to Be a Witless Witness* (Glendale, CA: Regal Books, 1968).

무자비하게 행동하는 것 같아 혼란스러웠다. "이런 일을 하는 정부 기관이 있을 겁니다", "모든 사람을 도울 수는 없어요, 마이클" 같은 말이 내가 기억하는 전부다. 나는 고집스럽게도 그들의 지시를 따르지 않았고, 결국 그 사람을 위해 직접 숙소와 일자리를 찾아 주는 긴 드라마가 이어졌다. 이 일은 나에게 큰 충격을 주었다. 그때까지만 해도 나는 말씀과 실천이 그렇게 격렬하게 분리된 20세기 신학의 역사를 이해하지 못하고 있었다. 하지만 전도를 그렇게 우선시하면서도 정의와 자비에 거의 무감각한 교회에는 뭔가 문제가 있다는 것을 깨달았다. 나의 선교관이 도전받으며 넓어지고 있었다.

내가 자란 교회 전통은 타문화권 선교에도 헌신적이었다. 당연히 내 인생에 어떤 의미가 있으려면 해외 선교사가 되어야 한다고 생각했다. 그래서 그 일에 필요한 성경적 훈련을 받기 위해 필라델피아 웨스트민스터 신학교(Westminster Seminary)에 가기로 결심했다. 그곳에서 3년을 지내면서 생각과 신념이 많이 바뀌었는데, 특히 두 가지 변화는 훗날 내 인생에 큰 영향을 미쳤다. 첫째, 헤르만 리덜보스(Herman Ridderbos)와 게할더스 보스(Geerhardus Vos)의 전통에 따라 성경을 하나의 이야기로 읽는 법을 배웠다. 둘째, 하비 콘의 선교 강의를 접하면서, 총체적(holistic) 선교에 대한 그의 견해, 모든 문제에 대한 구속사적 접근 방식, 바빙크(J. H. Bavinck)의 저작을 읽고 흡수하도록 촉구한 것이 내 선교관을 형성하는 데 큰 영향을 미쳤다.

졸업할 무렵, 해외로 나가려던 계획은 캐나다 온타리오주 동부에서 온 사람들을 만나면서 시험대에 올랐다. 그들은 내가 마음에 두고 있던 아프리카 국가들보다는 캐나다가 훨씬 더 도움이 필요한 선교지라고 주장했다. 물론 그들 말이 옳았다. 결국 나는 토론토 외곽에 교회를 개척하고 목회를 시작하게 되었다. 유감스럽게도 무수히 많이, 어쩌면 거의 모든 일에서 시행착오를 겪어야 했지만 말이다. 하지만 많은 것을 배웠고 특히 교회와 관련한 선교의 본질에 대해 계속 씨름했다. 그때까지 선교에 대한 내 관점은 극도로 개인주의적이었기에 선교와 목회 활동 사이의 연결고리를 찾기 위해 노력해야 했다. **교회**가 선교와 무슨 상관이 있는지 질문하기 시작했던 것이다.

당시 일어난 몇 가지 사건이 나의 이해를 다시 형성하기 시작했다. 첫째, 대학에서 선교학 개론을 가르쳐 달라는 부탁을 받았다.[4] 어디서부터 시작해야 할지 몰라서 전에 하비 콘이 추천해 주었던 바빙크의 『선교학 개론』(*An Introduction to the Science of Missions*)을 읽었다. 그 책을 다시 읽으면서, 선교를 이해하려면 성경을 하나의 이야기로 읽는 것에서부터 시작해야 한다는 확신을 갖게 되었다.[5] 데이비드 보쉬(David Bosch), 특히 레슬리 뉴비긴(Lesslie Newbigin)의 책도 읽기 시작했다. 선교를 바라보는 뉴비긴의 방식은 내가 신학과 사역에서 경험했던 여러 모순, 특별히 교회와 선교, 말씀과 실천 사이의 모순을 해소하는 데 도움이 됐다. 더욱이 뉴비긴은 성경 이야기 안에 자리한 교회의 역할이라는 측면에서 선교를 이해하도록 도전했고, 이는 내가 이미 바빙크를 읽으며 배운 내용을 상기시켰다.

1980년대 후반에 있었던 이런 경험 덕분에 레슬리 뉴비긴의 선교적 교회론으로 박사 학위를 받고, 결국에는 목회자의 삶에서 학자의 삶으로 전향했다. 여러 대학에서 선교 과목을 개발하고 가르치면서 수백 명의 학생들과 함께 선교의 본질과 실천에 대해 씨름하며 고민했다. 또한 세계관에 대해서 가르치면서, 카이퍼(Kuyper)와 바빙크 같은 네덜란드 신칼뱅주의 전통에 속한 인물들이 강조하는 세계관이 선교를 말과 행동뿐만 아니라 소명과 공적 영역에서의 증언을 포함하는 총체적인 것으로 이해하려는 나의 시도에 매우 도움이 된다는 것을 깨닫게 되었다. 이러한 이해는 뉴비긴을 지속

---

[4] 이 수업은 25년 후 다음 책의 발판이 되었다. *Introducing Christian Mission Today: Scripture, History, and Issues* (Downers Grove, IL: InterVarsity, 2014). 『21세기 선교학 개론』(CLC).

[5] *A Light to the Nations: The Missional Church and the Biblical Story* (Grand Rapids: Baker Academic, 2011). 『열방에 빛을』(복있는사람). 이 책은 거의 40년이 지난 시점에서 바빙크가 말한 선교의 성경적 기초에 대한 접근법을 확장하고 상황화하려는 노력이었다.

적으로 연구함으로써 더욱 강화되었다. 세계관 수업은 학생들이 먼저는 학생으로, 나중에는 직업인으로 하나님 선교의 일부가 되어 자신의 사명을 감당할 수 있도록 돕기 위한 시도였다.

이 기간에도 교회를 잊지는 않았다. 개혁주의 전통의 "공적 영역에서의 소명" 같은 것을 포함하여, 선교에 대해 너무 많이 가르치면 지역 교회를 소홀히 하기 쉽다. 하지만 뉴비긴을 계속 공부하면서 나는 그래서는 안 된다는 것을 알았다. 나는 두 교회에서 다른 목회자 및 지도자들과 함께 설교 목사로 사역하면서, 선교적인 교회가 될 수 있도록 최선을 다했다. 선교의 근본적 성격은 무엇인지, 교회의 다양한 구성원이 하나님의 선교에서 어떻게 자신의 자리를 찾아야 하는지, 선교가 삶 속에서 이루어질 때 어떤 모습이어야 하는지에 대한 질문은 계속해서 나를 압박했다.

그 당시 내 삶과 사역에서 나를 괴롭혔던 한 가지 관찰은 대부분의 목회자가 선교가 핵심 관심사가 아닌 교육 기관에서 신학 훈련을 받았다는 사실이었다. 졸업하고 사역을 맡았을 때 그들은 **선교적** 회중을 형성하고 인도하는 것을 목표로 설교하고 가르치며 목양하고 훈련할 준비가 되어 있지 않았다. 그런데 뜻밖에도 이런 상황을 바꾸기 위해 무언가를 할 기회가 찾아왔다. 피닉스의 몇몇 지도자들로부터 신학 교육에서 새로운 실험을 해 보라는 초청을 받았고, 지난 8년 동안 다양한 신앙 전통을 가진 목회자 및 지도자들과 신학 교육 분야에서 일하는 가운데 계속 던졌던 다음 질문들과 씨름하는 특권을 누렸다. 선교란 무엇인가? 우리는 어떻게 하나님의 선교에서 우리 자리를 찾을 수 있으며, 우리의 목양을 받는 사람들이 **각자의** 자리를 찾도록 어떻게 도울 수 있을까? 일상에서 '우리 자리를 찾는다'라는 것은 어떤 모습일까?

피닉스에서 만난 뛰어난 재능을 가진 목회자 중 한 사람이 짐 멀린스였다. 짐도 한동안 나와 같은 질문들과 씨름해 왔는데, 내가 자란 신학적 전통과 내 글에 담긴 신학적 표현들로부터 도움을 받았다. 짐은 창의력과 상상력, 에너지가 넘쳐났고 이러한 재능으로 무언가를 할 수 있는 플랫폼이 있었다. 그는 우리가 논의한 많은 것을 실천에 옮기기 시작했다. 그는 들려줄 이야기와 상상력을 자극하는 구체적인 그림을 가지고 있었다. 그는 사람들이 하나님의 선교에서 자신의 자리를 차지할 수 있도록 돕는 예시와 실천 방안을 개발하고 있었다. 그래서 선교를 실천에 옮길 때 어떤 모습일지를 표현할 수 있는 책을 그와 함께 쓸 기회가 찾아왔을 때 나는 기꺼이 그 기회를 잡았다.

이 책에 대해 더 자세히 이야기하기 전에 짐의 이야기를 들어 보자.

짐 이야기

하나님의 선교란 무엇인가?
하나님의 선교에서 나의 역할은 무엇인가?
일상에서 선교는 어떤 모습인가?

15년 넘게 이 질문들과 씨름해 왔지만, 그 답을 찾는 것이 어느 때보다 더 중요하게 느껴졌던 한 날이 내 기억에 남아 있다. 그날, 질문에 대한 답을 찾아서 하나님께 영광을 돌리고 이웃을 사랑하게 되었다고 말할 수 있다면 좋겠지만 그렇지 못했다. 오히려 하나님의 사역에 참여하려던 내 인생에서 가장 큰 실패로 기록될 일의 시작점이었다. 그날은 2001년 9월 11일이다.

그리스도의 제자가 된 지 2년 정도, 대학생이 된 지는 2주 정도 된 때였다. 눈은 충혈되고 머리는 부스스한 채 반쯤 잠든 상태로 메사 커뮤니티 칼리지(Mesa Community College)의 사회학 개론 수업에 들어갔다. 복도에서 누군가 울기라도 하는 듯 소란스러운 소리가 들렸고, 우리는 무슨 일인지 확인하려고 교수님을 따라나섰다. 학생들과 교직원들이 복도까지 밀고 온 바

퀴 달린 낡은 휴대용 텔레비전 주위에 모여서 큰 빌딩이 무너지는 모습을 지켜보고 있었다. 우리 중 절반은 충격에 휩싸여 텔레비전을 쳐다보고 있었고, 나머지 절반은 전화기를 찾느라 허둥지둥했다. 우리는 그 한 날의 파편이 우리 여생에 영향을 미칠 것을 알고 있었다.

9·11 테러 이후 시간이 지나면서 나는 텔레비전과 라디오를 더 많이 듣게 되었다. 총을 든 성난 무슬림들 모습을 보면서 내 마음에는 화가 끓어오르기 시작했다. 모든 무슬림을 테러리스트와 동일시하기 시작하면서 그 끓어오르는 화는 격분으로 변했다. 무슬림을 직접 만난 적이 없음에도 나는 무슬림에 대해 상상할 수 있는 한 가장 모욕적이고 자민족중심적인 말들을 쏟아냈다.

급기야 몇몇 그리스도인 친구들은 나를 불러서 둘 중 하나를 택하라고 말했다. 우상숭배적이고 사랑 없는 마음을 회개하던지, 아니면 예수님과 완전히 결별해야 했다. 그분의 이름을 진흙탕 속에서 더럽히고 있었기 때문이다. 여러 날 동안 기도하며 성경을 묵상하는 시간을 가졌고, 그 결과 하나님이 내 죄악 된 동기를 드러내시고 회개하도록 인도하시는 시기를 보낼 수 있었다. 모든 민족을 향한 하나님의 마음을 깨닫기 시작했을 때, 성령은 내 마음을 새롭게 하시고 선교에 대한 새로운 이해도 주셨다. 복음서를 읽으면서 나는 이웃과 원수를 똑같이 사랑하라는 예수님의 부르심에 사로잡혔다. 예수님은 평화와 원수 사랑에 대해 말씀만 하신 것이 아니라, 나처럼 복수심에 불타는 죄인을 포함하여 원수들을 위해 십자가에서 죽으심으로 그 본을 보이셨다.

회개의 시간을 보내는 동안 무슬림 친구를 사귀어야겠다는 확신이 들었다. 결국에는 유학생들에게 환대와 우정을 베풀기 위해 애리조나 주립대(Arizona State University) 근처의 외국인 밀집 지역으로 이사했다. 이 시기는 나에게 하나님의 선교의 본질을 다시 생각하게 하는 중요한 시간이었다. 몇 달 동안 그곳에 살고 나서는, 공동체 전체가 그 동네로 이사해 함께 생활하며, 사우디아라비아, 파키스탄, 중국 등 하나님이 전 세계에서 데려오시는 유학생들에게 환대를 베푸는 것이 어떤 모습일지 상상하기 시작했다.

동네 카페에 앉아서 이 비전에 대해 기록한 뒤, 친구들과 그것을 공유하면서 이사를 권유하고, 환대를 베풀고, 복음을 선포하기 시작했다. 우리 중 많은 사람이 18세기 독일의 난민 공동체인 모라비안(Moravian) 공동체에 대해 읽고 있었기 때문에 우리 스스로를 '모라비안 공동체'라고 불렀다. 그들은 평범한 사람들이었지만 그들이 믿는 하나님은 비범한 분이셨기에, 땅끝까지 복음을 전하는 일에 그들을 사용하셨다. 우리는 그들의 이야기에 매료되어 하나님이 우리 같은 평범한 사람들도 사용하시기를 기도했다.

처음에 약 80명이 모라비안 공동체에 응답하고 가입했으며, 그중 3분의 1 정도가 유학생 거주 지역으로 이사했다. 우리는 매주 기도 모임, 여섯 개 가정 모임, 매일 유학생들과 교류하는 것을 중심으로 조직을 구성했다. 우리의 목표는 빵을 나누고 차를 마시며 이 새로운 이민자들이 미국 생활의 복잡함을 헤쳐 나갈 수 있도록 도와줌으로써 하나님의 환대를 드러내는 것이었다. 평범한 사람들로 구성된 이 독특한 공동체를 통해 수백 명의 유학생이 복음을 듣고 보았다. 우리는 미전도 종족에 사람들을 파송하는 비전도 품었다. 우리 공동체 구성원 중 20명 이상이 예수님을 증언하기 위해 해외로 떠났다. 나와 아내도 팀을 이끌고 튀르키예로 가서 3년 동안 지냈다.

모라비안 공동체와 튀르키예에서 보낸 3년의 세월은 하나님의 선교가 무엇인지, 우리 같은 평범한 사람이 거기에 어떻게 참여해야 하는지에 대한 중요한 질문을 던질 완벽한 기회였다. 애리조나주 템피에서 주일 아침 베이글을 먹을 때나 앙카라 거리에서 튀르키예식 시미트를 간식으로 먹을 때나, 그리스도를 열렬히 따르는 젊은이들로 구성된 우리 공동체는 계속해서 동일한 몇 가지 질문으로 돌아갔다.

하나님의 선교란 무엇인가?

하나님의 선교에서 나의 역할은 무엇인가?

일상에서 선교는 어떤 모습인가?

지난 10년 동안 목회자로 일하면서 나는 하나님을 알고 사랑하는 대부분의 사람이 같은 질문을 한다는 것을 알게 되었다.

하나님의 선교란 무엇인가? 모라비안 공동체에서 이 질문은 여러 방식으로 제기되었다. 때로는 세상에서 가장 시급한 필요가 무엇인지에 대한 토론 형태로 나타나기도 했다. 빈곤 퇴치, 교회 개척, 성매매 근절 중 어느 것에 집중해야 할까? 오직 전도에만 집중해야 할까? 하나님의 선교에는 일자리 창출, 환경 보호, 화해 사역 같은 것들도 포함될까? 결국 우리는 이 모두가 하나님의 선교에 중요한 역할을 한다는 데 동의하게 되었다. 하지만 어디에 우선순위를 두어야 할까? 우리 중 일부는 먼 땅의 미전도 종족을, 다른 일부는 우리 지역에서 가장 취약한 계층을, 다른 일부는 문화적으로 영향력 있는 도시를 들었다.

우리는 답을 찾기 위해 선교 집회에 참석하고 비영리 단체에 연락하기도 했다. 단체마다 하나님의 선교, 또는 적어도 하나님이 **가장** 중요하게 여기시는 것이 무엇인지에 대해 각기 다른 생각을 가지고 있는 것 같았다. 각각은 설득력 있는 성경적 논증과 눈물을 유발하는 동영상, 잘 선별된 통계를 제공했다. 참여한 모임과 집회를 떠날 때마다, 우리는 만약 그들이 제시하는 특정한 대의에 동참하지 않는다면 인생을 낭비하는 것이란 느낌을 받았다.

선교 활동 마케팅에 지속적으로 노출된 데다 20대 초에 지혜가 부족했던 나는 심각한 '선교 주의력 결핍 장애'를 앓게 되었다. 인생을 낭비하고 싶지 않았기에 이 대의에서 저 대의로, 이 아이디어에서 저 아이디어로 뛰어다니며 모라비안 공동체를 이끌어 가려고 노력했다.

한동안 나는 "선교는 **미전도 종족**을 대상으로 하는 것"이라고 생각했다. 그리스도인이 한 명도 없는 종족에 대해 이야기하는 여러 선교 단체의 호소에 깊은 감동을 받았다. 그들은 교회가 넘쳐나는 조국을 떠나 열방에 교회를 개척하라고 도전했다. 나 같은 젊고 열심 있는 독신 남성을 향하여 지구상에서 가장 위험한 곳에서 '급진적인' 삶을 살라고 강력하게 호소했다. 한동안 나는 이 비전에 매료되어 모라비안 공동체에 "예수님의 이름 때문에 참수당하는 것"을 최고의 열망으로 삼자고 도전했다. 이런 종류의 대의는 나와 같은 열성적인 젊은 남성들에게 매력적인 것 같았지만, 안타깝게도 현명한 젊은 여성이 나와 데이트하는 것을 방해하는 것 같기도 했다. 하지만 제니라는 한 용기 있는 여성이 나에게 기회를 주었다. 마침내 우리는 결혼했고, 복음을 듣지 못한 사람이 99퍼센트인 튀르키예로 젊은 팀원들과 함께 이주하기로 했다.

그러고 나서 한동안은 "선교는 **교회 개척**"이라고 생각했다. 사도행전 29장 네트워크(Acts 29 Network)가 성장하면서 많은 사람은 교회 개척이 선교에서 가장 중요한 접근법이라고 주장했다. 교회는 지속 가능하며, 그리스도의 신부이기 때문이다. 그래서 우리는 튀르키예에 갈 뿐만 아니라, 그곳에 있는 동안 교회 개척에 집중하기로 했다.

그다음에는 "선교는 **캠퍼스 사역**"이라고 생각했다. 튀르키예로 오기 몇 달 전부터 나는 대학은 인생의 중요한 단계이기 때문에 캠퍼스 전도가 중요하다고 강조하는 대형 캠퍼스 사역 단체의 리더들과 만나기 시작했다. 대학을 갓 졸업한 많은 모라비안 멤버가 이 아이디어에 공감했고, 우리는 튀르키예 대학들과 접점을 만들기로 했다.

그다음에는 "선교는 **도시 선교**에 관한 것"이라고 생각했다. 도시 선교의 중요성에 관한 책을 읽기 시작하면서 이런 변화가 생겨났다. 이 책들은 주요 도심이 문화적 영향력의 중심이었기 때문에 바울이 전략적으로 도시 선교에 집중했다고 주장했다. 그래서 모라비안 멤버들은 단순히 튀르키예로 건너가 캠퍼스 사역을 하고 교회를 개척하는 것 이상의 일을 해야 한다고 결론 내렸다. 우리는 튀르키예의 수도 앙카라처럼 영향력 있는 대도시에 머물러야 했다.

그다음에는 "선교는 **우리의 일상적인 일과 소명**에 관한 것"이라고 결론 내렸다. 튀르키예에서 처음 몇 달 동안 선교로서의 비즈니스(business as mission), 일자리 제공의 중요성, 일상의 흐름에서 제자 삼을 기회에 관한 책을 여러 권 읽었고, 모라비안 멤버들은 사업을 시작할 방법을 구상해야겠다고 결심했다.

그다음에는 "선교는 **가난한 사람들과 함께 사는 것**"이라고 생각했다. 튀르키예에서 1년 정도 지내고 나서부터 가난한 사람들을 향한 하나님의 마음에 대한 설교와 강의를 듣기 시작했고, 경제적으로 어려운 지역으로 이사해서 가난한 사람들과 연대하거나 경제적으로 더 어려운 나라로 이사해야겠다는 확신이 들었다.

이쯤 해서 아내와 팀원들은 내가 지긋지긋했을 것이다. 나는 어지러울 정도로 상충되는 비전으로 그들을 지치게 만들었다. 하나님의 선교에서 가장 중요한 측면을 파악하겠다고 우리는 99퍼센트가 무슬림인 국가의 중심 도시로 이주하여, 사업을 시작하고 캠퍼스 사역과 교회 개척을 하였고 그 사이에 가장 가난한 동네에 아파트를 구했다. 이를테면 분산 투자를 한 셈이다.

방향을 잃은 우리 팀은 내가 선교를 바라보는 방식에 문제가 있는 게 틀림없다고 말하기 시작했다. 부분적으로는, 하나님의 마음을 추구하기보다 영향력이라는 우상을 쫓는 잘못도 있었다. 하지만 내가 갈피를 잡지 못하고 이리저리 흔들린 근본적인 이유는 하나님의 선교의 **범위**와 다양한 선교 **전략**을 혼동했기 때문이다. 그때 나는 하나님의 선교란 주로 이러한 활동 중 하나가 틀림없다고 생각했다. 그러나 결국 하나님의 선교는 창조 세계만큼이나 광범위하다는 것을 알게 되었다. 마이클의 글을 통해서 나는 이 사실을 배울 수 있었다.

튀르키예에서 지낸 3년 동안, 종종 내가 가장 좋아하는 카페에 가서 성경을 펴고 선교에 대한 질문에 답을 주는 구절을 찾으려고 노력했다. 그러던 어느 날 애리조나주 템피에 있는 미시오 데이 커뮤니티(Missio Dei Community)의 목사이자 나의 절친한 친구인 크리스 곤잘레스(Chris Gonzalez)에게서 이메일을 받았다. 내가 어떤 질문들로 고민하고 있는지 알았던 그는 마이클 고힌과 크레이그 바르톨로뮤(Craig Bartholomew)가 쓴 『성경은 드라마다』(The Drama of Scripture, IVP)를 읽어 보라고 권했다. 이 책은 성경 자체에 대한 이해를 근본적으로 바꾸어 놓았기 때문에 선교에 대한 관점에도 큰 영향을 미쳤다(그것이 그 책의 주된 목적은 아니었지만 말이다).

나는 내가 성경을 모든 삶에 의미를 부여하는 통일된 이야기로 여기기보다는 단절된 구절들의 모음으로 여겨 왔다는 것을 깨달았다. 성경을 읽는 이 새로운 방식은 내 이해에 큰 변화를 가져다주었다. 선교에 관한 구절 두어 개를 찾는 것을 멈추고, 성경 전체를 망가진 세상의 회복을 목표로 삼으시는 **선교하시는**(missional) 하나님의 이야기로 보게 되었다. 하나님이 그분의 광범위한 회복 사명에 참여하도록 한 백성, 곧 교회를 부르셨다는 것을 알게 되었다.

애리조나로 돌아왔을 때 마이클이 그곳의 여러 교회와 돈독한 관계를 맺어 왔다는 사실을 알게 되어 기쁘고 놀랐다. 그는 내가 현재 이끌고 있는 제자 훈련 프로그램인 서지 스쿨의 구조를 만드는 데 큰 도움을 주었다. 마이클과 그의 아내는 그 해 얼마간 피닉스로 이주하여 지역 교회 목회자와 지도자들이 선교적 리더십을 갖출 수 있도록 MTC를 시작했다. 내가 MTC 사역에 참여하고 이사회에 들어가면서 마이클은 내 친구이자 멘토가 되었다. 그는 신학과 선교에 대한 나의 이해에 큰 영향을 미쳤다. 이 책에 실린 많은 이야기는 내가 마이클에게 선교에 대해 배운 것의 결과물이다. 내 인생에 지대한 영향을 끼친 사람과 함께 이 책을 쓰게 되어 정말 영광이다.

서지 스쿨

이 책의 기원을 이해하려면 피닉스 지역 교회 네트워크 사이에서 생겨난 서지 스쿨에 대해 이해하는 것이 중요하다. 서지 스쿨은 교회가 선교에 대해 더 폭넓게 이해하고 그것을 실천할 수 있는 방법을 찾고 있던 타일러 존슨(Tyler Johnson)과 크리스 곤잘레스의 아이디어다. 서지 스쿨은 2008년에 몇몇 교회에서 모인 소수와 함께 시작했다. 현재는 매년 40개 이상 교회에서 300명 이상이 참여하고 있다. 이 프로그램은 지역 교회에 뿌리를 둔 초교파 제자 훈련 프로그램으로 설계되었다.6

서지 스쿨의 커리큘럼은 4학기로 나뉜다. 첫 학기에는 성경을 하나의 이야기로 읽는 법을 배운다. 2학기에는 어떻게 복음에 뿌리를 내리고 그 이야기 안에서 살아야 할지 고민한다. 3학기에는 교회 선교의 본질과 범위를 다룬다. 마지막으로 4학기에는 참가자들이 자신의 특별한 소명이 하나님의 선교에 어떻게 부합하는지 발견하도록 도전을 준다. 마지막 두 학기 동안 참가자들은 특히 자신의 직업을 통해 하나님의 선교에 참여하는 것이 어떤 모습인지에 대해 많은 구체적 질문을 던진다. 짐은 서지 스쿨의 지도자 중 한 명이며 수년 동안 서지 테이블의 리더였다.7 부분적으로 이 책은 그가 사

---

6   서지 스쿨에 관한 정보는 웹사이트(http://surgenetwork.com/surge-school)에서 찾을 수 있다. 좀 지난 영상이긴 하지만 초기 참가자들에게 미쳤던 영향에 대해서 볼 수 있는 영상은 다음을 참고하라. https://vimeo.com/72829264.

7   서지 테이블은 서지 스쿨이라는 9개월 제자 훈련 프로그램에 참여하는 각 소그룹을 일컫는다. 이 프로그램은 성경적 관점에서 삶 전체를 바라보고, 마음의 우상을 다루며, 선교에 참여하고, 소명을 분별하는 데 초점을 맞추고 있다.

람들이 제기하는 많은 질문에 답하고, 그들의 참여가 어떤 모습일지에 대한 상상력을 불러일으키기 위한 이야기들을 제공하려는 시도에서 나왔다. 이 책에 소개된 많은 이야기는 서지 스쿨과 피닉스 지역 친구들이 함께 만들어 낸 결실이다. 나머지 이야기는 짐이나 마이클의 개인적인 경험에서 나왔다.

이 책의 내용과 구성

이 책은 두 저자가 고민해 온 세 가지 큰 질문을 다루고 있다.

하나님의 선교에 참여하는 교회의 선교는 무엇인가? 우리는 선교가 얼마나 큰지 보여 주고 싶다. 교회가 세상을 치유하시는 하나님의 작전에 참여할 때 선교는 앞에서 언급한 모든 접근 방식을 포괄한다. 그러한 접근 방식들은 서로 경쟁하는 것이 아니라 조화를 이루어야 한다.

하나님의 선교에서 나의 역할은 무엇인가? 대부분의 사람이 짐과 같은 수준의 주의력 결핍 장애를 겪지는 않지만, 우리 중 많은 사람이 하나님의 사역에서 자신이 어디에 속하는지 파악하느라 힘들어한다. 선교의 범위가 삶의 모든 영역을 포괄한다는 것을 알면서도, 우리는 여전히 우리의 소명이 무엇이고 어디에 에너지를 집중해야 하는지 의문을 품는다. 그리고 우리의 특별한 은사, 부담감, 경험이 어떻게 하나님의 선교에 참여할 수 있도록 준비시켜 왔는지 궁금해한다. 이 책은 이러한 문제를 성찰할 기회를 제공한다.

일상에서 선교란 어떤 모습인가? '어떻게'가 가장 중요한 질문은 아니지만, 가장 간과하기 쉬운 질문일 수 있다. 하나님의 선교가 무엇이며 우리를 창조하셔서 행하도록 하시는 특정한 일(good works, 이 책에서 이 말은 하나님이 의도하신 일반적 의미의 노동을 가리킨다. 오해를 피하기 위해 '선한 일' 대신 '일'로 번역했다—옮긴이)이 어떻게 거기에 부합하는지를 이해하는 것은 중요하다. 그러나 한 가지 질문을 더 던져 볼 필요가 있다. "일상의 리듬을 통해 하나님의 선교에 참여하는 것은 어떤 모습일까?" 이 책은 대본을 제시하기보다는 각 독자의 삶의 맥락에서 하나님의 선교에 참여할 수 있는 의미 있는 방법을 기도하는 마음으로 창의적으로 구상할 수 있도록 실제적인 실천의 예를 제시한다.

이 책의 중심 은유는 교향곡이다. 아이러니하게도 우리 둘 다 음악적 재능이 없다. 마이클은 아내와 네 자녀 모두가 음악적 재능이 뛰어나기 때문에 아주 약간의 이점이 있을 수 있다. 가족을 사랑하기 때문에 클래식 음악에 대한 안목을 조금 길렀다. 하지만 마이클은 그토록 음악적 재능이 뛰어난 가족들 사이에서 유일하게 문외한이나 다름없다. 한편, 짐은 최근까지도 클래식 음악에 대해 거의 알지 못했다. 하지만 어느 날, 클래식 음악이 조용히 배경에 깔리는 가운데 마이클이 선교에 대해 강의하는 것을 들으면서 그 비유를 떠올렸다. 짐은 매우 산만하지만 상상력이 풍부한 사람이기 때문에 그의 머릿속은 바삐 움직이기 시작했다. 그는 교향곡이야말로 선교에 대한 훌륭한 은유라고 생각했다.

하나님의 선교는 교향곡과 같다. 그분은 죄로 망가진 세상에 창조의 하모니를 회복하고 계신다. 교향곡이 현악기, 금관악기, 목관악기, 타악기를 한데 모아 아름다운 소리를 내는 것처럼, 하나님의 선교는 "하늘과 땅에 있는 모든 것을 그리스도 안에서 통일"(엡 1:10)시키는 것, 곧 그리스도의 사역을 통해 창조의 다양한 측면이 완전한 하모니를 이루게 하는 것이다.

하나님은 모든 창조 세계를 구속하고 화해시키며 회복하기 위한 계획을 세우신 위대한 작곡가시다. 이 계획은 하나님이 열방을 위해 연주하시는 아름다운 축복의 음악이며, 그분은 열방이 각자 파트를 맡아 교향곡의 하모니를 이루도록 초대하신다. 또한 하나님은 위대한 지휘자시다. 성령은 교회가 그분의 사명에 기여하는 다양한 활동을 할 수 있도록 인도하시며, 다양한 은사와 소명을 그 백성에게 나누어 주신다. 플루트, 드럼, 트롬본이 각기 다른 소리를 내며 교향곡에 기여하는 것처럼, 빈곤 퇴치, 개인 전도, 성경 공부, 기업가 정신 같은 것들은 모두 선교라는 교향곡에서 상호 보완적인 멜로디와 하모니를 연주한다. 그중 어느 하나를 평가절하하는 것은 작품 전체를 축소하고 복음의 음악을 왜곡하는 것이다.

하나님은 우리를 초대하여 그분의 교향곡에 참여하게 하신다. 이 책 1장에서는 하나님의 선교의 목표를 보여 주는 성경 이야기를 간략하게 살핀다. 그 목표는 단순하면서도 심오하게 하나님의 선한 창조 세계를 회복하는 것이다. 작곡가가 만든 음악을 계속 들을 때 그의 마음을 헤아릴 수 있듯이, 성경 이야기에 몰입하면 세상을 향한 하나님의 목적과 계획을 분별할 수 있다.

새로운 악기를 배우는 사람은 복잡한 곡으로 넘어가기에 앞서 간단한 멜로디로 배열된 기본음을 연주하는 방법을 배운다. 하나님의 선교에 참여하도록 부름받은 사람들에게는 단순한 신앙의 기본음이 모든 의도적이고 창조적인 선교가 세워지는 기초가 된다. 따라서 2장에서는 우리가 부름받은 선교에 적합한 단순한 태도와 행동에 대해 생각해 본다. 여기에는 사랑으로 동기 부여되고, 성령의 능력을 받고, 선교의 포괄적 범위를 이해하고, 공동체 안에서 생활하고, 성육신적 현존에 헌신하는 것이 포함된다. 이것들은 선교 교향곡의 기본적이고 기초적인 음표다.

그런 다음 선교적 의도성을 구축하는 문제로 넘어간다. 하나님의 선교에 참여하는 세 가지 주요 방법인 청지기 직분, 섬김, 말씀 나눔에 대해 설명한다. 3장에서는 선교 교향곡에서 이 세 '악장'에 대한 개요를 제공한다. 각 악장은 그 자체로 중요하며 또한 다른 악장을 보완한다. 청지기 직분이나 섬김, 말씀 나눔 중 어느 하나라도 부족하다면 하나님의 선교에 대한 우리의 참여는 불완전하다.

다음 세 장에서는 이 세 악장을 집중적으로 다룬다. 4장은 청지기 직분 악장으로서, 우리가 어떻게 우리 손으로 하는 일을 통해 아버지 하나님의 영광을 나타내도록 부름받았는지 생각해 본다. 5장은 섬김 악장으로서, 세상의 발을 씻어 줌으로써 그리스도의 사랑을 나타내는 방법에 초점을 맞춘다. 6장에서는 복음을 입으로 선포하는 것, 곧 말씀 나눔 악장을 다룸으로써 우리 입을 열어 성령의 사역에 참여하도록 우리가 어떻게 부름받았는지를 살핀다.

그다음 부분은 하나님의 선교에 참여할 때 중요한 실천에 초점을 맞춘다. 7장에서는 하나님의 선교 안에서 우리의 위치를 찾는 소명에 대한 성찰로 시작하여, 하나님이 우리 각자를 그분의 선교 안에서 어떤 도구로 만드셨는지 분별하는 데 도움이 되는 몇 가지 실천, 연습 및 통찰을 제공한다. 8장에서는 우리의 구체적 상황에 집중하면서, 선교가 초점을 맞출 구체적 영역을 정의하고 선교 교향곡을 연주하는 구체적 방법을 살핀다. 끝으로 마지막 장에서는 변혁적 안식일, 인간답게 기도하기, 애통하기라는 세 가지 실천을 통해 독자들이 하나님의 선교에 참여하는 데 따르는 도전을 인내할 수 있도록 돕는다.

이 책을 집필하는 우리의 궁극적 목표는 하나님 백성이 삶의 모든 측면에서 선교 교향곡에 참여하도록 돕는 것이다. 장 칼뱅(John Calvin)은 "온 세상은 하나님의 선하심과 지혜, 정의와 능력을 보여 주는 극장이며 교회는 오케스트라다"라고 말했다.[8] 칼뱅과 함께 우리는 가정생활에서 일상 업무, 사적 대화에서 공적 담론에 이르기까지 삶의 모든 측면을 선교 교향곡을 연주하는 연습실, 리사이틀 룸, 콘서트홀로 보도록 초대한다. 이 책의 내용

8　John Calvin, *Commentary on the Psalms*, trans. James Anderson (Edinburgh: Calvin Translation Society, 1839), 5: p. 178. 칼뱅이 시 135:13을 주석한 부분이다.

을 나누는 동안 우리 모두가 하나님의 선교에서 자신의 자리를 분별하고, 우리의 소리를 듣고 우리의 모습을 바라보고 있는 세상을 위한 하나님의 영광과 사랑과 능력의 음악을 함께 연주할 수 있기를 바란다.

감사의 글

이 책이 나올 수 있도록 도와주신 많은 분께 감사의 말씀을 전하고 싶다. 언제나 그렇듯이 나(마이클)는 사역을 지지해 주는 가족과 MTC 이사회에 감사한다. 그런데 이 책을 쓰면서 여러 곳에서, 특히 피닉스, 브라질, 헝가리에서 동역하는 많은 목회자를 더욱 깊이 의식하고 감사하게 되었다. 나는 스스로 지역 교회의 목회 리더십에 깊이 뿌리내리는 것을 통해 내 학문이 교회에 기여하게끔 하려고 노력해 왔지만, 내가 섬기는 많은 목회자가 나를 훨씬 뛰어넘는 방식으로 내가 가르친 것을 적용하는 법을 알고 있음을 깨닫는다. 선교가 무엇이며 어떤 모습이어야 하는지에 대한 짐의 목회적 지혜를 통해 많은 것을 배웠다는 사실을 이 책이 여실히 보여 준다. 지금까지 동역해 온 재능 있는 여러 목회자들은 하나님의 선교와 그 안에서 우리의 위치에 대한 나의 이해를 크게 넓혀 주었다.

나(짐)는 아내 제니에게 깊은 감사를 표하지 않을 수 없다. 이 책은 아내의 희생적인 사랑과 드러내지 않은 너그러움에 대한 수백 가지 이야기로 채워질 수 있었을 것이다. 그녀의 삶은 자신을 내어주는 그리스도의 사랑에 대한 아름다운 해설이다. 내 딸 엘리아나는 하나님 나라에서 나의 여행 가이드가 되어 주었다. 매주 토요일 아침 하나님께 감사하는 시간을 가질 때, 딸은 솔방울, 화요일 오후, 도마뱀같이 간과하기 쉽지만 심오하고 영광스러운 창조 세계의 모습에 감사를 표현한다. 하나님의 세계를 바라보는 딸의 독특한 렌즈는 이 책에서 널리 퍼질 두 가지 주제인 선한 창조 세계와 창조적 사랑의 가능성을 바라보는 데 도움이 되었다. 그래서 이 책을 제니와 엘리아나에게 바치고 싶다.

애리조나에 있는 교회들, 특히 서지 네트워크에 속한 교회들에도 감사의 마음을 전하고 싶다. 그들과 함께 사막에서 하나님의 영광을 드러내는 일에 동역할 수 있었던 것은 큰 선물이었다. 이 책의 집필에 대한 아이디어는 서지 팀, 특히 서지의 대표 데네 피에르(Dennae Pierre)와의 대화에서 나왔는데, 그의 리더십은 빛나고, 우정은 용기를 북돋는다. 하나님은 또한 크리스 곤잘레스와 타일러 존슨을 심오한 방법으로 사용하셔서 서지 스쿨과 미셔널 트레이닝 센터를 시작하셨다.

리뎀션 교회, 특히 리뎀션 템피에 대한 감사는 말로 다 표현할 길이 없다. 그곳에서 창의적 사랑에 대한 셀 수 없는 예를 경험했다. 그곳에서 장로님과 목회자들과 함께 섬길 수 있었던 것은 큰 특권이었다. 이 책의 일부를 읽고 피드백을 제공해 준 많은 친구, 특히 영어라는 토양에서 선을 가꾸는 방법을 진정으로 알고 있는 사리 클론츠(Sari Klontz)에게 진심으로 감사를 표한다. 글을 쓰도록 격려해 주시고 이 책에 깊은 영향을 주신 세 분의 멘토 스티븐 가버(Steven Garber), 릭 러브(Rick Love), 마크 렌츠(Mark Rentz)에게도 감사드린다. 글쓰기 휴가를 위해서 공간을 제공해 준 리스(Reese)와 티나 대어(Teena Dare), 론(Ron)과 제니 퓨믈러(Gennie Fuemmler), 척(Chuck)과 캐시 비숍(Kathi Bishop)의 너그러움에도 감사드린다. 글쓰기는 대부분 금요일 아침 크레이프 바(Crepe Bar)에서 이루어졌지만, 화요일 아침에 친애하는 형제들과 나눈 대화, 목요일 아침에 MTC 학생들과 나눈 대화가 원동력이 되었다.

또한 이 프로젝트를 전폭적으로 지지하고 완성하는 과정에서 도움을 준 짐 키니(Jim Kinney)에게도 감사드린다. 더그(Doug)와 캐리 로니(Karey Loney)는 이 원고를 훨씬 더 풍성하고 명확하게 만드는 데 도움을 주었다. 그들의 언어 능력뿐 아니라, 삶으로 드러난 이 주제에 대한 지식 덕분이다. 우리는 그들에게 큰 빚을 졌다.

이 책을 톰 슈레이더(Tom Shrader)에게 헌정한다. 톰은 2019년 1월에 주님 곁으로 갔기 때문에 이 책의 출간을 보지 못했다. 감사하게도 우리는 그가 별세하기 한 달 전에 이 헌정문을 그에게 읽어 주고 그의 업적에 대한 감사를 나눌 수 있었다. 그의 업적은 다양한 방식으로 피닉스에 영향을 미쳐 왔는데 이는 앞으로도 계속될 것이다. 초교파 교회 네트워크 중 이렇게 많은 업적을 이루거나 수많은 교회가 이렇게 수많은 프로젝트를 함께 감당한 적은 거의 없다. 이 일의 대부분은 톰의 제자로서 현재 30대 후반에서 40대인 목회자들이 주도해 왔다. 톰은 리뎀션 길버트(Gilbert) 교회[구 이스트 밸리(East Valley) 성서 교회]를 개척하고 목회했으며, 이 교회는 이후 서지 네트워크의 주력 교회가 되었다. 톰은 서지 네트워크의 많은 교회에 풍성한 열매를 맺은 신학적 씨앗을 심었다. 그 열매는 외향적이고 봉사 지향적인 교회, 광장을 포함한 모든 인간의 삶에 대한 그리스도의 주되심을 고백하는 교회, 지도자를 키워 내는 교회, 관대하고 자선을 베푸는 교회 등으로 나타났다. 그는 변화하는 시대에는 새로운 접근 방식과 새로운 방향이 필요하다는 것을 인식하고 자신의 수고의 열매를 후배들에게 물려주고 그들의 사역을 지원했다. 피닉스에서의 사역은 하나님의 영의 역사였지만, 하나님은 톰을 도구로 사용하셨다. 우리는 톰의 사역과 삶에 감사하며, 감사의 표시로 이 책을 그에게 헌정한다.

1장

이야기

교향곡 듣기

"먼저 듣는 법을 배워야 한다!" 중학교 1학년 때 밴드를 지도하셨던 테리 선생님이 조급한 10대 학생들에게 매일 반복하시던 말씀이다. 테리 선생님은 우리가 부모님이 사 주신 반짝이는 새 악기를 들기 이전에 음악을 듣는 법부터 배우기 원하셨다. 그래서 첫 몇 주 동안은 베토벤, 바흐, 모차르트의 유명한 곡들을 우리에게 연주해 주셨다. 테리 선생님은 각 악장의 뉘앙스를 주의 깊게 듣도록 권하셨다. 우리가 각 악기의 소리를 분별할 수 있도록 돕고 곡마다 역사적 맥락을 설명해 주셨다. 선생님은 이러한 명곡들을 들려주면서 우리에게 큰 그림을 그려 주고 우리가 앞으로 할 것이 무엇인지 보여 주셨다.

하지만 우리는 참을성이 없었다. 선생님이 잠시만 교실을 비워도 수십 명의 학생들은 의자 밑에 있는 상자를 열어 악기를 집어 들고는 정말 끔찍한 소리를 내기 시작했다. 웬들의 트럼펫 소리는 천식 걸린 코끼리 같았고, 데이브는 술 취한 천둥소리 같은 드럼 소리를 냈으며, 나는 침을 흘리며 클라리넷 리드를 불어 댔다.

우리 중 누구도 악기 연주법을 배운 적이 없었다. 우리는 음악 **듣는 법**을 배우지도 않은 채 공연부터 하고 싶었다. 결국 우리 셋은 수업을 그만뒀지만, 다른 몇몇 친구는 꾸준히 해서 연주법을 배웠다. 그 친구들은 듣는 연습을 통해 연주에 참여할 수 있게 되었다. 훗날 고등학생 시절에 미식축구 경기장 관중석에서 그 친구들이 연주하는 웅장한 곡을 자주 듣곤 했다. 나는 미식축구팀에 들어가서 좋았지만 실제로 악기를 연주하는 법을 배웠다면 어땠을지 항상 궁금했다.

하나님의 선교 교향곡은 듣는 것에서부터 시작해야 한다. 우리 중 많은 사람이 하나님의 선교를 **실행하는** 방법을 배우기 위해 이런 책을 집어 들지만, 우리는 먼저 잘 **알아야** 하며, 그것은 듣는 것을 통해 이루어진다. 우리는 하나님과 그분의 백성이 수천 년 동안 어떻게 선교 교향곡을 연주해 왔는지 들으며, 성경 이야기를 묵상하고, 그 이야기가 선교를 위해 우리를 어떻게 형성하는지 살펴볼 필요가 있다. 그렇게 할 때 우리는 하나님의 선교의 성격과 범위를 이해하고 어떻게 거기에 참여할 수 있는지 알게 될 것이다. 먼저 하나님의 교향곡을 듣지 않은 채로 연주에 참여하고자 한다면 그것은 시끄럽고 불쾌한 소음에 지나지 않을 수 있다. 하지만 성경 이야기에 귀를 기울이고 그 이야기가 우리의 세상살이 방식에 영향을 미치도록 한다면, 이웃을 위해 복음이라는 곡을 연주하는 일에 하나님과 함께할 수 있을지 모른다.

이 장에서는 하나님의 선교의 범위가 얼마나 넓은지 더 잘 이해할 수 있도록 성경 이야기를 전체적으로 살펴볼 것이다. 이는 성경 말씀을 대신하기 위한 것이 아니라 창조, 반역, 회복이라는 폭넓은 움직임에 대한 개요를 제공하여, 선한 창조 세계를 회복하고 그 창조 세계와 화해하시려는 하나님의 선교에 대한 관점을 형성하기 위한 것이다.

선교에 대한 질문

나는 다양한 배경을 가진 여러 친구에게 '선교'라는 말을 들었을 때 어떤 생각이 드는지 물었다. 다음은 그 답변 중 일부다.

뒤집힌 배에서 선원을 구조하는 해안 경비대 같은 용기 있는 구조 활동
간결한 기업 사명 선언문
자기들 문화를 빼앗긴 원주민들
토르티야 칩
우주여행
자전거를 탄 모르몬교 선교사

보다시피 대답은 매우 다양했다. 내가 주로 대화하는 북미 지역 그리스도인들 사이에서도 이 단어가 다양한 의미를 지니고 있음을 알 수 있다. 어떤 사람들은 '선교' 하면 해외에 교회를 개척하는 것을 떠올리는 반면, 어떤 사람들은 수제 맥주를 마시며 유행에 민감한 그리스도인들을 '선교적'(missional)이라고 연상한다. 그런가 하면, 무슬림 친구 중 일부는 기독교 선교를 십자군 전쟁과 연관시킬지도 모른다. '선교'라는 단어에는 많은 난제가 따른다.

하지만 선교라는 말 자체는 '보내다'라는 뜻의 라틴어에서 유래한 단순한 단어다. 복음서를 보면 하나님은 보내시는 하나님이라는 것을 알 수 있다. 성부는 구세주 예수님을 세상에 보내셨고, 예수님은 그분의 영을 보내셔서 자기 백성 안에서 그리고 그들을 통해 계속해서 일하신다. 또한 예수님은 자기 백성을 보내셔서 그분의 구원 사역을 증언하게 하신다(요 20:21). 이 장에서는 하나님의 선교가 세상에서 깨진 모든 것을 어떻게 회복하며,

하나님이 그 선교에 참여할 공동체를 어떻게 만드시는지 살펴볼 것이다. 크리스토퍼 라이트(Christopher J. H. Wright)는 이렇게 말한다. "근본적으로, (성경에 근거하고 성경으로 검증되었다면) 우리의 선교는 하나님이 그분의 창조 세계를 구속하시기 위해 세계 역사에서 친히 하고 계시는 선교에, 그분의 초청과 명령에 따라 우리가 하나님 백성으로 헌신적으로 참여하는 것을 의미한다."[1] 이 책에서 '선교'는 항상 창조 세계를 회복하기 위한 하나님의 지속적인 사역과 그 사역에 대한 우리 자신의 적극적 참여를 의미한다.

아직 예수님을 모르는 친구들과 이야기할 때면, 그들이 기독교 선교에 대해 곤두서 있는 것을 발견한다. 그들은 사람들의 신념을 바꾸려 하거나 예수님이 세상의 구원자라고 주장하는 것은 오만하다고 생각한다. 그들은 종종 신앙은 사적이어야 한다고 말한다. "신앙이 네게 도움이 되는 것은 좋지만 너만 믿었으면 좋겠다"라고 말하곤 한다. 한편으로는 그들의 우려에 공감할 수 있다. 공격적이거나 해롭거나 무례한 방식으로 기독교를 선전하는 많은 경우에 득보다 실이 많다. 하지만 우리 모두는 이 엉망진창인 세상을 어떻게 하면 바로잡을 수 있을지 고민하고 있다는 점에서 각자의 사명을 수행하고 있는 셈이다. 만약 우리에게 답이 있다고 생각한다면 왜 그 답을 혼자만 알고 싶어 할까?

밤마다 우리를 괴롭히는 괴로운 생각과 하루 종일 우리를 괴롭히는 기사 제목 배후에서 우리는 모두 같은 질문을 하고 있다. '어떻게 하면 세상을 바로잡을 수 있을까?' 우리가 털어 넣는 모든 약, 우리가 흘리는 모든 눈물, 총구에서 발사되는 모든 총알은 우리가 풀고자 하는 미스터리에 대한 또 다른 작은 기념물이다.

---

[1] Christopher Wright, *Mission of God's People: A Biblical Theology* (Grand Rapids: Zondervan, 2010), pp. 22-23. 『하나님 백성의 선교』(IVP).

인류는 무수히 많은 방법으로 망가진 세상에 대한 미스터리를 풀고자 했다. 종교와 의식을 만들어 신(또는 '신들')을 기쁘게 하여 그에게서 호의를 얻으려고 노력했다. 우리가 신으로 여기는 것 중 일부는 신처럼 보이지 않을 수도 있다. 하지만 기술이나 정치 이념이 우리를 구원해 줄 것이라고 믿을 때, 그것들은 우리 삶의 중심이 되어 신처럼 기능한다. 그것들이 우리를 계속 실망시키는데도, 때로 우리는 선교사 같은 종교적 열심을 품고 그것들을 선전한다.

세상을 이롭게 한 것은 분명하지만 결코 약속한 것을 가져다준 적이 없는 기술에서 우리는 구원을 찾고자 했다. 오히려 새롭고 더 큰 문제를 야기하는 경우가 많았음에도 말이다. 핵분열은 추운 집에 난방을 제공하지만, 핵겨울의 위협도 가져왔다. 인터넷은 우리를 하나로 모아 준다고 약속하지만, 다른 사람 얼굴보다 직사각형 화면을 보는 데 더 많은 시간을 보내는 외로운 세상을 만든다. 우리는 깨진 세상에 대한 미스터리를 풀기 위해, 자유를 약속하지만 실은 우리를 노예로 만드는 공산주의, 사회주의, 자본주의 같은 정치·경제 체제와 다른 많은 실패한 '주의'들을 만들어 왔다.

건강에 대한 최근의 관심과 열풍도 깨진 세상에 대한 신비를 풀기 위한 시도다. 하지만 에센셜 오일은 죄의 악취를 덮을 만큼 강력하지 않다. 채식은 우리의 수치심을 덮을 만큼 충분한 잎채소를 찾지 못할 것이다. 건강 식단이 우리를 원래의 인간성으로 회복시킬 수 없다. 크로스핏은 깨진 세상의 무게를 감당할 수 있을 만큼 우리를 강하게 만들 수 없다. 잔인하고 총체적인 망가짐이 우리가 사는 세상의 특징이다. 즉 우리는 영적으로 하나님과 단절되어 있고, 사회적으로 서로 분리되어 있으며, 우리가 경험해야 했을 번영으로부터 물리적으로 소외되어 있다. 이 깨진 세상에 선을 회복하기 위한 방법에 관한 모든 진지한 질문은 구원에 대한 우리의 갈망과 추구할 가치가 있는 사명에 대한 우리의 열망을 드러낸다.

하나님의 목적과 계획

에베소서 1장 11절은 하나님이 계획을 갖고 계시며 그것을 역사 속에서 이루어 가신다고 말한다. 하나님의 선교는 성경에 서술된 대로 그분의 계획을 실행하는 것이며, 거기에는 긴 역사적 여정의 끝에 있는 목적지, 즉 그분이 나아가고자 하는 특정한 목표가 있다.

이 목표는 무엇일까? 성경은 이를 다양한 방식으로 설명한다. 바울은 때가 차면 하나님이 그리스도 안에서 하늘과 땅에 있는 것이 "다 통일되게" 하실 것이라고 말한다(엡 1:10). 또 다른 구절에서 바울은 하나님의 목표는 땅이나 하늘에 있는 것이 "그로 말미암아 자기와 화목하게" 되는 것이라고 말한다(골 1:20). 베드로는 이 같은 목표를 선지자들이 약속한 대로 "만물을 회복하[는]" 것으로 설명한다(행 3:21). 예수님은 하나님의 선교의 목적이 "세상이 새롭게 되[는]" 것이라고 말씀하신다(마 19:28). 1세기 당시 많은 유대인에게 하나님의 목표는 하나님 나라를 세우는 것이었고, 예수님은 비록 이스라엘이 기대했던 방식은 아니었지만 "하나님의 나라" 도래에 대한 기쁜 소식을 선포하심으로(막 1:14-15) 이러한 기대를 확인시켜 주셨다. 선지자들은 역사의 목표를 '샬롬'의 도래, 즉 하나님과 인간과 나머지 피조물 사이에 원래 존재하던 창조적 조화의 회복이라고 말한다(사 9:7; 52:7; 슥 9:10). 모세는 하나님의 선교의 목표인 "복"을 말할 때 비슷한 용어를 사용했다. 즉 원래 창조에서 피조물과 인간 모두가 누렸던 복(창 1:22, 28)이 먼저 하나님 백성에게, 그리고 그들을 통해 온 세상에 회복될 것이다(창 12:2-3; 갈 3:8-9).

이 이미지들은 서로 조금씩 다르고 강조하는 바도 다르지만, 하나같이 하나님의 선교는 전체 창조 세계와 인류의 삶을 태초에 하나님이 의도하신 대로 회복하는 것이라는 사실을 가리킨다. 하나님의 목표는 한 백성을 이 세상에서 데려가 하늘에서 육체 없는 영으로 살게 하는 것이 아니라, 회복된 창조 세계 가운데서 육체를 가지고 살아가도록 회복시키는 것이다. 하나님의 선교는 단순히 몇몇 개인을 깨끗하게 하여 천국에서 그분과 함께 살게 하는 것이 아니라, 창조 세계를 깨끗하게 하여 그분이 다시 오실 때 우리와 함께 이 땅에서 살도록 하는 것이다. 하나님의 선교는 세상을 원래 모습으로 되돌리는 것이다.

창조: 원래의 방식

태초에 하나님은 놀라운 아름다움과 압도적인 선하심으로 세상을 창조하셨다. 창조 세계는 하나님의 걸작품이다. 베토벤은 9번 교향곡을 작곡했고, 콜트레인(Coltrane)은 "어 러브 슈프림"(A Love Supreme)을 썼으며, 위고(Hugo)는 『레미제라블』(Les Misérables)을 썼고, 미켈란젤로(Michelangelo)는 시스티나 성당(Sistine Chapel) 벽화를 그렸다. 하지만 이러한 걸작들은 아무리 훌륭해도 최초이자 궁극적 예술 작품인 하나님의 창조 세계에 비하면 보잘것없다.

성경 첫 페이지에는 하나님이 "심히 좋은" 창조 세계를 지으신 분이라고 나온다. 하나님은 빛과 어둠, 바다와 대기, 땅과 물, 초목, 해와 달과 별, 조류와 수생 생물, 육지 동물을 만드셔서 자신의 걸작을 창조하셨다. 창조의 모든 측면을 살펴보시고는 창조 세계가 좋았다고 선언하신다! 나무가 우리 눈에는 아름답고, 위장에 음식을, 폐에 깨끗한 공기를 제공하며, 혹독한 날씨에 우리를 보호하는 쉼터가 되듯이 하나님의 선한 창조 세계에는 기능성과 아름다움이 모두 포함되어 있다. 별을 관찰하는 것부터 기타를 연주하는 것까지 우리가 누리는 모든 좋은 것은 하나님의 위대한 창조 사역의 결과다. 그분의 작품은 완벽하다.

창조 이야기에서 가장 중요한 존재는 하나님이시다. 이 이야기는 궁극적으로 아담과 하와, 뱀, 심지어 아름다운 동산에 관한 것도 아니라 하나님에 관한 것이다. 땅은 하나님이 자신의 영광과 위엄, 선하심과 사랑을 드러내시는 무대다. 이곳에서는 하나님과 인간과 나머지 피조물이 완벽하게 조화를 이룬다. 온 땅은 선하며 하나님의 영광을 위해 존재한다.

하나님의 손에서 나온 창조 세계의 조화와 번영은 히브리어 '샬롬'으로 표현할 수 있는데, 이 단어는 후에 선지자들이 회복된 창조 세계를 묘사할 때 사용했던 단어다. 이 단어는 창조의 목적과 하나님의 선교의 목표를 설명한다. 하나님과 인간, 모든 피조물 간의 올바르고 조화로운 관계로 인해 번영을 경험하는 세상이라는 풍부한 의미를 담고 있다. 코넬리우스 플랜팅가(Cornelius Plantinga)는 이를 다음과 같이 표현한다.

> 하나님과 인간과 모든 피조물이 정의와 성취, 기쁨으로 하나 되는 것을 히브리 선지자들은 '샬롬'이라고 부른다. 영어로는 평화라고 하지만, 샬롬은 단순한 마음의 평화나 적 사이의 휴전 이상의 의미를 지닌다. 성경에서 샬롬은 **우주적인 번영, 온전함, 기쁨**을 의미하며, 자연적 욕구가 충족되고 자연적 재능이 유익하게 사용되는 풍요로운 상태, 창조주이자 구원자가 문을 열고 그가 기뻐하는 피조물에게 환영의 말을 건네는 기쁨의 경이로움을 불러일으키는 상태를 말한다. 다시 말해, 샬롬은 모든 것이 마땅히 그렇게 존재해야 하는 방식이다.[2]

샬롬의 세상은 선함과 온전함이 특징이다. 성경의 창조 이야기는 하나님 안에서, 다른 이들 사이에서, 또한 모든 피조물과 기뻐하는 샬롬의 세상을 상상하도록 우리를 초대한다.

---

2 Cornelius Plantinga Jr., *Not the Way It's Supposed to Be: A Breviary on Sin* (Grand Rapids: Eerdmans, 1995), p. 10(강조는 원저자). 『우리의 죄, 하나님의 샬롬』(복있는사람).

하나님과의 관계에서 번영

창세기 1-2장은 인간이 하나님의 임재를 경험하고 친밀감을 누리는 삶을 그린다. 죄로 인한 거리감, 혼란, 불안감, 왜곡 없이 하나님과의 교제를 경험하는 것이 어떤 것인지 상상할 수 있는가?

누군가 당신의 넋두리를 들어주길 바라며 기도하다 잠드는 대신에, 하나님의 임재가 주는 완전한 안위 속에서 낮잠을 청할 것이다. 숲에서 떡갈나무를, 강에서 가재들을 만나며 하나님의 위대한 창조 세계의 선물을 탐험할 때 모든 순간은 경이로움으로 가득 찰 것이다. 각각의 새로운 발견은 경배, 감사, 호기심으로 당신의 심장이 강하게 뛰게 만들 것이다. 기도와 자연과의 만남뿐 아니라, 모든 일과 놀이, 관계, 문화 활동은 하나님의 임재가 배어들도록 설계되었다.

매일 당신은 하나님과 완전한 교제를 누리며 멋진 공원을 거닐 것이다. 당신이 진정으로 하나님을 알고, 하나님이 당신을 가까이 아시는, 부끄러움이 없는 삶을 생각해 보라. 당신이 지금껏 경험한 모든 즐거운 관계를 다 합친다고 상상해 보라. 이것들은 인류가 아무런 제약 없이 하나님의 임재 안에서 경험하기로 되어 있는 무한한 기쁨에 대한 실마리일 뿐이다. 친구들을 떠나고 싶지 않아 오랫동안 머문 식탁에서의 모든 미소, 따뜻한 포옹, 풍성한 대화, 음식을 생각해 보라. 이러한 경험을 다 합친다고 해도 인류가 동산에서 하나님을 친밀하게 앎으로 경험한 번영이 어떤 것인지 설명하는 일은 시작조차 못 한다.

사람들과의 관계에서 번영

하나님은 사람이 고립된 개인이 아니라 수많은 관계로 맺어진 공동체 안에서 함께 번영하도록 세상을 만드셨다. 타락 이전에 하나님은 창조 세계가 좋지 않다고 딱 한 번 말씀하셨는데, 바로 첫 사람이 홀로 있을 때였다(창

2:18). 하나님은 아담의 동반자를 만드시고, 그들에게 "생육하고 번성하라"라고 명령하셨다. 이것은 단지 인구를 늘리라는 명령이 아니다. 땅에 충만하고, 땅을 정복하고 다스리라는 명령이 뒤따른다. 달리 말하자면, 인간의 친밀함에서 나온 행동은 인간 공동체 및 다양한 건강한 관계와 제도를 낳는다. 하나님의 세상에서 인간은 관계를 맺으며 살게 되어 있었고, 우리는 수많은 다양한 관계에서 함께 번영하기 위하여 창조되었다.

사회적 갈등이 없는 삶을 상상할 수 있는가? 상대가 나를 온전히 사랑하고 이해하고 있다고 느낄 수 있는 대화를 상상할 수 있는가? 모든 사람이 사심 없이 서로 섬기는 세상을 떠올릴 수 있는가? 다툼, 욕설, 이혼, 학대, 전쟁, 학교 총기 난사, 인종차별이 없는 세상을 상상할 수 있는가? 이러한 것들이 없는 삶을 가늠하기란 어렵다. 그러나 에덴동산에서는 이런 것들이 존재한다고 상상하는 것이 불가능했다.

다른 피조물과의 관계에서 번영

창세기 1장에서 매일의 창조를 묘사한 이후에, 하나님은 그가 만드신 것이 좋았다고 선언하신다. 하나님의 세계의 모든 요소는 의미 있는 일과 깊은 휴식을 제공하기 위해 창조되었다. 그곳에 아픔과 고통은 없다. 그게 어떤 모습일지 상상할 수 있는가? 피부암 걱정 없이 따스한 햇살을 느낀다고 상상해 보라. 아픔이나 지루함 없이 모든 순간이 의미와 목적으로 가득 찬 일과를 생각해 보라. 수고의 열매를 즐거워하면서, 날마다 축하의 향연으로 마무리하는 것을 상상해 보라(날씨는 샌디에이고보다 좋고, 음식은 미쉐린 가이드에 오른 최고급 식당보다 훌륭하다). 솔솔 부는 바람은 하나님이 천식 없는 당신의 폐에 불어넣으신 생명을 생각나게 할 것이다. 음식을 한 입 베어 물 때마다 하나님의 창조 세계의 영광을 맛볼 것이다.

샬롬은 모든 창조 세계의 하모니이며, 그곳에서 하나님은 모든 생명이 그분의 영광을 위해 완벽하게 함께 일하도록 지휘하신다. 샬롬은 하나님과 창조 세계 사이, 그리고 창조 세계의 모든 부분, 곧 사자와 양, 잔디와 토마토밭, 남자와 여자, 아이와 부모, 낮과 밤, 창조성과 불변성, 시와 산문 사이의 완벽한 어울림이다. 오케스트라의 목표가 모든 악기를 조화롭게 모아서 작곡된 곡의 영광을 나타내는 것이듯, 하나님의 창조의 목표는 삶의 모든 측면을 창조자의 영광을 위한 화음 속으로 끌어들이는 것이다. 창조 세계는 샬롬 교향곡이다.

인간: 창조 세계의 지휘자

하나님은 창조 세계의 작곡가이시지만 혼자서 음악을 만들지 않으셨다. 하나님은 인간을 그의 작품에 동참하는 창조 세계의 특별한 일부로 만드셨다. 창세기 1장에서 하나님은 창조 세계의 각 부분을 "좋았다"라고 선언하시지만, 인간이 추가되자 창조 세계의 지위가 "심히 좋았다"로 격상되는데, 이는 인간이 창조 세계의 잠재력을 배양하는 고유한 사명을 부여받았기 때문이다. 하나님은 아담과 하와를 만드실 때 단순히 음악의 청중이 아니라 창조 교향곡의 공동 지휘자로 위임된 견습 음악가들로서 창조하셨다.

인간에게는 고유한 소명이 있다. 우리는 엄청난 권위를 부여받았으며(시 8편), 피조물을 "다스리고" "정복"하도록 명시적으로 부름받았다(창 1:26-28; 2:15). 그러나 사람들은 이 말씀을 종종 오해하기도 한다. 이 말씀은 경솔하게 지구를 초토화하라는 명령이 아니다. 오히려 창조 세계를 돌보면서 창조 세계에 내재한 숨은 잠재력을 발전시키라는 초대다(창 2:15). 이 말씀은 우리를 청지기로 부르고 하나님의 사역에 동참하도록 우리를 초대한다.

하나님은 기성품 같은 세상을 만들지 않으셨다. 그분은 모든 선한 문화의 원료를 창조한 다음 인간에게 문화를 창조하도록 위임하셨다. 인간은 창조 세계의 토양에서 아름다운 그림, 튼튼한 건물, 즐거운 놀이터, 효율적인 교통수단, 맛있는 요리법, 몰입감 넘치는 게임을 만들도록 초대받았다. 인간은 이 일을 탁월하게 수행함으로써 그들이 그 형상을 지닌 창조주 하나님의 위엄을 드러낸다. 하나님의 세계라는 교향곡에서 우리가 부름받은 첫 번째 역할은 하나님과 함께 창조의 잠재력을 끌어올리고, 우리 손으로 하는 일을 통해 창조의 다양한 측면의 질서와 아름다움을 드러내는 것이다.

우리 정체성은 소명만큼이나 특별하다. 우리는 하나님의 창조 세계에서 그분의 형상대로 지음받은 유일한 존재다(창 1:26-28). 우리에게는 하나님이 어떤 분이신지를 독특하게 보여 주는 무언가가 있다. 우리는 창조 세계의 진정한 작곡가에게 경의를 표하기 위해 세상에 세워진 하나님의 기념비와 같다. 인간이 자신의 소명을 다할 때 창조 세계의 광채와 하나님의 영광스러운 성품을 드러낸다. 이것이 우리에게 원래 의도된 방식이었다.

그분의 형상대로 인간을 창조하고 세상을 가꾸는 독특한 소명을 부여한 후, "하나님은 그들에게 복을 주시며 하나님이 그들에게 이르시되 생육하고 번성하여 땅에 충만하라, 땅을 정복하라, 바다의 물고기와 하늘의 새와 땅에 움직이는 모든 생물을 다스리라"(창 1:28)라고 말씀하셨다. 여기서 복의 개념은 샬롬의 개념과 매우 유사하다. 구약성경에서 '샬롬'은 하나님이 의도하신 설계에 따라 살아가는 번영과 번성, 기쁨과 즐거움이라는 의미를 담고 있다. 우리는 하나님, 다른 사람들, 다른 피조물과 올바른 관계를 유지할 때 만족스러운 결실을 위한 하나님의 은총과 힘을 누린다.

아담과 하와는 에덴동산에서 하나님의 풍성한 복과 하나님의 창조 세계라는 완벽한 걸작을 누렸다. 그들은 하나님과 동행하며 완전한 사랑, 경외심, 경배로 그분과 관계를 맺었다. 그들의 나날은 보람 있는 일과 조화로운 관계로 가득했다. 생산적인 일과 즐거운 휴식이 완벽하게 균형을 이룬 세상에서 안전하고, 안심하며, 사랑받고, 번영했다. 그들은 하나님, 사람들, 다른 피조물과 조화롭게 살았다. 하나님의 의도대로 영적·사회적·신체적 안녕을 경험했다. 그들은 하나님과 다른 사람들과 함께 창조 세계의 선함을 더 많이 발견하면서 지속적인 축복을 누리는 놀라운 미래의 상속자였다.

반역: 원래 의도에서 벗어나다

에덴동산에서는 만사가 순조로웠다. 샬롬의 조화가 반역으로 산산조각 나는 비극이 닥치기 전까지는.

하나님은 아담과 하와에게 온 세상을 정원에 차려진 뷔페처럼 주셨고, 그 안에서 일하고 즐길 수 있도록 하셨다. 그들은 선악을 알게 하는 나무(창 2:15-17)를 제외한 거의 모든 식물을 탐험하고 즐길 자유를 누렸고, 그 열매를 먹을 수 있었다. 동산에서의 삶은 풍요롭고 완벽했다. 하나님의 정원사로 고용된 이들의 일은 즐겁고 의미 있었다. 고통과 죽음, 부패의 유일한 가능성은 반역, 즉 금단의 나무 열매를 따 먹는 데에만 있었다. 그러한 행위로 인한 파괴의 잔물결은 궁극적으로 창조 세계의 모든 측면을 관통하여 하나님의 세상의 완벽한 질서와 조화의 구조를 찢고 샬롬을 훼손할 것이다. 그때에는 모든 것이 원래 의도된 대로 돌아가지 **않을 것이다**.

운명의 그날, 뱀의 모습을 한 사탄은 아담과 하와에게 거짓말을 속삭였다. 그는 금지된 과일이 실제로 죽음을 가져다주는 것이 아니며, 나무에서 나온 특별한 지식으로 하나님을 권좌에서 몰아낼 수 있다고 꾀었다. 비극적이게도 그들은 동산에 있는 모든 선의 근원이신 하나님 대신 뱀의 말에 귀를 기울였다.

더 위대한 삶을 기대한 아담과 하와는 하나님을 업신여기며 그 나무에서 열매를 따 먹었다. 하지만 그것은 죽음과 같은 맛을 냈다. 과즙이 아직 턱에서 흘러내리는 동안 세상은 무너지기 시작했다. 세상은 죽음과 파괴, 부패 등 온갖 악으로 가득 찼다. 조화와 풍요로움으로 가득했던 세상은 곧 소외와 결핍으로 채워졌다. 즐거운 예배, 친밀한 관계, 생산적인 일, 선한 창조 세계에 대한 감각적인 기쁨이 있어야 할 세상이 우상숭배와 불의, 저주에 감염된 것이다. 모두 죄 때문이었다.

우상숭배

날이 저물고 바람이 서늘할 때 하나님과 친구처럼 동산을 거닐던 아담과 하와는 이내 하나님을 피해 숨어 지내야 했다. 더 이상 동산에서 하나님과 오후 소풍을 즐길 수 없게 되었다. 그들의 반역 행위는 길고 지루한 반역과 우상숭배라는 역사의 서막에 불과했다.

하나님은 인간에게 무언가를 집을 수 있는 손가락과 숙련된 손을 주셔서, 선하고 아름다운 것들을 빚고, 공을 던지고, 떡갈나무 탁자를 만들고, 아기를 안고, 하나님을 영화롭게 하는 충만하고 풍성한 곳으로 세상을 만들어 가도록 하셨다. 그러나 우리는 그 숙련된 손으로 우상, 즉 하나님의 자리를 대신하여 숭배할 작은 조각상을 깎는 데 사용했다. 만물의 창조주가 아닌 피조물을 숭배하기 시작했고, 이러한 잘못된 숭배는 오늘날에도 계속되고 있다. 사실, 우리는 조각상을 만들지는 않을지라도 여전히 우상을 만든다. 우리는 누군가를 예배하고 섬기도록 지어진 존재다. 그것이 우리 본성이며 우리는 그것을 바꿀 수 없다. 그러나 우리는 창조의 주재이신 하나님을 경배하고 섬기기보다는 피조물을 경배하고 섬기며 모든 삶의 중심을 피조물에 두고 있다(롬 1:22-23, 25). 죄로 가득한 우리 마음은 돈, 권력, 국가, 성, 그리고 한때 선했던 많은 것을 신으로 만들어 **궁극적인** 자리에 올려놓음으로써 악으로 변질시킨다. 그리고 이러한 우상숭배가 우리 사회와 문화 생활을 주도한다. 성경이 공동체적(communal) 우상숭배의 관점에서 죄에 대해 가장 자주 말하는 것은 당연한 일이다!

불의

인간의 반역이 불러온 또 다른 결과는 사회적 소외와 부조화였다. 아담과 하와가 서로 비난하기 시작했을 때 그들의 다툼은 관계적 고통의 시작이었다. 사람들 사이의 관계를 특징짓던 자기를 희생하는 사랑은 이기적인 지배 시도로 바뀌었다. 에덴동산의 그 한 차례 반역 행위로 인해 우리는 지금 죄로 얼룩진 세상에 살고 있으며, 우리의 현실은 갈등과 불의, 두려움, 수치심, 의심으로 가득 차 있다. 이 글을 읽는 지금 이 순간에도 누군가는 페이스북에 인종차별적인 댓글을 달고 있고, 누군가는 악의적인 말로 아이에게 상처를 주고 있으며, 누군가는 폭탄의 전선을 꼬고 있고, 누군가 굶주리는 동안 또 다른 누군가는 잔치를 벌이며 물질을 낭비하고 있으며, 누군가는 신혼집에서 그리 멀지 않은 호텔 방에 누워 부정을 저지르고 있다. 이것은 세상이 **원래 의도되었던** 방식이 아니다. 하나님을 향한 우리 죄와 반역의 **결과일 뿐이다.**

아담과 하와는 낙원에서 쫓겨난 후에도 계속해서 하나님의 형상으로 존재했다. 계속해서 땅을 사람들로 채우고 문화를 발전시켰다. 하지만 죄가 인간 마음속에 침투했고 우상숭배는 사회와 문화생활의 모든 측면을 뒤틀어 놓았다.

창세기 4-11장은 죄의 확산과 그 영향에 대한 비극적인 개요를 제공한다. 경쟁이라는 좋은 선물은 독이 되는 다툼으로 변질되었고, 일이라는 좋은 선물은 살인으로 이어졌다. 하나님이 아벨의 우수한 가축을 인정하셨다는 말을 들은 가인은 질투심에 사로잡혀 생명을 경작해야 할 손을 무기 삼아 동생을 죽였다.

죄는 상업뿐만 아니라 예술, 시민 생활, 인간 사회의 모든 영역을 타락시킨다. 농부였던 가인은 (손에 피를 묻힌 채) 곧 부패로 가득할 도시의 창시자가 되었다(창 4:17). 다음으로 우리는 타락 이후 최초의 시인인 라멕이 아내들에게 노래로 자신의 잔인함을 자랑하는 이야기를 듣는다(창 4:23-24). 죄는 가정, 일, 예술, 상업, 음식, 도시 계획 등 인간의 삶과 문화의 모든 측면에 침투했다.

죄는 개인의 행위뿐만 아니라, 하나님의 창조 세계를 모독하고 그분의 형상을 지닌 다른 사람들을 파괴하는 체제와 삶의 양식을 구축하는 인간 공동체와 문화 제도에도 구현되어 있다. 모든 문화는 우상숭배를 중심으로 삶을 형성하며, 이는 모욕과 불의로 이어진다. 죄로 인해 우리는 전 세계적인 성매매, 낙태로 이익을 얻는 기업, 부유한 사람보다 가난한 사람에게 더 가혹한 형을 내리는 사법 제도 등 모든 제도가 불의를 중심으로 구축된 세상에 살고 있다.

모든 인류는 하나님의 심판을 받아 마땅하다는 것이 노아 이야기에서 볼 수 있는 사실이다. 하나님은 홍수로 땅을 씻어 내셔서 세상의 리셋 버튼을 누르셨다. 방주를 만든 가족에게서 새로운 인류를 건설하시기 위해서다. 그러나 노아 가족도 홍수에 떠밀려 간 다른 이웃들과 마찬가지로 죄로 오염되어 우상숭배와 상해, 불의에 가담한 것으로 드러났다(창 6:5; 8:21). 그러나 하나님은 또다시 리셋 버튼을 누르는 대신 노아에게 복을 주시고 생육하고 번성하라는 문화적 사명을 재언급하시면서 세상을 하나님의 영광으로 채우고자 하시는 하나님의 선교를 지속하실 것을 확언하셨다(창 9:1-17).

온 세상이 죄로 오염되어 있으며 세상의 우상숭배, 불의, 악으로부터 구출되어야 한다는 것은 분명하다. 하나님의 형상을 반영하도록 창조된 바로 그 인간이 하나님의 형상을 왜곡하는 존재가 되었다. 하나님의 선한 세상을 돌보도록 지음받은 사람들이 그 세상을 더럽히고 말았다. 창세기 11장에 이르러서 우리는 인간 문화와 사회 전체가 하나님의 세상을 타락시키는 것과 이로 인해 하나님의 구원의 손길이 절실히 필요한 세상을 보게 된다.

저주

인간의 반역으로 영향을 받은 것은 인간만이 아니다. 인간은 창조 세계의 통치자이자 청지기로 창조되었기 때문에, 창조 세계 전체가 인간 반역의 여파에 휘말리게 되었다. 인간이 아닌 다른 피조물에도 저주가 내렸고, 이내 그들도 [앨프리드 테니슨 경(Alfred, Lord Tennyson)의 말처럼] "이빨과 발톱이 붉게 물들었다." 동물들은 고통받고, 세상은 지진과 쓰나미와 토네이도로 경련을 일으킨다. 고통받는 창조 세계 전체가 하나님 자녀들의 해방을 갈망하는 것은 당연하다. 그때에 창조 세계도 저주의 속박에서 해방될 것이기 때문이다(롬 8:19-22).

다른 피조물들은 그 자체뿐만 아니라 인간과의 관계에서도 타락하였다. 죄의 영향 때문에 우리 손으로 하는 수고에 괴로움이 더해진다. 더는 일이 즐겁고 기쁘고 만족스럽지 않고, 너무 자주 고통과 권태를 경험한다. 세상을 이기적으로 지배하는 가운데 돌봄과 청지기 직분에 대한 성경적 명령을 무시하는 문화를 만들어 온 결과로 기아에서 에이즈, 핵무기, 지구 온난화, 줄어드는 에너지 공급과 임박한 물 부족, 독성 화학 폐기물, 오존층 파괴에 이르기까지 엄청난 문제가 발생했다. 우리는 우리 자신의 착취적이고 파괴적인 욕망의 희생자가 되고 말았다.

우리 몸은 고통과 질병으로 몸살을 앓고 있으며 궁극적으로 우리 모두는 죽음을 직면한다. 이 글을 읽는 지금 이 순간에도 죄의 물리적 영향이 세상을 혼란에 빠뜨리고 있다. 누군가는 병원에서 자녀가 말기 암에 걸렸다는 소식을 듣고 있고, 자폐증은 누군가와 말하고 싶어 하는 아름다운 사람의 음성을 소거하고 있으며, 당신이 앉아 있는 바로 그 방에서 박테리아가 당신을 죽이려 하고 있다. 암, 관절염, 돌발 홍수, 뇌진탕, 탈수, 설사 등은 죄가 존재하기 때문에 존재하는 것이다. 당신이 비교적 평탄한 삶을 살았거나 지금 이 순간 고통을 느끼지 않는다고 할지라도, 당신은 당신이 언젠가

죽는다는 것을 알고 있다. 이 문장을 읽고 있는 당신 눈은 언젠가는 감길 것이다.

　이 말은 우울함과 절망을 불러일으키기 위한 것이 아니다. 오히려 그 반대다! 나쁜 소식을 알면 마침내 좋은 소식을 들을 수 있다. 어둠을 느낄 때 우리는 빛을 반가이 맞을 수 있다. 현실의 추위를 뼈저리게 느낄 때 우리는 온기를 갈망한다. 여기에 좋은 소식과 빛과 온기가 있다.

회복: 세상을 원래 모습으로 되돌리기

모든 창조 세계가 우리의 어리석은 반역으로 인해 세상에 닥친 고통과 저주로부터 해방을 갈망하며 신음하고 있다. 우리도 마찬가지로 하나님이 의도하셨던 원래 모습으로 세상이 회복되기를 갈망한다. 그리고 여기에 좋은 소식이 있다! 성경에 기록된 하나님의 선교 이야기는 바로 이 기쁜 소식, 즉 온 세상과 인간의 삶 전체를 원래의 샬롬과 축복으로 되돌리고자 하는 하나님의 계획이다. 우리는 이 선교에 참여하도록 부름받았다. 그러므로 이 교향곡을 주의 깊게 들어 보자. 어느 정도 곡이 진행되어 우리 때가 오면, 악기를 집어 들고 우리 파트를 연주할 수 있을 것이다.

이스라엘
하나님은 독주가 아닌 독특한 방식으로 그분의 선교를 수행하기로 하셨다. 하나님은 옛 세상 한가운데에 인간 공동체를 형성하셔서 그분이 지으시는 새 세상의 핵심이 되게 하셨다. 하나님께 반역하여 세상을 죽음으로 물들인 죄 많은 인간이 하나님이 선택하신 악기가 되었다. 아름다운 창조 교향곡을 작곡하셨던 것처럼, 하나님은 타락한 창조 세계를 회복하기 위한 선교 교향곡인 재창조의 대작을 작곡하기 시작하셨다. 작곡가가 걸작을 쓰기 위해 펜을 고르듯이, 하나님은 먼저 연약한 부부 아브라함과 사라를 선택하셨다. 이들의 자손은 언젠가 한 민족을 이루고 병든 창조 세계를 치유하기 시작할 것이다. 참으로 이상하게도, 하나님은 다른 사람들처럼 우상숭배에 빠져 있던 자녀 없는 부부를 선택하셔서 그분의 선교를 시작하셨다(수 24:2). 이 부부의 이야기에서 우리는 하나님이 그 백성을 통해 어떻게 하나님의 선교를 수행하시는지 들을 수 있다.

아브라함과 그의 가족

인간은 중요한 일을 할 때 강력한 도구를 사용하고자 하지만, 하나님의 방법은 다를 때가 많다. 하나님은 죄의 저주에 맞설 파트너가 될 한 공동체를 형성함으로써 구출 작전을 시작하신다. 이집트 같은 기존 강대국을 선택하시지 않고 한 사람 아브라함을 선택하셔서 한 나라를 세우게 하신다.

하나님은 아브라함을 다른 땅으로 보내시고, 그에게 복을 주셔서 아브라함이 땅의 모든 민족에게 복의 통로가 되게 하신다(창 12:1-3; 18:18-19). 복은 하나님의 창조 설계에 따라 살아갈 때 찾아오는 인간의 번영과 기쁨이다. 복은 하나님, 다른 사람, 다른 피조물과 올바른 관계 속에 살아갈 때 얻는 기쁨과 만족이다. 따라서 창조 세계의 축복과 샬롬을 회복하려면 하나님, 다른 사람, 다른 피조물과의 관계가 회복될 때에만 가능하다. 그리고 바로 아브라함에게 주신 하나님의 약속에서 우리는 이를 발견할 수 있다.

아브라함에게 주신 약속은 그와 사라의 자손에게서 나올 백성, 즉 사회적·경제적·문화적 관계에서 회복되어 그 자체가 하나님의 선물이자 축복인 풍요로운 땅에서 하나님의 원래 의도에 따라 살게 될 백성에게로 확장된다.

그러나 이 모두는 그것을 주신 하나님과의 관계 속에서만 누릴 수 있다. 창세기 12장에서 아브라함이 처음 받은 약속은 머지않아 구속력 있는 계약

형태를 띠게 된다. "내가 내 언약을 나와 너와 네 후손 사이에 영원한 언약으로 세워 네 하나님과 네 후손의 하나님이 되게 하리니…나는 그들의 하나님이 되리라"(창 17:7-8). 하나님은 한 백성이 다시 하나님을 사랑하고 섬기며 예배하도록 회복하고 계신다.

그러므로 복은 하나님, 사람들, 다른 피조물과의 관계를 회복하는 것이다. 이 복은 아브라함과 그의 자손으로부터 시작하지만 그들만을 위한 것이 아니다. 그들은 주변 나라와 세상 모든 민족에게 하나님의 복을 전달하는 통로가 되어야 한다. 하나님은 아브라함을 선택하여 "그 자식과 권속에게 명하여" 주님의 길을 따라 정의와 공의를 행하도록 하신다. 이렇게 해서 그들은 하나님의 복을 나타낼 것이며, 하나님은 그들을 통해 땅의 모든 민족에게 복을 가져다주셔서 하나님의 사랑과 돌봄이 그들 모두에게 미치게 하실 것이다(창 18:18-19).

하나님의 언약 백성은 그분이 세상의 죄와 악을 다루시기 위한 도구가 된다. 창세기 3-11장의 저주는 12장에 약속된 축복으로 대체될 것이다. 아브라함의 가족은 하나님이 세상을 향해 **약속하신** 목표와 목적을 자신들의 삶에 짊어진다. 언젠가 하나님이 선교를 **완성하실** 때 온 땅에 충만하게 될 복과 샬롬은 그 선교를 시작하시는 지금, 하나님 백성의 특징이 된다.

얼마나 고귀한 소명인가! 특히 아브라함과 사라와 그 후손의 겉보기에는 평범하고 망가진 삶에 대해 읽을 때 하나님 백성을 두고 이런 주장을 하는 것은 거의 터무니없게 들린다. 이들 이야기가 창세기의 대부분을 차지한다. 창세기에서 분명한 것은 하나님 백성이 계속해서 실패하더라도 하나님은 여전히 신실하셔서 그분의 선교를 지속하시며 그 백성을 사용하신다는 것이다. 창세기는 아브라함의 영웅담이 아니라 모든 민족에게 복을 베풀고자 하는 하나님의 사랑 이야기다. 그분은 엘 샤다이, 즉 창조 세계에 베풀 복을 회복하는 데 방해가 되는 모든 장벽을 극복할 능력을 지니신 분이다(창 17:1;

참조. 출 6:2-3).

출애굽

창세기 이야기는 아브라함의 후손이 이룬 작은 부족이 기근을 피해 이집트로 떠나는 것으로 끝난다. 출애굽기는 그로부터 400년이 지나서, 이집트 파라오와 그가 섬기는 신들에게 속박된 채 살아가는 수많은 사람의 이야기를 다룬다. 아브라함의 후손이 열방을 위한 축복의 백성이 되려면 먼저 이집트의 신들로부터 해방되어야 한다. 그래서 여호와 하나님을 대변하는 모세와 이집트 신들의 인간 대표인 파라오 사이에서 극적인 대결이 벌어진다. 하나님은 이집트 신들의 권력을 직접 겨냥한 여러 재앙을 통해 그들에게 심판을 내리시고(출 12:12), 이스라엘은 우상으로부터 해방되어 살아 계신 하나님을 섬기게 된다. 그리고 하나님은 모세를 통해, 불평과 불만을 품은 백성을 광야를 지나 시내산에 이르도록 인도하신다.

하나님은 왜 작고 잘 알려지지 않은 노예 민족을 위해 이 모든 일을 하셨을까? 아마 그들도 궁금해했을 것이다. 여호와 하나님은 모세에게 이런 말씀으로 이 질문에 답하라고 말씀하신다. "내가 애굽 사람에게 어떻게 행하였음과 내가 어떻게 독수리 날개로 너희를 업어 내게로 인도하였음을 너희가 보았느니라. 세계가 다 내게 속하였나니 너희가 내 말을 잘 듣고 내 언약을 지키면 너희는 모든 민족 중에서 내 소유가 되겠고 너희가 내게 대하여 제사장 나라가 되며 거룩한 백성이 되리라"(출 19:4-6). '내 소유가 된다'라는 표현은 선택의 언어다. 온 땅이 하나님의 소유이기 때문에 하나님은 이스라엘을 제사장 나라와 거룩한 나라로 선택하신 것이다. 제사장 역할은 백성에게 하나님의 대리자이자 그분의 임재와 축복의 중재자가 되는 것이다. 이스라엘은 열방 가운데서 제사장 역할을 맡아 하나님의 지혜로운 길을 나타내며 열방 가운데서 하나님의 임재와 축복의 중재자 역할을 하는 독특하고 거룩한 민족이 되어야 한다.

이스라엘이 하나님의 선교에 참여하는 것은 그들의 공로나 힘, 능력에 근거한 것이 아니라 하나님의 구속의 은혜에 대한 반응이다. 하나님은 그들을 약속하신 땅으로 보내 선교적 사명을 감당하게 하시기 전에 성막에서 그들 가운데 거하신다. 그들을 구출하신 하나님은 그들이 제사장 사명을 수행할 수 있도록 그들 가운데 임재하시며 권능을 베푸신다.

율법

하나님 백성은 복의 약속을 품어야 하므로 독특하고 거룩한 삶을 살며 열방 가운데서 하나님의 샬롬을 드러내도록 부름받았다. 그래서 하나님은 하나님 사랑과 이웃 사랑에 기초한 율법으로 통치되는 거룩하고 제사장적인 왕국의 모습에 대한 비전을 제시하신다(출 20-23장).

율법은 이스라엘에게 좋은 소식이었으며, 그들은 율법을 금보다 귀하고 꿀보다 달콤한 삶의 방식이라고 노래했다(시 19:7-11; 119편). 율법은 하나님에 대한 예배와 봉사를 규정하고 이스라엘이 불순종했을 때 깨진 언약을 회복하기 위한 수단을 마련했다(레위기). 하나님의 샬롬과 복을 나타내도록 이스라엘의 모든 문화, 정치, 사회, 농업, 경제생활을 형성했다(신명기). 그것은 그들이 다른 피조물에 대한 신실한 청지기 직분을 수행하도록 지시했다. 하나님의 법은 다른 나라의 법과 비교할 때 독특하게 아름다웠는데, 그것은 하나님이 만드신 모든 것에 대한 그분의 창조 의도를 바탕으로 만들어졌기 때문이다. 예를 들어, 하나님의 법은 당시(와 오늘날!)의 다른 법규와는 달리 강자의 권리를 보호하기보다는 약하고 힘없는 사람들을 돌보았다. 하나님의 율법은 고대 근동의 문화적 맥락에서 샬롬이 어떤 모습이어야 하는지를 엿볼 수 있게 해 주었고, 주변 국가들에게 하나님의 독특한 지혜를 보여 주었다(신 4:5-8). 이스라엘은 공동체 생활에서 이 율법을 체현하고 순종함으로써 모든 피조물의 번영으로 이어질 축복으로 가득 찬 삶의 양식을 세상에 보여 주었다.

주변 민족들의 법은 가혹한 독재자의 변덕에 중심을 두었지만, 하나님의 법은 창조 세계에 대한 그분의 뜻에 중심을 두었다. 이러한 법 중 일부는 우리가 이해하기 어려운 부분도 있지만, 그 당시 널리 퍼져 있던 악하고 불의한 관행에 맞서기 위해 의도된 것들이었다. 이러한 율법 중 일부만 살펴보아도 이를 알 수 있다. 하나님 백성은 하나님을 사랑하고(신 6:4), 이웃을 사랑하며(레 19:18), 가족의 역할을 존중하고(레 19:3, 32), 가난한 자들을 돌보며(신 15:7-11), 경제적 정의를 추구하고(레 19:13), 장애인들에게 긍휼한 마음을 가지며(레 19:14), 사법 체계에서 공정함을 나타내고(레 19:12, 14), 상업에서 정직을 실천하며(레 19:35-36), 성적 고결함을 유지하고(레 19:20-22), 환경을 돌보며(레 25:4), 이민자들에 대한 돌봄과 환대를 실천하도록 부름받았다.

이러한 예의 대부분은 레위기 19장에 나온다. 거기에서 하나님은 그분의 백성에게 거룩에 대한 비전을 제시하기에 앞서 거룩이 왜 중요한지 설명하신다. "너희는 거룩하라. 이는 나 여호와 너희 하나님이 거룩함이니라"(2절). 하나님 백성은 하나님의 거룩하심에 대한 살아 있는 비유이자 눈에 보이는 모범이 되어야 한다. 그들이 이 율법을 지킨다면 선하시고 사랑이 넘치시며 정의로우시고 지혜로우시며 자비로우신, 또한 창조 세계의 충만함을 돌보시는 하나님을 주변 나라에 보여 줄 것이다.

땅

하나님은 아브라함에게 그의 가족을 자신의 땅을 가진 민족으로 만들겠다고 약속하셨다. 축복, 번영, 샬롬은 아담과 하와가 에덴동산에서 그랬듯이, 선한 창조 세계에서 자신의 거처를 차지하며 이 세상에서 거주하는 것을 의미한다. 이스라엘은 출애굽 이후에도 이 기쁨을 알지 못했다. 아브라함과 족장들은 물리적 고향에 대한 **약속**만을 갖고 팔레스타인을 떠돌아다녔다(히 11:9). 이스라엘 백성은 이집트에서 땅 없는 이민자였고, 이집트를 떠난 후에도 고향이라 부를 만한 집이 없이 광야를 떠돌았다. 그러나 주님께서 아브라함과의 약속을 지키시고 여호수아를 통해 이스라엘을 그 땅으로 인도하셨을 때 이 모든 것이 바뀌었다(수 21:43-45).

이스라엘이 하나님의 샬롬을 알고 나타낼 수 있도록 (새 창조의 출발점인) 땅이 선물로 주어졌다. 그러나 하나님의 경륜에서 항상 그렇듯이 선물에는 책무가 따르고 특권에는 책임이 따른다. 이스라엘은 **모든** 민족과 **온** 창조 세계에 축복과 샬롬을 회복하시려는 하나님의 목적의 표시로서 하나님의 율법을 그 땅에 충실히 구현해야 했다. 그러나 그 땅에는 유혹과 위험도 함께 있었다. 이스라엘에게 약속된 땅에서 앞서 살고 있던 민족들은 아담의 반역으로 인한 우상숭배와 불의, 저주에 속박되어 있었다. 그래서 이스라엘도 같은 우상숭배의 패턴에 빠질 위험이 있었다. 빛이 되기는커녕 어둠에 지배당할 수도 있고, 차별성을 갖기는커녕 이웃들의 우상숭배에 잠식될 수도 있었다.

열방 가운데서 이스라엘이 소명을 받는 드라마는 매우 공개적인 방식으로 펼쳐져야 했다. 이스라엘은 고대 근동 세계의 교차로에 위치해 있었기 때문에 주변 강대국들의 군사적 조준선에 놓여 있었다. 그들은 연약했기에 생존하려면 하나님의 공급과 보호에 의존해야 했다.

요즘 사람들은 주변 경관에 따라 집을 선택하는 것이 일반적이다. 창밖을 내다보며 바다나 숲, 일몰이나 우아한 건축물 등 아름다운 풍경을 보고 싶어 한다. 하나님도 땅을 선택하실 때 경관 때문에 선택하셨지만, 그것은 완전히 다른 종류의 경관이다. 하나님은 이스라엘을 위해 특정 땅을 선택하셨는데, 그 이유는 하나님 백성이 항상 주변 국가들을 바라볼 수 있도록 하기 위해서였다. 에스겔은 이렇게 기록한다. "주 여호와께서 이와 같이 이르시되 이것이 곧 예루살렘이라. 내가 그를 이방인 가운데에 두어 나라들이 둘러 있게 하였거늘"(겔 5:5). 하나님은 그 백성을 타임스퀘어에 있는 유리 집처럼 열방의 눈에 띄게 하셔서, 그들을 통해 모든 사람이 하나님과 율법의 독특함을 보게 하셨다(신 4:8-9). 하나님의 부동산 사업은 근본적으로 선교적이다. 그분은 그 백성에게 좋은 경관을 제공하는 대신, **그들 자체가** 좋은 경관이 되어 하나님에게서 오는 축복과 샬롬을 그들에게서 엿볼 수 있도록 하셨다.

이스라엘이 신실하고 정의롭게 소명에 순종하며 살아간다면, 주변 국가들은 하나님의 통치 아래서 세상이 원래 의도되었던 방식을 엿볼 수 있을 것이다. 그러나 이스라엘이 주변 민족들의 우상숭배에 굴복하고 거룩한 나라로서 제사장적 소명을 실천하지 않는다면, 이스라엘에 대한 하나님의 언약적 심판이 열방 가운데 드러날 것이다.

슬프게도 이스라엘은 죄와 불순종의 길을 선택한다. 사사기가 끝날 무렵, 하나님 백성은 그 땅에서 번성하지 못하고 있다. 우상숭배와 불의에 빠져 내리막길을 걷고 있다. 그들은 아름다운 율법을 소유하고 있지만, 그 율법을 온전히 순종하지 않아 하나님의 선교에서 자신의 역할을 다하지 못한다. 구별되고 성별되기는커녕 이웃을 모방하였고, 열방의 빛이 되기보다는 어둠 속으로 가라앉고 말았다.

왕국

사사기는 이스라엘이 배교와 우상숭배로 타락하는 과정을 서술한다. 사사기는 놀랍게도 왕의 필요성을 언급하며 끝을 맺는다(삿 21:25). 사사기 저자는 왕이 이스라엘이 언약적 반역에 빠지는 것을 끝낼 수 있는 수단일지도 모른다고 믿었다. (사사기에 이어지는) 사무엘서는 하나님이 이스라엘에 왕을 허락하셔서 열방 가운데서 샬롬의 존재가 되라는 소명을 어떻게 성취하게 하셨는지 이야기한다. 하지만 안타깝게도 이스라엘은 "다른 나라들"의 지도자들과 같은 잘못된 종류의 왕을 원했다(삼상 8:5, 20). 하나님은 이스라엘에 하나님의 통치를 중재하고 그 통치 아래서 충실하게 살 수 있도록 도와줄 왕을 원하셨지만, 이스라엘은 하나님을 대신하여 자신들 편에서 싸워 줄 왕을 원했다. 하나님은 그들의 소원을 들으시고 사울을 주신다. 하지만 사울의 통치는 당연히 실패와 불명예로 막을 내린다.

사울 이후, 하나님은 그분의 마음에 맞는 왕(삼상 13:14) 다윗을 백성에게 주신다. 그는 이스라엘의 대적들을 물리치고, 이스라엘이 하나님이 임재해 계신 성전을 중심으로 살아가게 하며, 율법을 준행함으로써 백성들을 언약적 신실함으로 인도하려 한다. 이러한 신실한 왕 아래서만 이스라엘은 자신들의 소명을 완수하리란 희망을 가질 수 있었다.

다윗은 신실한 사람이었지만, 그 또한 약점이 있었다. 그는 이스라엘이 완전히 하나님의 통치 아래 살아갈 수 있도록 하기는커녕, 자신조차 그렇게 하지 못했다. 그러나 하나님은 다윗이 할 수 없었던 일을 성취할 한 왕을 이스라엘에게 주시기로 그에게 약속하셨다. 이 왕은 세계와 영원한 나라를 다스릴 것이다(삼하 7:11-16). 하나님이 아브라함에게 주신 약속, 곧 이스라엘이 먼저 복을 받고 이스라엘을 통해 모든 열방에 퍼져 나갈 것이란 약속은 다윗 가문에서 나오는 한 왕에 의해 성취될 것이다. 시편과 그 이후 선지서들에는, 하나님 나라를 시작할 다윗 후손인 한 왕에 대한 희망이 나타난다. "사람들이 그로 말미암아 복을 받으리니 모든 민족이 다 그를 복되다 하리로다"(시 72:17).

다윗 왕은 예루살렘에 성전을 건축하도록 솔로몬에게 위임하였고, 결국 솔로몬 왕이 성전을 짓는다. 성전은 하나님 백성과 맺은 특별한 언약과 임재를 상징하는 아름다운 예배 장소이자 이스라엘 삶의 중심이었다. 그러나 성전은 **이스라엘만**을 위한 것이 아니라 언젠가는 **만민**이 기도하는 집이 될 것이다(사 56:6-8). 하나님은 우상숭배의 바다에 예배의 섬을 세우고 계셨다. 하나님은 열방이 보는 앞에서, 참 하나님을 예배하도록 그분의 백성을 부르시고, 열방 또한 거기에 동참하도록 초대하신다(시 67:4; 96:3-10).

이스라엘의 예배는 단순히 의식을 수행하는 것이 아니라 공적인 거룩한 삶, 하나님의 독특한 정의와 자비를 보여 주는 삶을 통해 하나님과 강력한 관계를 맺기 위한 것이었다. 선지자들은 이스라엘 백성이 예배 의식을 행하면서 동시에 우상숭배와 불의를 행할 때 단호하게 그들을 꾸짖었다. 하나님은 이스라엘이 안식일을 지키고, 금식하고, 꼼꼼하게 희생 제사를 드리면서도 동시에 약자를 억압할 때마다 그들을 향한 분노와 혐오감을 표출하셨다. 예배는 정의와 공의의 삶이 수반될 때만 하나님이 받으실 만한 것이 된다(사 1:10-17; 58:6-8; 암 5:21-24).

이스라엘 왕국은 열방의 빛이 되고 땅끝까지 구원의 도구가 되어(사 49:6) 하나님의 통치 아래서 샬롬이 어떤 것인지 열방에 보여 주어야 했다. 그러나 다윗의 왕손은 이스라엘이 하나님의 통치 아래 살도록 인도하는 대신 언약을 배반하면서 나라를 이끌었다. 성전은 예배와 희생 제사로 이스라엘을 풍요롭게 하는 대신, 형식적인 관습과 거짓 확신의 처소가 되고 말았다. 이스라엘이 하나님이 인간의 삶에 의도하신 것을 열방 앞에서 나타내기 위한 그들의 소명을 완수하기 위해서는 더 위대한 것, 곧 성전보다도 더 위대한 하나님의 임재에 대한 증거와 다윗보다도 더 위대한 왕이 필요했다.

유배

결국 이스라엘의 반역은 하나님의 심판을 불러온다. 하나님은 이방 나라들을 일으키셔서 그들을 정복하게 하시고, 그 땅에서 그들을 제거하신다. 이스라엘은 열방의 빛이 되기를 거절하였고, 그렇기에 열방 사이에 흩어져야 했다. 이 심판은 두 가지 파장으로 일어났는데, 기원전 722년에 북쪽 열 지파(북이스라엘)가 앗수르에 의해 흩어졌고, 586년에 남은 두 지파(유다)도 바빌론에 정복되어 유배되었다. 이스라엘 역사상 최악의 상태였다.

참 하나님을 섬기기를 거절한 이스라엘은 우상숭배에 빠진 곳에서 살아가야만 했다. 다른 이들을 위한 복이 되기를 거부하였기에 유배의 저주를 경험해야 했다. 가장 취약한 사람들을 하찮게 여겼기에 하찮은 곳에서 사는 법을 배워야 했다. 좋은 땅을 더럽혔기에 이제 이방 땅에 수목을 심어야 했다. 하나님 백성이 바빌론으로 비틀거리며 걸어갈 때 경험했던 고통, 수치, 환멸은 아무리 강조해도 지나치지 않다.

유배 생활은 하나님 백성이 어떻게 살아야 하는지에 대해 어려운 질문들을 불러일으켰다. 그들에게는 여전히 사명이 있는가? 만약 그렇다면, 이 약함의 자리에서 어떻게 그 사명에 신실할 수 있는가? 율법의 포괄적인 안내가 없는 상황에서 신실함은 어떻게 표현되어야 하는가? 바빌론 문화의 어떤 측면을 거부해야 하며, 또 어떤 것을 포용해야 하는가? 이방 왕의 억압적인 통치 아래서 선교적 정체성은 어떤 모습이어야 하는가? 그들은 바빌론 이웃들과 어떻게 관계해야 하는가? 이스라엘은 유배지에서 두 개의 거대한 유혹을 마주하였다. 한편으로, 일부 하나님 백성은 포로기가 끝날 때까지 공적 증언에서 물러나고자 하는 유혹을 받았다. 등껍질 속으로 몸을 감춘 거북이처럼, 그들은 바빌론의 삶과 접촉하는 것을 피하면서 단절된 하위문화로서 그들의 길을 유지하고자 했다. 반면에, 어떤 사람들은 바빌론의 문화와 우상숭배적 관습에 동화되고자 하는 유혹을 받았다. 카멜레온처럼, 그들은 주위 환경과 뒤섞여 하나님과의 언약 관계에 기인한 그들의 고유한 선교적 정체성을 잃어버렸다.

그러나 하나님은 예레미야 선지자를 통해 (거북이도 카멜레온도 아닌) 제3의 길, 즉 구별됨을 유지하며 열방을 향한 복이 되는 길을 그 백성에게 보여주셨다.

너희는 집을 짓고 거기에 살며 텃밭을 만들고 그 열매를 먹으라. 아내를 맞이하여 자녀를 낳으며 너희 아들이 아내를 맞이하며 너희 딸이 남편을 맞아 그들로 자녀를 낳게 하여 너희가 거기에서 번성하고 줄어들지 아니하게 하라. 너희는 내가 사로잡혀 가게 한 그 성읍의 평안을 구하고 그를 위하여 여호와께 기도하라. 이는 그 성읍이 평안함으로 너희도 평안할 것임이라. (렘 29:5-7)

비록 그들이 우상숭배로 가득한 불의한 도시에서 살아가고 있지만, 하나님은 그들에게 좋은 정원을 가꾸고 튼튼한 가정을 꾸리라고 명령하신다. 익숙한 이야기 같지 않은가? 이는 기본적으로 동산에서 아담과 하와에게 주신 것과 동일한 지침이다. 이스라엘은 죄로 얼룩진 세상에 살고 있지만, 하나님이 동산에서 주신 선한 문화를 만드는 일에 계속 참여하라는 부름을 받았다. 유배지에서도 하나님은 그들을 소망의 단서와 인간 번영의 통로가 되라고 부르신다.

예레미야 29장 7절에서 예레미야가 '평안' 혹은 '평화'에 대해서 언급할 때, 그는 히브리 단어 '샬롬'을 사용한다. 다시 말하지만, 샬롬은 하나님, 사람들, 다른 피조물들 사이의 바른 관계로부터 나오는 번영하는 세상을 가리킨다. 하나님 백성은 그들의 가족을 죽이고 그들을 낯선 땅으로 끌고 온 바로 그 사람들의 번영을 구하는 것을 통해, 하나님의 변함없는 사랑을 증언하도록 부름받았다. 그들은 심지어 예루살렘이 폐허가 되었을 때 바빌론의 유익을 구하도록 부름받았다. 그들은 도시 중심부에서 하나님의 정원의 작은 터를 가꾸면서 가장 적대적인 원수들을 사랑하고 축복하도록 부름받았다. 그들은 우상숭배, 억압, 불의 뷔페 한복판에서 그들과 구분되는 좋은 삶을 살아 하나님 나라의 맛을 제공하도록 부름받았다.

마침내 포로 생활이 끝나 성전을 재건하고 예루살렘에는 사람들이 다시 거주한다. 그러나 예루살렘은 본래의 웅장함을 잃고 백성은 점령국의 억압적인 권위 아래서 여러 세대에 걸쳐 고통을 겪는다. 이스라엘은 하나님이 주신 땅에서 여전히 이방 왕들의 노예로 살면서 사실상 포로 생활을 하고 있다(느 9:36-37).

선지자들

이스라엘은 하나님의 선교에 초대받았지만 제 역할을 다하지 못했다. 그들은 죄의 해결책이 되어야 했지만, 오히려 문제의 일부분이 되었다. 회복의 날을 내다보았던 이스라엘의 선지자들에게 주어진 말씀만이 유일한 희망의 원천이었다. 선지자들은 하나님이 이스라엘에 임하셔서 전쟁을 평화로 바꾸고 완전한 정의를 세우며 모든 창조 세계를 새롭게 하실 날에 대해 이야기했다. 상처가 아물고, 가족이 화해하며, 고통은 잊힌 기억이 되고, 열방이 모여 하나님을 기쁘게 예배하는 일에 동참하게 될 것이다.

선지자들은 사자와 어린양이 함께 거하며, 전쟁 무기가 농기구로 개조되는 한 날을 시적으로 묘사했다. 더 이상 전쟁에 참여할 필요가 없기에, 모든 사람이 완전히 안전하게 함께 거할 것이다(사 2:4; 11:1-10; 슥 9:10). 선지자들은 하나님이 세상에 의도하셨던 복을 회복하실 때 임할 총체적 인간 번영의 샬롬을 묘사했다. 선지자들은 이 평화가 특별한 왕으로부터 임할 것을 기대했다. "기묘자라, 모사라, 전능하신 하나님이라, 영존하시는 아버지라, 평강의 왕이라" 불리는 분이 정의와 샬롬의 나라를 세우실 것이다(사 9:6-7). 그들은 온 창조 세계를 새롭게 하시기 위해 능력으로 부어 주시는 하나님의 성령의 사역으로 주어질 평화를 기대했다.

물론, 하나님은 샬롬을 확립하기 위한 그분의 계속되는 선교에서 이스라엘을 건너뛰실 수도 있었다. 하지만 하나님은 그들에게 기회를 주셨고, 그들이 선교적 사명을 완수하는 일에 필요한 모든 것을 공급하셨다. 그러나 하나님은 이스라엘을 버리지 않으셨다. 하나님은 이스라엘에게 말씀하셨다.

"내가…**너희로 말미암아** 나의 거룩함을 나타내리니 내가 여호와인 줄을 여러 나라 사람이 알리라." 하나님은 그들을 우상숭배에서 깨끗하게 하시며, 새로운 마음을 주시고, 그분의 영을 주셔서 이스라엘을 모으시고 회복하시리라 약속하셨다. 그때 이스라엘의 언약 정체성은 회복될 것이다. 곧 하나님은 그들의 하나님이 되시고, 그들은 하나님의 백성이 될 것이다(겔 36:23-28). 그들을 통하여, 하나님은 그분의 선교를 성취하실 것이다. 열방이 복을 받고, 창조 때의 생명으로 회복될 것이다. 하나님은 모든 창조 세계와 인간의 삶 전체를 항상 의도하셨던 상태로 회복하고 새롭게 하실 것이다. 이것이 선지자들의 시대에 이스라엘이 열망한 좋은 소식이었다(사 52:7-10).

중간기

이스라엘은 사백 년 동안을 기다리고 또 기다렸다. 포악한 제국들이 차례로 등장했고, 마침내 가장 잔인한 제국 로마가 그 정점을 찍었다. 그러나 이스라엘의 많은 이들은 계속하여 성경을 읽었다. 이스라엘 역사가들은 언젠가 복이 땅에 충만하게 될 것이라 약속했다. 시편을 읽으면서 언젠가 하나님 나라가 오리라는 기대감으로 노래할 수 있었다. 선지서에는 하나님이 돌아오셔서, 메시아를 통해 그 땅을 다스리시고, 그분의 영으로 세상을 새롭게 하실 것이란 비전으로 가득 차 있었다. 그러나 언제, 어떻게 그렇게 될 것인가? 그날이 이르기까지 이스라엘 백성은 어떻게 살아가야 하는가?

이 질문들에 대한 답은 이스라엘의 다양한 분파마다 서로 달랐다. 이는 그들 사이에서 종종 분쟁, 때로는 폭력적인 다툼을 불러일으켰다. 그러나 이러한 차이에도 불구하고, 이스라엘은 그들의 하나님이 돌아오셔서 그 나라를 회복하기 위해 행동하실 것이라는 공통의 신념을 공유했다. 페르시아로부터 시작해 그리스, 마지막으로 로마에 걸친 억압을 경험하면서, 이스라엘의 예언적 소망은 억압자들에 대한 자민족중심적 증오로 왜곡되었고, 하나님 나라에 대한 개념 또한 민족주의적 특권을 향한 욕망으로 바뀌었다. 하나님은 분명 돌아오시지만 **이스라엘만을 위해서**, 더 심각하게는 이스라엘의 특정 **분파**만을 위해서 그렇게 하실 것이라 생각했다. 이스라엘은 선교적 사명감을 잃어버렸다.

그러는 사이에 모든 이스라엘은 하나님 이야기가 절정에 이르기를 기다렸다.

그리스도

그리고 그 절정은 **실제로** 도래했다. 하지만 이스라엘 사람들의 상상과는 매우 다른 방식이었다. 하나님은 세상 죄를 감당하고 모든 피조물에 창조적 복을 회복하는 도구로 이스라엘을 선택하셨다. 그리고 나서 예수님이 오셔서 이스라엘을 **대표하여** 그들의 사명을 맡으시고 완수하셨다. 그러나 전혀 예상하지 못한 방식으로 그렇게 하셨다.

예수님은 이스라엘의 소망의 중심 이미지인 하나님 나라를 포착하셨다. 이스라엘이 하나님 나라를 상상할 때, 그들은 하나님이 그분을 대적하는 이방 나라들을 무너뜨리시고, 정의로운 통치를 회복하시리라 생각했다(단 7:1-14). 하나님의 강력한 역사가 하나님의 영에 의해, 다윗의 후손 안에서 역사의 종국에 일어날 것이라 믿었다. 그러나 예수님이 오셔서 하나님 나라가 **이미** 도래했다고 선언하신다(마 4:17, 23; 막 1:14-15; 눅 4:43). "창조의 복과 샬롬의 회복이 내 안에 있다"라고 말씀하신 것이다. 종말의 구원이 도래했다.

예수님이 선포하신 구원은 포괄적이다. 예를 들어, 누가는 인류가 하나님께로 회복될 뿐만 아니라, 사람들 사이의 바른 관계로 회복되는 것이 구원이라고 말한다. 구원은 예수님의 능하신 행동들로 묘사되는데, 이를 통해 우리는 새 창조를 들여다볼 수 있다(눅 7:20-22). 구원은 죄의 용서(종교적), 마귀의 세력으로부터의 자유(영적), 소외되고 배척된 이들의 회복(사회적), 가난한 자를 위한 정의와 배고픈 자를 위한 음식(경제적), 정치적 억압으로부터의 해방(정치적), 자연재해의 종결(자연적), 몸의 치유(육체적)다. 구원은 하나님을 향한 인간의 반역이 초래한 모든 악한 결과를 바로 되돌리고 지운다.

그러나 예수님이 하나님 나라의 도래를 선포하실 때도 죄와 악의 증거는 여전히 남아 있었다. 그렇다면 하나님 나라가 이미 왔다는 말씀의 의미는 대체 무엇인가?(마 12:28)

많은 이스라엘 백성 또한 그 질문과 씨름했다. 이스라엘 백성은 (랍비들의 가르침에 따라) 역사를 옛 시대와 다가올 시대로 이해했다. (아담의 죄로 시작된) 옛 시대는 악과 죽음과 고통이 지배한다. 성령의 능력에 붙잡힌 메시아에 의해 시작된 다가올 시대는 악과 죽음과 고통을 지워 버리고 창조의 복을 회복하는 때다(도표 1.1을 보라).

옛 시대의 악이 여전히 남아 있었기에, 예수님을 따르던 사람들조차 어떻게 해서 예수님이 기대했던 메시아인지 이해하는 데 어려움을 겪었다(눅 7:18-23). 예수님은 이를 설명하기 위해 비유를 통해 하나님 나라의 본질에 대한 통찰을 주셨다(마 13장). 예수님의 가르침은 오순절에 성령을 부어 주신 이후 더 온전히 뚜렷해졌다(행 2장). 신약성경 저자들이 제시한 부활 이후의 그림은 정말로 하나님 나라가 **도래했**으며, 예수님의 삶과 죽음과 부활로 그것이 시작되었다는 것을 보여 준다. 그러나 옛 시대의 악한 세력은 남아 있다. 그렇게 두 시대가 겹친다. 복과 샬롬을 회복하는 성령의 능력은 세상에 이미 존재하지만, 죄와 마귀의 권세와 문화적 우상도 남아 있다(도표 1.2를 보라).

하나님 나라의 최종 도래가 지연되는 이유는 무엇인가? 복음서들이 한 가지 답을 제시하는데, 예수님이 미래에 열방을 모으실 소망으로 이스라엘 백성을 모으시기 위해서라는 것이다. 그래서 예수님은 지상에서 사역하시는 동안 하나님 나라를 상속할 한 공동체를 모으기 시작하신다(마 21:43; 눅

도표 1.1 랍비들의 기대

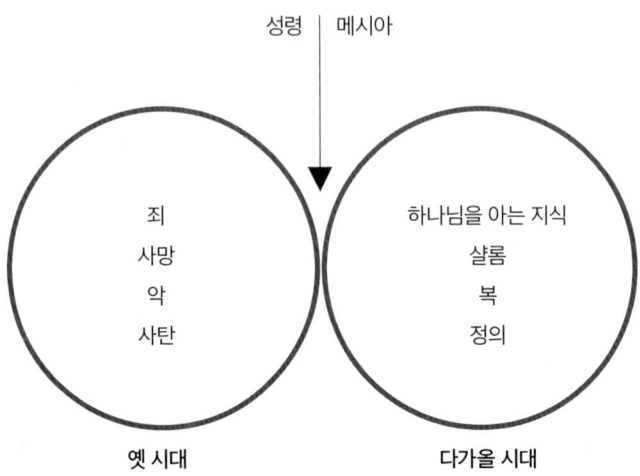

도표 1.2 신약성경의 이해

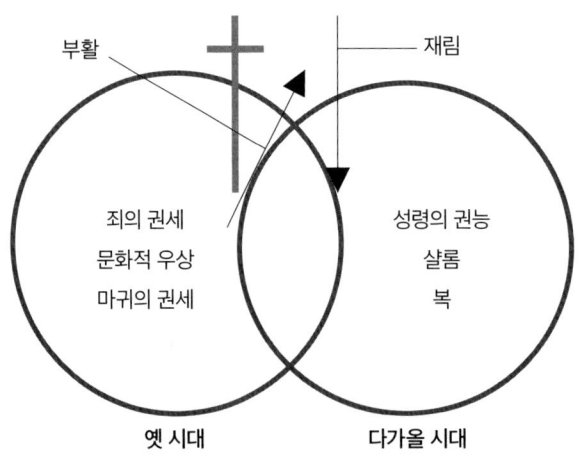

12:32). 예수님은 에스겔과 예레미야를 비롯한 다른 선지자들이 약속한, 이스라엘의 어린양을 모으고 회복시켜 그들이 사명을 완수할 수 있도록 하는 종말의 목자시다(렘 23:3; 31:10; 겔 34:11-31; 미 5:4; 슥 9:16; 마 15:24). 하나님 나라는 이렇게 모인 제자 공동체에 선물이자 과업으로 임한다. 그들은 열방의 빛이 되라는 이스라엘의 선교적 사명을 감당한다(마 5:13-16). 예수님은 이스라엘 내부의 자민족중심적 증오에 도전하시고, 이제 진정한 이스라엘이 된 그의 작은 무리를 회복시켜 그들을 미워하는 사람들을 포함하여 열방을 향한 고난받는 사랑의 사명을 맡기신다(마 5-7장). 그들은 성령의 능력으로 예수님 안에서 이루어진 하나님 나라의 복된 샬롬의 삶을 알려야 한다.

하나님 나라 도래의 절정에 해당하는 사건은 예수님의 죽음과 부활이다. 예수님의 죽음 안에서 옛 시대의 죄와 고통과 악은 패배했다. 부활을 통해 다가올 시대가 시작되었다. 예수님의 죽음과 부활은 세상 역사의 전환점이 되는 우주적 사건이다. 그 사건은 역사의 목표를 설정했는데, 예수님 안에서 시작된 부활 생명이 언젠가 온 땅을 채우는 것이다. 그러나 그날이 이르기까지, 예수님이 모으셔서 회복하신 공동체는 복된 소식, 곧 하나님의 통치가 승리하여 언젠가 그분의 은혜로운 통치가 온 땅을 뒤덮을 것이라는 소식을 알리기 위해 세상 모든 영역으로 보냄을 받는다.

복음서는 예수님이 새롭게 모아 회복하신 '이스라엘'을 열방으로 보내시는 장면으로 마친다. 모든 예상을 뒤엎고, 이 땅의 열방을 끌어모으는 것은 예루살렘에 세워진 영광스러운 국가가 아니라, 그리스도께서 그분의 성령으로 거하고 계시는 보냄받은 사람들이다. 이 보냄받은 공동체는 주님이 모으시고 회복하신 이스라엘 공동체다. 그러나 그들이 열방으로 나아갈수록, 하나님 나라는 더 이방인의 모습을 띠게 될 것이다. 예수님의 모으시는 선교적 사명은 그가 다시 오셔서 시작하신 일을 완성하기까지, 역사 속에서 이 새로운 시대에도 계속될 것이다.

교회

우리는 하나님의 선교 교향곡을 들으면서 우리가 연주할 차례를 기다려 왔다. 그 교향곡은 이스라엘로부터 예수님께로 흘러갔다. 온 세상을 위한 하나님의 궁극적 목적이라는 약속을 감당해야 하는 이스라엘의 선교적 사명은 예수님의 선교 안에서 성취되었다. 그러나 우리가 악기를 집어 들기 전에, 더 들어야 할 음악이 있다. 예수님은 새롭게 모으시고 회복하신 공동체에게 그분의 선교를 맡기시고, 이스라엘 안에서 그가 하셨던 일을 지속할 뿐 아니라, 그것을 땅끝까지 확장하도록 초청하셨다. 우리는 예수님에게서 우리 파트로 바로 넘어올 수 없다. 신약성경은 초기 교회가 신실하게 그 사명을 수행한 거의 1세기 동안의 선교 역사를 제공한다. 예수님의 선교, 이스라엘의 선교와 함께 초기 교회의 선교는 창조 세계를 향한 하나님의 궁극적 목적으로 우리를 이끄는 궤적을 보여 준다.

예수님은 자신의 사역을 이스라엘의 잃어버린 양에 국한하셨지만, 그가 완수하신 사역은 **모든** 민족에게 축복이 확장될 수 있음을 의미했다. 신약성경은 이 새 언약 공동체가 예수님의 사명뿐만 아니라(요 20:21) 이스라엘의 사명(벧전 2:9-10)을 이어 가고 있음을 분명히 한다. 이스라엘이 세상을 향한 하나님의 목적에 대한 **약속**을 품고 있었다면, 오늘날 하나님 백성은 세상을 향한 하나님의 목적에 대한 **예표**를 품고 있다. 그 **약속**은 예수님의 죽음과 부활로 성취되었다. 성령이 오셨기 때문에 교회는 새 생명의 **예표**가 되었으며 이내 열방을 위해 전 세계 모든 곳에서 새 생명을 품고 있다.

부활 직후에 예수님은 새로운 제자 공동체와 한 달가량을 보내셨지만, 제자들은 여전히 혼란스러워했다. 예수님은 그들에게 다시 살아난 자로 나타나시고, 성령과 하나님 나라의 도래에 대해 말씀하셨다(행 1:1-5). 이스라엘 백성에게 **부활, 성령, 하나님 나라**라는 표현은 곧 종말이 밝아 온다는 의미였다. 그래서 제자들은 세상에서 가장 당연한 질문을 하였다. "이제 주님은 이스라엘에 하나님 나라를 회복시키실 것입니다. 그렇지 않습니까?" 그 질문에 대한 답은 세상 끝날까지 계속될 하나님 백성의 선교를 위한 장을 마련했다(행 1:6-8).

예수님의 답을 간단히 말하자면 이렇다. "그래, 하나님 나라가 **왔다**. 그러나 너희가 예상했던 방식으로는 아니다!" 그러고 나서 예수님은 분명한 의제를 던지셨다. 첫째, 궁극적인 끝은 계속 지연될 것이다(행 1:7). 둘째, 마지막 때 샬롬의 맛보기, 보증금, 첫 열매로서 성령이 주어질 것이다. 하나님의 궁극적 구원의 능력이 임시로나마 역사 가운데 **이미** 주어졌다. 셋째, 이 구원의 선물이 증언하는 공동체인 그를 따르는 자들의 정체성을 형성할 것이다. "내 증인이 **되리라**"라는 말씀은 명령이 아니라 사실 진술이다. 다가올 구원을 맛보았기에, 그 후 그들은 삶으로 그것을 증언할 것이며, 그 증언이 말과 행동으로 넘쳐서 또한 예수님이 이루신 일을 가리킬 것이다. 그리고 마침내, 이 증언은 예루살렘에서 시작하여 땅끝까지 이르게 될 것이다(행 1:8).

이 모든 말씀이 우리에게는 매우 익숙하지만, 예수님을 따르던 초기 제자들에게는 놀랍기만 했을 것이다. 예수님의 말씀은 하나님 백성의 선교의 모습을 바꾸어 놓았다. 교향곡의 음조가 바뀐 것이다.

유대인들이 새 언약 공동체로 초대되어 모였기 때문에 선교는 잠시 동안 예루살렘에 머물렀다. 그러나 점차 선교는 밖으로 움직였고 이방인들이 합류했다. 머지않아 교회는 이방인이 주류를 이루었고 하나님 백성의 구성이 분명히 바뀌었다. 이러한 변화는 초기에 예수님을 따랐던 사람들 사이에서 우려를 불러일으켰다. 수천 년 동안 하나님 백성은 한 땅에서 자리 잡은 단일 민족인 유대인들이었으나, 이내 그들은 다민족화되고, 지리에 구애받지 않는 존재가 되어 가고 있었다. 1,500년 동안 율법이 하나님 백성의 종교적·문화적·정치적·경제적·공동체적 삶을 형성해 왔지만, 이제 그들은 다른 이들의 법, 곧 이교도의 우상숭배가 형성한 법 아래서 살아가야 했다.

많은 유대 그리스도인은 이러한 급격한 변화를 받아들일 준비가 되어 있지 않았다. 계속되는 논쟁 끝에 예루살렘에서 공의회가 열렸고, 하나님 백성은 세상의 다양한 문화적 환경에서 다양한 문화적 형태를 취할 수 있음을 확인해 주었다(행 15장). 어떻게든 하나님 백성은 주 하나님이 아닌 다른 신들을 섬기도록 조직된 문화 속에서 (사회적·경제적·정치적 차원을 포함한) 삶의 모든 영역에서 신실하게 살아야 했다. 이는 당시 유대인 신자들에게는 이해할 수 없는 일이었으며, 우리가 이러한 정당한 이해 불가능성을 느낄 때라야 비로소 **우리가** 놓여 있는 우상숭배 문화 속에서 살아가야 한다는 고통스러운 긴장을 이해할 수 있다.

1세기 교회가 어떻게 그토록 선교에 충실할 수 있었는지 궁금할 수 있다. 누가는 교회가 너그러움, 정의, 자비, 기쁨, 권능을 가진 **매력적인 삶**을 살았으며, 이것이 하나님 나라에 대한 가장 강력한 증거라고 답한다(행 2:43-47; 4:32-35; 11:19-29). 그러나 이 독특한 삶에 더하여 교회가 증언한 **말씀**이 있었다(행 4:32-35). 이 두 가지를 분리할 수 없는 이유는 교회의 **삶**이 말로 하는 증언을 설득력 있게 만들었기 때문이다. 사도행전의 다른 본문에서도 삶의 증거가 말로 하는 증거로 이어졌음을 볼 수 있다. 그러나 교회가 예수님의 명령에 충실하기 위해서는 "땅끝까지" 증인의 사명이 확장되어야 했다. 그래서 교회는 복음을 전할 수 있는 기독교 공동체가 아직 형성되지 않은 곳에 교회 구성원 중 일부를 파송하여 증인으로 세웠다. 바울과 바나바, 그리고 바울과 실라가 새로운 증인 공동체를 개척하기 위해 파송되었다. 그리고 새로운 지역에서 초기 사역이 마무리되었을 때, 새롭게 개척된 교회의 성도들은 남아서 그 지역의 증인이 되었다.

증인으로서 교회의 공동체적 삶과 관련하여 언급해야 할 중요한 점이 하나 더 있다. 오늘날 '교회'는 특정한 종교 예식을 수행하는 사적 단체를 가리킬 수 있다. 그러나 초기 신자들이 **교회**(헬. '에클레시아')라는 단어를 선택한 이유는, 그것이 그들을 **공적** 단체로 규정하기 때문이었다. 교회는 언젠가 온 땅을 가득 채울 새로운 인류의 시작이다. 교회는 삶의 모든 영역에 걸쳐 하나님이 의도하신 대로 살아가는 하나님 백성이다. 그러므로 우리는 교회가 성령으로 그들의 삶을 새롭게 하고 더욱더 하나님 나라의 삶을 살아가기 위해 주일에 모이는 것을 본다. 그러고 나서 월요일부터 토요일까지는 같은 교회가 그 구성원들의 다양한 직업을 통해 흩어져서, 각자가 있는 곳에서 예수님의 주되심을 증언한다. 레슬리 뉴비긴은 이를 다음과 같이 설명한다.

> 교회에 대한 우리의 생각을 끊임없이 혼란스럽게 만드는 것은 교회가 주일에만 명백하게 존재하고 월요일부터 토요일까지는 일종의 가사 상태에 있다고 여기는 착각 아닐까? 물론 사실은, 교회는 월요일부터 토요일까지 모든 교인이 밭과 가정과 사무실과 공장에 흩어져 그리스도의 왕 같은 제사장 직분을 지니고 그분의 세상 구석구석에서 가장 중요한 현실에 존재한다는 것이다. 주일에 교회는 주님 안에서 그 존재를 새롭게 하기 위해 교회 안으로 물러난다.[3]

사도 베드로는 교회를 구성하는 개인들이 복음의 증인으로 공적인 삶에서 소명을 감당할 것을 촉구한다(벧전 2:8-17). 그는 "모든 행실에[서]"(1:15) 거룩함과 공적 영역에서의 "삶의 방식"[4]과 "선한 행실"[5]에 대해 말한다. 그리스도인들은 구별된 방식으로 모든 문화적 삶의 영역에 참여하여야 했는데, 그들은 로마제국의 우상숭배에 대해서는 다른 이야기를 살아 내는 이방인들이었기 때문이다.

---

3   Lesslie Newbigin, "Bible Studies: Four Talks on 1 Peter," in *We Were Brought Together*, ed. David M. Taylor (Sydney: Australian Council for the World Council of Churches, 1960), pp. 96-97.
4   베드로는 "삶의 방식"에 대해 여섯 차례 말한다(1:15, 18; 2:12; 3:1, 2, 16).
5   베드로는 "선한 행실"에 대해 여섯 차례 말한다(동사: 2:15, 20; 3:6, 17; 형용사: 2:14; 명사: 4:19).

사도행전은 다소 이상한 결말로 마친다. 빠른 속도로 전개되던 매혹적인 내러티브가 김빠지는 결말과 함께 서서히 멈추는 것처럼 보인다. 그러나 이러한 결말에는 의도가 있다. 누가는 그가 들려주고자 한 이야기가 끝나지 않았음을 말하기 위해 문학적 기법을 사용하고 있는 것이다. 그는 하나님이 하고 계시는 일에 참여하도록 독자들을 초대하고, 계속되는 이야기 안에서 **우리** 자리를 발견하도록 암묵적으로 도전한다.

완성

하나님의 회복하시는 사명이 완성될 날이 다가오고 있다. 사도 베드로는 이 날을 미래에 있을 **만물의 회복**으로 묘사한다. "하나님이 영원 전부터 거룩한 선지자들의 입을 통하여 말씀하신 바 만물을 회복하실 때까지는 하늘이 마땅히 그[예수]를 받아 두리라"(행 3:21). 베드로의 말대로, 선지자들은 다가올 회복과 모든 망가진 것의 보수에 대해 설명했었다. 선지자들은 하나님이 친히 열방을 다스리시고, 그분의 권능으로 최종적 평화를 가져오시며, 억눌린 자들을 일으키시고, 모든 억압자를 꺾으시며, 완벽한 샬롬으로 세상을 재창조하실 한 날을 가리켰다. 전쟁, 테러, 인종차별, 기아, 집단 학살은 하나님의 평화 아래 모두 사라질 것이다. 이사야 65장에서, 새 하늘과 새 땅의 환상을 본다. 그곳은 눈물 대신 기쁨이(18-19절), 죽음 대신 생명이(20절), 노숙 대신 가옥이(21-22절), 지긋지긋한 고역 대신 생산적인 일이(22절), 저주 대신 복이(23절), 하나님의 부재 대신 그의 배려 깊은 임재가(24절), 위험 대신 안전(25절)이 있는 곳이다.

우리는 새 하늘과 새 땅이 어떤 모습일지 정확히 알 수 없다. 하지만 요한계시록 마지막 장은 그리스도께서 재림하실 때 어떤 일이 일어날지 엿볼 수 있는 환상을 다시 보여 준다. 하늘과 땅이 다시 하나가 되고, 하나님의 임재하심이 망가진 모든 것을 고치시고 타락으로 잃어버린 모든 것을 회복하신다.

> 내가 들으니 보좌에서 큰 음성이 나서 이르되 "보라. 하나님의 장막이 사람들과 함께 있으매 하나님이 그들과 함께 계시리니 그들은 하나님의 백성이 되고 하나님은 친히 그들과 함께 계셔서 모든 눈물을 그 눈에서 닦아 주시니 다시는 사망이 없고 애통하는 것이나 곡하는 것이나 아픈 것이 다시 있지 아니하리니 처음 것들이 다 지나갔음이러라." 보좌에 앉으신 이가 이르시되 "보라. 내가 만물을 새롭게 하노라" 하시고 또 이르시되 "이 말은 신실하고 참되니 기록하라" 하시고. (계 21:3-5)

이것이 완전하고 최종적인 회복이다. 하나님이 완전히 **새로운 것들**을 만들고 계신다고 이 구절이 말하지 않는다는 사실을 기억하라. 오히려 하나님이 **만물을 새롭게** 하신다고 말한다. 이 표현은 중요한데, 이것이 대체와 회복의 차이이기 때문이다. 하나님은 창조 세계를 쓰레기통에 버리고 계신 것이 아니라, 재활용 휴지통에서 꺼내고 계신다. 알버트 월터스(Albert Wolters)는 미래의 회복을 설명하면서 다음과 같이 말한다. "하나님은 쓰레기를 만들지 않으신다. 하나님이 친히 그렇게 긍정적 시선으로 그의 손으로 빚은 작품을 바라보시는데, 만약 우리가 부정적 관점을 취한다면 우리는 창조자를 모욕하는 것이다. 사실 하나님이 창조하신 세계를 아주 긍정적으로 바라보셨기에, 그는 인류가 그것을 망쳐 놓았는데도 폐기하지 않으셨다. 대신에 그 아들의 생명을 지불하여, 세상을 다시 새롭고 좋게 만드시기로 하셨다. 하나님은 쓰레기를 만들지 않으실 뿐 아니라, 그가 만드신 것을 폐기하지도 않으신다."[6]

---

6 Albert M. Wolters, *Creation Regained: Biblical Basics for a Reformational Worldview*, 2nd ed. (Grand Rapids: Eerdmans, 2005), p. 42. 『창조 타락 구속』(IVP).

인간의 반역은 세상에 아픔과 고통을 가져왔다. 요한계시록에서 우리는 하나님의 임재를 느끼는 명백한 감각이 우상숭배를 대체할 날이 다가오고 있음을 본다. 나무로 거짓 신을 조각하던 손을 보좌에 계신 분을 찬양하며 들어 올릴 것이다. 상처가 치유되고 눈물이 닦일 것이다. 묘지는 생명의 기념비가 되고, 병원은 놀이터로 용도가 변경되며, 반창고는 어린이들에게 열방을 치유하시는 하나님을 상기시키는 스티커가 될 것이다. 폭탄처럼 욕설을 퍼붓던 적이 화해의 친구가 되어 시적인 수사로 격려의 말을 건넬 것이다. 전쟁을 벌이던 나라들은 진정한 왕의 통치 아래 평화를 찾고, 전쟁 무기는 예배 도구로, 움켜쥔 주먹은 우정의 손길로 바뀔 것이다.

선교 교향곡에 참여하기

이 이야기는 우리에게 무엇을 의미할까? 하나님의 선교에서 우리 자리는 어디일까? 성경의 각 국면에 귀 기울일 때, 우리는 화해를 위한 하나님의 선교 이야기, 즉 하나님이 모든 삶의 영역을 복구하시고 그것이 창조되었던 원래의 하모니로 회복하시는 아름다운 교향곡을 듣는다. 이 선교적 사명은 그리스도의 사역을 통해 성취되었다. 그러나 우리는 청중 이상의 존재로 부름받았다. 우리는 하나님이 세상에 복음의 음악을 들려주기 위해 사용하시는 오케스트라가 되어야 한다. 우리 각자는 전체 하모니에 고유한 방식으로 기여하기 위해 만들어진 악기다.

하나님이 이스라엘 민족을 선교의 도구로 세우신 것처럼, 예수님은 교회를 세상 속에서 화해의 도구로 세우신다. 사도 바울은 "화해"라는 언어를 사용하면서, 하나님이 우리를 **위해서**뿐만 아니라 우리를 **통해** 하시는 일을 묘사한다. 우리는 그리스도 안에서 하나님과 화해하여 새로운 피조물이 되었고, 그분의 화해 사역에 **참여**하라는 사명을 받았다(고후 5:17-19). 바울은 우리를 일컬어 화목하게 하시는 하나님을 대신하는 "대사"(5:20, 개역개정은 "사신"이라고 번역한다—옮긴이)라고 한다. 우리는 온전한 하나님 나라를 세우지는 못하지만, 영적 우상숭배, 사회적 불의, 육체적 저주가 가득한 세상에서 (번영의 전초기지로서) 대사관을 세울 수 있다. 우리는 지역과 일터로 흩어져 예수님이 재림하실 때 온전히 세우실 미래의 샬롬을 미리 맛보여 주도록 부름받았다. 이는 우리가 하나님의 선교에 참여함으로써 복음에 내포된 영적·사회적·육체적 화해를 촉진해야 함을 의미한다.

우리에게는 인간과 하나님 사이의 화해를 추구해야 하는 선교적 사명이 있다. 하나님은 세상을 향해 말씀하시며 평화와 용서를 베푸시고, 사람들을 노예로 만드는 우상으로부터 돌이켜 참된 자유를 주시는 그분께 돌아오라고 호소하고 계신다. 이러한 초대와 화해의 말씀을 하시는 분은 하나님이시지만, **우리** 입을 통해 말씀하시기로 결정하셨다(고후 5:20). 그러므로 우리는 말로 복음을 선포하고, 삶과 죽음과 부활을 통해 우리를 아버지와 화목하게 하신 그리스도를 사람들에게 가리켜 보임으로써 하나님의 선교에 참여한다. 우리는 영적 화해를 위한 하나님의 대사가 되기로 헌신하였기 때문에 설교, 전도, 상담, 성경 번역을, 또한 언어를 사용하여 사람들이 하나님과 화해하도록 촉구하는 다양한 유형의 사역을 소중히 여겨야 한다.

우리는 평화의 대사로서 우리가 속한 공동체에서 평화를 증진함으로써 세상에 하나님 나라의 모습을 보여 주어야 한다(롬 12:17-21). 그러나 불의를 눈감아 주는 얄팍한 평화가 되어서는 안 된다. 오히려 우리는 이웃에 대한 총체적 사랑, 즉 이웃의 충만한 삶뿐만 아니라 그들을 해치는 제도까지 고려하는 사랑을 실천하도록 부름받았다. 우리는 대인 관계와 사회 참여 모두에서 지금 이웃의 번영을 위해 일함으로써 미래의 하나님 나라 사회적 번영을 증언하도록 부름받았다. 우리는 사회적 화해를 위한 하나님의 대사가 되는 일에 헌신하였기 때문에 평화 조성에서부터 정책 수립, 난민 환영에서부터 태아 보호, 저녁 식탁의 환대에서부터 협상 테이블의 외교에 이르기까지 사회의 번영과 상호 관계를 증진하는 선교의 여러 측면을 소중히 여겨야 한다.

우리의 선교적 사명에는 인간과 나머지 피조물 사이의 화해를 추구하는 것도 포함된다. 우리가 사는 세상은 이기적 목적을 위해 지구를 지배하는 존재로 인간 스스로를 추켜세우는 세계관에 짓눌려 큰 고통을 겪고 있다. 우리의 사명은 인간이 겪는 고통을 연민을 가지고 보살피는 것뿐만 아니라 창조 세계를 청지기적 책임을 다하여 돌봄으로써 화해를 이루기 위해 노력하는 것이다. 복음서를 통해 예수님이 지상에서 사역하실 때 타락의 육체적 영향에 맞서 싸우셨음을 분명히 알 수 있다. 예수님은 앞을 보지 못하는 사람의 시력을, 듣지 못하는 이의 청력을 회복하셨다. 질병을 치유하고, 굶주린 자를 먹이고, 나사로를 무덤에서 살리셔서 죽음을 정복하셨다. 육체적 죽음과 고통이 더 이상 존재하지 않을 날이 다가오고 있다. 그때까지 우리는 하나님의 백성으로서 이웃의 육체적 필요를 충족시킴으로써 미래의 충만한 나라를 증언하도록 부름받았다. 하나님의 화해의 대사로 헌신한 우리는 노숙인에게 집을, 구직자에게 일자리를, 굶주린 사람에게 음식을, 경이로움이 필요한 세상을 위해 예술을 제공하는 등 육체적 필요를 해결하는 선교의 여러 측면을 소중히 여겨야 한다.

하나님의 선교가 타락으로 망가진 모든 것을 화해시키고 창조 세계에 샬롬을 회복하는 것이라면, 그 선교에 대한 참여는 깨진 세상의 모습만큼이나 광범위해야 한다. 그리스도의 온전한 복음을 증언하는 증인으로서 우리는 하나님의 영광과 이웃의 유익을 위해 삶의 모든 부분에 참여하도록 부름받았다.

2장

단순성

음표 배우기

풀어 헤친 포장지를 그대로 놔둔 채, 나는 아버지의 환하면서도 다소 격한 미소를 마지막으로 한 번 더 바라보았다. 나는 바이올린 활을 옆으로 던져 버리고, 기타 케이스가 분명해 보이는 상자의 허술한 은색 걸쇠를 툭 열었다. 그 안에는 1980년대 록 스타 테드 뉴전트(Ted Nugent)의 사인이 있는 진빨간색 전자 기타가 들어 있었다.

내 인생 10년 동안 받았던 모든 선물 중에서 최고였다. 사실 나는 록 음악이나 기타 연주에는 별 관심이 없었다. (아무리 숨기려 해도, 즐겨 입던 헐렁한 바지와 입에서 자꾸 튀어나오는 MC 해머의 랩은 나의 음악 취향을 드러냈다.) 아버지는 록 음악 팬이었지만 나는 아니었다. 생일 선물을 열어 보는 아들을 바라보고 계시는 아버지를 보면서 깊은 유대감을 느꼈다. 지금까지 받은 선물 중 가장 비싼 것을 받은 나는 그 자리에서 바로 록 음악 팬이 되겠다고 다짐했고, 그날부로 기타를 배우기로 결심했다.

그 후 며칠 동안 내 머릿속은 웅장한 로큰롤에 대한 환상으로 가득 찼다. 기타 넥을 따라 손가락을 이리저리 돌리고, 머리를 길러 좌우로 흔들고, 레드 제플린(Led Zeppelin), 테드 뉴전트, 지지 탑(ZZ TOP) 같은 아버지의 최애 밴드 오프닝 공연에 어울릴 법한 곡을 연주하는 내 모습을 상상했다. 아버지가 관중석에 앉아 있는 모습도 상상해 봤다. 엘비스(Elvis)를 흉내 낸 머리 모양을 한 아버지가 놀라서 눈이 휘둥그레져 함박웃음을 지으며 장남의 음악을 들으며 기뻐하고, 사람들이 나를 백인 지미 헨드릭스(Jimi Hendrix)라고 부를 정도로 능숙하게 빛나는 붉은 기타를 연주하는 모습을 지켜보시는 장면을 상상했다.

기타, 앰프, 전설적인 명곡들의 코드가 담긴 책 등 필요한 것은 거의 다 있었다. 모든 준비가 끝났다! 한 가지만 빼면 말이다. 나는 기타 연주는커녕 코드도 하나 잡을 줄 몰랐다.

콜로라도에 있는 아버지 댁에서 여름휴가를 보내고 돌아온 지 일주일 만에 나는 기타 강사를 찾아 연주법을 가르쳐 달라고 부탁했다. 강사는 모든 곡의 기본이 되는 음표와 리듬 같은 음악의 기초를 먼저 배워야 한다고 말했다.

하지만 나는 참을성 없이 포기하고 말았다. 이것이 1년 주기의 시작이었다. 보통 여름이 되면 장롱 속에 있던 기타를 다시 발견하고는 몇 번 퉁기다가, 미래의 록 스타가 되고 말겠다고 열렬히 외치곤 했다. 다른 기타 강사를 찾아 몇 차례 레슨비를 지불하고는 결국 한 곡도 제대로 연주하는 법을 배우지 못한 채 몇 주 만에 포기하곤 했다. 아버지를 위해 연주하겠다는 포부는 넘쳐 났지만 기본기를 배울 만큼의 인내심은 없었다.

선교도 마찬가지다. 많은 사람이 하나님을 위해 큰일을 하고 싶고, 선교라는 곡을 연주하면서 하나님의 미소를 보고 싶어 한다. 그러나 우리 중 많은 사람은 열정과 무관심 사이에서 흔들리고 만다. 기초를 소홀히 하기 때문이다. 우리는 선교의 기초, 즉 음악의 바탕이 되는 구체적인 음표와 리듬을 배우는 데 시간을 투자하려 하지 않는다. 다음 장부터 우리는 하나님의 선교 안에서 우리 자리를 찾고, 이웃을 사랑할 수 있는 실질적인 방법을 발견하기 위한 여정을 시작할 것이다. 복음을 선포하는 창의적인 방법, 즉 우리 손으로 하는 일을 통해 하나님의 영광을 드러내는 방법과 희생적인 섬김을 통해 예수님의 사랑을 보여 주는 방법에 대해 생각해 볼 것이다. 이러한 것들은 선교라는 교향곡의 멜로디와 같다. 그러나 멜로디를 연주하기 전에 우리는 기본음을 연주하는 방법을 배우고 그 기본음을 묶는 리듬을 배워야 한다.

이 장에서는 모든 선교 참여의 기초가 되는 여섯 가지에 대해 생각해 보겠다. 이 여섯 가지를 선교 교향곡의 하모니를 구성하는 기본음이라고 생각하면 된다. 각각을 단순하지만 간과하기 쉬운 단어로 표현하였다.

함께: 선교는 예수님처럼 몸으로 함께하는 것이다.
힘입어: 선교는 성령으로부터 능력을 공급받는다.
그리고: 선교의 범위는 포괄적이다.
우리: 선교는 공동체가 같이 수행한다.
되다: 선교는 구별된 삶의 방식을 포함한다.
이유: 선교의 동기는 사랑이다.

아름다운 곡을 연주하려면 기본음을 배워야 하듯이, 하나님의 영광과 사랑과 능력을 증언하려면 이러한 기본 단어의 의미를 이해하는 법을 배워야 한다.

함께: 성육신을 닮은 동행

하나님의 선교에서 가장 신비롭고 매우 아름다운 측면 중 하나는 성육신을 통해 온전한 인간이 되셔서 그분의 피조물 가운데 거하시며 선교적 사명을 성취하신 것이다. 하나님은 멀리 떨어져서 사명을 이루지 않으시고, 심장이 뛰고 폐로 숨 쉬는 육신이 되어 인간에게 가까이 다가오셨다. 마태복음은 이사야의 언어를 사용하여 예수님을 "임마누엘"이라고 부르는데, 이는 "하나님이 우리와 함께 계시다"라는 뜻이다(마 1:23-24). 예수님은 성육신을 통해 우리와 **함께** 거하시면서 하나님의 영광을 보여 주시고 인간의 고통 속으로 들어오셨다.

예수님의 인성은 단순히 신성을 감추기 위한 가면이 아니었다. 성육신은 만물의 창조주가 자신의 피조물을 자세히 들여다보기 위해 인간으로 위장하는 〈언더커버 보스〉(Undercover Boss: 대기업 최고 경영자들이 자신의 회사 일용직 사원으로 위장 취업하는 영국의 리얼리티 프로그램—옮긴이)의 우주 버전 에피소드가 아니었다. 예수님은 입술이 트고, 소꿉친구와 놀고, 가끔 낮잠이 필요했던 참으로 완전한 인간이었다.

예수님의 인간성은 충만하고 적나라했다. 십자가에 못 박히시기 훨씬 이전에 예수님은 목수 일을 하다가 가시에 손을 찔리셨을 것이다. 부활의 영광이 있기 전까지 예수님은 거의 12,000번이나 침대에서 일어나 눈을 비비고는, 일하고 놀고 배우고 가르치고 웃고 우는 인간의 일상적인 리듬 속으로 들어가셨다. 그분은 많은 사람을 먹이시려고 물고기를 몇 배로 불리실 수 있는 하나님이면서, 동시에 생선을 물어뜯는 인간이기도 했다.

우리 중 많은 사람은 평생 크리스마스 찬송을 부르고 성탄 장면을 보아 왔기에 성육신이 얼마나 낯선 것인지 잘 알아차리지 못한다. 하지만 예수님 당시 사람들은 하나님이 육신으로 오신다고는 생각하지도 못했다. 성육신은 상상할 수 없는 일이었다. 그들이 **확실히** 알고 있었던 것은 '임재'가 하나님의 선교에서 핵심이라는 것이었다. 이스라엘 역사에서 하나님은 성막과 성전에 임하셔서 그 백성과 함께 거하셨다. 하나님은 그분의 백성을 보호하고, 인도하고, 그들에게 힘을 주시고, 그분의 영광을 드러내며 '함께' 계셨다.

하나님의 임재는 하나님 백성의 정체성과 선교적 사명의 중심이었다. 그러나 그들은 하나님이 인간에게 그렇게나 가까이 오셔서 그 백성 가운데 거하신다는 사실을 두려워했다.

1세기 유대인들은 하나님이 성막이나 성전보다 더 가까이 다가오신다는 것은 상상하기 어려웠을 것이다. 그러나 성육신을 통해 하나님은 인간에게 **가까이** 다가오신 것뿐만 아니라 실제로 인간의 삶 **속으로 들어오셨다**. "말씀이 육신이 되어 우리 가운데 거하시매 우리가 그의 영광을 보니 아버지의 독생자의 영광이요 은혜와 진리가 충만하더라"(요 1:14). 이 구절에서 "거하다"를 뜻하는 헬라어 동사는 하나님이 천막을 치고 우리 가운데 거하시는 것을 의미한다. 유진 피터슨(Eugene Peterson)의 메시지 성경은 같은 구절을 이렇게 의역한다. "그 말씀이 살과 피가 되어 우리가 사는 곳에 오셨다." 그리스도 안에서 하나님은 인간의 이웃이 되신다. 더 이상 우리는 하나님의 영광을 만나기 위해 크고 화려한 건물에 가지 않아도 된다. 하나님의 영광이 예수님의 먼지 묻은 손과 발을 통해 우리에게 다가오셨다.

예수님의 삶은 무균 상태가 아니었다. 예수님은 우상숭배, 질병, 고통, 불의의 가시덤불과 엉겅퀴로 질식할 것 같은 세상 속으로 들어가셨다. 지저분한 세상을 피하지 않고 그 속으로 달려가셨다. 전염병에 걸린 사람들을 만지셨고, 정결하지 않은 사람들과 함께 있는 것을 두려워하지 않으셨으며, 노숙인들과 어울리셨고, 연약하고 미성숙한 아이들의 팔을 통해 하나님 나라를 전달하셨다. 예수님은 단순히 타인의 고통에 가까이 다가가신 것이 아니라 고통을 직접 **경험하셔서** 인간의 삶에서 가장 힘든 부분을 공감하실 수 있었다. 우리를 **위해** 구원하시기 앞서 우리와 **함께** 연대하셨다.

예수님이 성육신을 통해 인간의 고통에 공감하셨던 다양한 방식을 생각해 보자.

트라우마로 가득한 어린 시절. 자신을 돌봐 줘야 할 어른들에게 학대받는 많은 아이들처럼, 또는 안전을 보장해야 할 정부로부터 학대받는 사람들처럼, 예수님도 모든 집안의 장자를 죽이라는 헤롯의 대량 학살 칙령의 표적이었다(마 2:14-18). 그분의 어린 시절 기억은 친구들의 죽음과 고향을 떠나야 했던 공포로 가득 차 있었을 것이다. 예수님이 그들을 위해 죽으시기에 앞서 베들레헴 아기들이 예수님 주변에서 죽었다.

난민. 헤롯의 칙령 때문에 예수님도 난민이 되었다. 한밤중에 갑자기 잠에서 깨어 집을 떠나 낯선 땅으로 이주하는 상황을 상상할 수 있는가? 이는 전 세계 수백만 난민이 경험하는 일이며, 어린 시절 이스라엘에서 이집트로 피난을 떠나야 했던 예수님의 경험이기도 하다.

노숙. 예수님은 세상의 창조자이자 주인이지만 머리 둘 곳이 없었다. 다른 사람들의 환대와 너그러움에 의존해야 했다. 이런 면에서 예수님은 집이 주는 편안함을 알지 못하고 방황하는 사람들에게 공감하실 수 있다.

학대. 예수님은 학대를 경험한 사람들에게 공감할 수 있다. 예수님은 로마 군인들에게 수없이 맞고, 강제로 십자가에 못 박히고, 온 성읍이 보는 앞에서 옷이 벗겨진 채 수치스럽게 몸을 드러내야 했다.

불치병. 예수님은 병이 없었음에도 십자가 전날 밤 겟세마네 동산에서 친구들에게 버림받고 고문과 죽음에 직면한 채 떨어야 했다. 예수님은 죽음 곁에서 홀로 고통받는 사람들의 심정을 공감하실 수 있다.

부상과 질병. 예수님은 못 박힌 손을 관절염 환자에게 내미시고, 못 박혀 꼼짝 못 하는 발로 사지가 마비된 사람에게 걸어가시고, 피로 가득 찬 폐로 폐암 말기 환자에게 평안을 전하신다.

하나님은 성육신을 통해 우리와 함께 고통을 겪으신다.

성육신은 우리에게 좋은 소식일 뿐만 아니라 우리가 하나님의 선교에 참여하는 방법에 대한 모범을 제시한다(요 20:21). 실제적이고 육체적인 현존이 예수님 사역의 특징이었던 것처럼, 우리도 우리가 보냄받은 사람들 가운데 존재함으로써 하나님의 선교에 참여하도록 초대받았다. 즉, 우리는 그들과 함께 시간을 보내고, 그들을 이해하고, 우리와 그들의 삶을 엮어 냄으로써 사람들의 삶으로 실제로 들어가야 한다. 선교의 대부분은 그냥 곁을 내주는 것이다! 함께 음식을 나누고, 명절을 즐기고, 병원 대기실에 앉아 있는 것, 즉 그 자리에 함께 있는 것이다. 그리고 그 행동의 진정성은 고통이 닥쳤을 때 시험대에 오른다. 이웃이 암 진단을 받거나 경제적으로 어려움을 겪는 등 삶이 엉망일 때에도 우리는 여전히 그 곁에 있을 것인가? 사람들과 피상적인 관계를 맺는 데 안주할 것인가, 아니면 진정으로 그들을 알아 갈 것인가? 우리가 다른 사람들의 삶에 진정성 있게 함께할 때, 그들은 우리를 통해 그리스도 안에서 우리와 **함께하시려고** 나타나신 하나님을 엿볼 수 있다.

힘입어: 능력의 근원인 성령

하나님의 선교에 참여하려면 우리 힘의 원천을 알아야 한다. 하나님의 선교는 우리에게 안락함을 포기하고, 삶의 변화에 참여하고, 하나님의 대변인이 되고, 삶의 거의 모든 배후에 있는 강력한 우상과 우상숭배적 체제에 도전하는 등 인간적으로 불가능해 보이는 일들을 하도록 요청한다. 교회사에는 병자를 돌보다가 병을 얻거나 칼을 들지 않고도 제국을 전복시키는 것같이 어렵거나 불가능한 일을 해낸 평범하고 특별할 것 없는 사람들의 이야기가 가득하다. 그들은 어떻게 해냈을까? 그들의 힘은 어디에서 나왔을까?

우리는 우리의 동기와 힘이 **어디에서** 오는지 알아야 한다. 성경은 우리가 하나님을 **위해** 무언가를 하는 것이 아니라 그분이 그 일을 할 수 있는 능력을 우리에게 공급하신다는 사실을 매우 분명하게 알려 준다. 예수님은 농경 언어를 사용하여 우리와 그분의 관계를 포도나무와 가지의 관계로 묘사하신다. "나는 포도나무요 너희는 가지라. 그가 내 안에, 내가 그 안에 거하면 사람이 열매를 많이 맺나니 나를 떠나서는 너희가 아무것도 할 수 없음이라. 사람이 내 안에 거하지 아니하면 가지처럼 밖에 버려져 마르나니 사람들이 그것을 모아다가 불에 던져 사르느니라"(요 15:5-6). 그리스도인의 삶이 그리스도의 생명과 분리된다면 얼마나 헛된가! 우리가 다른 것에서 힘을 구할 때, 우리는 포도나무에서 잘린 가지와 같다. 절단된 포도나무는 생명이 없기에 열매를 맺을 수 없다. 그냥 시들어 죽는다. 그리스도와 깊이 교제하고 그분을 의지하지 않고는 선행의 열매나 복음의 달콤한 포도주를 내놓을 수 없다.

선교는 종종 두 종류의 이야기로 채워진다. 한편으로는 인상적이고 재능 있는 사람들이 강력하게 사역을 시작하는 이야기가 있다. 그들은 하나님을 위해 세상을 바꾸고 싶어 하지만 세상이 자신을 위해 변하지 않자 결국 냉소주의에 빠지거나 유혹에 넘어지게 된다. 이런 사람들은 그리스도의 능력보다는 자신의 인상적인 이력서에 의존할 때가 많아서 결국 아무것도 할 수 없다. 그러나 다른 이야기도 있다. 그런 이야기들에서 하나님은 인상적이지 않은 사람들을 사용하여 그분의 영광을 드러내고, 힘없는 사람들을 사용하여 그분의 능력을 드러내며, 낮은 지위의 사람들을 하나님 나라의 전령으로 사용하시기를 기뻐하시는 것 같다. 이런 사람들은 스스로 충분히 강하다는 착각에서 시작하지 않는다. 그들은 하나님과 끊임없이 교제해야만 아주 작은 일이라도 이룰 수 있다는 것을 알고 있다.

예를 들어, 사도 바울은 인상적인 이력서를 가지고 있었지만 자신이 받은 고등교육과 로마 세계에서의 높은 지위에 의존하지 않았다. 그는 예수님과 상관없었던 자신이 교회를 핍박하는 테러리스트였다는 것을 알고 있었다. 그러나 하나님은 그를 구출해 주셨고 그를 통해 일하셔서 교회를 세우셨다. 바울은 하나님과 끊임없이 교제해야 한다는 것을 알았고, 하나님의 선교에 참여하기 위해 그분의 은혜에 전적으로 의존했다. "나는 사도 중에 가장 작은 자라. 나는 하나님의 교회를 박해하였으므로 사도라 칭함받기를 감당하지 못할 자니라. 그러나 내가 나 된 것은 하나님의 은혜로 된 것이니 내게 주신 그의 은혜가 헛되지 아니하여 내가 모든 사도보다 더 많이 수고하였으나 내가 한 것이 아니요. 오직 나와 함께 하신 하나님의 은혜로라"(고전 15:9-10). 바울은 다른 사람들이 그리스도 안에서 온전히 성숙할 수 있도록 설교하고 가르치고 권면했지만, 그중 자신의 힘으로 한 것은 아무것도 없었다. 그는 "이를 위하여 나도 내 속에서 능력으로 역사하시는 이의 역사를 따라 힘을 다하여 수고하노라"(골 1:29)라고 말하다.

마태복음은 제자를 삼으라는 부르심이 우리를 통해 제자 삼는 사명을 계속 수행하시는 부활하신 그리스도의 능력에 달려 있음을 보여 준다(마 28:18-20). 누가복음과 요한복음은 우리가 성령의 능력을 통해 우리 역할을 할 수 있다는 사실을 분명히 한다(눅 24:48; 행 1:8; 요 20:21-22). 모든 선교 참여는 성령을 통해, 부활하신 그리스도에게서 힘을 얻어야 한다. 이는 우리가 하나님의 교향곡에서 연주하는 법을 배워야 하는 첫 번째 음표가 기도라는 것을 의미한다. 예수님의 삶과 초기 교회의 삶 모두에서, 성령께서 기도에 응답하여 역사하실 때 하나님 나라가 임했다.

교회가 진정으로 예수님의 모든 뜻을 온 세상에 전달하는 예수님의 대리인이 되려면 그분의 영이 필요하다. 실제로 교회가 예수님의 영으로 충만해지고 무장되기를 끊임없이 추구하지 않은 채 해야 할 일만 하려고 한다면, 그 입을 열 때마다 신성모독을 저지르고 있는 셈이다. 모든 그리스도인이 은사주의 운동에 참여해야 한다고 호소하는 것이 아니다. 오히려 모든 그리스도인, 특히 세상에 치유와 갱신을 가져다주는 교회의 사명의 최전선에 있는 사람들은 자신의 의제에 대한 오만함이나 상대주의 비겁함에 빠지지 않도록 매일, 매시간 예

수님의 영을 부르는 기도의 사람이 되어야 한다는 간청이다.[1]

기도로 하나님께 부르짖는 것이 최후의 수단이 되어서는 안 된다. 기도는 차선책이 아니라 전부다. 우리가 하나님을 의지해야 함을 인정하며 그분께 나아갈 때, 하나님은 종종 창의적이고 전략적인 방법으로 이웃을 사랑하도록 우리를 인도하실 것이다. 그러나 창의성과 전략이 기도로 시작되는 성령의 역사를 대체할 수는 없다.

이에 대한 좋은 예가 있다. 몇 해 전에 이스트 피닉스(East Phoenix) 지역의 한 신자 그룹이 동네 안마시술소가 매춘, 성 착취, 심지어 인신매매를 위한 위장 업소일 가능성이 높다는 것을 알게 되었다. 그들은 당국에 연락을 시도했지만 불법 행위에 대한 구체적 증거를 찾지 못했다. 그래서 그들은 조사하면서 전략을 세우기 시작했다. 우선, 동네에 숨겨진 착취를 어떻게 폭로할지 계획안을 작성하기 시작했다. 하지만 초안을 완성하기도 전에 안마시술소가 갑자기 문을 닫았다. 그들이 전략을 세우는 동안에 멤버 중 하나인 에린이라는 여성이 안마시술소가 폐쇄되고 죄가 드러나며 착취당하던 여성들이 보호받기를 하나님께 매일 간절히 기도하고 있었다는 사실을, 그들은 나중에야 알게 되었다. 하나님은 인간의 가장 위대한 전략으로도 결코 재현할 수 없는 능력으로 그의 기도에 응답하셨다. 그리스도의 능력 없이는 아무것도 할 수 없다. 하지만 포도나무에 연결되어 있다면, 우리는 하나님의 선교에서 많은 열매를 맺을 수 있다.

---

1 N. T. Wright, *New Tasks for a Renewed Church* (London: Hodder & Stoughton, 1992), p. 86. 『우상의 시대 교회의 사명』(IVP).

그리고: 포괄적인 범위

간단한 밸런스 게임을 해 보겠다. 다음 중 하나만을 선택해야 한다면 무엇을 고르겠는가?

숙박인가, 조식인가? 휴가 때 조식을 준다는 숙소를 예약했는데, 알고 보니 숙박이나 조식 중 하나를 선택해야 한다고 생각해 보자. 푹신한 침대에서 잠을 자고 주말 내내 굶거나, 딱딱한 나무 바닥에서 잠을 자고 매일 아침 맛있는 식사를 하는 것 **둘 중 하나**를 선택해야 한다고 주인이 말한다면 어떤 것을 택하겠는가?

가속 페달인가, 브레이크 페달인가? 자동차를 구매하려는데 그 가격대에서는 가속 페달이나 브레이크 페달 **둘 중 하나만** 장착된 자동차를 살 수 있다고 영업 사원이 말한다고 상상해 보라. 거침없는 속도(와 위험)를 택할 것인가? 아니면 가는 곳마다 차를 밀어야 하는 고된 운전이 되겠지만 언제든지 차를 멈출 수 있다는 확신을 가질 수 있다. 여러분은 둘 중 어떤 것을 선택하겠는가?

남은 평생 다음 선택 사항 중 하나만을 선택해야 한다면 어떤 것을 고르겠는가? 너트로만 지어진 건물에서 살 것인가, 아니면 볼트로만 지어진 건물에서 살 것인가? 동사로만 말하거나 명사로만 말하거나? 잠을 자거나 깨어 있거나 해야 한다면? 먹는 것과 마시는 것? 숨을 들이쉬는 것과 내쉬는 것? 둘 중 하나만 골라야 한다면?

이것들은 반드시 둘 다 있어야 하는 것들의 예시이기 때문에 둘 중 하나만 고른다는 것은 상상만으로도 터무니없고 심지어 우스꽝스럽기까지 하다. 절대 둘 중 하나만 선택해야 할 필요가 없다. 한쪽이 없으면 다른 한쪽도 약해진다. **둘 중 하나**가 아니라 **둘 모두**가 필요하다.

하나님의 선교에서 우리 자리를 찾는 것도 마찬가지다. 우리는 하나님의 일의 다양하고 중요한 측면 중에서 하나만을 선택할 필요가 없다. 가난한 이들 섬기기, 말로 복음 전하기, 선한 환경의 청지기로 일하기와 같이 선교의 중요한 부분들을 삶에서 배제한다면 우리 증언은 크게 약해질 것이다. 우리는 복음주의 운동과 에큐메니컬 운동이 서로 대립하면서 선교의 한 측면만을 강조하고 다른 측면은 배제했던 20세기 교회사의 무거운 짐을 여전히 짊어지고 있다. 그러나 이제는 그 짐을 내려놓을 때다.

오늘날 그리스도를 따르는 많은 사람이 여전히 하나님의 선교의 다양한 측면 중 하나만을 선택하여 한 측면을 중시하고 다른 측면은 경시하려는 유혹을 받는다. 어떤 사람들은 정의와 자비를 중시하지만 복음 선포의 중요성은 경시한다. 또 어떤 이들은 복음을 말로 선포하는 것은 강조하지만 실질적인 섬김과 청지기로서의 실천은 경시한다. 하지만 하나님의 선교는 포괄적이다. 그것은 하나님의 모든 창조 세계를 새롭게 하기 위한 하나님 사역의 모든 차원을 하나로 묶는 '그리고'의 선교다. 우리의 증언 또한 '그리고'에 의해 정의되어야 한다. 다음은 이를 실현하는 몇 가지 방법이다.

말과 행동. 예수님의 사역에는 말과 행동이 함께 있었다. 그의 말씀이 그의 행동을 설명했고 그의 행동은 그의 말씀을 증명했다. 사도 바울은 선행으로 복음을 선포하고 나타내야 한다고 분명히 말한다(롬 15:18). 이 둘을 분리하는 것은 하나님의 사명을 고의로 축소하고 복음을 왜곡하는 것이다. 레슬리 뉴비긴은 다음과 같이 말한다. "복음을 전할 때 말과 행동은 함께 있어야 한다. 예수님의 이름은 다른 어떤 것으로도 대체할 수 없기 때문에 말씀은 필수적이다. 그러나 행동도 똑같이 필수적인데, 복음은 하나님의 통치가 활발하게 임한다는 기쁜 소식이며, 이 임재가 악한 자의 지배 아래 있는 세상에서 드러나야 하기 때문이다."[2] 말과 행동은 상반되는 것이 아니라 하

---

2   Lesslie Newbigin, "Cross-Currents in Ecumenical and Evangelical Understandings of Mission,"

나다. 복음은 선행과 함께 춤을 추면서 하나님이 죄와 마귀의 권세, 구조적 우상숭배로 산산이 부서진 모든 것을 회복하고 계시는 현실을 축하하고 알린다.

머물기**와** 떠나기. 우선순위는 무엇일까? 교회는 우리가 살고 있는 곳에 뿌리를 깊이 내리는 데 집중해야 할까? 아니면 지역을 떠나 미전도 종족에 복음을 전해야 할까? 많은 선교 중심 단체에서 어느 한쪽을 다른 쪽보다 우선시해야 한다는 주장을 펼치려고 한다. 그러나 우리는 온 땅이 하나님 소유이며, 그분은 어디에서나 사람들을 그분의 증인으로 세우실 수 있다는 것을 알아야 한다. 예를 들어, 사도 바울은 땅끝까지 복음을 전하도록 보냄을 받았기 때문에(롬 15:20) 미전도 종족을 향해 계속 나아갔지만, 야고보는 평생 예루살렘에 머물렀다. 이 두 믿음의 거인 중 누가 옳았을까? **둘 다 옳았다!** 하나님은 선교의 깊이와 너비 모두를 중요하게 생각하시므로 한 사람은 머물게 하시고 다른 한 사람은 떠나게 하신다.

존중심**과** 담대함. 예수님을 증언할 때 대부분의 사람은 존중심이나 담대함 중 어느 한쪽에 치우친다. 하지만 당연히 둘 다 필요하다. 한편으로는 자비와 온유라는 성품이 성령의 열매라는 사실을 잊지 않도록, 우리의 태도는 모든 사람을 깊이 돌보시는 우리 하나님의 자비와 온유를 반영해야 한다. 오만은 적절하지 않은 태도이며, 이는 겸손으로 바뀌어야 한다. 우리의 몸짓, 목소리, 경청하는 자세는 우리가 이웃을 진정으로 소중히 여기고 있다는 것과 하나님의 형상대로 지음받았다는 사실에서 비롯되는 존엄성이라는 렌즈로 그들을 바라본다는 것을 보여 주어야 한다. 사람들은 단순히 잠재적인 선교 대상이나 전도 점수판의 숫자가 아니다. 하나님의 형상을 지닌 이들을 함부로 대하는 것은 우리 삶에서 사라져야 할 죄다.

International Bulletin of Missionary Research 6, no. 4 (1982): p. 148.

반대로, 복음 메시지는 걸림돌이 될 만하기에 그것을 감수하면서 복음을 충실히 전하는 데에는 상당한 담대함이 필요하다. 우리는 사람들이 거짓 신들에서 돌이켜 그리스도를 삶의 중심에 두도록 요구하고 있다. 이 대담하고 삶을 향하는 메시지는 사람들의 삶에서 중심이 되었던 다른 모든 것을 대체하려고 하기 때문에 본질적으로 불쾌감을 준다. 우리 중 많은 사람이 불쾌감을 주고 싶지 않다는 이유로 이 담대한 메시지를 뿌리치려는 유혹을 받는다. 우리는 종종 상대를 존중하고 있다고 생각하지만 실제로는 두려움이나 자기 보호 때문에 그렇게 행동하는 경우가 많다. 그러한 접근 방식은 사랑이라기보다는 이기적이다. 사랑은 진리를 말하기 때문이다. 담대함 없이 존중심을 가질 수 없고, 존중심 없이 담대함을 가질 수 없다.

수직과 수평. 어떤 이들은 하나님과 인류를 화목하게 하라는 그리스도인의 소명을 강조할 것이다. 다른 이들은 사회적 화해나 인간과 다른 피조물의 화해에 관심을 가져야 한다고 강조할 것이다. 그러나 환경을 돌보는 청지기로 살아가는 것을 복음 전도와 반대되는 것으로 여겨서는 안 된다. 인종 화해에 대한 관심이 하나님과의 화해에 방해가 된다고 간주해서는 안 된다. 깨진 세상의 모든 차원이 동시에 죄와 그 저주로부터의 해방을 요구한다.

교회가 이러한 모든 필요를 다룰 때, 우리는 모든 창조 세계의 관계를 회복하시는 하나님의 광범위한 선교를 노래하는 조화로운 증언을 감당할 수 있다. 그것은 우리를 하나님과 화목하게 하고, 원수를 형제자매로 바꾸며, 창조 세계의 물리적 상처를 치유하는 것이다. 그리스도가 다시 오실 때까지 우리는 온전한 샬롬을 알지 못할 것이다. 그럼에도 그때까지 우리는 삶의 모든 측면에서 샬롬을 미리 맛보여 줌으로써 그분을 증언하도록 부름받았다.

'둘 다'가 아니라 '둘 중 하나'를 선택할 때 우리는 하나님께 중요한 것들을 거부하는 셈이다. 물론 우리 개인은 각기 은사가 다르고, 다양한 기회를 경험하며, 다양한 역할을 수행하고, 다른 차원을 강조하며, 특정 관심사에 집중할 것이다. 하지만 오케스트라 전체가 트럼펫 소리나 비올라 소리만을 내어야 한다고 요구하지 않도록 주의하자. 우리 개인의 신학적 혹은 경험적 선호에 따라서 하나님의 선교의 모습을 구성해서는 안 된다.

우리: 공동체로 연결됨

선교는 혼자서 감당할 수 없다. 혼자가 아니라 함께 하는 것이다. 우리는 다른 신자들과 함께 공동체를 이루어야 하는데, 그 이유는 함께하는 삶이 하나님과의 관계에 영양분을 공급하고 세상에 하나님을 증언하기 때문이다. 우리는 하나님을 알고 그분을 알리기 위해 함께할 다른 이들이 필요하다. 개인주의의 영향으로 우리 중 많은 사람이 선교를 개인의 노력으로 생각하게 되었다. 우리는 공동체를 기독교 신앙에서 선택할 수 있는 부분으로 생각하며, 그것이 우리에게 도움이 될 수 있을지언정 하나님과 개인적으로 동행하고 전도하는 것만큼 필수적이지는 않다고 생각한다. 그러나 하나님은 선교사 한 명 한 명에게 사명을 맡기시는 것이 아니라, 한 가족을 입양하여 세상을 축복하는 가업에 동참하게 하신다.

바울은 몸의 은유를 통해 교회 선교의 공동체적 성격을 설명한다(고전 12장). 각 신체 부위는 고유한 기능이 있지만, 다른 신체 부위와 연결되어 있고 서로 공감할 수 있는 범위 내에서만 작동한다. 신체 부위가 흩어진 채 널브러져 있는 방이 무언가 잘못되었음을 암시하듯이, 그리스도를 따르는 사람들이 서로 단절된 채 세상을 가득 메우고 있다는 것은 교회가 상처를 입고 선교가 훼손되었다는 것을 나타낸다. 하나님은 어떤 사람들은 전도자로 삼으셨지만, 다른 사람들에게는 동정심과 자비의 은사를 주셨고, 또 다른 사람들에게는 관리의 은사를 주셨다. 우리는 각 은사, 즉 몸의 각 부분이 협력하여 전체가 축복과 샬롬의 통로가 될 수 있도록 해야 한다.

나는 그리스도를 믿게 된 무슬림 여러 명을 수년간 알고 지냈다. 나는 그들에게 신앙 여정에 영향을 준 사람이 누구인지 물어보곤 했는데, 항상 그들은 한 개인보다는 공동체 전체와의 만남을 이야기했다. 예를 들어, 미국에 난민으로 온 내 친구 압둘이 있다. 압둘은 그에게 자기 가족과 함께 살자고 해 준 데이비드라는 사람을 통해 하나님의 너그러움과 환대를 경험했다. 그 후에는 데이비드의 소그룹에서, 그가 타지에서 일자리를 찾고 언어를 배울 수 있도록 도와준 조안이라는 여성을 통해 하나님의 지혜와 긍휼을 경험하게 된다. 압둘은 복음서 내용을 이해하기 힘들었는데, 그의 공동체에는 성령께서 복음을 설명하도록 사용하신 존이라는 사람이 있었다. 즉, 팀 전체의 노력이었다.

대부분의 무슬림이 십자가와 삼위일체를 이해하기 힘들어한다는 것을 알고 있었기에 압둘에게 어떻게 그런 것들을 이해하게 되었는지 물었다. 그는 궁극적으로 자신의 눈을 열어 주신 분은 하나님이라고 말했다. 그러나 성령은 그 공동체의 희생적인 사랑을 사용하셔서 그리스도의 희생적인 사랑에 대한 살아 있는 비유가 되게 하셨다. 삼위일체와 관련하여, 그는 자신이 납득할 만한 변증은 단 하나도 없었다고 말했다. 그러나 그는 그리스도를 따르는 이 공동체 속에서 삼위일체 하나님을 보게 되었는데, 그들 각자는 모두 개인이었지만 압둘이 이전에는 보지 못했던 일종의 하나 됨을 보여 주었다. 압둘에게 충분히 복음을 선포하고 증명할 수 있는 개인은 단 한 명도 없었지만, 하나님은 이 공동체의 다양한 은사와 공동의 삶을 통해 당신을 알리셨다.

되다: 구별된 삶의 방식

아브라함의 부르심에서부터 오순절에 모인 하나님 백성, 그리고 종말에 이르기까지 선교는 공동체적 소명임을 알 수 있다. 선교는 교회의 여러 활동 중 하나가 아니라 교회의 중심 **정체성**이며, 하나님이 교회를 창조하신 바로 그 목적이다. 크리스토퍼 라이트는 "선교가 교회를 위해 만들어진 것이 아니라 교회가 선교, 즉 하나님의 선교를 위해 만들어졌다"[3]라고 말한다.

선교는 교회의 **활동**인 동시에 교회의 **존재** 자체이기도 하다. 우리는 특정 문화권에 살면서 그 문화권의 좋은 점들을 긍정해야 하지만, 모든 삶에서 샬롬을 드러내는 방식에 있어서는 주변 세상과 다른 대조적인 공동체, 구별된 백성이 되어야 한다. "그러나 너희는 택하신 족속이요 왕 같은 제사장들이요 거룩한 나라요 그의 소유가 된 백성이니 이는 너희를 어두운 데서 불러내어 그의 기이한 빛에 들어가게 하신 이의 아름다운 덕을 선포하게 하려 하심이라"(벧전 2:9). 베드로는 이 말씀에서 열방 가운데 이스라엘의 독특한 역할을 묘사한 구약성경 이미지를 차용하여 교회의 정체성을 설명한다. 베드로는 교회가 주변의 어둠과 대조되는 독특한 빛의 공동체로 선택되었음을 그들에게 상기시키고 있다. 신자들은 종말의 부활 생명으로 새롭게 태어났으며(벧전 1:3), 따라서 우상을 숭배하는 로마제국의 삶에 대해서는 거류민과 나그네가 된다(2:11). 그리스도인은 개인과 공동체의 행동(2:11), 직장 생활(2:18-21), 공적 영역 참여(2:13-17)에서 거룩하고 구별되어야 한다. 교회는 삶의 모든 영역에서 자신이 속한 문화의 제도를 존중해야 하지만, 또한 하나님만을 최고 권위로 인정하는 공동체가 되어야 한다. 하나님은 그리

---

3 Christopher Wright, *Mission of God's People: A Biblical Theology* (Grand Rapids: Zondervan, 2010), p. 62.

스도인들에게 구별된 이야기를 주시고 세상에 그분의 구별된 성품을 드러내기 위해 구별된 삶으로 부르시는 분이다(2:12).

베드로의 서신을 읽고 있는 교회는 로마 문화 안에서 그 땅의 권위를 존중하면서도 하나님에 대한 궁극적인 충성심을 굽히지 않는 방식으로 살아야 했다. 이렇게 두 세계에서 사는 것은 독특한 삶의 방식을 만들어 냈다. 21세기 교회도 마찬가지다. 그러나 우리는 로마의 우상들이 아니라 소비주의, 기술주의, 민족주의, 자유 같은 우상 속에서 살아간다. "인간 삶의 제일 된 목적이 무엇인가?"라는 질문에 대한 우리의 대답은 "창조주 하나님을 아는 것"이어야 한다.[4] 그러나 우리를 둘러싼 문화는 같은 질문에 다양한 방식으로 대답한다. 소비주의는 "인간 삶의 제일 된 목적은 창조 세계의 상품과 경험을 누리는 것"이라고 말한다. 기술주의는 "내 삶을 풍요롭게 하고 내 깊은 욕구를 충족시키기 위해 기술에 의존하는 것"이라고 말한다. 민족주의는 "어떤 대가를 치르더라도 내 나라와 그 세계관에 충성을 바치는 것"이라고 말한다. 개인의 자유에 대한 현대적 이상은 "내가 원하는 대로 자유롭게 존재하고 행동하는 것"이라고 말한다. 이 모든 대답은 창조 세계의 좋은 측면을 가져와서는 원래 의도되지 않았던 의미를 거기에 부여한다. 피조물을 마치 인간 삶의 제일 된 목적인 것처럼 취급하는 것은 우상숭배다. 하나님의 선한 창조 세계 중 어떤 것도 우리 삶의 궁극적인 초점이 되어서는 안 된다. 그러나 우상숭배가 모든 인간 문화를 형성했다. 이것이 바로 로마서 12장 2절에서 바울이 우리에게 본받지 말라고 경고하는 "세상"(현대인의 성경)이다. 이러한 우상은 항상 약속한 생명과 만족과 기쁨을 주지 못하고 그 대신 고통과 왜곡과 불의를 가져다준다.

잘못된 신을 섬기는 가운데 형성된 우리 주변 문화의 양식이 하나님 백

---

[4] 칼뱅의 제네바 요리문답(Geneva Catechism) 첫 번째 질문과 그 답이다.

성을 위한 삶의 양식이 되어서는 안 된다. 하나님 백성인 우리는 다른 중심을 가진 다른 이야기로 형성된 구별된 삶의 양식을 지닌 공동체가 되어 세상에 증언한다. 우리 삶은 하나님의 유일하심과 그분의 선하신 길을 세상에 보여 주어야 한다. 그렇게 할 때, 우리는 예수님이 세상에 샬롬을 회복하기 위해 다시 오실 때 어떤 삶이 펼쳐질지 세상에 미리 보여 줄 수 있다.

21세기에는 이 구별된 삶이 어떤 모습이어야 할까? 공동체로서 우리는 우리 시대에 하나님의 유일성과 우상의 파괴성을 어떻게 보여 주어야 할까? 이러한 질문에 명확한 답을 제시할 수는 없지만(신앙생활은 각 공동체와 상황에 따라 다른 모습을 띤다), 성령의 열매가 우리의 상상력을 자극할 수 있을 것이다(갈 5:22-23).

사랑. 우리가 자신보다는 다른 사람들을 희생적이고 이타적으로 섬기는 데 초점을 맞춘 독특한 공동체라고 상상해 보라. 이기주의가 만연한 세상에서 자기 자신을 내어주는 사랑으로 유명한 교회를 상상해 보라. 우리가 자기 보호에 집중하는 대신 이웃의 번영을 위해 위험을 감수한다면 어떨까? 고통이 있는 모든 곳에 그리스도의 몸 된 교회가 존재하면서 기도하는 가운데 자원을 쏟아부어 피 흘리는 세상의 상처를 싸매고 있다는 사실을 세상이 알게 된다면 어떨까? 거주지 선택에서부터 투표에 이르기까지, 주로 타인에 대한 관심이 우리의 모든 행동을 결정한다면 어떨까? 우리의 자아상에 집착하는 대신 모든 인간에게서 하나님의 형상을 발견하고, 따라서 다른 사람을 알고 사랑하고 섬기는 데 열중하는 공동체가 된다면 어떨까?

희락. 교회가 무언가를 **반대하는** 것이 아니라 무언가를 **위하는** 것으로 유명하다고 상상해 보라. 세상의 모든 좋은 것을 하나님의 선물로 보는 경이의 눈이 생겨서 오렌지꽃 향기, 역회전하는 농구공, 친구와의 긴 대화 등 소소한 것에도 끊임없이 감사할 수 있다면 어떨까? 언젠가 모든 눈물을 닦아 주시고 만물을 새롭게 하실 분에 대한 소망으로 고통 가운데서도 기쁨을 잃지 않는 공동체가 된다면 어떨까?

화평. 교회가 이 갈등의 세상 한가운데서 평화를 만드는 공동체로 알려져 있다고 상상해 보라. 우리가 경청하고, 죄를 고백하고, 진실을 말하고, 용서를 베푸는 특징을 드러낸다고 상상해 보라. 이러한 특징들이 교회 공동체로부터 거리로 흘러나온다면 어떨까?

오래 참음. 서두르고 즉각적인 만족을 추구하는 세상에서 교회가 인내하는 사람들로 알려진다고 상상해 보라. 분주함으로 가득한 세상에서 교회가 휴대전화를 내려놓고 집중하는 사람들로 알려진다면 어떨까? 우울증이나 중독에 빠진 누군가와 몇 년을 기꺼이 함께 걸을 수 있다면 어떨까? 우리가 항상 기꺼이 경청하는 친절한 귀를 가진 사람으로 알려진다면 어떨까?

자비와 양선. 사람들이 교회의 자비와 선함을 통해 하나님의 자비와 선하심을 경험한다고 상상해 보라. 그리스도의 몸이 가장 연약한 사람을 볼 수 있는 눈, 짐을 들어 줄 손, 사랑 안에서 진리를 말하는 입, 상처받은 사람을 품을 수 있는 팔, 하나님의 좋은 선물로 이 땅을 채울 창의적인 방법을 끊임없이 꿈꾸는 마음을 가진 독특한 공동체가 된다고 상상해 보라.

충성. 교회가 확실하게 신뢰할 수 있는 공동체로 알려진다고 상상해 보라. 고용주들이 새로운 직원을 찾고, 비영리 단체들이 자원봉사자를 찾으려 할 때 교회에 출석하는 사람들이 매일 성실하게 일하리라는 것을 알기 때문에 교회 내에서 그들을 찾으려고 한다면 어떨까? 교회가 이혼이 드물고, 결혼 생활이 건실하며, 자녀들이 안정감을 느끼는 가정을 꾸리는 것으로 유명하다면 어떨까?

온유. 교회가 섬세하고 부드럽게 공적 담론을 말하는 사람들이라고 상상해 보라. 우리가 온라인에서 독설을 퍼붓지 않고, 모든 대화에서 현명하고 신중한 말을 사용한다면 어떨까? 우리가 우파나 좌파의 빈정댐을 거부하는 것으로 유명하다면 어떨까?

절제. 교회가 '더'를 말하는 세상에서 '충분하다'라고 말하는 것으로 유명하다고 상상해 보라. 우리가 단순한 것에도 기뻐하면서 그리스도 안에서 깊은 만족이 가능하다는 것을 보여 주어 공허한 소비주의를 뒤집어엎는다면 어떨까? 우리가 충분히 만족감을 느끼기 때문에 돈을 쫓는 데 혈안이 되거나 모든 넷플릭스 시리즈를 빠짐없이 시청하거나 모든 논쟁에서 이길 필요가 없다고 상상해 보라.

성령의 열매가 넘치는 공동체를 상상할 수 있는가? 그런 공동체는 다른 모든 공동체와 확연히 구별되어 하나님의 길이 얼마나 특별한지를 보여 줄 것이다. 우리 문화의 우상들에 도전하고, 그것들의 허황된 약속이 얼마나 공허한지 드러낼 것이다. 교회는 세상을 위한 잔칫상을 베푼다. 교회가 이렇듯 서로 사랑하는 모습을 보여 주는 만큼, 하나님 나라의 독특함을 증언하고 세상에서 살아가는 대안적인 방식을 제시하게 된다. 우리를 통해 세상은 장차 올 샬롬을 엿보고 미리 맛본다.

이유: 선교의 동기인 사랑

모든 선교 참여의 기초는 우리가 하나님의 선교에 참여하는 **이유**를 아는 것이다. 선교의 대상, 장소, 방법은 선교의 이유 위에 세워져야 하며, 그렇지 않으면 우리의 선교적 노력은 무너질 것이다.

선교의 동기는 무엇일까? 그 답은 간단하면서도 심오한데, 위와 바깥을 향한 사랑이다. 선교에 대한 우리의 주된 동기는 하나님과 이웃을 사랑하는 것이어야 한다. 어떤 사람들은 하나님의 영광이나 주님을 경외하는 마음, 순종에 대한 열망이 동기라고 말할 수도 있는데, 이는 모두 선교에 참여해야 하는 훌륭한 성경적 이유다. 그러나 이러한 각각의 이유는 사랑의 한 측면일 뿐이다. 예수님은 가장 큰 계명이 무엇이냐는 질문에 이렇게 대답하셨다. "네 마음을 다하고 목숨을 다하고 뜻을 다하여 주 너의 하나님을 사랑하라 하셨으니 이것이 크고 첫째 되는 계명이요 둘째도 그와 같으니 네 이웃을 네 자신같이 사랑하라 하셨으니 이 두 계명이 온 율법과 선지자의 강령이니라"(마 22:37-40). 이것이 바로 선교를 하는 우리의 궁극적인 동기다. 예수님은 하나님에 대한 수직적 사랑과 이웃에 대한 수평적 사랑이 하나님의 선교에 참여하는 것을 포함하여 어떻게 모든 인간 삶의 원동력이 되어야 하는지를 보여 주셨다.

사랑에는 순서가 있다. 우리가 하나님을 사랑하고 그 사랑을 세상에 알릴 수 있으려면 먼저 우리를 사랑하시는 하나님을 만나야 한다. 하나님의 사랑이 먼저고 우리 사랑은 그분의 사랑에 대한 반응이다. "하나님의 사랑이 우리에게 이렇게 나타난 바 되었으니 하나님이 자기의 독생자를 세상에 보내심은 그로 말미암아 우리를 살리려 하심이라. 사랑은 여기 있으니 우리가 하나님을 사랑한 것이 아니요 하나님이 우리를 사랑하사 우리 죄를 속하기 위하여 화목 제물로 그 아들을 보내셨음이라"(요일 4:9-10). 우리가 하나님을 사랑하기 위해서는 먼저 그분의 사랑과 자비를 깊이 알아야 하는데, 그 사랑은 우리를 죽음에서 생명으로 건지신 아들을 보내신 데서 분명히 드러난다.

우리는 하나님의 선교에 **참여하기** 전에 우리가 그 선교의 **수혜자**라는 사실을 알아야 한다. 우리는 구조하는 사람이 아니라 구조받은 사람이라서, 구조가 필요한 다른 사람들에게 증언할 뿐이다. 우리는 다른 걸인들에게 빵을 먹을 수 있는 곳을 알려 주는 걸인들이다. 우리는 노예나 직원이 아니라 입양된 자녀로서 아버지의 사역에 참여하여 아버지의 사랑에 응답한다. 요한1서 4장 19절은 이러한 선교의 동기를 가장 잘 요약하고 있다. "우리가 사랑함은 그가 먼저 우리를 사랑하셨음이라."

사도 요한은 하나님을 사랑하고 그분께 사랑받는 것이 가장 먼저 해야 할 일임을 보여 준다. 그러나 다른 사람을 사랑하지 않으면서 하나님을 사랑할 수는 없다. "누구든지 하나님을 사랑하노라 하고 그 형제를 미워하면 이는 거짓말하는 자니 보는 바 그 형제를 사랑하지 아니하는 자는 보지 못하는 바 하나님을 사랑할 수 없느니라. 우리가 이 계명을 주께 받았나니 하나님을 사랑하는 자는 또한 그 형제를 사랑할지니라"(요일 4:20-21). 하나님의 사랑은 어디에 담기지 않는다. 그분의 사랑을 담는다는 것은 나이아가라 폭포를 유리잔에 담으려는 것과 같다. 그분의 사랑은 우리에게서 이웃의 삶으로 흘러넘쳐야 한다. 이웃을 사랑하지 않는다면 우리는 하나님의 사랑을 알지 못하는 것이다.

바울은 그리스도의 사랑이 우리를 이웃 사랑으로 이끄는 원동력이라는 요한의 말과 결을 같이한다. "그리스도의 사랑이 우리를 강권하시는도다. 우리가 생각하건대 한 사람이 모든 사람을 대신하여 죽었은즉 모든 사람이 죽은 것이라. 그가 모든 사람을 대신하여 죽으심은 살아 있는 자들로 하여금 다시는 그들 자신을 위하여 살지 않고 오직 그들을 대신하여 죽었다가 다시 살아나신 이를 위하여 살게 하려 함이라"(고후 5:14-15). 그리스도의 사랑 때문에 우리가 다른 사람을 사랑할 수 있다. 바울은 예수님의 희생적인 십자가 사랑에서 세상을 향한 하나님의 사랑이 얼마나 넓은지를 본다. 그리고 이내 바울은 같은 너비로 세상을 사랑하고자 한다. 그리고 그는 십자가를 우리가 어떻게 사랑해야 하는지를 보여 주는 모델로 여긴다. 하나님은 희생적인 사랑으로 당신을 우리에게 주셨고, 우리는 예배를 통해 우리 자신을 하나님께 돌려드리고 또한 이웃에게 자신을 내어줌으로써 그 사랑에 응답한다.

리우데자네이루에 갔을 때 그리스도 구속자(Christ the Redeemer) 동상에 깊은 인상을 받았다. 이 예수상은 믿기 힘들 정도로 아름다운 도시 위로 높이 솟아 있지만, 그 아래에는 폭력과 가난에 시달리는 빈민 지역이 있다. 나는 그 동상이 단순한 관광 명소 이상이라고 생각했다. 그것은 하나님이 그 도시에 베푸시는 사랑과 자비를 보여 주는 생생한 그림이었다. 그분은 두 팔을 펼치고 있어서, 마치 무거운 짐을 진 아름다운 도시를 향해 그분 품으로 달려와 용서와 정화와 치유를 얻으라고 말씀하시는 것만 같았다. 하지만 내가 그 동상을 올려다보는 동안, 아내는 다른 것을 보았다. 내 선글라스에 그리스도 구속자 동상의 모습이 반사되어 보이고 있었던 것이다. 이것이 바로 내가 이 깨지고 아름다운 세상을 바라보아야 할 방식이다. 그리스도의 사랑과 자비의 렌즈를 통해서 말이다.

사랑이 동기가 아니라면, 우리는 하나님의 선교에 참여하고 있지 않는 것이다. 우리는 하나님이 아닌 다른 것을 사랑하고 섬기고 있으며 이웃보다 우리 자신을 사랑하고 있는 것이다.

굶주린 사람들을 먹이고, 복음을 전하고, 정의를 추구하는 것이 거짓 신을 섬기는 일이 될 수 있다는 생각이 이상해 보일 수 있다. 하지만 그러한 사역이 겉으로는 좋아 보여도 우상숭배가 동기가 될 수 있다는 것이 무서운 현실이다. 집이 없는 사람을 위해 집을 지어 주는 것은 분명 좋은 일이지 않은가? 그러나 우리가 존재감이라는 우상에 이끌려 집을 짓는다면 곧 자기 숭배의 신전을 짓는 것일 수도 있다. SNS에 조심스럽게 자랑을 늘어놓으면서 다른 사람에게서 칭찬받고자 하는 갈망을 드러낼 수도 있다. 게다가, 우리의 선교 참여는 소비주의라는 우상, 특히 경험을 수집하도록 강요하는 소비주의 브랜드에 의해 동기 부여될 수도 있다. 많은 그리스도인이 단기 선교를 떠나거나 문화적으로 영향력 있는 도시로 이주하면서 고상한 선교 언어를 구사하지만, 그들의 주된 동기는 세상을 구경하고, 유명한 도시에서 살고, 심지어 다른 사람들에게 하나님의 선교에서 중요한 역할을 하는 사람으로 보이기 위한 것일 수 있다.

바울은 사랑장으로 유명한 고린도전서 13장에서 모든 선행, 선교 참여,

예배 행위가 사랑에 뿌리를 두지 않는다면 아무것도 아니라고 주장한다. 사랑이 없다면 우리가 말로 하는 증언은 성가시게 울리는 꽹과리 소리처럼 들릴 수 있다. 우리가 가진 모든 것을 가난한 사람들에게 베풀어도 사랑이 없다면 아무 유익도 없다. 이 책의 대부분은 우리가 하나님의 선교에 어떻게 참여할 수 있는지에 관해 이야기하지만, 이웃 사랑으로 흘러가는 하나님 사랑이 동기가 되지 않는다면 그 모든 방법은 쓸모가 없다.

죄와 악이 가득한 이 세상에는 하나님을 사랑하다가 우상을 사랑하고, 이웃을 사랑하다가 이웃을 이용하게 되는 큰 유혹이 있다. 그렇기 때문에 우리는 자신의 동기에 주의를 기울여야 한다. 마음은 우리를 쉽게 속인다. "만물보다 거짓되고 심히 부패한 것은 마음이라. 누가 능히 이를 알리요마는"(렘 17:9). 우리는 자신을 살펴서 죄의 동기를 드러낼 수 있도록 도와 달라고 하나님과 다른 신자들에게 주기적으로 요청해야 한다. 우상을 사랑하는 마음을 끊임없이 회개하고 그리스도의 사랑에 잠겨서 우리 마음이 하나님과 이웃을 향하도록 재조정해야 한다.

결론

초보 음악가가 복잡한 멜로디를 연주하기 전에 기본음을 연주하는 법을 배워야 하듯이, 우리는 선교의 핵심 약속에 지속적으로 주의를 기울여야 한다. 우리는 이를 몇 가지 단순한 단어로 표현했다.

함께: 선교는 예수님처럼 몸으로 함께하는 것이다.
힘입어: 선교는 성령으로부터 능력을 공급받는다.
그리고: 선교의 범위는 포괄적이다.
우리: 선교는 공동체가 같이 수행한다.

되다: 선교는 구별된 삶의 방식을 포함한다.

이유: 선교의 동기는 사랑이다.

각 기독교 공동체와 그리스도를 따르는 사람들의 선교 참여는 그들이 처한 상황과 하나님이 각자에게 주신 고유한 은사에 따라 다르게 표현될 것이다. 그러나 이 여섯 가지 핵심 가치는 모두 포함되어야 한다. 성육신적 현존, 성령의 능력, 복음에 대한 거시적 안목, 서로 격려하는 공동체, 구별된 삶의 방식, 사랑을 떠나서는 우리의 모든 선교 활동은 아무런 의미가 없다. 이 여섯 가지가 없다면 세상의 모든 선교 전략과 창의적 계획은 아무 소용이 없을 것이다.

3장

의도성

선교의 악장들

교향곡과 청소차

매일 아침 브루스는 트럭에 올라타서 하나님의 축복을 기원하며 시동을 걸고 길을 떠난다. 대부분의 다른 운전자들은 자신의 일에서 별다른 의미를 찾지 못하지만 브루스는 자신이 선교를 수행하고 있다는 것을 안다. 핸들을 잡는 손은 하나님의 영광을 나타내기 위해 창조되었다. 가속 페달과 브레이크 페달을 밟는 310밀리미터 사이즈 장화 안에는 이전에 부러졌던 발가락과 굳은살과 무지외반증으로 엉망진창이 된 발이 있다. 그러나 이 발은 십자가처럼 투박한 아름다움을 지니고 있는데, 발을 씻기시는 하나님의 이름으로 이웃을 섬길 수 있는 예기치 못한 기회로 그를 인도할 것이기 때문이다. 그는 트럭에 기어를 넣기 전에 커피를 마시면서, 주유소에서 산 뜨거운 커피에 살짝 덴 이 입술로 복음을 전할 기회를 얻게 해 달라고 기도했다. 브루스는 클래식 음악을 좋아하지 않지만, 하루를 시작하면서 그가 하나님의 선교라는 교향곡 연주에 참여하는 특권을 누린다는 것을 안다. 그의 420마력 엔진은 열방을 향한 하나님의 구원이라는 노래에서 타악기 연주를 담당한다.

트럭 계기판에는 청소차 운전이라는 신성한 일을 상기시켜 주는 인용구와 성경 구절이 적힌 인덱스카드가 여러 장 붙어 있다. 그가 매일 아침 가장 먼저 읽는 카드 중 하나에는 마틴 루터 킹 주니어(Martin Luther King Jr.) 목사의 명언이 적혀 있다.

길거리 청소부 일을 하게 됐다면 미켈란젤로가 그림을 그린 것처럼 거리를 청소하세요. 베토벤이 음악을 작곡한 것처럼 거리를 청소하세요. 메트로폴리탄 오페라(Metropolitan Opera) 앞에서 노래를 부른 레온타인 프라이스(Leontyne Price)처럼 거리를 청소하세요. 셰익스피어가 시를 쓴 것처럼 거리를 청소하세요. 천지 만물이 잠시 멈춰 서서 "자신의 일을 충실히 해낸 훌륭한 청소부가 여기 있었다"라고 말할 정도로 거리를 깨끗하게 청소하세요.[1]

브루스는 거리를 청소하지는 않지만, 좁은 뒷골목을 누비며 로봇 팔을 이용해 동네에 쌓인 쓰레기를 퍼담는 일을 하면서 거리의 청결을 책임지고 있다. 또 다른 카드에는 창세기 2장 15절 말씀이 적혀 있다. "여호와 하나님이 그 사람을 이끌어 에덴동산에 두어 그것을 경작하며 지키게 하시고." 이 말씀을 읽으며 브루스는 하나님이 아담을 에덴동산에 두셨던 것처럼 브루스도 그 트럭에 두셨다는 사실을 떠올린다. 하나님의 동산에서 브루스가 맡은 작은 구역이 바로 도시 뒷골목인 것이다. 그는 하나님의 영광을 위해

---

1 인터넷에 널리 퍼져 있는 이 인용구는 마틴 루터 킹 주니어의 말로 전해지지만, 정확한 출처는 알 수 없다. 따라서 그가 실제로 언제, 어디서 이 말을 했고 정확한 표현이 무엇이었는지 확인하기 어렵다. 다만 이 인용구는 킹이 암살되기 6개월 전인 1967년 10월 26일 필라델피아의 배럿(Barratt) 중학교에서 한 연설에서 나온 것으로 보인다. 다음을 참고하라. "What Is Your Life's Blueprint?," Martin Luther King Jr. and the Civil Rights Movement, *Seattle Times*, http://old.seattletimes.com/special/mlk/king/words/blueprint.html(2018년 6월 28일 접속).

그 공간을 가꾸어 나간다. 깨진 유리, 낡은 가구, 잡초, 시멘트 벽돌 벽이 그의 성소, 즉 하나님께 속한 신성한 공간을 채우는 재료다. 그는 떨리는 경외함으로 쓰레기를 수거한다.

브루스가 길거리에서 수거하는 비닐봉지나 기저귀는 모두 왕을 섬기기 위한 예물이다. 그는 자신이 하나님의 좋은 땅을 아름답게 가꾸고 하나님의 창조 세계라는 걸작을 보호하고 있다고 생각한다. 이 때문에 그는 다른 동료들보다 더 의욕적이고 즐겁게 일한다. 그는 단순히 '일만 하는' 사람이 아니다. 그는 노련한 운전사로서 모든 급커브와 세부 사항에 세심한 주의를 기울인다. 이 일이 그에게 하찮았다면 그는 최소한의 일만 하고 싶을지도 모른다. 하지만 그는 하나님 앞에서 예배를 드리듯 로봇 팔로 쓰레기통을 하나하나 들어 올리며 일하고 있다.

동료들은 그의 쓰레기 사랑이 남다르다며 그를 놀릴 수도 있지만, 그러한 농담 뒤에는 깊은 존경심이 숨어 있다. 그들 중 몇몇은 브루스를 인생의 여러 측면에 대해 이야기할 수 있는 멘토이자 성실한 사람으로 대한다. 동료들은 주말에 종종 브루스의 집에 들러 그의 가족들과 함께 팬케이크를 먹기도 한다. 브루스 부부는 자녀가 셋이지만, 식탁에는 여덟 자리가 있다. 부부는 가족애가 필요한 사람들로 그 자리를 채워 달라고 매주 하나님께 기도한다. 그 자리는 브루스의 동료, 특히 가족과 소원해진 젊은 동료들이 채울 때가 많다. 브루스 부부는 자신들이 그리스도를 통해 하나님 아버지께 입양되었다는 사실을 알기에 가족이 필요한 모든 이들을 가족처럼 품고자 한다.

브루스는 동료들에게 시간을 내줄 뿐만 아니라 일부러 가장 힘든 경로를 선택한다. 힘든 노선의 부담을 짊어짐으로써, 자신을 희생하는 십자가 정신을 본받는다. 브루스에게 청소차 운전은 단순히 동료들을 섬기는 수단일 뿐 아니라, 도시의 발을 씻어 주는 일이기도 하다. 그는 골목마다 다니면서 그곳에 사는 가정들을 위해 기도하고 도시의 번영을 위해 기도한다. 그는 아무도 쓰레기를 줍지 않는다면 어떤 일이 일어날지 상상한다. 하나님의 선한 세상이 쓰레기로 뒤덮이고 악취가 온 동네의 코를 찔러서 삶이 비참해질 것이다. 질병으로 사람들이 집을 떠나게 될 것이다. 브루스는 길거리에서 쓰레기를 치우면서 이웃을 실제적으로 사랑하게 되었다.

동료들은 브루스에게 왜 남들과 다르게 사는지, 왜 자신의 직업을 그렇게 사랑하는지, 왜 다른 사람들을 섬기려고 더 많이 애쓰는지 묻곤 한다. 브루스는 진부한 내용을 외워서 줄줄 늘어놓는 대신에 자신의 상황에 담긴 구속의 은유에 대해 깊이 묵상했다. 그래서 그는 종종 동료들을 트럭 뒤편으로 데려가 쓰레기를 보면서 이렇게 말해 준다.

"내가 일하면서 큰 기쁨을 느끼는 이유는 이 세상 모든 곳이 하나님의 것이며, 도시를 깨끗하게 유지하는 일로 내가 그분을 섬기고 있다고 믿기 때문이야. 그분은 우리를 번성하게 하셨지만 오래전에 세상은 엉망이 되었지. 이 청소차 뒤편만 봐도 그 사실이 증명되지. 여길 보면 예전에는 다 좋았던 것들인데 지금은 부서지고 썩고 부패하고 있어. 영양가 있는 식사였던 음식은 썩은 고기가 되었고, 좋은 의자였던 물건은 이내 나무 조각이 되고 말았어. 우리는 이 트럭 뒤에서 벌어지고 있는 일이 비단 쓰레기통에만 국한되지 않는다는 것을 잘 알고 있어. 전쟁 중인 나라들, 데이브의 간에서 자라고 있는 종양, 부패한 정치, 결혼 생활의 긴장, 무릎 통증 등 모든 곳에서 일어나고 있지. 죄는 단순히 하지 말아야 할 나쁜 일의 목록이 아니라 인간의 마음에서부터 시작하여 모든 창조 세계를 감염시키는 질병이야.

하나님이라면 온 세상과 망가진 것을 다 부숴 버리는 것이 타당했을 거야. 그러나 그분은 세상을 쓰레기 더미에 버리는 대신에 만물을 재활용하고 재생하고 회복할 계획을 갖고 계셔.

예수님은 이 세상에 오실 때 만물을 새롭게 하시기 위해 이 땅의 쓰레기통 속으로 들어가셨어. 그분은 손가락만 까딱해서 상황을 바꾸려고 하지 않으셨지. '그가 찔림은 우리의 허물 때문이요 그가 상함은 우리의 죄악 때문이라. 그가 징계를 받으므로 우리는 평화를 누리고 그가 채찍에 맞으므로 우리는 나음을 받았도다'(사 53:5)라는 말씀처럼 우리를 대신하여 쓰레기 압축기에 들어가신 셈이야. 기본적으로, 망가진 것들을 부수는 유압식 쓰레기 압축기를 볼 때마다 예수님이 십자가에서 하신 일을 떠올려야 해. 그분이 상하신 덕분에 우리는 세상과 함께 그렇게 되지 않았어. 그분은 부활을 통해 죄와 사탄과 죽음이 가져온 깨짐을 해결하고 세상을 새롭게 하시는 하나님의 능력을 보여 주셨어."

브루스와 이런 대화를 나누고 나면, 어떤 사람들은 눈을 치켜뜨거나 정중하게 주제를 바꾸려고 한다. 그러나 때때로 사람들은 더 많이 알고 싶어 하고, 브루스는 그들을 교회 소그룹에 초대하여 공동체를 경험하고 다양한 사람의 삶에서 복음이 실현되는 것을 볼 수 있도록 한다. 그리고 가끔은 동료들이 아파트 단지에 설치된 수영장에서 세례를 받도록 하는 특권을 누리기도 한다.

물론 이것은 하나님의 선교에 참여하는 브루스의 일상을 매우 압축해서 묘사한 것이다. 매일 직면하는 고된 삶과 복잡한 윤리 문제들은 설명하지 않는다. 내가 여기에 요약한 실제 대화는 아마도 현장에서는 더 자연스럽게 들렸을 것이다. 하지만 브루스의 삶을 전반적으로 요약한 이 묘사로 미루어 볼 때, 그가 하나님의 선교에 풍성하게 참여하고 있음을 알 수 있다. 하나님의 선교에 참여하는 것에는 많은 돈이나 영향력, 자격증이 필요하지 않다. 다른 도시로 이사하거나 다른 단체에 가입해야 하는 것도 아니다. 오히려 선교적 의도를 가지고 일상에 접근하기만 하면 된다.

선교 교향곡의 악장들

브루스가 하나님의 선교에 참여하는 모습에서 우리는 어떤 점을 발견할 수 있을까? 아마도 그의 삶이 여러 측면에서 복음을 드러낸다는 것을 눈치챘을 것이다. 그는 탁월한 일, 동료들을 위한 희생적인 섬김, 자신의 상황에서 복음의 은유를 발견하여 말로 선포함으로써 하나님의 성품을 보여 준다. 그는 이러한 선교의 여러 측면을 서로 대립시켜 어느 것이 더 중요한지 논쟁하는 대신에, 일과 섬김과 전도가 함께 하나님을 증언하고 세상의 진정한 이야기의 목적인 샬롬을 보여 주기 위한 것임을 알고 이 세 가지를 모두 실천한다.

초기 교향곡은 세 악장으로 구성되어서 서로 다른 세 음악이 결합하여 하나의 음악 이야기를 들려주었다. 마찬가지로 교회에는 증언을 위한 폭넓은 세 악장이 있는데, 이것들이 서로 결합하여 세상을 새롭게 하는 이야기를 들려준다. 우리는 이 세 가지를 청지기 직분, 섬김, 말씀의 악장이라고 부르고자 한다. 이 세 악장은 하나님의 선교에 참여하도록 하기 위해 하나님이 우리에게 주신 세 가지 주요 방법이다. 이 악장들은 선교 교향곡에서 우리가 연주하는 멜로디라고 생각하면 된다. 교향곡에서 세 악장 중 어느 하나라도 빠지면 완전하지 못한 것처럼, 우리의 증언도 청지기 직분, 섬김, 말씀 중 하나가 부족하다면 불완전할 것이다.

그러면 이 책의 나머지 부분에서 구체적으로 다루게 될 선교의 세 가지 악장을 그림과 함께 소개하고자 한다.

청지기 직분(Stewardship): 우리 손으로 하는 일을 통해 아버지의 영광을 드러내기(창 1-2장, 고전 10:31; 엡 5:1-2)

섬김(Service): 세상의 발을 씻겨서 그리스도의 사랑을 드러내기(막 10:35-

45; 롬 12:14-21; 골 1:24-27)

말씀 나눔(Spoken Word): 우리 입을 열어 성령의 능력을 드러내기(롬 10:10; 골 4:2-6; 벧전 3:15)

세 악장 모두가 하나님의 선교에 필수다. 이 악장들은 우리 말과 행동을 함께 엮어 그리스도 안에 있는 하나님의 영광을 가리키도록 우리를 초청한다. 이상적으로는 각 신자와 각 기독교 공동체가 이 세 악장에 모두 참여하여 각자의 청지기 직분을 통해 하나님의 영광을, 섬김을 통해 그분의 사랑을, 말로 복음을 나누는 것을 통해 그분의 능력을 의도적으로 드러낼 방법을 모색하게 될 것이다.

이 장에서는 각 악장에 대한 간략한 개요와 세 악장이 함께 조화를 이룰 때 어떤 모습이 되는지에 대한 몇 가지 예를 제공하고자 한다. 이어질 세 장에서는(4-6장) 각 악장을 살펴보면서 세 영역 모두에서 우리 삶의 방향을

도표 3.1

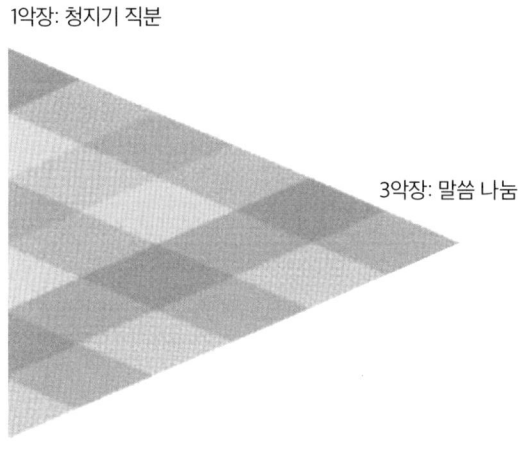

보다 의도적으로 바꾸는 방법에 대해 생각해 볼 것이다. 앞의 예시에서 브루스는 자신이 모든 일을 할 수 없다는 것을 알고 있었다. 하나님의 선교는 광범위하지만 브루스의 삶에는 제약이 있다. 따라서 그는 삶의 한 영역, 즉 자신의 직업에 대부분의 노력을 집중해야 했다. 7-9장에서는 하나님의 선교 가운데 우리 각자가 집중해야 할 구체적인 부분이 무엇인지 분별하기 위해 우리의 소명에 대해 생각해 볼 것이다.

청지기 직분

세상은 어떻게 하나님의 영광을 보게 될까? 크게는 인간의 손으로 하는 열매 맺는 일을 통해서다. 하나님은 그분의 교향곡에 참여하라고 초대하시면서, 가장 먼저 창조 세계에 내재한 숨은 잠재력을 개발하는 일로 초대하신다. 이 일을 통해 우리는 하나님의 성품을 드러내고 확장한다. 생태계에서 박쥐의 역할을 연구하고 글을 쓰는 과학자는 하나님의 뛰어난 창조 질서를 발견하고 확대하여 하나님의 지혜를 드러내고 있다. 자녀에게 글을 가르치는 엄마는 소통하시는 하나님의 영광을 드러내는 것이다. 기업가가 사람들에게 의미 있는 일자리를 제공할 때, 그들은 위대한 공급자이신 하나님의 영광을 드러낸다.

일하라는 부르심은 하나님이 인간에게 주신 첫 번째 명령이자 세상에서 그분의 일에 참여하라는 첫 번째 초대다. 죄가 세상에 들어오기 전에 이미 하나님은 우리 손으로 흙을 만지면서 이웃을 섬기고 하나님이 어떤 분인지 보여 줄 좋은 것을 경작하도록 우리를 초대하셨다. 하나님의 영광을 드러내는 훌륭한 일에 참여하도록 우리를 부르셔서 인간이 그분의 위대한 교향곡에 참여하도록 초대하신다. '일'은 단지 직업만 의미하지 않는다. 자녀 교육, 정원 가꾸기, 예술 창작, 시민 참여 등 우리가 창조 세계의 번영에 기여할 수 있는 많은 방법 중 생산적이고 하나님의 선한 세상에 긍정적으로 기여하는 모든 인간 활동을 의미한다. 하나님은 창조라는 곡을 연주하시며, 그분의 선한 세상에서 창조 세계를 가꾸고 돌보고 창조하는 청지기 직분을 통해 우리를 그분의 교향곡에 동참하도록 초대하신다.

이 청지기 직분이란 어떤 모습일까? 우리가 선한 문화 사역에 참여할 때 세상은 우리를 통해 하나님이 어떤 분이신지 엿볼 수 있다. 우리는 위대한 창조주 하나님을 담은 작은 사진 같은 피조물이다. 사진이 피사체를 온전히 보여 줄 수 없듯이, 아무리 최선을 다한다 해도 우리 삶은 하나님이 어떤 분이신지 단편적으로 보여 줄 수밖에 없다는 사실을 인정해야 한다. 그러나 사진을 통해 사람이나 장소에 대해 많은 것을 전달**할 수 있다**. 화면의 단 몇 픽셀을 통해 아름다운 산맥이나 친구의 우정, 즐거운 가족 여행을 느낄 수 있다. 마찬가지로 우리 삶은 하나님의 영광을 압축한 작은 초상화 역할을 **할 수 있다**. 선하고 의도적인 일을 통해 우리는 보이지 않는 하나님을 보여 준다.

세상은 어떻게 자비로우시고 신실하시며 주권적이고 세상을 회복하시는 하나님의 영광을 보게 될까? 세상이 외면하는 사람들을 돌보며 하루를 보내는 우리 친구 제시 같은 특수 교육 교사들을 통해 그분의 긍휼하심이 드러날 수 있다. 제시는 아이들에게 할큄을 당하고, 화장실의 대참사를 처리하고, 아이 울음소리를 몇 시간 동안 계속 들으며 하루를 보낼지도 모른다. 그러나 하나님은 제시의 손으로 그 눈물을 닦아 주시고, 제시의 미소로 은혜를 표현하시며, 제시를 통해 날마다 나타나셔서 그분의 신실함을 드러내신다.

세상은 어떻게 하나님의 영광스러운 질서를 바라보게 될까? 회계사들이 잘 정리한 스프레드시트와 조경사들이 잘 다듬은 울타리를 통해 날마다 그 영광을 드러내신다. 아이가 크레용으로 그린 무지개와 훌륭한 요리사가 만든 음식의 맛, 질감, 모양, 냄새를 통해 그분의 창의성이 나타난다. 하나님은 그분의 형상대로 만들어진 사람들의 창의성을 통해 그분의 창의성을 드러내신다.

날마다 하나님은 의사의 손을 통해 치유하시고, 부모의 손을 통해 보호하시며, 농부의 손을 통해 먹이시고, 형광등 아래에서 일하는 이름 없는 관리자들의 손을 통해 세상에 질서를 가져다주신다. 우리는 선행을 통해 하나님의 성품을 보여 주는 살아 있는 은유가 되고, 그분의 탁월한 창조 세계를 드러내며, 하나님 나라의 맛보기를 제공하고, 이웃을 섬기게 된다. 돈을 받든 받지 않든 우리가 날마다 하는 일에서 하나님의 선교에 참여하려는 의도성이 부족할 때, 우리는 우리의 신뢰성을 떨어뜨리고 그분의 영광을 바라보아야 할 세상 앞에서 하나님의 성품을 왜곡하게 된다.

섬김

세상은 어떻게 그리스도의 사랑을 만나게 될까? 하나님은 무엇보다 그리스도의 십자가를 통해 그분의 사랑을 보여 주신다. 그 추한 로마의 고문 도구가 죄와 사탄, 죽음을 물리치는 하나님의 도구로 아름답게 다시 사용된 것이다. 그리스도는 우리를 위해 고난받으셔서 우리를 향한 그분의 사랑을 드러내신다. 그분은 자격 있는 자들을 위해 죽지 않으셨다. 우리가 여전히 하나님의 원수였을 때, 그분은 우리를 사랑하셨고 그리스도의 잔혹한 죽음을 통해 우리를 구원하셨다.

희생적 사랑보다 더 아름다운 것은 거의 없다. 우리가 들려주는 이야기들에 이런 종류의 사랑에 대한 인간의 갈망이 잘 나타나 있다. 무너지는 건물 안으로 뛰어들어 이웃을 구하는 응급 구조대원들이나 사고와 골절을 이겨 낸 부상 선수들의 훈훈한 사연, 혹은 장발장 같은 희생적 등장인물 때문에 수 세기 동안 사랑받는 『레미제라블』같은 위대한 문학 작품 속 이야기는 큰 대가를 치르면서 자기를 희생하는 사랑의 행위에 인간 마음이 이끌린다는 것을 보여 준다.

우리는 이러한 희생 이야기에 감동을 받으면서도, **하나님이** 우리를 그렇게 깊이, 실질적으로 사랑하신다는 사실을 믿기 어려울 때가 많다. 하나님이 우리를 사랑하신다는 이야기는 너무 좋아서 많은 사람이 사실이라고 믿기 힘든 것 같다. 우리는 하나님의 아름다운 사랑에 어리둥절해진다. 이 냉소적인 세상에서 우리는 하나님의 사랑을 마치 동화 속 이야기처럼 생각하는 경향이 있다. 듣기에는 좋지만, 우리가 아는 세상에서 그런 일은 절대 없다고 여기는 것이다.

그렇다면 어떻게 세상은 그리스도의 사랑을 **경험으로** 알 수 있을까? 냉소적인 세상에 십자가를 선포하는 가장 좋은 변증은 무엇일까? 십자가에 대한 최고의 해설은 책이 아니라 전 세계 그리스도인들의 상처에 기록되어 있다. 주로 하나님 백성의 희생적인 섬김을 통해서 자신을 주신 그리스도의 희생적 사랑이 세상에 드러난다. 이웃을 위해 우리 삶을 쏟아부을 때, 우리는 그리스도께서 십자가에서 행하신 일을 보여 준다.

우리가 세상의 발을 씻어 주어 그리스도의 사랑을 드러낼 때 하나님 교향곡의 섬김 악장이 울려 퍼진다. 우리가 다른 사람들을 위해 희생할 때 그들은 하나님의 사랑을 나타내는 살아 있는 은유를 보게 된다. 우리는 그리스도의 고난을 보여 줄 수 있으며, 의도적으로 이웃의 짐을 짊어짐으로써 그분의 고난의 교제에 동참할 수 있다. 여기서 말하는 "고난과 희생"은 시간, 돈, 영향력, 관계, 재능 등 우리가 가진 모든 것을 다른 사람을 위해 사용하도록 강권하는 일종의 너그러움을 의미한다. 그리스도를 따르는 사람들이 자신을 쏟아부을 때, 세상은 십자가에서 자신을 쏟아부으신 하나님을 엿볼 수 있다.

그것은 어떤 모습일까? 초기 교회가 환자들을 자신의 집으로 맞아들여, 종종 자신도 그 병에 걸릴 위험을 감수하면서까지 그들이 건강을 회복하도록 돌봐줄 때 그리스도의 사랑이 드러났다. 내 친구 미셸 같은 사업가가 난민들을 고용하기로 선택할 때 그리스도의 사랑이 드러난다. 비록 그들이 일을 배우는 속도가 느리고, 미국의 민족주의 정서 때문에 그가 일부 고객을 잃을 수 있음에도 말이다. 빌 같은 기업가가 나중에 더 낮은 입찰가가 들어왔음에도 자신의 말을 지키기 위해 약속대로 어느 회사에 계약을 주어 수천 달러의 이익을 잃을 때 그리스도의 사랑이 드러난다. 그리스도를 따르는 사람들이 양로원의 잔디를 깎아 주고, 남는 침실을 위탁 보호에 사용하거나, 자신의 평판을 걸고 목소리 없는 사람들의 목소리가 되어 줄 때, 섬김 악장의 연주 소리가 들린다. 하나님 백성이 그리스도의 사랑에 감동하여 다른 이들을 위해 자신의 시간, 돈, 안락함, 명성, 재산을 기꺼이 희생할 때, 그들은 하나님의 선교에 참여하고 희생적 섬김의 아름다운 소리를 만들어 낸다.

말씀 나눔

세상은 어떻게 유일하신 참 하나님에 대해 듣게 될까? 궁극적으로는 성령의 능력을 통해서이다. 그러나 성령은 자주 인간의 언어라는 도구를 통해 믿지 않는 인간의 마음에 말씀하신다.

우리에게는 말이 필요하다. 사람들이 우리 선행을 통해 하나님의 영광을 보거나 우리 섬김을 통해 아름다운 희생적 사랑을 접하는 것만으로는 충분하지 않다. 그들은 또한 이러한 것들이 흘러나오는 샘이 되시는 하나님에 대한 좋은 소식을 들어야 한다. 사람들은 우리 일을 예수님의 삶과 죽음과 부활에 관한 좋은 소식과 연결하는 복음의 언어적 설명이 필요하다. 사람들은 우리 선행이 우리 자신의 선한 성품에 뿌리를 둔 것이 아니며, 일반적인 신에게 기인한 것도 아니라는 사실을 알아야 한다. 그것은 그보다 더 큰 것, 곧 그리스도 안에 있는 하나님의 영광과 사랑을 가리킨다.

하나님은 동사, 명사, 형용사, 문장, 단락, 장 등 언어를 통해 그분의 특별함을 드러내기로 하셨다. 말은 강력한 성령께서 하나님의 성품을 드러내고, 새 생명을 주며, 언약 관계로 초대하기 위해 사용하시는 미약한 도구에 불과하다. 말이 사람을 구원하는 것이 아니라 하나님이 구원하신다. 그러나 성령은 우리 말을 통해 강력하게 역사하셔서 사람들 마음에 복음을 전하고 그들을 하나님의 자녀로 삼으신다.

세 번째 악장은 예수님의 삶과 죽음과 부활의 기쁜 소식을 잃어버린 세상에 알리는 성령의 증언을 말로 표현한 것이다. 이를 흔히 전도라고 부른다. 우리가 입을 열어 하나님의 경이로운 창조 세계에 대해 설명하고, 세상의 고통과 죄의 존재를 연결하며, 상처 입은 이 세상을 위한 유일한 해결책이신 예수님을 선포하는 것이다.

교향곡다운 선교 사례들

청지기 직분, 섬김, 말씀 나눔이라는 각 악장은 하나님의 선교에서 중요한 역할을 한다. 그러나 각각은 다른 것들 없이는 불완전하다. 이 세 악장은 각각의 멜로디일 뿐 그 자체로는 완전한 교향곡이 아니기 때문이다. 모두가 함께 있어야만 이 교향곡을 듣는 세상에 하나님의 완전한 아름다움을 보여 줄 수 있다. 베토벤의 9번 교향곡을 듣기 위해 멋진 공연장에 왔는데 오케스트라가 1악장만 연주한 후 퇴장했다면 속았다고 느끼지 않겠는가?

안타깝게도 북미 교회는 종종 이런 방식으로 선교에 참여하는 것 같다. 작곡가의 비전 중 일부만 전달된다. 어떤 그룹은 전도와 교회 개척을 강조하고 거기서 그친다. 또 다른 그룹은 지역 사회 개발과 구제 사역에 집중하고, 또 다른 그룹은 선행이나 예술 또는 정책 관리에 집중한다. 하지만 모든 산업과 도시와 지역에서 이러한 중점 분야를 한데 모은다면 어떨까? 아버지의 영광, 그리스도의 사랑, 성령의 능력을 세상에 보여 주기 원한다면, 청지기 직분, 섬김, 말씀 나눔이라는 세 가지 선교 참여 방식이 모두 필요하다.

청지기 직분, 섬김, 말씀 나눔의 멜로디를 일상의 리듬에서 함께 연주하는 것은 어떤 모습일까? 여기서 교향곡다운 선교의 예를 몇 가지 소개하고자 한다. 이 사례들은 모두 실화를 바탕으로 하는데, 일부는 (익명성을 보장해야 하는 경우에) 약간 수정하거나 명확성을 위해 편집했다. 이러한 사례 중 일부는 많은 예산이 필요하지 않은 소규모 활동이고, 다른 사례는 본격적인 사업이다. 우리 의도는 교향곡다운 선교가 조직의 규모나 구조에 좌우되는 것이 아니라, 성령께서 각자의 특정한 상황에서 하시는 일에 주의를 기울이고 응답하려는 의지에 달려 있음을 보여 주려는 것이다.

그레이즈 야구단

구글에서 '스포츠 경기에서 싸우는 부모'라고 검색하면 수만 건의 검색 결과가 나온다. 심판에게 맥주 캔을 던지거나, 다른 부모에게 주먹을 휘두르거나, 상대팀에게 추악한 욕설을 내뱉는 부모들을 우울하게 바라보는 아이들 영상을 볼 수 있다. 농구 선수들은 신발 회사로부터 뒷돈을 받고, 아이들은 고작 열 살에 한 종목에만 집중해야 한다는 압박을 받고, 코치들은 여덟 살짜리 아이들에게 외설적인 폭언으로 수치심을 주고, 신입생 쿼터백들은 어디서 경기력을 높이는 약물을 구할 수 있는지 이미 알고 있다. 이 모두가 유소년 스포츠에 문제가 있다는 신호다. 이러한 집착이 만연한 미국에서는 많은 가정이 주택 대출금 다음으로 유소년 스포츠에 많은 돈을 지출하고 있다.

많은 어린이와 그 가족이 하나님이 아닌 다른 것에서 의미와 정체성, 삶을 찾으려고 한다. 그들은 스포츠라는 좋은 선물을 숭배 대상으로 바꾸어 버렸다. 이를 문제로 인식하고 유소년 스포츠의 우상숭배를 비판하기는 쉽다. 하지만 사람들에게 하나님 나라를 맛보게 하는 반문화적인 방식으로 스포츠에 참여하는 것은 어떤 모습일까?

이러한 유형의 참여에 대한 가장 좋은 예를 그레이즈(Grays)라는 경쟁력 있는 유소년 야구단에서 찾을 수 있다. 이 팀의 경기나 연습에 참석한다면 언뜻 보기에는 평범한 야구팀처럼 보일 것이다. 하지만 좀 더 자세히 들여다 보면 하나님의 성품을 엿볼 수 있고, 세상이 원래 어떠해야 하는지에 대한 메아리를 들을 수 있을 것이다. 코치와 선수들은 그레이즈가 완벽하지 않다고 앞다투어 말할 것이고, 그것은 사실이다. 하지만 그들이 뛰고 있는 지역의 많은 사람은 그레이즈 팀에서 정말로 독특한 일이 일어나고 있다고 말할 것이다.

코치들은 온전한 하나님 나라에서 야구가 어떤 모습일지 상상하며 이 팀을 시작했다. 만약 스포츠가 타락으로 왜곡되지 않았다면 어땠을까? 코치들은 아이들이 창조 세계의 선물을 경험할 수 있게 돕고, 그 선물을 주신 하나님의 성품을 반영하는 기쁨으로 가득 찬 경기를 상상했다. 훌륭하게 커브볼을 제어하는 것은 만물을 다스리시는 주권자이자 물리 법칙의 위대한 창시자이신 하나님의 메아리다. 9회 말 승부를 결정짓는 위력적인 홈런은 자기 백성을 구원하시는 하나님의 강력한 손길의 메아리다. 야구라는 스포츠가 선수들의 개성을 인정하면서도 그들을 하나로 묶어 주는 방식은 삼위일체의 아름다운 신비를 엿보게 해 준다. 좋은 야구는 창조 세계를 가꾸고, 하나님의 좋은 선물을 누리고, 하나님의 성품을 드러내는 수단이다.

그레이즈는 최선을 다해 코칭과 경기에 전념하고 있다. 그러나 그들은 독특한 방식으로 이를 수행한다. 많은 코치가 두려움과 수치심을 이용해 아이들에게 동기를 부여하고 상대방에 대한 증오심을 부추긴다. 하지만 그레이즈 코치들은 "다른 사람들을 위한 팀"이라는 문화를 구축했다. 이는 여러 방식으로 이루어진다. 예를 들어, 자기 자랑을 금지하는 팀 규칙이 있다. 대신 좋은 인성과 훌륭한 경기로 팀원을 존중하도록 장려한다. 그래서 대부분의 연습과 경기가 끝나면 서로를 격려하고 존중하는 시간을 갖는다. 그런데 이 '남을 위한 팀' 문화는 팀 밖의 사람들에게도 적용된다. 부모님, 심판, 심지어 상대 팀의 유익을 구할 방법을 모색한다. 그레이즈는 심판에게 감사하고, 안타를 친 상대 선수에게 주먹을 맞대어 축하하고, 삼진을 당한 상대 선수에게 "다음엔 잘해!"라며 격려의 말을 건네는 법을 배운다. 그들의 경쟁심조차도 '남을 위한' 태도에 뿌리를 두고 있다. 이들이 최선을 다해 경기에 임하는 이유는 경기에 즐거움을 더하고 상대의 잠재력을 끌어내어 **그들이 최고의 야구를 할 수 있도록** 돕기 위해서다.

코치들이 팀을 구성하는 방식에도 이러한 태도가 숨어 있다. 네 명의 코치 중 세 명은 1부 리그 야구 선수 출신이며, 한 명은 애리조나 명예의 전당 코치다. 이들은 자신들의 배경을 활용하여 애리조나주 최고의 선수들을 영입하고 쉽게 찬사를 얻을 수 있었다. 하지만 지역 사회를 위해, 그리고 팀에 속한 아이들에게 헌신하기 위해 그런 욕망을 포기하는 길을 선택했다. 대부분의 팀은 매년 가장 약한 선수 세 명을 자르고 대체 선수를 뽑기 위해 공개 트라이아웃을 진행한다. 하지만 그레이즈는 선수를 자르지 않는다. 공동체와 우정을 그대로 유지하고 **모든** 선수를 발전시키기 위해 최선을 다한다.

많은 유소년 야구팀이 일 년 내내 경기를 하지만 그레이즈 코치진은 아이들이 다른 스포츠를 경험할 기회를 주고, 야구 때문에 가족과의 시간을 너무 많이 뺏기지 않도록 하는 편이 더 낫다고 생각한다. 그래서 매년 딱 한 시즌만 경기한다. 그 결과 그레이즈는 다른 팀들처럼 많은 경기에서 승리하지는 못한다. 하지만 이들은 리그 최고 팀에 합류할 기회가 있을지라도 팀을 떠나지 않는 독특한 문화를 만들어 냈다. 다른 사람의 유익을 추구하는 이 문화는 자기를 희생하신 그리스도의 사랑을 생생하게 보여 준다. 이는 대부분의 유소년 스포츠에 만연한 자기중심주의와는 대조적이어서, 하나님 나라의 모습을 엿보게 한다.

비록 그레이즈가 성경을 인용하거나 신학적 언어를 사용하는 명시적인 기독교 팀은 아니지만, 이 팀의 독특한 문화는 사람들에게 야구의 창조적 선함과 타인을 섬기는 기쁨을 통해 하나님 나라의 아름다움을 노출시켜 왔다. 코치진은 그리스도를 따르는 사람들이지만, 팀에서는 배경과 상관없이 모든 아이를 환영한다. 그 영향은 야구장 너머로 확장되어 심오한 영향을 미쳤다. 이 팀은 '다른 사람들을 위한 팀' 정신을 각자 가정으로 가져와 스스로를 "다른 사람들을 위한 가족"이라고 부르는 가족 문화를 형성했다. 상대 팀 학부모들도 그레이즈의 태도에 주목하고 "아름답다"라고 말한다. 심판들은 이 팀의 독특한 문화에 주목했고, 어떤 심판들은 선수들에게서 감사 인사를 받고는 감격하기도 했다(한 심판은 15년 만에 처음 있는 일이라고 했다!). 아름다운 희생적 사랑은 그리스도를 따르지 않는 사람들에게 질문을 불러일으킨다. 학부모들은 때때로 "'다른 사람들을 위한 팀'이라는 철학은 어디서 나왔나요?"라고 묻는다. 팀 코치들은 질문에 답하면서 희생적이고 자신을 내어주는 사랑의 궁극적인 표현인 예수님을 자연스럽게 전할 수 있다.

그레이즈는 하나님의 선교에 어떻게 참여하고 있는가?

청지기 직분. 그레이즈는 즐겁게 야구하고 다양한 기술을 숙달하기 위해 노력함으로써 창조의 선한 선물을 보여 준다. 또한 개개인의 고유한 장점을 존중하는 뛰어난 팀워크를 통해 아름다운 삼위일체 하나님을 보여 준다.

섬김. 이들은 자신의 이익보다 팀원, 부모, 심판, 상대방의 이익을 우선시하는 '다른 사람들을 위한 팀'이다. 최선을 다해 경기에 임하고 이기려 애쓰지만, 승리에 목숨을 걸지는 않는다. 가족과 함께 시간을 보내고 우정을 지키기 위해 승리와 명성을 기꺼이 희생한다. 인간이 자신을 적으로 삼았을 때도 인간을 대신해 고통당한 분을 떠올리며 상대 팀을 사랑한다.

말씀 나눔. 사람들이 그레이즈의 '타인 우선' 철학이 담긴 독특한 문화에 대해 물어볼 때, 그들은 인간의 발을 씻겨 주시고 십자가에서 고난당하신 예수님을 말할 수 있다.

위드 공동체

피닉스의 여름은 잔인할 정도로 덥다. 이 더위는 우리 대부분에게는 불편을 끼치는 정도지만 노숙인에게는 치명적일 수 있다. 2016년에 우리 도시에서 130명의 열사병 사망자가 발생했다. 우리 집 에어컨에 에너지를 공급하고 식탁 위 채소를 자라게 하는 태양이 피할 지붕이 없거나 식탁에 음식이 없는 사람들을 죽일 수 있다는 것이 타락한 세상의 잔인한 현실이다.

미시오 데이 커뮤니티 같은 몇몇 교회는 노숙인들이 애리조나의 뜨거운 햇볕 아래 죽어 가는 것이 '원래 의도된' 삶의 모습이 아니라는 것을 인식하고 이웃에 대한 사랑으로 이 문제를 해결하기 위해 선교 공동체를 결성했다. 이들은 시 정부 및 지역 비영리 단체와 협력하여 각 교회가 일주일에 하루씩 임시 노숙인 쉼터가 되는 활동을 만들었다. 교회는 손님들을 위해 에어컨 설비가 된 숙소, 상쾌한 샤워 시설, 식사를 제공한다.

한 교회는 단지 노숙인들을 **위해** 봉사하는 것이 아니라 그들과 친구로 **함께** 걷고 있다는 것을 기억하기 위해 그날을 '**위드 공동체**'(The With Collective)라고 불렀다. 하나님이 성육신을 통해 우리와 **함께**하셨듯이, 진정한 우정과 동행이 이 사역의 특징이어야 했다. 그래서 이 교회는 의도적으로 한 걸음 더 나아가 손님들과 함께 식사했다. 배식대 뒤에서 음식을 나누어 주는 대신, 각 자원봉사자는 접시에 음식을 담아 잔치에 동참했다. 식탁을 단순히 음식을 나누는 곳이 아니라 우정을 쌓는 장소로 여긴 것이다.

식탁에 둘러앉은 손님**과** 주인 모두 음식과 우정, 그리고 하나님을 아는 더 깊은 축제가 필요했다. 식탁에 둘러앉아 이야기를 나누고, 농담하고, 기도하고, 때로는 세상의 냉혹한 현실에 눈물을 흘리기도 했다. 우정이 깊어지면서 매주의 식사를 넘어선 관계로 확장되었다. 자원봉사자들은 깊은 유대감을 쌓은 일부 손님을 자기 집으로 초대하여 함께 살기도 했다. 하나님이 우리에게 피난처를 제공하신 것처럼, 이 지역 그리스도인들은 남는 침실을 새 친구들에게 개방했다. 함께 모여 당구를 치거나 소풍을 가거나 구직 활동을 하는 이들도 있었다. 그리스도를 따르는 이 사람들은 자신의 삶을 다른 이들의 삶과 연결하여 진정한 사랑을 보여 주었다. 자신의 시간, 돈, 집, 음식, 마음을 쏟아부었다. 파이 레시피, 남는 침실 등 단순한 것들을 사랑의 도구로 재탄생시켰다.

어느 날 누군가가 물었다. "노숙인들은 왜 이런 밤에 이렇게 형편없는 음식을 먹어야 할까? 이건 그들이 우리보다 덜 중요한 사람이라고 암묵적으로 표현하는 것 아닌가? 예수님은 우리에게 이웃을 자기 몸과 같이 사랑하라고 하셨는데, 우리 가족을 위해 준비하는 것과 같은 식사를 그들에게 제공하면 어떨까? 예수님이 저녁 식사를 하러 오셨을 때 만들 법한 레시피, 하나님의 형상인 손님을 공경하는 음식을 최선을 다해 만들면 어떨까?" 여러 사람이 그 도전을 받아들여 자신이 가장 좋아하는 레시피를 만들었는데, 때로는 음식 준비에 며칠이 걸리기도 했다. 심지어 동네 셰프를 영입하여 가장 창의적이고 화려한 요리를 선보이기도 했다. 지금까지 내가 맛본 최고의 치즈케이크는 5성급 레스토랑이 아닌 **위드** 공동체에서 만든 것이었다.

위드 공동체가 왜 이렇게 고급 음식을 만드는지 손님들이 물으면 다음과 같이 대답한다. "우리 하나님은 우리를 위해 호화롭고 영원한 잔치를 준비하고 계십니다. 그 잔치에는 최고급 음식, 고통 없는 삶, 즐거운 우정, 가장 중요하게는 하나님과 함께하는 기쁨이 있을 겁니다. 우리는 그저 그날을 미리 맛볼 수 있는 잔치를 열고 싶었어요."

그들은 계속해서 예수님의 삶과 죽음과 부활에 대해 이야기하면서 그 사건들을 통해 하나님이 우리를 잔치로 초대하고 계신다고 이야기할 것이다. 같은 질문에 다른 사람들은, 식재료에 숨겨진 하나님의 선한 창조 세계가 그분의 선하심과 너그러우심을 드러낸다고 대답할 수도 있다. 모두가 십자가의 너그러움을 가리키는 것이다. 이러한 상황은 복음을 전할 자연스런 기회를 만들어 냈다. 그리스도를 모르는 손님들의 호기심도 자극했지만, 예수님을 믿지 않지만 **위드** 공동체에 참여하라는 초대를 수락한 친구, 동료, 이웃들에게 더 큰 영향을 미쳤다. 기독교는 기쁨이 없는 사람들의 진부한 종교라고 생각했던 이들이 천국을 맛볼 수 있는 화려한 사랑과 기쁨의 잔치를 접했다.

위드 공동체는 하나님의 선교에 어떻게 참여하고 있는가?

청지기 직분. 몸에 영양을 공급할 **뿐 아니라** 입맛을 자극하는 바삭바삭한 파이, 완벽하게 재운 고기, 샐러드를 통해 하나님의 창조성을 보여 주었다. 그들의 환대를 통해 하나님의 환대를 보여 주었다.

섬김. 노숙인들을 위해 자신의 시간과 돈을 희생함으로써 그리스도의 사랑을 보여 주었다. 단순한 현금 기부를 넘어, 가정을 열고 다른 사람들을 일상으로 초대하여 그리스도의 사랑을 실천했다.

말씀 나눔. 하나님이 그리스도의 사역을 통해 우리를 어떻게 우주의 큰 잔치에 초대하시고, 그분과 함께 영원히 살며 번영하도록 초대하시는지에 대해 사람들에게 이야기했다.

허슬 피닉스

애리조나주 피닉스의 커피숍에 가면 미식축구 선수처럼 생긴 거구의 대머리 남성을 만날 가능성이 높다. 그는 누군가의 맞은편에 앉아 핫초코를 홀짝이며 굵고 탁한 목소리로 열정적으로 비전을 제시하고 있을 것이다. 혼자인 경우에는 얼굴 가까이 책을 들고 있을 가능성이 높은데, 그 책은 신학이나 기업가 정신, 빈곤에 관한 책일 것이다. 아이러니하게도, 시력이 좋지 않다고 알려진 이 남성은 우리가 본 사람 중 가장 뛰어난 비전을 가지고 있다. 그는 성경 이야기라는 렌즈로 모든 삶을 바라보고, 하나님을 궁극적인 기업가로서 바라보며, 모든 사람을 하나님의 형상대로 창조된 존재로 바라본다. 그는 다른 사람들이 종종 간과하는 우상숭배와 불의의 사례를 인식한다. 그는 소외된 지역 사회에 샬롬을 확장하는 회복적 기업가 정신의 비전을 품고 있다. 그의 이름은 오예 와델(Oye Waddell)이다.

지금은 피닉스에 살고 있지만, 오예는 창의력과 재능은 넘치지만 경제적으로 낙후된 로스앤젤레스 도심 지역에서 유년 시절을 보냈다. 부유한 동네 아이들이 누릴 기회를 얻지 못한 수십 명의 친구들은 코카인 판매 같은 경제 범죄에 눈을 돌렸다.

수년에 걸쳐 오예는 최고의 타고난 기업가 중 일부가 소외된 도심 지역에 있다는 사실을 깨달았다. 그들은 하나님이 주신 기업가의 기술을 가지고 있지만, 더 큰 지역 사회에 도움이 되는 지속 가능한 비즈니스를 창출하는 데 필요한 핵심 자원이 부족했다. 그래서 오예는 허슬 피닉스(Hustle Phoenix)를 설립했다. 이 단체는 (1) 교육 및 기술 개발을 통해 제공되는 지적 자본, (2) 성숙한 기업가의 멘토링을 통해 제공되는 사회적 자본, (3) 잠재적 투자자를 소개하는 금융 자본에 이들을 연결하여 도심 기업가들이 지속 가능한 비즈니스를 시작할 수 있도록 돕는 데 중점을 둔다.

지난 5년 동안 오예는 피닉스 지역 도심 기업가들을 열심히 섬겼다. 기업가 교육을 제공하고, 좋은 제품과 서비스로 도시를 채우고 일자리를 제공하며 일용할 양식을 제공해 달라는 사람들의 기도에 응답하는 다양한 사업을 시작하도록 돕고 있다.

오예는 하나님의 선교에 어떻게 참여하고 있는가?

청지기 직분. 오예 와델만큼 창의적이고 끈질기게 정의를 추구하는 사람은 드물다. 기업가들에게 지적·사회적 자본과 금융 자본을 제공하기 위해 그가 한 노력은 언젠가 완전한 정의를 이루실 하나님의 창의성과 끈기를 보여 준다. 하나님이 허슬 피닉스를 통해 회복의 실마리를 주실 때마다 언젠가 모든 피조물에 임할 회복의 모습을 엿볼 수 있다.

섬김. 오예가 기업가들을 위해 얼마나 많이 희생했는지 아는 사람은 거의 없다. 그는 비즈니스계에서 높은 자리에 오르는 데 쉽게 사용할 수 있는 광범위한 인맥을 보유하고 있다. 그는 가족을 부양하기 위해 여러 일을 하면서도, 자신의 벤처를 위한 투자자를 찾는 대신 다른 사람들의 사업을 위해 수십만 달러 투자금을 모금했다. 사람들은 오예가 지역 사회에 쏟아부은 막대한 시간과 돈을 보면서 그리스도의 너그러움과 자기 자신을 내어주는 사랑을 엿볼 수 있다.

말씀 나눔. 왜 회복적 기업가 정신에 참여하고 지역 사회를 위해 정의를 추구하느냐는 질문을 받으면, 오예는 언젠가 만물을 회복하시고 이 땅에 정의를 온전히 세우실 하나님에 대해 이야기할 수 있다. 왜 다른 사람들의 사업이 번창하도록 돕는 데 자신의 교육, 인맥, 시간, 자본을 그렇게 많이 투자하느냐고 묻는다면, 그는 인류와 하나님을 화해시키고 세상을 회복하시기 위해 온 삶을 바치신 그리스도의 너그러우심에 대해 이야기할 수 있다.

선교라는 음악

청지기 직분, 섬김, 말씀 나눔의 세 악장이 어우러져 선교라는 음악이 만들어진다. 이들 각각은 하나님의 행동과 선교에 동참하라는 초대에 대한 응답이다. 이 세 악장 중 어느 한 악장만 강조하고 다른 악장들을 배제한다면 하나님의 선교는 왜곡된다. 교향곡에서 한 악장이 빠지면 불완전한 것처럼, 선교의 세 요소 중 하나를 무시할 때 우리의 선교 참여는 불완전하다. 하나님의 선교는 맡겨진 일에 적극적으로 참여하는 것, 눈에 보이는 섬김, 모든 상황에서 복음을 말로 선포하는 것으로 구성된다. 이어지는 장들에서는 교향곡의 세 악장 각각을 좀 더 자세히 살펴보고자 한다.

4장

청지기 직분

손으로 하는 일을 통해 아버지의 영광 나타내기

세상은 하나님의 지혜, 선하심, 창의성, 사랑, 공급하심 등 그분의 영광을 바라볼 필요가 절실하다. 그리고 하나님은 우리 일상의 일을 통해 이러한 것들을 나타내기로 하셨다. 하나님의 선교에 중요한 역할을 하는 일이란 교회에 기반을 둔 사역이나 선교 기관의 일만 말하는 것이 아니다. 바닥을 닦고, 직원회의를 이끌고, 프린터를 수리하고, 빵을 만들고, 이메일을 보내는 등 일상의 다양한 활동을 가리킨다. 스티븐 가버(Steven Garber)는 "소명은 하나님의 선교에서 부수적인 것이 아니라 필수적인 것"[1]이라고 말한다. 우리는 일을 통해 가정, 사무실, 광장 등 일상의 다양한 공간에서 하나님의 영광을 노래하는 아름다운 선율을 연주한다.

그러나 많은 사람은 자신의 일이 하나님의 선교에 어떻게 부합하는지 알지 못한다. 그들은 자신의 일이 정말 중요한지 궁금해하며, 단지 인생에서 진정으로 중요한 일에 자금을 대기 위해 해야만 하는 것일 뿐이라고 의심하

---

1 Steven Garber, *Visions of Vocation: Common Grace for the Common Good* (Downers Grove, IL: InterVarsity, 2014), p. 155.

기도 한다. 이러한 질문의 무게를 누구보다 절실히 느끼게 해 준 사람이 바로 조다.

튀르키예 농구와 하나님의 영광

조의 외모는 그의 이름만큼이나 평범하기 그지없다. 길거리에서 그를 만나 키, 몸무게, 체격, 몸가짐을 살펴본다면 그가 세계 최고의 농구 선수 중 한 사람이라고는 전혀 짐작할 수 없을 것이다.

키가 182센티미터에 불과하고 그리 빠르지도 강하지도 않지만, 조는 건축가의 스케치나 외과 의사의 능숙한 손놀림에서 볼 수 있는 섬세한 디테일을 갖춘 게임의 대가다. 그의 손끝에서 완벽한 스핀으로 공이 굴러 그물을 통과하는 모습을 보면, 자신이 무엇을 하는지 정말 잘 아는 사람이라는 생각이 들 것이다.

조가 튀르키예 농구 리그에서 뛰고 있고 나는 농구 스카우터로 일하려고 알아보고 있을 때 그를 처음 만났다. 나는 주로 무슬림이 많은 나라에 살면서 스포츠에도 관여하는 그리스도인을 만나게 되어 기뻤다. 당시 우리는 둘 다 스포츠가 하나님의 선교에 어떻게 부합하는지 고민하고 있었다. 우리는 "경쟁과 스포츠라는 하나님의 선한 선물 누리기"라는 글과 『창조 타락 구속』 같은 책에 대해 유익한 대화를 나눴다.[2] 그런데 조가 자신의 일과

---

[2] Michael W. Goheen, "Delighting in God's Good Gift of Competition and Sport," in *Engaging the Culture: Christians at Work in Education*, ed. Richard Edlin and Jill Ireland (Sydney, Australia: National Institute for Christian Education, 2006), pp. 173-186. 이 아티클은 2003년 6월 5일 온타리오 앤캐스터(Ancaster)에서 열린 Christian Society for Kinesiology and Leisure Studies Annual Conference에서 처음 발표되었다. 원문은 아래 웹사이트에 있다. http://missionworldview.com/wp-content/uploads/2011/07/Gods-Good-Gift-of-Athletics.pdf. Albert M. Wolters, *Creation Regained: Biblical Basics for a Reformational Worldview*, 2nd ed. (Grand Rapids: Eerdmans, 2005).

하나님의 선교 사이의 연관성을 전혀 볼 수 없었던 시절에 대해 이야기해 주었다.

언젠가 조가 뛰었던 한 경기를 잊을 수가 없다. 그가 리더로 있던 튀르키예 서부 시골 마을의 작은 팀은 재정이 부족했다. 그들은 전직 NBA 선수들로 구성되어 매년 우승을 놓치지 않는 대도시 이스탄불의 한 팀과 경기를 하고 있었다. 아무도 조의 팀이 우승할 가능성이 있다고 생각하지 않았다. 하지만 조는 물러서지 않고 기술과 창의적 플레이로 뛰어난 경기를 펼쳤다. 그는 팀 동료들이 쉽게 득점할 수 있도록 매우 정확하게 패스했다. 슛도 정말 정확해서 공이 네트를 뚫고 흘러나오는 반복되는 소리가 거의 음악처럼 아름다웠다. 그는 득점 선두를 달렸지만, 이기적인 플레이를 하지 않았다. 팀 동료들의 경기력을 끌어올리고 그들이 최고의 플레이를 펼칠 수 있도록 아낌없이 공을 배급했다.

마지막 7초를 남겨 두고 조의 팀이 2점 차로 뒤지고 있었다. 당연히 마지막 슛을 던질 공은 조의 손에 있었다. 동료들이 조에게 공을 넘겼고, 조는 드리블을 하며 자기 진영으로 올라가다 2미터가 넘는 두 거인에게 가로막혔다. 시간이 점점 더 줄어드는 동안, 가까스로 그들을 뚫고 지나갈 수 있었다. 몇 초를 남겨 둔 채 그는 빠르게 코트를 가로질렀다. 5, 4, 3, 2, 1.

골대에서 9미터나 떨어진 곳에서 3점 슛을 던졌다. 이번에도 공은 역시 골대 안으로 빨려 들어갔다.

관중은 환호성을 질렀다. 모르는 사람들이 서로 껴안았다. 튀르키예 작은 마을은 그 짜릿한 목요일 저녁에 기쁨으로 가득 찼다. 이런 경기를 보는 사람들은 대부분 설명할 수 없는 깊은 기쁨을 경험하며, 그런 순간에는 본질적으로 선한 무언가가 있다고 느낀다. 인간의 위대함을 볼 때 우리는 종종 세상이 어떠해야 하는지를 조금이나마 맛보고 있다는 느낌을 받곤 한다.

하지만 우리가 세상에서 마주치는 선과 아름다움을 어떻게 이해해야 할지 항상 알 수는 없다. 우리 중 많은 사람이 우리가 보는 좋은 일의 배후에 있는 의미를 이해하는 데 어려움을 겪는다. 우리 내면 깊은 곳에서는 잘 정리된 사업 계획, 풍성한 정원, 자비로운 간호, 현명한 자녀 교육에 내재한 선이 있다고 말한다. 하지만 그런 선함이 어떻게 하나님의 선교에 부합할까? 조는 나를 만나기 전 몇 년 동안 이 질문으로 고민했다. 그는 농구에 그렇게 많은 시간을 쏟는 것이 무슨 유익이 있을지 궁금해했다.

당신이라면 조에게 뭐라고 말해 줄 것인가? 그를 어떻게 격려하겠는가? 직업과 소명에 대한 큰 질문이 많은 때에 그가 당신을 만나 조언을 구한다고 상상해 보라. 방금 묘사한 것 같은 큰 경기가 끝난 다음 날 아침을 상상해 보라. 환호성이 잦아들고 관중이 경기장을 빠져나간 지 몇 시간 후, 조가 당신 앞에 앉아 바삭한 튀르키예식 페이스트리 뵈렉(borek)을 한입 베어 물며 소금을 건넨 후 식탁 너머에서 어려운 질문을 던지고 있다고 상상해 보라.

그는 농구할 때 느끼는 기쁨과 그리스도를 향한 헌신을 조화시키려고 노력하고 있다. 이 농구가 하나님의 선교에 부합하는지 큰 소리로 고민하기 시작한다. 수년 동안 익힌 농구를 그만두고 목사나 선교사가 되거나 비영리 단체를 시작해야 할지 고민하고 있다.

튀르키예 커피를 홀짝이면서 그가 연달아 질문을 던진다. "농구가 하나님께 중요하기는 한가?" "그냥 단순한 게임 아닌가? 그게 도대체 누구에게 도움이 되는가?" "내가 인생을 낭비하는 건가?" "이 게임이 하나님의 선교에 어떻게 부합할까?" 갈등하고 있는 이 선수에게 당신은 뭐라고 말하겠는가?

내가 하는 일이 정말 중요한가?

이런 질문을 하는 사람은 조뿐만이 아니다. 세상은 복잡한 숫자와 성경 이야기를 조화시키기 힘든 회계사, 과거를 깨끗이 정리하고 새 삶을 시작하고 싶은 환경미화원, 더 의미 있는 삶을 살고 싶은 도급업자, 판매 수수료를 벗어나 지상 명령으로 초점을 옮겨야 하는지 고민하는 영업 사원으로 가득하다. 이들은 모두 조와 같은 질문을 던진다. 내가 하는 일이 정말 중요한가? 내 일이 하나님의 선교에 부합하는가?

성경을 통해 이러한 질문에 답하고 하나님의 선교에서 일의 중요한 역할에 대해 논의하기 전에, 하나님 나라에서 일이 중요한 이유를 알고 싶어 하는 사람들에게 우리가 주곤 하는 불충분한 대답 네 가지를 먼저 언급하고 싶다. 이 불충분한 답변 각각은 희미하게나마 진실을 담고 있지만, 꼭 필요한 것, 즉 성경 이야기에 비추어 일 자체를 바라보는 데는 아무 도움이 되지 않는다.

일은 보람이 있을 때만 중요하다. 일이 기쁨과 성취감을 주기 때문에 중요하다고 생각하는 사람이 많다. 따라서 가장 중요한 직업적 탐색은 즐거운 일을 찾는 것이라고 생각한다. 일을 즐긴다는 것이 천직을 하고 있다는 지표가 될 수 있는 것은 사실이지만, 일이 중요한 이유에 대한 대답으로는 불충분하다. 타락한 세상에서 하는 일에는 즐겁지 않은 도전과 고난이 언제나 존재한다. 죄의 잡초가 삶의 모든 영역에 침투하여 모든 직업과 소명을 가시와 엉겅퀴로 채우고 있기 때문에 일은 고통스럽다. 우리 중 많은 사람이 에덴동산을 찾아 이 직업 저 직업을 전전하며 우리가 원래 살았어야 할 세상으로 돌아가는 뒷문을 찾고자 하는 함정에 빠진다. 하나님이 의도하신 즐겁고 유익한 일을 갈망하는 것은 옳고 좋다. 우리는 이 세상에서 그것을 조금이라도 경험하기 위해 최선을 다해야 한다. 그러나 어떤 직업도 충분한 구세주가 될 수 없으며, 일만으로는 우리의 가장 깊은 필요를 충족시킬 수 없다는 사실을 기억해야 한다. 하나님이 만물을 회복하시고 우리가 완전한 결실의 기쁨을 경험하게 될 날이 다가오고 있다. 하지만 그리스도께서 다시 오실 때까지 우리에게는 일이 중요한 이유에 대한 더 나은 해답이 필요하다.

일이 중요한 이유는 돈 때문이다. 어떤 사람들은 의미 있는 일이라는 질문에 실용적인 접근 방식을 취한다. 가족을 위해 식탁에 음식을 올리거나 교회에 헌금하거나 도움이 필요한 사람들과 나누는 등 더 중요해 보이는 책임을 완수하는 데 도움이 되는 돈을 버는 수단으로 여긴다. 이는 좋은 출발점이지만, 일 자체에 내재한 가치를 보지 못한다. 이러한 사고방식은 월급에 적힌 숫자로 일의 가치를 평가하고 부와 결실을 동일시하는 위험에 빠지게 한다. 이러한 관점을 가진 사람들은 대개 책임감 있고 관대하지만, 좋은 보험 정책이나 효율적인 물류 계획, 깨끗한 화장실 등 노동의 실제적인 결실이 하나님의 선교에 어떻게 부합하는지에 대한 더 큰 비전이 부족하다.

일은 '영적인 것'에 초점을 맞출 때만 중요하다. 우리 중 일부는 목회자나 선교사 또는 비영리 단체의 일을 다른 모든 유형의 일보다 중요하게 생각하며, 소위 성직만이 가치 있는 일이라고 생각한다. 목회자, 선교사, 비영리 단체 리더의 일은 중요하지만 '영적인' 일을 '일반적인' 일보다 우위에 두는 것은 위험한 이단이다. 하나님의 선한 창조 세계를 부정하고 성경의 처음과 마지막 두 장(창 1-2장; 계 21-22장)을 사실상 뜯어내기 때문이다. 일을 이렇게 인위적 범주로 나누는 것은 죄로 시작하여(창 3장) 천국에서 끝나는(계 21장) 세상과 창조주 이야기를 들려주는 것과 같다. 그것은 하나님의 이야기가 진행되는 방식이 **아니다!**

일이 중요한 이유는 전도의 발판이기 때문이다. 우리 중 많은 사람이 일의 가치를 동료들을 전도할 기회로만 생각한다. 직장 내 전도는 중요하며 안타깝게도 종종 경시되는 경우가 많다. 그러나 전도가 일의 유일한 가치라고 생각하면 일 자체의 질이 떨어질 수밖에 없다. 전도하지 않는 순간을 시간 낭비로 여기려는 유혹에 빠지고, 당면한 업무에 동기를 부여하고 집중하는 데 어려움을 겪을 것이다. 결국 일을 제대로 하지 못하고, 그로 인해 우리의 증언은 축소될 것이다. 누군가 "당신의 일이 전도를 위한 발판 이상이 되기 전까지는 결코 전도를 위한 발판이 될 수 없다"라고 하는 말을 들은 적이 있다.

일에 대한 이러한 접근 방식들은 모두 나름의 장점이 있지만, 일에 의미를 부여하는 방법과 이유에 대한 대답으로는 충분하지 않다. 하나님은 인간에게 다른 어떤 것을 요청하시기 전에 먼저 일을 하도록 부르셨다! 하나님의 세계에서 일하는 행위인 청지기 직분은 선교 교향곡에서 우리가 연주하는 첫 번째 음악으로서, 우리의 섬김과 말씀 나눔과 조화를 이루어 세상의 귀에 복음 메시지를 전하기 위한 것이다. 따라서 이 장에서는 청지기 직분에 대해 생각해 보고, 어떤 일을 하든지 선교적 의도를 가지고 일할 수 있는 방법에 대해 생각해 보고자 한다.

성경적 관점에서 본 일

일이 중요한 이유는 그것이 하나님이 그 백성에게 주신 첫 번째 임무이기 때문이다. 하나님은 그분의 형상대로 인간을 창조하셨고, 손으로 하는 일을 통해 하나님의 영광과 선하심, 지혜와 능력을 나타낼 기회를 갖도록 복을 주셨다. 하나님의 형상인 우리는 우리가 하는 일을 통해 그분의 일을 모방하여 세상에 하나님이 어떤 분인지 나타내도록 부름받았다. 이것이 하나님의 선교에 참여하는 중요한 방법이다. 우리가 맡은 일을 잘할 때, 미약하고 불완전하게나마 아름다운 하나님의 초상화를 세상에 보여 준다.

성경에서 말하는 영광의 개념은 조금 이해하기 어려울 수 있다. 구약성경에서 "영광"을 뜻하는 히브리어는 '카보드'($kavod$)인데, 무거운 것을 의미한다. 이 단어는 중요한 인물의 위대함이나 중대함, 즉 권력, 화려함, 명성을 묘사하는 데 사용되었다. '카보드'는 개인의 명예와 위엄을 뜻하는 그리스어 '독사'(doxa)로 번역되었다. 게르하르트 폰 라트(Gerhard von Rad)는 영광이란 "누군가를 인상적으로 만들고 인정을 요구하는 것"[3]이라고 말하면서 영광의 핵심을 포착했다. 하나님의 영광은 세상에 드러나는 그분의 위엄하고 장엄한 성품이다. 그것은 독특하게 인상적이며, 피조물이 찬양과 복종, 경외심과 경이로움, 경배를 통해 그 영광을 인정하라고 요구한다. 성경 전체에서 우리는 하나님이 그분의 영광을 아는 지식으로 세상을 채우려는 선교를 하고 계심을 알 수 있다(시 96:3; 합 2:14). 그분은 창조 세계의 광채를 통해(민 14:21; 시 72:19; 사 6:3), 특히 창조의 정점인 인간을 통해 그분의 영광을 드러내신다.

우리 인간은 하나님의 영광을 위해 창조되었으며(사 43:7; 고전 10:31), 세상에서 살아가는 방식을 통해 하나님의 성품을 드러내야 하는 고유한 사명을 가지고 있다(마 5:16; 벧전 2:12). 인간이 하나님께 영광을 돌릴 방법은 (휴식, 관계, 기도, 성품 등) 여러 가지가 있지만, 이 장에서는 우리의 **일**이 어떻게 하나님의 영광을 드러내는지에 초점을 맞출 것이다.

여기서 **일**이란 고용만이 아니라 생산적이고 창조 세계에 긍정적 영향을 미치는 모든 인간 활동, 즉 삶의 모든 영역에서 하나님의 세계에 대한 인간의 청지기적 책임을 의미한다. 일에는 금전적 대가를 받는 직업도 포함되지만 자녀 양육, 정원 가꾸기, 예술품 제작, 자원봉사, 집수리 등 일반적으로 금전적 보상이 없는 다른 중요한 활동도 포함된다.

일을 통해 하나님의 영광을 드러내라는 부르심은 성경 전체에서 찾을 수 있지만, 이 장에서는 창조 이야기인 창세기 1-2장을 집중적으로 살펴볼 것이다. 거기에는 만물을 창조하시고 좋았다고 선언하신 하나님의 이야기가 나온다. 그러나 인간 창조는 "좋았다"를 넘어 하나님이 세상을 "심히 좋았다"

---

3 Gerhard von Rad, "Kavod in the OT," in *Theological Dictionary of the New Testament*, ed. Gerhard Kittel, ed. and trans. Geoffrey W. Bromiley (Grand Rapids: Eerdmans, 1964), 2: p. 238, s.v. "δόξα."

라고 평가하시게 만들었다. 우리는 하나님이 우리에게 선물로 주신 고유한 정체성과 소명을 가지고 있기에 모든 동식물과는 구별되는 하나님의 창조의 면류관이다.

인간이 모든 피조물 중에서도 독특한 이유는 하나님의 형상대로 창조되었기 때문이다. 이는 우리가 만들어진 방식이 하나님을 닮아 세상에 그분의 영광을 체현할 수 있음을 의미한다. 그러나 그것은 우리가 그분의 영광을 보고 이해할 수 있다는 의미이기도 하다. 인간은 사랑할 수 있기 때문에 하나님의 사랑을 이해할 수 있고, 말하고 들을 수 있기 때문에 하나님이 말씀하시고 들으신다는 것이 무슨 의미인지 이해할 수 있다. 빌헬름 비셔(Wilhelm Vischer)의 말처럼, "하나님은 창조 세계 전체의 눈인 인간을 통해 그분의 영광을 보게 하실 것이다."[4] 우리는 다른 피조물보다 더 높은 지위를 가지고 하나님의 영광을 드러내야 하는 고유한 존엄성과 책임이 있다. 우리는 신이 아니며 결코 하나님과 동등한 존재도 아니지만, 분명 신성을 지닌 피조물로서 하나님의 일면을 보여 준다. 그리고 우리는 그분의 영광을 인식하고 감사와 찬양과 사랑으로 응답할 수 있다.

그런데 인간은 하나님의 형상을 지닌 존재로서의 정체성뿐만 아니라 독특한 소명도 부여받았다. 우리는 하나님이 창조하신 만물을 돌보며 일하도록 분명히 부름을 받았다. 하나님의 형상을 지녔다는 것은 정적이거나 수동적인 활동이 아니며, 명사가 아닌 동사다. 우리는 하늘의 벽에 걸린 초상화가 아니라, 일하기 위해 세상으로 보냄받은 하나님의 살아 있는 기념물이다.

우리는 창세기 1장 26-28절에서 일에 대한 명시적인 부르심과 그것이 하

---

[4] Wilhelm Vischer, Das Christuszeugnis des A.T. (Zollikon-Zurich: Evangelische Verlag, 1934), 1: pp. 59-60, Karl Barth, *Church Dogmatics*, vol. 3, *The Doctrine of Creation*, ed. Geoffrey W. Bromiley and Thomas F. Torrance, trans. J. W. Edwards, O. Bussey, and Harold Knight (Peabody, MA: Hendrickson, 2010), p. 194 (3.1)에서 재인용. 『교회 교의학』(대한기독교서회).

나님의 형상을 지녔다는 것과 어떤 관계가 있는지 알 수 있다.

> 하나님이 이르시되 "우리의 형상을 따라 우리의 모양대로 우리가 사람을 만들고 그들로 바다의 물고기와 하늘의 새와 가축과 온 땅과 땅에 기는 모든 것을 다스리게 하자" 하시고 하나님이 자기 형상 곧 하나님의 형상대로 사람을 창조하시되 남자와 여자를 창조하시고 하나님이 그들에게 복을 주시며 하나님이 그들에게 이르시되 "생육하고 번성하여 땅에 충만하라, 땅을 정복하라, 바다의 물고기와 하늘의 새와 땅에 움직이는 모든 생물을 다스리라" 하시니라.

하나님은 인간에게 땅을 "다스리[고]" "정복하라"라는 명시적인 소명을 주셨다. 이 말씀은 인간에게 하나님의 세상을 책임감 있고 경건하게 경작하여 더욱 풍요롭고 생산적으로 만들라는 신성한 초대, 축복, 권한을 부여한 것이다. 본질적으로 하나님은 인간에게 손에 흙을 묻히고 소의 힘을 빌려 흙더미를 생명력 있는 호박, 토마토, 바질 줄기로 바꾸라고 부르신다.

일하는 과정과 일의 결과물 모두 하나님의 영광을 드러낸다. 우리 일은 하나님의 일을 모방하고, 우리 제품은 하나님의 이로운 생산성을 보여 준다. 하나님은 그 백성에게 땅 깊숙이 파고 들어가 숨겨진 잠재력을 발견하고 금속을 색소폰, 수술 도구, 고층 빌딩으로 바꾸라는 사명을 주셨다. 농부의 지혜는 하나님의 지혜를 드러낸다. 오보에 소리는 하나님이 창조 세계에 기쁨으로 두시고 우리가 그것을 발견하도록 초대하시는 찬란한 잠재력을 증폭한다. 세심한 관리자는 하나님의 주권적 통치의 복잡함을 보여 주고, 탐사 보도 기자는 하나님의 방대한 지식을 드러내며, 선한 경찰관은 하나님의 보호를 엿볼 수 있게 한다. 우리의 훌륭한 업무는 하나님의 훌륭한 일을 모방하고 확대한다.

하지만 일하라는 부름이 이 세상과의 관계에서 경솔하거나 무모하게 행동하라는 면허는 아니다. 당연히 지구를 쓰레기 더미로 만들라는 면허도 아니다. 창세기 1장을 사용하여 환경 파괴를 정당화하는 사람들은 그 의미를 왜곡한다. 그들은 자연을 지배하려는 인본주의 정신의 희생양이 되었을 가능성이 높다. **지배**와 **정복**이라는 단어의 본질을 진정으로 이해하려면 창세기 2장 15절의 문맥을 살펴야 한다. "여호와 하나님이 그 사람을 이끌어 에덴동산에 두어 그것을 경작하며 지키게 하시고." 하나님은 인간과 함께 거할 수 있는 아름다운 집을 만드셨다. 누군가와 함께 아름다운 집에서 살도록 초대받은 사람이 그 집을 망칠 기회만 노린다고 상상해 보라! 하나님은 아담과 모든 인류에게 세상의 정원사가 되도록 명령하셨다. 우리는 지구를 마치 무한 리필 뷔페처럼 즐기려고만 할 것이 아니라, 헌신적인 농부의 인내와 기술을 가지고 하나님의 창조 세계를 돌보아야 한다. 우리는 세상을 그대로 내버려두라고 부름받은 것도 아니고 함부로 불태우라고 부름받은 것도 아니다. 우리는 진짜 주인을 대신하여 혁신적인 결실을 맺고 경건하게 보존하여 번성하도록 하는 청지기로서 세상을 돌보도록 부름받았다. 우리는 만물을 창조하고 유지하시는 하나님의 형상을 지녔기 때문에 또한 창조하고 유지하도록 부름받았다.

하나님의 선한 창조 세계가 완벽하게 번성하는 창세기 1-2장에서 일에 대한 부르심이 처음 나타난다. 창세기 3장에 나오는 죄의 현실이 일에 영향을 주는 것은 분명하지만, 청지기적 명령을 취소하지는 않는다. 우리는 성경 전체에서 청지기적 명령을 볼 수 있다. 홍수 이후(창 9장)에 반복되고, 시편(시 8편)에서 기리며, 지혜서(잠 31장)에서 그에 대해 성찰하고, 그리스도의 삶이 그것을 성취하시고(히 2:5-18), 신약성경 서신서에서 그리스도를 따르는 사람들에게 명령하신다(골 3:23). 요한계시록은 인간의 일이 새로운 창조 세계에 통합되는 최종적인 그림을 그린다(계 21:24-27). 더 나아가서 바울은 교회가 모든 삶에서 하나님께 영광을 돌리도록 자주 요청하며, 여기에는 우리가 하는 일이 분명히 포함된다(고전 10:31; 골 3:16).

신학자들은 종종 일하라는 성경적 소명을 '문화 명령'이라고 부르는데, 그 이유는 우리가 공동체에서 함께 일하여 자신과 다른 사람들의 필요를 채울 때 문화적 삶의 양식을 함께 발전시키기 때문이다. 따라서 이 명령을 인간이 세상의 원재료로부터 문화를 가꾸라는 초대로 이해해야 한다. 그러나 일, 관계, 관습을 통한 이러한 문화 형성은 청지기적 방식으로 이루어져야 하므로 이 책에서는 이 구절을 '청지기적 명령'이라고 부르고자 한다.

청지기라는 단어는 세상이 하나님의 소유라고 인정하는 것이다. 그분은 자신의 형상을 닮은 인간에게 창조 세계를 돌보는 책임을 맡기셨다. 우리는 세상을 사랑으로 돌보면서 그 잠재력을 개발해야 한다. 우리는 청지기로서 주인이 부여한 임무를 수행할 책임이 있다. 청지기 직분의 개념은 한편으로는 우리가 창조 세계에 관해서 우리가 원하는 대로 할 수 있는 것이 아니라 특정한 임무를 부여받았다는 점을 강조한다. 그러나 다른 한편으로는 우리가 하는 **모든 일**, 즉 박수갈채를 받는 대중문화적인 활동뿐만 아니라 모든 것이 이 명령의 일부라는 점을 분명히 한다. 청지기 직분은 세상을 바꾸는 일이 아니라 기저귀, 전구, 자동차 오일을 교체하는 일이다. 이 모든 것이 하나님의 세상을 발전시키고 돌보는 일과 관련되어 있다.

우리는 이웃을 섬기고 하나님의 영광을 드러내고자 하는 겸손한 바람으로 가정, 교육, 사업, 정부, 예술, 스포츠 등 삶의 모든 측면에서 신실하게 하나님의 세상에 참여하도록 부름받았다. 그러나 우리는 일상 활동에서 하나님의 은혜와 공급하심, 지식, 소통, 긍휼하심을 보여 줄 책임이 있다.

이어서 인간의 일이 하나님을 드러내는 네 가지 방법에 대해 살펴보자.

일은 하나님의 성품을 드러내는 초상화다

인간은 하나님의 자화상이다. 하나님은 건축, 예술, 농업 같은 인간 활동과 인류로 세상을 채우셔서 그분의 작은 자화상으로 세상을 채우고 계신다.

사진이 그 피사체와 동일하지 않듯이, 우리가 신성을 가졌거나 신과 동등하지는 않다. 하지만 사진은 실물을 **표현한다**. 사진을 보면 그 사람이 어떤 사람인지 조금은 알 수 있다. 우리가 하나님의 의도대로 살 때는 세상에 하나님의 모습을 보여 준다. 그러나 우리를 향한 하나님의 설계에 **반하는** 방식으로 산다면, 결혼 앨범에 낙서하는 어린아이처럼 하나님의 이미지를 왜곡한다.

우리의 선교적 사명이 하나님의 성품을 드러내는 것이라면, 우리는 하나님의 모습을 닮아야 한다! 성경에서 하나님에 대해 배울 수 있는 많은 것 중 하나는 그분이 일하신다는 것이다. 창세기 1장 1절은 "태초에 하나님이 해먹에서 쉬고 계셨다"라고 말하지 않는다. 또는 "태초에 일하기를 싫어하신 하나님이 인간을 종으로 만드셨다"라고 하지도 않는다. 그 대신 "태초에 하나님이 천지를 창조하셨다"라고 한다. 그리고 그 일을 완수하기 위해 한 주간 열심히 일하신다. 하나님이 그분에 대해 가장 먼저 알려 주신 점은 창조주이자 일하시는 분이라는 사실이다.

하나님이 일하기로 **결정하셨다**는 사실과 성경에서 하나님이 그분에 대해 가장 먼저 계시하신 것이 일이라는 사실보다 일의 내재적 선함을 더 분명하게 보여 주는 것이 또 있을까? 비유적으로 말하자면, 우리가 성경에서 처음 만나는 하나님은 하와이안 셔츠와 슬리퍼가 아니라 장화와 작업 바지 차림이다. 하나님은 손에 흙을 묻히는 것을 좋아하신다. 그분은 엿새 동안 일하고 쉬신 다음 우리에게 그분의 본을 따르라고 하신다.

좋은 작품을 접할 때면 종종 그 작품을 만든 사람에 대해 생각하게 된다. 잘 설계된 자전거를 보면 설계 엔지니어에 대해 알 수 있고, 훌륭한 음식을 보면 요리사의 마음을 엿볼 수 있다. 하나님의 창조 세계라는 걸작은 부분적으로나마 하나님이 어떤 분인지 보여 준다. 성경 이야기라는 렌즈로 세상을 보면 하나님은 일하시는 분이며 그분의 일이 선하다는 것을 알 수 있다. 그렇다면 하나님은 무슨 일을 하실까?

하나님은 **위대한 건축가**시다. 기능성과 아름다움을 갖춘 세상을 완벽하게 설계하셨다. 사용 가능하고 재생 가능한 재료로 균형 잡힌 생태계도 그분의 뛰어난 설계에 포함된다.

하나님은 **인테리어 디자이너**시다. 산과 꽃, 사람에 이르기까지 모든 색채를 창조하고 칠하신 그분의 스케치북은 가죽 표지 일기장이 아니라 애리조나 하늘이다. 매일 밤 주황색과 보라색 일몰로 우리를 압도적으로 놀라게 하신다. 하나님은 일몰에 가장 잘 어울리는 색을 선택하셨을 뿐만 아니라 어떤 색이 있어야 하는지를 실제로 결정하셨다. 주황색은 **그분의** 아이디어였다.

하나님은 **위대한 감사관**이자 **품질 관리자**시다. 창조 세계 구석구석을 살피시고 "보시기에 좋았더라!"라고 선언하셨다.

하나님은 **위대한 기업가**시다. 도토리 같은 상품과 그늘을 제공하는 나무 같은 서비스로 끊임없이 채워지는 지속 가능한 기업을 만드신다.

하나님은 **모든 농부보다 앞선 농부**시다. 우리가 맛있게 먹는 모든 음식의 배후에 계신 창조주시며, 토양에 있는 수십억 개 미생물을 사용하여 달콤한 블랙베리와 엄청 큰 호박을 재배하시는 분이다.

하나님은 **위대한 조경사**시다. 상록수, 관목, 돌로 세상을 가득 채우실 뿐만 아니라 세심하게 분리하고 정리하여 세상을 아름답게 만드신다.

하나님은 **환대 산업의 선구자**시다. 인간이 번성할 수 있는 장소를 완벽하게 준비하셨다.

하나님은 **행정 지원가**시다. 달력에 일정을 기록하시는 것이 아니라 시간 자체를 정하고 질서를 부여하셔서 우리의 일을 지원하신다.

하나님은 **위대한 환경미화원**이시다. 넉넉히 내리시는 빗방울로 땅을 씻어 주신다.

이제 성경을 넘겨 창세기부터 요한계시록까지 살펴본다면 하나님이 위대한 일꾼이심을 알 수 있을 것이다. 그분은 자기 백성을 보호하겠다고 약속하시는 위대한 경호원, 우리를 치료하시는 의사, 우리를 안위하시는 간호사, 지구를 유지하시는 관리인, 우리 발을 씻기시는 접객원, 모든 지식의 원천인 교사, 언젠가 모든 피조물을 개조하고 회복하실 종합 건설자이시기도 하다. 하나님은 영광스럽고 위엄 있고 거룩하고 선하신 분이며, 무엇보다 일하시는 분이다.[5]

우리는 모든 좋은 선물을 주시고 모든 좋은 것을 창조하신 하나님을 사람들이 알게 되기를 원하지 않는가? 세상에 이 하나님을 알리는 것이 분명 선교의 가장 중요한 측면이라고 할 수 있지만, 문제는 세상이 '어떻게 보이지 않는 하나님을 볼 수 있는가'이다. 그들은 하나님이 창조주이자 보호자, 구조자, 회복자라는 사실을 어떻게 알 수 있을까?

하나님은 그분의 영광을 드러내는 살아 있는 은유를 창조 세계의 영광에 담아 놓으셨다. 그분이 만드신 걸작을 보면 하나님이 어떤 분인지 엿볼 수 있다. 이는 모든 피조물에 해당하지만, 특히 하나님의 형상을 지닌 인간에게 더욱 그렇다.

우리는 궁극적인 일꾼의 형상을 반영하도록 일하는 존재로 만들어졌다. 창세기 1장 26-28절로 돌아가 보면, 인간은 하나님의 세상을 관리하는 고유한 임무와 하나님의 '형상'과 '모양'으로 만들어진 고유한 정체성을 부여받았음을 알 수 있다. 대부분의 그리스도인은 이 용어의 의미를 어렴풋이나

---

5   헤르만 바빙크는 하나님의 이름에 관한 섹션에서 이 내용을 성경을 근거로 발전시킨다. 그는 하나님이 인간의 신체 부위, 감정, 행동, 직업과 직분으로 불린다고 말한다. "하나님은 종종 특정한 직분, 직업 또는 사람들 사이의 관계를 가리키는 호칭들로 불리신다." 바빙크는 성경에 나타난 이런 종류의 호칭들을 열거한다. 다음을 보라. *Doctrine of God*, trans. William Hendriksen (Grand Rapids: Baker, 1951), p. 87. 『개혁주의 신론』(CLC).

마 이해하고 있다. 하나님의 형상이 구체적으로 무엇을 뜻하는지를 두고 신학자들 사이에 논란이 있지만, 대부분은 인류의 어떤 부분이 근본적으로 하나님과 유사하며, 그래서 하나님이 어떤 분인지 보여 준다는 데 동의한다. 이 구절에 사용된 표현은 고대 왕들이 통치하던 도시에 세운 왕의 동상과 상징물을 가리킬 때 사용했던 언어와 비슷하다. '형상'은 왕의 통치를 나타내며 백성들에게 왕이 어떤 사람인지 상기시켜 주었다. 마찬가지로 하나님은 그분의 통치를 상징하고 그분의 모습을 엿볼 수 있는 동상과 같은 존재로 이 땅을 채우신다. 인간의 모든 활동, 즉 우리 손으로 하는 일에는 하나님의 행동과 성품을 확대할 수 있는 잠재력이 있다. 하나님의 방식으로 하는 좋은 일은 세상이 하나님의 위엄을 바라볼 수 있도록 돕는다.

하나님의 자화상은 특정 미술관이나 사진첩에 제한되지 않고 인간이 활동하는 모든 분야에 흩어져 있다. 망치를 들고 일하는 건설 현장, 아름다운 그래픽이 돋보이는 웹사이트 이면, 위험한 산길을 지나 중요한 물건을 배달하는 트럭, 대수학을 통해 하나님의 지혜와 질서가 확장되는 교실에서도 하나님의 자화상을 발견할 수 있다. 한 사람은 그날 열 번째로 장난감을 집어 들고, 다른 (더 어린) 사람은 난생처음 레고를 쌓고 있는 거실에서도 하나님의 그림을 발견할 수 있다.

일이 잘되면 우리는 일에 몰입하게 된다. 인간의 탁월함은 원래부터 매력적이다. 좋은 책은 우리를 경이로움으로 채우고, 좋은 상담사는 우리에게 위안을 주며, 잘 설계된 도로는 상당한 안정감을 준다. 이 모두는 기능적으로 도움이 되지만, 혹 직접적인 혜택을 받지 않을 때도 우리는 그것들이 기분 좋고 감탄을 자아낸다는 것을 알게 된다. 이는 멋진 작업을 접할 때마다 우리가 하나님의 영광을 엿볼 수 있기 때문이라고 생각한다.

그러나 인류는 우리 안에 있는 하나님의 형상을 훼손했으며, 이로써 우리 일은 반역의 상처를 지니게 되었다. 따라서 교회 선교의 핵심은 우리가 참되고 온전한 인간성으로 회복된다는 것이 무엇을 의미하는지를 보여 주는 것이다. 우리는 우리 손으로 하는 일에서 하나님의 영광을 드러냄으로써 하나님의 형상대로 새로워지는 것이 무엇인지 보여 주어야 한다. 우리 삶으로 다음과 같이 말해야 한다. "이것이 바로 하나님이 공동체에서 함께 살아가는 인간의 삶에 언제나 의도하신 것입니다. 우리는 인류 번영을 위한 하나님의 설계의 살아 있는 체현입니다. 하나님을 바라보시고 와서 우리와 함께하십시오."

다음은 인간의 손으로 하는 일을 통해 하나님의 영광이 어떻게 드러나는지 보여 주는 몇 가지 예다.

앤디, 하나님의 신실하심을 보여 주는 초상화. 하나님은 약속을 어기거나 거짓말을 하지 않으시고, 내일 아침 해가 뜨는 것처럼 신뢰할 만한 변함없는 사랑으로 끊임없이 그의 백성에게 나아가신다. 우리는 하나님을 의지할 수 있다. 2-3년마다 직장을 그만두는 사람이 허다한 세상에서, 수십 년간 한 곳에서 성실하게 일하는 사람들은 존경받을 만하다. 앤디는 30년 넘게 같은 동네, 같은 보험 사무소에서 일하며 많은 사람에게 서비스를 제공하고 있다. 그가 매일 성실하게 자신의 일에 임하는 모습에서 우리는 언제나 자기 백성과 함께하는 신실하신 하나님의 모습을 엿볼 수 있다. 우리가 신실하고 신뢰할 수 있는 태도로 일에 임할 때, 신실하고 신뢰할 수 있는 하나님을 세상에 드러낼 놀라운 기회를 갖게 된다.

제이미, 하나님의 질서를 드러내는 초상화. 제이미는 잘 정리한 예산, 잘 설계한 작업표, 쉽게 설명한 이메일을 통해 질서의 하나님을 드러낸다. 그녀는 효율적인 프로세스로 한 시간 분량의 작업을 15분 만에 끝낼 수 있는 프로젝트 관리자이자 행정 사무원이다. 동료들은 그녀의 꼼꼼함을 "흠잡을 데가 없다"라고 묘사한다. 그녀가 "혼돈 속에서 질서를 만들어 낸다"라고 말한다. 제이미를 존경하는 동료들은 궁극적으로 그녀의 작업을 통해 드러나는 하나님의 성품을 존경하는 것이다. 제이미는 숙련된 프로젝트 관리와 행정력을 통해서 동료들이 세상에 복잡하고도 세밀한 질서를 부여하시는 하나님을 엿볼 수 있게 해 준다. 그녀는 명확하게 정의된 타임라인을 통해 시간이라는 개념을 창조하신 하나님을 보여 준다. 세상이 혼란에 빠지지 않도록 물리 법칙을 만드신 하나님은 제이미와 같이 사무실이 혼돈에 빠지지 않도록 하는 사람들을 통해 더욱 크게 드러난다.

조, 하나님의 지혜와 지식을 나타내는 초상화. 우리는 특정 주제에 대한 깊은 지식을 지닌 뛰어난 인재를 만나고 놀랄 때가 많다. 그런 사람이 지혜와 함께 자신의 지식을 적용하는 방법을 알고 있다면 더 인상적이다. 내 친구 조는 성공한 기업가이자 식당 경영인, 주택 개발업자다. 내가 아는 한 가장 의도적인 학습자 중 한 명이며, 가장 현명하고 지식이 풍부한 사업가 중 하나다. 50대인 그는 많은 성공을 거둔 지금도 항상 질문하고, 책을 읽고, 더 많이 배우기 위해 여행을 떠난다. 그는 대화 중에 다른 사람들에게 질문을 던지기도 하지만, 당신이 그에게 질문을 던질 수 있다면 지속 가능한 농업, 창업, 레바논 요리, 커피 로스팅, 도시 계획 등 다양한 주제에 대해 현명하고 풍부한 지식으로 대답할 것이다. 사람들은 그의 방대한 지식에 경외감을 느끼기 쉽지만, 그는 스스로 나서서 자신이 가진 모든 지혜는 모든 지식의 원천인 하나님으로부터 온다고 지적한다. 세상 모든 도서관이 하나님의 지식을 다 담을 수는 없지만, 인간이 자기 분야에서 깊은 지식을 쌓고 시간이 지남에 따라 지혜를 키울 때 모든 것을 아시는 하나님을 가리키게 된다.

당신은 어떤가? 사람들이 당신의 일을 접할 때 무엇을 보게 되는가? 당신의 일이 하나님의 성품을 설명한다면 무엇을 전달하고 있는가? 당신의 일은 신실하고 탁월하며 희생적인 사랑이 특징인 하나님을 보여 주는가? 아니면, 하나님을 물질계에 관심이 없으시거나 이기적이거나 신뢰할 수 없는 분으로 (무심결에) 묘사하고 있지는 않는가? 지난 수십 년 동안 교회의 증언이 크게 줄어든 이유는 많은 그리스도인이 일을 진지하게 받아들이지 않기 때문이다. 그 이유가 우리 대부분이 나쁜 의도를 가지고 있기 때문이라고 생각하지는 않는다. 오히려 문제는 우리가 일상적인 인간 활동을 신성하게 여기지 않는다는 데 있다. 우리는 교회 출석, 전도, 목회, 기도 등 소위 영적인 것에 더 높은 가치를 부여하고, 정원 가꾸기부터 사무실 업무에 이르기까지 일상적인 활동에는 별다른 열정을 느끼지 않는다. 그러면서 하나님과 영적인 사역에 "열심을 내고 있다"라고 말한다! 하나님을 위해 열심을 내는 것은 좋지만, 삶의 사회적·직업적·경제적·미적·물리적 측면을 포함하여 하나님의 세상에 거의 관심을 보이지 않을 때, 하나님을 향한 우리의 '열정'이 세상을 향한 우리의 증언을 연기처럼 사라지게 만들 수 있다. 우리는 하나님과 우리가 증언하고자 하는 이웃에게 중요한 것들을 무시해서는 안 된다.

당신이 손으로 하는 일은 하나님에 대한 무언가를 세상에 전달한다. 당신의 일은 무엇을 말하는가? 열방에 아름다운 음악을 연주하는 하나님의 선교라는 위대한 교향곡과 조화를 이루고 있는가? 아니면 소음을 만들어 복음의 음악을 왜곡하고 있지는 않은가? 탁월한 일꾼이신 하나님은 그분의 형상을 지닌 자들이 부지런하고 지혜롭게 세상에 그분의 참모습을 보여 주기 원하신다.

일은 하나님의 창조 세계를 보여 주는 돋보기다

20대 초반에는 개혁주의 신학 신봉자라고 부를 만한 친구들과 대부분의 시간을 보냈다. 우리는 온라인에서 지식을 뽐내며 신학 논쟁에 참여하고, 청교도 설교자들을 마치 최강 미식축구팀의 선수들처럼 이야기했다. 개혁주의 신학자들을 사모하다 보니 "가장 좋아하는 설교자가 누구예요?" 같은 유치한 질문을 던지곤 했다.

대부분 찰스 스펄전(Charles Spurgeon), 조너선 에드워즈(Jonathan Edwards), 장 칼뱅(John Calvin), 마르틴 루터(Martin Luther)를 언급했지만, 실제로는 그들의 작품을 읽어 본 적이 없고 다른 사람에게서 들은 이야기를 반복하는 정도에 불과했다. 어느 날엔가 이슬람 국가에서 수십 년 동안 선교사로 일했던 켄이라는 나이 지긋한 이에게 이 질문을 던졌는데, 전혀 뜻밖의 대답을 해 주었다. "단풍나무요. 내가 제일 좋아하는 설교자는 단풍나무입니다." 나는 그의 엉뚱한 대답에 눈을 희번덕거리고 말았다. 그가 나를 놀리고 있거나 그다지 똑똑하지 못하다고 생각했다. 어쨌든 그의 대답은 별 감흥을 주지 못했다.

그런데 몇 년이 지나 장 칼뱅의 글을 제대로 읽기로 결심했을 때, 어떤 문장을 읽다가 곧장 켄의 대답을 떠올렸다. "이 세상의 작은 풀잎 하나도, 색깔 하나도 인간을 즐겁게 해 줄 의도로 만들지 않은 것이 없다."[6] 전에 켄이 비슷한 말을 했을 때는 깨닫지 못했지만, 칼뱅의 말은 내 귀를 사로잡았다. 하나님의 창조 세계는 우리에게 하나님에 대해 끊임없이 무언가를 보여 주는 충실한 설교자다. 시편 19편 1절은 "하늘이 하나님의 영광을 선포하고 궁창이 그의 손으로 하신 일을 나타내는도다"라고 말한다. 바울도 로마서 1장 20절에서 "창세로부터 그의 보이지 아니하는 것들 곧 그의 영원하신 능력과 신성이 그가 만드신 만물에 분명히 보여 알려졌나니 그러므로 그들이 핑계하지 못할지니라"라고 말한다. 다시 말해, 하나님은 창조 세계를 통해 그분이 어떤 분인지 세상에 보여 주셨다. 꽃과 물고기, 모래와 석양, 풀과 염소 이 모든 것은 존재 자체로 하나님의 영광을 전하는 전도자다.

우리 일에는 하나님의 영광을 전달하는 창조 세계의 목소리를 증폭할

---

[6] John Calvin, "Sermon no. 10 on 1 Corinthians," p. 698, William J. Bouwsma, *John Calvin: A Sixteenth Century Portrait* (Oxford: Oxford University Press, 1989), pp. 134-135에서 재인용.

수 있는 잠재력이 있다. 창조 세계의 자원을 가꾸고 발전시키는 좋은 일은 세상을 더 깊은 경이로움의 경험으로 이끈다. 우리 일은 창조 세계가 얼마나 놀라운지를 보여 준다. 사람들은 하나님의 영광스러운 세계를 보면서 창조주의 영광을 엿보고, 하나님이 창조하신 아름답고 선하고 정교한 작품들을 만나면서 그분의 아름다움과 선하심과 지혜를 경험한다. 작은 꽃 한 송이에서 의약품의 잠재력을 발견하는 사람은 하나님의 창조 세계에 숨겨진 광채를 발견하는 것이다. 꽃을 의약품으로 만들어 세상에 전달하는 과정에 관여하는 모든 사람, 즉 제조업체부터 트럭 운전사, 품질 관리 전문가, 마케팅 담당자까지 모두가 창조 세계의 숨겨진 선함을 확대하는 데 일익을 담당한다. 아브라함 카이퍼는 이렇게 말한다.

> 하나님이 에덴동산을 만드셨지만 그것을 가꾸는 것은 사람 몫이다. 이것이 창조 세계의 근본 법칙이다. 다시 말해, 하나님이 창조 세계를 빚으셨다. 그 품에서 솟구쳐 오르는 빛나는 생명으로, 그 자궁에 내재해 있는 힘으로 빚으셨다. 그러나 거기 있는 창조 세계는 그 아름다움의 절반만 드러냈다. 그러나 이내 하나님은 인간으로 창조 세계의 대미를 장식하신다. 인간은 창조 세계의 생명을 깨우고, 그 힘을 일깨우며, 깊은 곳에 잠겨 있었지만 아직 드러나지 않았던 영광을 그들 손으로 드러낸다.[7]

창조 세계가 가진 잠재력의 힘과 영광이 마침내 발휘되고 드러날 때, 하나님의 영광은 더욱 드러난다.

이를 설명하는 가장 좋은 방법은 언뜻 이단적으로 보일 수 있는 질문을

---

[7] Abraham Kuyper, "Rooted and Grounded: The Church as Organism and Institution," in *On the Church: Collected Works in Public Theology* (Bellingham, WA: Lexham Press, 2016), p. 51. 이 글은 1870년 8월 10일 암스테르담 새교회(Nieuwe Kerk)에서 전한 그의 부임 설교 중 일부다.

하는 것이다. 창세기 1장을 다시 읽고 하나님이 창조하지 **않으신** 것은 무엇인지 질문해 보라. 처음에는 "전혀 없다! 하나님은 만물의 창조주시다!"라고 생각할 수 있을 것이다. 하지만 다른 답이 있을 수도 있다. 태초에 하나님은 팬케이크를 창조하지 않으셨다. 분명 그렇게 하실 수 있으셨을 것이다. 그뿐 아니라 지구를 가득 채울 모든 것을 만드실 수 있었을 것이다. 하지만 하나님은 인간이 손으로 만든 것들을 통해 그분의 창조 세계를 펼치기로 하시면서 환대와 절제를 보여 주셨다. 팬케이크는 **우리**가 만들 수 있게 남겨 두셨다. 그분은 아직 개발되지 않은 잠재력으로 세상을 채우신 다음에 흙과 나무와 물속에 묻혀 있는 보물을 찾도록 인간을 초대하셨다.

하나님은 아담과 하와를 창조하실 때 버터 냄새 풍기는 팬케이크와 갓 짜낸 오렌지 주스가 준비된 조립식 식탁으로 초대하지 않으셨다. 미리 지어진 집이나 삽으로 가득 찬 창고, 정해진 친구들의 전화번호가 미리 저장된 스마트폰으로 세상을 만들지 않으셨다. 처음부터 모든 것을 만드시거나 앞으로 태어날 모든 사람을 만들지 않으심으로써 하나님은 절제된 모습을 보여 주셨다. 우리가 그분의 일에 참여하도록 허용하시고, 세상 자원에 숨겨져 있는 잠재력을 끌어내는 일에 우리를 초대하셨다.

메이플 시럽처럼 단순한 물질을 생각해 보라. 놀라운 제품이지만, 뻔한 것은 아니다. 하나님은 단풍나무 깊은 곳에 수천 년 동안 숨겨져 있던 선물, 언젠가 팬케이크와 함께 토요일 아침을 성스러운 날로 만들어 줄 선물을 숨겨 두셨다. 누군가가 망치로 나무에 구멍을 내고, 끓는 온도를 실험하고, 좋은 것을 만들어 더 좋은 잠재력을 보여 줄 때까지 수천 년 동안 기다리셨던 것이다. 창조 첫날에 팬케이크와 메이플 시럽을 만들지 **않으신** 하나님은 우리가 그 맛있는 조합을 찾아내고, 우리 손으로 하는 일을 통해서 창조성을 확장하도록 하셨다.

하나님은 평범해 보이는 이 땅 깊은 곳에서 창조 세계의 잠재력을 발견하고 개발하도록 우리를 부르신다. 그리고 이 일을 잘 해낼 때, 우리는 그분의 높고 신비로운 영광을 드러낸다. 당신이 태어난 병원 건물, 어머니의 암을 제거한 메스, 추수감사절 음식을 요리할 때 사용하던 오븐, 인생 첫 차의 엔진을 생각해 보라. 이 모두는 하나님이 하찮아 보이는 바위 속에 숨겨 놓으신 강철로 만들어진 것들이다. 숲속에 약국을 숨겨 놓으신 하나님은 버드나무 껍질에 아스피린처럼 통증을 완화하고 심지어 생명을 구할 수 있는 약의 원료를 숨겨 놓으셨다. 제임스 스미스(James K. A. Smith)의 말이다.

> 하나님이 창조 세계가 존재하도록 명령하셨을 때, 그분은 창조 세계가 매우 좋았다고 말씀하시지만, 창조가 끝났다고는 말씀하시지 않으신다! 창조 세계는 이미 만들어진 학교, 미술관, 농장으로 시작되지 않았다. 그 모든 것은 모두 포장이 벗겨지길 바라고 있다. 그러나 그 잠재력을 펼쳐내는 데는 일이 필요하다. 곧 문화, 경작, 포장을 푸는 일이다. 실로 창조 세계는 그 자체로 부르심이자 초대다. 하나님의 선한 창조 세계의 풍요로움과 잠재력은 하나님의 형상을 지닌 자들에게 맡겨져 있다. 이것이 우리의 소명이자 사명이다.[8]

하나님의 세상을 가꾸어 선한 것을 창조하는 것을 문화 창조라고 하며, 이는 인간이 받은 소명에서 중요한 부분이다. 우리가 만드는 것들에 내재한 선함을 발견하고 그것을 펼쳐 보일 때 경외심과 경이로움을 불러일으키는 것들이 세상을 가득 채울 것이며, 우리 일은 하나님의 장엄한 창조 세계를 더 선명하게 볼 수 있는 돋보기가 된다. 사람들이 교향곡, 야구 경기, 샌드위치 같은 좋은 문화를 접하면서 경이로움과 기쁨을 경험할 때 하나님의 선

---

[8] James K. A. Smith, *Letters to a Young Calvinist* (Grand Rapids: Brazos, 2010), p. 109. 『칼빈주의와 사랑에 빠진 젊은이에게 보내는 편지』(새물결플러스).

한 손길을 증폭된 이미지로 경험하는 것이다. 우리 일은 사람들에게 하나님의 장엄한 창조 세계를 엿볼 수 있게 하고, 이 세상에 자신보다 더 위대한 존재가 있다는 것을 느끼게 한다.

모래처럼 단순한 물질을 생각해 보라. 아이들이 모래더미에 손을 넣고 모래성을 만들 때, 하나님이 모래를 물과 함께 작용하도록 만든 방식과 손으로 약간 압력을 주면 모래가 서로 결합하는 방식을 발견하게 된다. 우리는 수많은 모래성을 보았기 때문에 모래성에 대해 별다른 생각을 하지 않을 수 있다. 하지만 모래성처럼 단순한 것에 인간만의 독창성이 있다. 모래성을 만들며 시간을 보내는 갈매기를 볼 일은 절대 없을 것이다. 일곱 살짜리 아이의 작품을 통해 우리는 위대한 창조주 하나님의 형상, 더 나아가 그분이 모래 속에 숨겨 두신 위대한 잠재력을 본다.

우리는 해변의 모래처럼 단순한 물질에서 길거리 보도와 벽 마감재를 만드는 방법을 발견했고, 컴퓨터와 휴대전화의 반도체에 사용되는 실리콘(역시 모래에서 추출한 것이다)을 발견했다. 유리도 모래로 만든다. 유리의 잠재력을 발견한 인류는 스테인드글라스 창문 그 이상을 만들었다. 결혼식에 쓰이는 와인잔, 육지 사람들도 산호와 해파리의 아름다움을 감상할 수 있는 수족관, 50대 이상도 좋아하는 소설을 읽을 수 있게 도와주는 안경, 현미경과 망원경 등 하나님의 선한 창조 세계의 숨겨진 풍요로움을 더 많이 발견할 수 있도록 도와주는 다른 거룩한 도구들도 만들었다.

모든 일은 우리가 하나님이 만드신 세상의 아름다움, 선함, 지혜, 찬란함에 집중할 수 있도록 도와주는 렌즈다. 그러나 아무리 좋다고 해도 우리의 모든 일은 하나님의 앞선 사역, 곧 그분이 창조 세계에 심어 놓으신 원재료에 달려 있다.

그리스도인에게 이성(mind)이 중요한 이유는 하나님이 중요하기 때문이다. 결국 누가 자연의 세계를 만들고 우리가 자연에 대해 더 많이 알 수 있는 과학의 발전을 가능하게 했는가? 인간 상호 작용의 세계를 형성하여 정치, 경제, 사회 및 역사의 원료를 제공한 이는 누구인가? 조화와 형식, 내러티브 패턴의 근원이자 모든 예술적·문학적 가능성의 배후에 있는 이는 누구일까? 자연, 인간 상호 작용, 아름다움의 실체를 파악할 수 있는 방식으로 인간의 이성을 창조하여 철학자와 심리학자들이 그러한 문제에 대한 이론을 제시하는 것을 가능하게 한 이는 누구일까? 자연 세계, 인간 상호 작용의 세계, 존재의 조화는 매 순간 누가 유지하는가? 우리 이성 속에 있는 것과 이성 너머에 있는 것 사이의 연결을 순간순간 유지하는 이는 누구일까? 모든 경우의 답은 동일하다. 하나님이 하셨고, 지금도 하나님이 하신다.[9]

하나님은 우리가 하는 모든 일의 근원이시다. 그분은 마이크로칩이 되는 모래알부터 토스트가 되는 밀알에 이르기까지 모든 문화의 원료를 주셨다. 풀잎 하나하나의 잠재력을 알고 계시며, 우리가 발견하는 데 수 세기가 걸린 것들을 말씀으로 손쉽게 존재하게 하실 수 있다. 그러나 그분은 절제를 보여 주셔서 그분이 숨겨 놓은 것을 하나님의 형상을 지닌 인간이 발견할 수 있도록 하셨다.

당신이 하는 일은 하나님의 창조 사역에 초점을 맞추는 렌즈다. 주방에서 당신이 만든 크레페는 달걀, 우유, 밀가루가 블루베리, 크림과 조화를 이루도록 만드신 하나님의 탁월하심을 확장한다. 구조물 엔지니어로서 당신이 하는 일은 건물이 수십 년 동안 서 있을 수 있도록 보장하여 물리 현상을 창조하신 하나님을 확대한다. 자녀가 중요한 사실을 기억할 수 있도록

---

9 Mark A. Noll, *The Scandal of the Evangelical Mind* (Grand Rapids: Eerdmans, 1994), p. 51. 『복음주의 지성의 스캔들』(IVP).

간단한 노래를 만들 때, 당신은 멜로디라는 단순한 선물과 신경과학의 복잡한 신비를 창조하신 하나님을 영화롭게 하는 것이다. 인간의 일상적인 소명인 문화 창조는 하나님의 선교에 방해가 되는 주변적인 활동이 아니다. 오히려 문화 창조를 통해 우리는 보이지 않는 하나님의 영광과 은총을 세상 사람들에게 보여 줄 수 있다.

일은 하나님의 사랑 넘치는 공급을 보여 준다

우리 집에는 책이 너무 많다! 하지만 목수에게 연장이 있듯이 내게는 책이 하나의 도구로 기능한다. 목수가 어떤 작업에는 망치가 필요하고 다른 작업에는 드라이버가 필요한 것처럼, 나도 작업마다 다른 책이 필요하다. 문제는 필요한 책을 찾을 수 없을 때 발생한다. 책이 너무 많으면 어수선해지고 소중한 공간을 낭비할 수 있다. 책을 쉽게 찾을 수 있도록 책장을 잘 배치해야 한다.

그래서 우리 교회 젊은 목수 알렉스를 불러서 책장을 만들어 달라고 부탁했다. 우리는 책장을 배치하고 만드는 가장 좋은 방법에 대해 이야기했다. 그런 다음에 그는 며칠 동안 우리 집에 머물면서 내 사무실에서 작업했다. 작업을 마쳤을 때 그의 목공 솜씨가 멋지게 드러났다. 책장 덕분에 내게 필요한 공간이 생겼다. 나는 빨리 책을 다시 정리해서 책장에 꽂아 넣고 싶었다.

그러고 나서 알렉스가 한 말에 나는 적잖이 놀랐다. "작업 비용은 받지 않겠습니다. 목사님께 돈을 받는 건 아닌 것 같아요. 이 책장 덕분에 목사님이 책을 더 잘 사용하신다면 저한테도 도움이 되겠지요. 그래서 이 책장을 선물로 드리고 싶어요." 나는 그의 제안에 감사했지만 단호히 거절했다. 그리고 이 기회를 통해 그가 하나님의 경제 안에서 일하는 것에 대해 이해할 수 있도록 돕고자 했다.

나는 말했다. "하나님은 사람들에게 다양한 은사를 주셨고, 그 은사를 사용하여 서로 사랑하고 봉사할 수 있도록 하셨어요. 알렉스에게는 설교와 가르침의 은사를 주지 않으셨지만, **저에게는** 그 은사를 주셔서 제가 당신을 사랑하고 섬길 수 있도록 하셨습니다. 망치의 어느 쪽 끝을 잡아야 할지 모를 정도로 저에게는 도구를 사용할 수 있는 은사를 전혀 주시지 않았지만, 저를 사랑하고 섬길 수 있도록 그분은 분명히 **당신에게** 그 은사를 주셨습니다. 형제님은 이 책장을 만들면서 저를 사랑하고 섬겼고, 그로써 저도 형제님을 사랑하고 섬길 수 있게 되었습니다. 이것이 우리 일이 작동하는 방식이에요. 사실 모든 일이 그렇게 이루어져야 합니다.

하나님은 공동체를 설계하셔서 이웃을 사랑하고 섬기는 일을 통해 우리 자신과 가족의 필요를 돌볼 수 있게 하셨습니다. 저는 설교하고 가르치는 대가로 사례를 받아요. 형제님은 목공 기술에 대한 대가를 받지요. 하나님은 우리가 많은 것이 필요하지만 은사는 몇 가지씩만 갖도록 만드셨습니다. 우리는 그 은사를 사용하여 서로 섬기고 사랑해야 해요. 그리고 그 과정에서 자신의 필요를 돌볼 수 있지요. 따라서 형제님이 정말로 하나님이 계획하신 경제 안에서 살기를 원한다면 당신의 일에 대한 온전한 대가를 지불하는 이 돈을 받아야 합니다."

알렉스는 서구 경제학에서 일이란 자신을 돌보는 것, 즉 하나님이 주신 은사와 능력은 개인의 것이기에 그것을 잘 활용해서 돈을 벌고 자신을 돌보는 것이라고 배웠다. 이러한 태도는 일의 창조적 측면 중 한 가지(돈을 벌어서 자신의 필요를 돌보는 것)를 전체로 간주한다. 그래서 알렉스는 자신이 아끼는 사람을 위해 일하고 있고 이 일이 그에게 도움이 될 것을 갑자기 깨달았을 때, 돈을 받아야 한다는 확신이 들지 않았다. 하지만 일은 원래 이런 식으로 **설계되었다**.

내 은사와 능력을 생각해 보면 내가 가진 것이 거의 없다는 것을 깨닫게 된다. 감사하게도 내가 가진 것들이 다른 사람들에게는 필요했고, 덕분에 내 가족에게 필요한 것을 제공할 수 있었다. 하지만 자동차나 배관을 고치거나 책꽂이를 만들거나 피아노를 옮길 때는 다른 사람에게 전적으로 의존하고 있다는 것을 잘 알고 있다. 이 정도는 시작에 불과하다. 나는 식품뿐 아니라 농부의 밭에서 슈퍼마켓으로 음식을 가져다주기 위해 발전한 식품산업도 필요로 한다. 이러한 것들에 대해 계속 생각하다 보면 우리가 얼마나 서로에게 의존하고 있는지 더 잘 알게 된다.

현대의 신앙고백 "우리의 세상은 하나님의 것이다"(Our World Belongs to God)에서는 이를 다음과 같이 표현한다.

> 일은 하나님께서 주신 소명이다.
> 우리는 임금 이상의 것을 위해서 일하며
> 이익 이상의 것을 위해서 노력하여서
> 모든 종사자들이 서로 존중함으로
> 그리고 재물과 기술을 정당하게 사용함으로
> 우리의 일터를 조성하여야 한다.
> **우리는 임금과 이익을 얻는 과정에서**
> **인간 삶에 유용한 제품과 서비스를 제공함으로**
> **우리의 이웃을 사랑해야 한다.**
> 우리 시대의 국제적인 경제구조에서
> 우리는 모두가 의미 있는 노동에 종사하고
> 공정한 임금을 지급받기를 요구한다.
> 주님께서 우리에게 관대하신 것을 따라서
> 우리는 자원함과 기쁨으로
> 우리의 재물과 시간을 드린다.[10]

21세기의 많은 일, 특히 비즈니스 세계는 오로지 이윤에 따라 움직인다. 이윤은 하나님이 설계하신 좋은 측면이다. 이윤을 위해 일하지 않는 사람은 오래가지 못한다. 그러나 그리스도인이 일하는 가장 첫째 되는 동기가 이윤이어서는 안 된다. 제품과 서비스를 제공하여 이웃을 사랑하는 것이 우리의 동기여야 한다.

하나님은 우리 각자를 완전히 자급자족하게 만드실 수 있었지만 그렇게 하시지 않았다. 인간을 공동체 속에서 살도록 만드셨고, 우리가 서로 의지할 수 있도록 은사를 나누어 주셨다. 일은 이웃에게 필요한 것을 제공함으로써 이웃을 사랑하는 한 가지 방법이다.

일은 하나님 나라의 미리 보기다

데이브는 확실히 당황한 눈치였다. 그는 내 눈을 똑바로 보더니 "크루아상이 천국에 간다는 말씀이세요?"라고 물었다. 애리조나 주립대학교 건축학과에 재학 중이던 데이브는 진로 변경을 고민하고 있었다. "인생을 낭비하고 싶지 않아요." 그는 말했다. "영원한 것에 내 인생을 바치고 싶어요." 그는 계속해서 자신이 목사나 선교사, 혹은 비영리 단체의 리더가 되어야 한다고 생각하는지 내게 물었는데, 이러한 직업들이 하나님의 경제에서 정말로 중요하다고 생각했기 때문이다.

나는 몸을 숙여 그의 눈을 바라보며 물었다. "영원한 것, 영원한 영향력을 미치는 직업에 대해 말해 줄까?" 그는 단호하게 "네!"라고 대답했다. 그래서 나는 그에게 제빵, 세금 신고서 작성, 조경, 건물 설계 등의 직업을 고려

---

10 *Our World Belongs to God: A Contemporary Testimony*, par. 48 (testimony, adopted by Synod 2008 of the Christian Reformed Church; 강조는 저자), http://missionworldview.com/wp-content/uploads/2011/07/Our-World-Belongs-to-God-2008.pdf(CRC 교단의 공식 한국어 번역을 사용했다—옮긴이).

해 보라고 말했다. 오늘날 우리가 하는 일이 영원토록 하나님을 예배하는 일에 통합될 수 있고, 일은 하나님 나라의 모습을 엿보게 할 수 있는 잠재력이 있기 때문이다.

우리 일이 하나님의 선교에 기여하는 네 번째 방식은 하나님 나라의 미리 보기를 제공한다는 것이다. 언젠가 예수님이 다시 오셔서 모든 창조 세계를 새롭게 하시고 원래 의도된 대로 완벽한 번영으로 회복하실 것이다. 모든 죽음과 죄, 고통과 상처는 사라지고, 우리는 원래 의도된 모습대로 완벽한 세상에서 살게 될 것이다.

요한계시록 21장 1-5절은 창조 세계의 미래 운명, 예수님이 재림하셔서 그의 왕국을 완전히 세우신 후의 삶이 어떤 모습일지 묘사한다. 하나님은 죄와 사탄과 사망을 쫓아내실 것이다. 땅과 그 안에 망가진 모든 것을 고치실 것이다. 우리는 하나님과 멀리 떨어져 있다고 느끼지 않고 그분의 임재를 생생하게 경험하게 될 것이다. 사회적 분쟁은 영원한 잔치로 대체될 것이다. 관절염, 신경 치료, 암으로 인한 신체의 고통은 가장 건강한 올림픽 대표 선수를 능가하는 온전한 몸으로 대체될 것이다. 신음하는 피조물은 해방을 경험할 것이다. 죄로 인해 찢어진 하늘과 땅은 그리스도의 사역을 통해 다시 하나로 꿰매어질 것이다.

선지자들은 풍부한 비유를 사용하여 하나님이 만물을 새롭게 하시고 회복하실 때 우리가 어떤 경험을 하게 될지를 묘사한다. 예를 들어, 무기가 농기구로 용도가 바뀌는 이미지로 하나님 나라의 평화를 묘사한다(사 2:1-4; 미 4:1-4). 이리와 함께 낮잠을 자는 어린양, 채식하는 사자, 독사와 숨바꼭질을 하는 아이들의 이미지로 하나님 나라의 안전과 보안을 묘사한다(사 11:6-9). 이러한 이미지들은 회복된 하나님 나라가 어떤 모습일지 우리에게 설명해 주는 당시의 풍부한 이미지들이다.

이렇게 폭넓게 번영하는 세상을 상상할 수 있겠는가? 죄가 우리 세상을 너무 깊이 더럽히고 왜곡했기 때문에 앞으로 다가올 세상을 상상하기란 좀처럼 쉽지 않다. 그러나 하늘에서와 같이 **땅에서도** 하나님 나라가 임하도록 기도하라고 우리에게 말씀하실 때, 예수님은 우리에게 다가올 하나님 나라를 그려 내도록 초대하신 것이라 생각한다. 그분은 우리에게 본래 있었어야 할 삶을 상상하고, 그분이 다시 오실 때 온전히 임할 그 나라의 맛보기를 이 땅에서 보여 주기 위해 기도하고 노력하라고 초대하고 계신다. 우리가 하는 일은 그 나라의 도래를 바라는 행동하는 기도일 수 있다.

몇 년 전, 나는 친구 워렌과 함께 칼을 보습으로 바꾸시는 하나님의 이미지에 대해 토론하고 있었다. 우리는 이사야가 우리 시대에 살았다면 하나님이 만물을 회복하실 때 어떤 모습일지 보여 주기 위해 어떤 표현을 사용했을지 토론하기 시작했다. 우리가 생각해 낸 것은 다음과 같다.

스트립 클럽은 여성의 존엄성을 기념하는 박물관으로 용도가 바뀔 것이다.
미시간주 플린트시의 완벽한 파이프에서 신선한 물이 흘러나올 것이다.
시리아 알레포는 사람들이 길거리에서 낮잠을 잘 정도로 안전한 최고의 휴양지가 될 것이다.
교도소는 일류 초등학교로 사용될 것이다.
매일 오후, 한때 휠체어를 타던 사람들이 모여 덩크슛 경연 대회를 하는 모습을 보게 될 것이다.
자폐증의 고통과 좌절을 더는 겪지 않으면서도 그 재능은 간직하고 있는 사람들이 가르치는 강좌를 들을 것이다.
국세청의 목적은 우리가 살면서 누리는 모든 복에 대해 자세히 설명해 주는 것이 될 것이다.

그러나 우리의 상상력은 이런 무해한 공상을 부추기는 데 그치지 않고,

지금 이 순간 우리가 세상에 참여하는 방식을 형성해야 한다. 우리의 일, 곧 직업뿐 아니라 인류 문화의 모든 측면은 하나님 나라의 온전한 모습을 미리 보여 줄 수 있다. 우리가 하나님 나라를 **건설**하는 것은 아니며, 그것은 전적으로 하나님의 몫이다. 그러나 우리는 우리 삶이 하나님 나라가 어떤 모습일지 엿보여 주도록 하면서 살아갈 수 있다.

영화관에서는 다른 영화 예고를 10분 정도 봐야 하는 경우가 많다. 그보다 훨씬 더 길어질 때도 있다. 이러한 예고편은 영화 전체를 제공하지는 않지만, 영화가 어떤 내용인지, 볼 만한 가치가 있는지에 대한 간략한 정보를 제공한다. 미리 보기는 앞으로 개봉할 본편에 대한 기대를 불러일으킨다.

일은 다가올 왕국을 우리가 사는 세상에 미리 보여 주는 잠재력을 가지고 있다. 세심한 전지 작업으로 높이 뻗은 사시나무의 우아함을 드러내는 부지런한 조경사들은 우리가 생명나무를 엿볼 수 있도록 돕는다. 숨 막히는 색채 조합과 순간적인 만남을 선사하는 예술가들은 색채의 창조자이자 숨결을 불어넣으신 분의 모습을 미리 보여 준다. 허리케인으로 폐허가 된 집을 복구하는 데 도움이 되도록 적시에 보험금을 지급하는 보험 회사 직원들은 이 황폐해진 땅을 회복하실 하나님의 손길을 미리 맛보게 해 준다. 학생들 손에 땀을 쥐게 하면서 능숙하게 그들의 상상력을 사로잡는 교사들은 우리가 보좌 앞에 앉아 광합성, 대수학, 모든 언어의 형용사를 만드신 궁극적인 창조주에게서 배우게 될 날을 가리킨다.

모든 형용사는 하나님의 귀한 선물이지만, 그 모든 형용사를 다 합쳐도 하나님의 영광과 그 나라의 아름다움을 적절하게 묘사할 수는 없다. 놀랍다는 뜻의 영어 '어메이징'(amazing), 튀르키예어 '무흐테셈'(muhteşem), 중국어 '징렌'(驚人)을 비롯하여 다른 모든 언어의 최상급 표현을 다 합쳐도 창조 세계의 영광스러운 운명을 묘사하지 못한다. 다행히도 하나님은 우리를 그 나라로 초대하시기 위해 말 이상의 것을 사용하신다. 하나님은 잘 쓰인 산문으로 초대장을 보내는 대신, 잘 빚어진 사람들을 보내셔서 그들의 탁월한 일을 통해 앞으로 일어날 일을 엿보게 하신다.

우상숭배의 영향으로 왜곡된 것은 무엇인가?

이 장은 대부분 창세기 1-2장과 인류를 위한 하나님의 원래 계획에 초점을 맞추었지만, 어떤 이들은 우리가 원래의 낙원이었던 에덴과는 거리가 먼 우상숭배에 빠진 세상에 살고 있다고 상기시키며 이러한 강조점에 반대할 수 있다. 우상숭배는 분명 우리 일을 완전히 왜곡하는 힘이 있다. 실제로 마이클 고힌은 오늘날 세계에서 가장 강력한 우상숭배의 흐름 중 하나인 세계 경제에 대해 성찰하면서 바로 이 문제에 주목했다.[11] 하지만 글을 쓸 때는 항상 주어진 지면에서 무엇을 강조할지 선택해야 하는 애로 사항이 있다.

성경은 창조 세계를 구원하고 치유하며 회복하시려는 하나님의 선교 이야기를 들려준다. 구원은 언제나 **창조 세계의 회복**이다. 즉, 예수 그리스도의 사역을 중심으로 한 하나님의 선교의 전체 목표는 창조 세계를 원래 모습으로 회복하는 것이다. 여기서 창세기 1-2장을 강조하는 것은 창조의 본래 모습을 엿봄으로써 독자들의 상상력을 자극하기 위해서다. 이 원래 의도를 알기 시작할 때 일을 주신 주님께 기쁜 마음으로 순종하는 우리 자신의 일이 망가진 현 세상에서 어떤 모습일지 비로소 상상할 수 있을 것이다.

그러나 우리 복음주의 공동체가 그곳에 도달하기 위해 극복해야 할 두 가지 문제가 있다. 첫째로 복음주의자들 사이에서 구원이 대개 창조 세계의 회복과 복원이라는 측면에서 고려되지 않는다는 점이다. 일반적으로 구원

---

11 Michael W. Goheen and Erin G. Glanville, *The Gospel and Globalization: Exploring the Religious Roots of Globalization* (Vancouver: Regent College Press and Geneva Society, 2009). 이 책의 전문은 웹사이트(www.missionworldview.com)에서 볼 수 있다.

을 하나님과의 개인적 관계로 돌아가는 것, 즉 개인이 죄책감과 죄의 권세로부터 구원받는 것으로만 여긴다. 때로는 이 세상을 초월한 것으로 이해하기도 한다. 이 세상을 떠나 천국에 가기 위해 구원을 받는다는 것이다. 이러한 오해는 지금 여기에서의 일이 어떤 모습일 수 있는지에 대한 건전한 시각을 방해한다.

두 번째 문제는 일반적으로 복음주의자들이 빈약한 창조관을 가지고 있다는 것이다. '창조 세계'는 '인간을 제외한 세상의 나머지'나 '태초에 하나님이 하신 일'을 의미할 때가 너무 많다. 따라서 바울이 "귀신의 가르침"에 대해 말할 때, 그가 창조 세계의 선함을 폄훼하는 사람들에 대해 말하고 있다고 상상하기 어렵다(딤전 4:1-5). 우리는 빈약한 창조 교리의 제약으로 하나님의 선한 세계가 어떤 모습이어야 하는지, 어떤 세계가 **될 수 있는지** 상상력을 발휘하지 못하는 경우가 많다.

그래서 이 장에서는 하나님이 원래 의도하신 대로 세상을 만드셨을 때 일이 어떤 모습이었을지 강조하고자 한다. 이 이미지들을 통해 하나님이 세상을 회복하고 계시는 오늘날의 일은 어떤 모습일 수 있는지 생각해 볼 수 있기를 바란다.

바빌론의 정원 가꾸기

어떤 사람들은 우리 일을 에덴동산의 목가적인 정원 가꾸기와 비교해서는 안 된다고 생각할 수도 있다. 오히려 죄가 모든 삶을 오염시켰기 때문에 우리 일은 우주적인 노동 착취 현장의 수고와 더 비슷하다고 말할 수도 있다. 창세기 3장이 타락의 결과로 일의 성격이 근본적으로 변했다고 말하는 것은 사실이지만, 하나님의 세상에서 정원사가 되라는 부르심은 결코 취소된 적이 없다. 죄와 우상숭배가 삶의 모든 영역을 오염시킨 현실에도 불구하고 하나님은 여전히 우리 일을 통해 그분의 형상을 반영하도록 우리를 부르시고, 많은 것을 성취할 수 있는 은혜를 베푸신다.

포로가 된 이스라엘에게 불의와 우상숭배가 만연한 이국땅 바빌론보다 더 적대적인 작업 환경은 상상하기 어렵다. 그들은 적대적인 정부 아래 완전한 이교도 문화에서 난민으로 살고 있었다. 하나님은 그들에게 무엇을 하라고 말씀하셨을까? 에덴동산에서 아담과 하와에게 주신 것과 본질적으로 동일한 명령, 곧 정원을 가꾸고 집을 짓고 가정을 꾸리라는 명령을 내리신다(렘 29:4-7). 이렇게 명령하신 하나님은 바빌론에서조차 자기 백성만을 위한 것이 아니라 그들을 둘러싸고 있는 우상숭배 도시의 번영을 위한 청지기 직분 악장을 재확인하고 계신다. 다시 말해, 이스라엘은 바빌론에서 정원을 가꾸고, 아름답고 유익한 것들로 도시를 채우고, 우상숭배의 사막에 하나님의 오아시스를 심으라는 부름을 받은 것이다.

우리도 같은 일을 하도록 부름받았다. 우상숭배와 불의와 죄로 가득한 세상 한가운데서 하나님의 은혜의 정원을 가꾸며 도시의 번영을 추구하라고 부름받은 것이다. 사도 베드로는 이러한 지침이 바빌론 포로들만을 위한 것이라고 생각하지 않도록 그 이미지를 차용하여 다음과 같이 말한다. "사랑하는 자들아, 거류민과 나그네 같은 너희를 권하노니 영혼을 거슬러 싸우는 육체의 정욕을 제어하라. 너희가 이방인 중에서 행실을 선하게 가져 너희를 악행한다고 비방하는 자들로 하여금 너희 선한 일을 보고 오시는 날에 하나님께 영광을 돌리게 하려 함이라"(벧전 2:11-12). 바빌론과 초기 교회에서 하나님 백성이 열방 가운데 하나님의 유일하심을 드러냈던 것처럼, 우리도 우리가 사는 도시와 마을의 샬롬을 추구하고 각자의 자리에서 일을 통해 하나님께 영광을 돌리도록 부름받았다.

좋은 작업자

몇 년 전에 새집을 구했다. 우리가 이 집에서 가장 마음에 들었던 부분은 주방과 거실이 이어진 개방형 구조였는데, 이는 이전 주인들이 우리에게 집을 팔기 전에 리모델링을 하면서 두 공간 사이의 벽을 제거해서 만들어진 결과였다.

그런데 이 집에서 1년 정도 살다 보니 예전에 벽이 있던 천장에 금이 간 것을 발견했다. 딸아이가 가장 좋아하는 놀이 공간 바로 위에 있었기 때문에 그 금을 알아차릴 수 있었다. 나는 단순한 미관상의 문제라고 생각했지만 예방 차원에서 건축업에 종사하는 친구에게 와서 한번 봐 달라고 부탁했다. 다락방에 올라갔던 그가 약간 창백해진 얼굴로 내려왔다. 전 주인들이 내력벽을 제대로 보강하지 않고 철거한 것이었다! 딸의 장난감 상자 바로 위에 있는 얇은 들보에 집 앞쪽의 전체 하중이 실려 있었다. 나중에 우리는 전 주인들이 유능한 건축업자를 고용하는 대신, 실제 시공업체 이름으로 된 가짜 견적서를 만든 다음에 아마추어를 고용해 벽을 철거했다는 사실을 알게 되었다. 그렇게 해서 그들은 수천 달러를 아꼈지만, 우리는 딸을 잃을 뻔했다.

여러 업체가 와서는 모두 같은 조언을 해 주었다. "위험합니다! 들보가 언제든 무너질 수 있어요." 하지만 그중 한 업자는 한 걸음 더 나아갔다. 존이라는 사람은 우리 상황을 살펴본 후에 "집이 안전하지 않으니 무슨 조치를 하지 않고는 양심상 이곳을 떠날 수 없다"라고 말했다. "지금 당장 임시 벽을 세워 드리겠습니다. 인건비나 재료비를 내실 필요는 없어요. 모든 공사를 저에게 맡기지 않으셔도 됩니다. 하지만 고객님 가족이 위험에 처한 것을 알면서도 그냥 갈 수는 없습니다." 그는 몇 시간 만에 임시 벽을 세워서 위대한 보호자이자 피난처를 만드시는 하나님의 성품을 보여 주었다. 몇 주

후, 우리는 그를 고용하여 천장을 수리하고 들보를 교체했다. 그의 작업은 훌륭했다. 존의 장인정신, 적시성, 전문성, 섬김의 자세를 통해 우리는 하나님의 모습을 엿볼 수 있었다.

우리는 좋은 일이 (1) 하나님의 성품을 드러내는 초상화를 제공하고, (2) 하나님의 아름다운 창조 세계를 바라보는 렌즈가 되며, (3) 유용한 서비스와 제품을 제공하여 이웃을 사랑하도록 돕고, (4) 하나님 나라의 미리 보기를 제공할 수 있음을 이미 살펴보았다. 존의 일은 이 모든 것을 해냈다. 그의 작업을 통해 우리는 하나님의 성품을 보았다. 우리 하나님은 그 백성을 보호하시는 분이다. 존은 큰 손해를 보면서까지 지붕의 하중으로부터 우리 딸을 보호해 주어서 하나님에 대한 살아 있는 은유를 보여 주었다. 우리가 자세히 관찰해 보니, 그의 작업은 그 품질과 세심한 배려에서 창조 세계의 탁월함도 보여 주었다. 그는 목재와 못이라는 원재료를 가져다가 지붕 무게를 지탱할 수 있는 튼튼한 들보를 만들었다. 하나님은 나무 한 그루에 보호와 피난처의 잠재력을 숨겨 놓으셨고, 존은 그 재료를 우리 집의 새로운 일부분으로 가꾸어 그 재료의 효용을 확장했다. 게다가 그는 우리가 스스로 할 수 없었던 귀중한 서비스를 우리에게 제공했다. 그 작업을 수행하기 위해서는 통찰력과 기술이 필요했기에 우리는 그에게 의존해야 했다. 그는 우리 집을 안전하게 만들어 주어서 하나님이 모든 피조물을 새롭게 하시고 우리가 마침내 완전한 안전 속에 거하게 될 때 어떤 삶이 펼쳐질지 조금이나마 엿볼 수 있게 해 주었다.

존이 일하는 동안 그와 대화를 나누게 되었다. 그러면서 그가 그리스도를 따르는 사람이라는 것을 분명히 알 수 있었다. 그는 자신이 하는 탁월한 일을 자신과 하나님의 관계에 훌륭하게 연결했다. 그의 일은 매우 훌륭하고 희생적이었기 때문에 즉각적인 신뢰감을 주었다. 내가 그리스도의 제자가 아니었다면 존과 같은 사람에게서 그러한 이야기를 들었을 때 선뜻 받아들였을 것 같다.

우리 도시가 이런 훌륭한 일로 가득 차 있다고 상상해 보라. 모든 산업 분야에서 가장 창의적이고 가장 뛰어난 작품이 예수님의 이름으로 일하는 사람들의 그룹에서 나온다고 상상해 보라. 루이스(C. S. Lewis)는 기독교에 **관한** 훌륭한 책이 아니라 지질학, 천문학, 식물학, 정치학 등 다른 주제에 관한 그리스도인의 훌륭한 책을 읽음으로써 세상이 복음의 아름다움을 보게 될 것이라고 이야기한다.[12] 그리스도인들이 모든 주요 주제에 대해 최고의 책을 쓴다면 세상은 흥미를 가질 것이다. 나는 이것이 책을 쓰는 것을 넘어 삶의 모든 영역으로 확장될 수 있다고 믿는다. 그리스도인들이 그리스도를 따르지 않는 사람들보다 반드시 더 뛰어난 기술을 가지고 있는 것은 아닐지라도, 우리 손으로 하는 뛰어난 일을 통해 하나님의 영광이 드러날 수 있다. 하나님은 일반 은총을 통해, 사람이 하는 일을 통해 일하고 계신다. 그들이 하나님을 인식하든 그렇지 않든 간에 말이다. 그러나 성경 이야기에 진정으로 영향을 받은 그리스도를 따르는 사람들은 자신의 일에 더 큰 의미를 부여해야 한다. 그들은 하나님과 그분의 창조 세계라는 너그러운 선물에 대한 경외심과 경이로움으로 가득 차 있어야 한다. 이는 세상 어디에서도 찾을 수 없는 더 깊은 기쁨과 일에 대한 헌신을 불러일으켜야 한다.

각 산업 분야에서 가장 뛰어난 작품을 생산하도록 영감을 주는 경이로움을 가지고 일상 업무를 수행하는 그리스도인들로 도시가 가득 차 있다고 상상해 보라. 최고의 배관공들이 하나님의 영광을 위해 하수 냄새를 정복한다면, 그곳에서 그리스도의 향기를 느낄 수 있을 것이다. 특정 정당의 이념에 무릎 꿇지 않고, 대신 그리스도께 무릎 꿇으며, 세심한 정책과 깊은 청렴성, 진실한 겸손, 시민 담론으로 유권자들의 발을 씻기며, 특수 이익단체

---

12 C. S. Lewis, *God in the Dock* (Grand Rapids: Eerdmans, 2014), p. 91. 『피고석의 하나님』(홍성사).

에 흔들리지 않는 독특한 정책 입안자들이 있다면 어떨지 상상해 보라. 만물의 설계자를 분명히 만난 사람들이 최고의 건물과 메뉴, 간판을 디자인한다고 상상해 보라. 매끈하게 포장된 도로와 인도에 하나님의 은혜가 스며들어 있어서 걸음걸음마다 그 은혜를 마주칠 수밖에 없다고 상상해 보라. 예수님의 이름을 사모하는 이들의 아름다운 작품으로 우리 도시가 장식되어 있다고 상상해 보라. 우리 이웃은 구석구석에서 하나님의 성품을 보고, 모든 산업에서 탁월한 창조 세계를 발견하며, 모든 거리에서 하나님 나라의 모습을 미리 엿볼 것이다.

결론

인생의 한 시점에서 자신이 하고 있는 일이 하나님의 선교에 어떻게 부합하는지 고민했던 프로 농구 선수 조의 이야기로 이 장을 시작했다. 그는 성경 이야기에 몰입하여 결국 자신의 일을 하나님의 성품을 드러내는 수단으로, 창조 세계를 확장하는 한 가지 방법으로, 하나님 나라의 맛보기로 여기게 되었다. 그는 자신의 현란한 농구 기술이 하나님의 창조성을 보여 준다는 것을 알게 되었다. 점프슛을 연마하는 것이 하나님이 물리 법칙과 손근육에 숨겨 두신 잠재력을 끄집어내는 일이라는 것을 깨닫게 되었다. 조는 경기의 승패를 가르는 마지막 슛을 통해 역사의 끝에 모든 피조물이 회복될 때 우리 모두가 경험하게 될 기쁨을 미리 보여 주었다. 그는 모든 농구 코트를 하나님의 영광을 드러내는 경기장으로 보았다. 장 칼뱅은 시편 135편 13절을 해설하면서 "온 세상이 하나님의 선하심과 지혜와 공의와 능력을 보여 주는 극장이라면, 교회는 오케스트라다"[13]라고 말한다. 모든 사람

---

13 John Calvin, *Commentary on the Psalms*, trans. James Anderson (Edinburgh: Calvin Translation

이 농구장에서 일하는 것은 아니지만, 이 세상 모든 곳은 하나님의 영광을 드러내는 명소이며, 복음이라는 음악을 제대로 보여 주거나 왜곡할 수 있는 기회다. 거실이든 회의실이든, 책상에 앉아 있든 교차로에 서 있든, 우리가 일하는 모든 곳은 하나님의 선교 교향곡을 위한 공연장이며, 우리 손으로 하는 일을 통해 하나님의 영광을 드러낼 기회로 가득하다.

Society, 1839), 5: p. 178.

5장

섬김

세상의 발을 씻기며 그리스도의 사랑 나타내기

나와 하미드는 식탁을 사이에 두고 마주 앉아 있었다. 우리의 침묵 때문에 텔레비전에서 흘러나오는 축구 경기 소리가 한층 더 크게 들렸다. 평소 오가던 웃음소리 대신에 초조한 미소와 이를 악문 긴장감이 흘렀다. 우리는 서로 눈을 마주치지 않은 채 치킨 케밥 한 덩이를 입에 넣고 튀르키예 차를 한 모금씩 들이켰다. 우리 입은 말하는 대신 먹기에 바빴고, 그렇게 그냥 앉아 있었다. 그동안 셀 수 없을 정도로 마주 앉아 대화를 나누었지만, 이번에는 우리 둘 다 할 말이 없어 긴장되고 답답한 기분만이 들었다.

하미드는 가장 친한 튀르키예인 친구였다. 그는 나에게 튀르키예어를 가르쳐 주었고, 그와의 우정 덕분에 그 언어에 깊이 빠져들 수 있었다. 우리는 서로를 "내 형제"라는 뜻의 '카르데심'(*kardesim*)이라고 부를 정도로 우정이 돈독했다. 수천 잔의 차를 나누며 쌓인 우정이었다. 우리는 인생의 중요한 순간마다 함께했다. 딸이 태어났을 때 가장 먼저 우리를 보러 온 친구가 그였다. 그가 지금의 아내에게 청혼하기로 결정할 때 내가 그의 곁에 있었다. 내 아내가 병원에서 죽을 뻔했을 때도 그는 내 곁에 있어 주었다. 우리는 함께 축구 경기를 보러 가고, 비영리 단체를 공동 설립하는 꿈을 꾸고, 거의 모든 것에 대해 이야기를 나눴다.

　그동안에는 편안한 대화가 오갔지만, 그날 밤에는 긴장감으로 웃음기가 사라졌다. 그날은 화요일이었는데, 우리는 대개 화요일 밤마다 만나서 외교 정책부터 축구에 이르기까지 다양한 주제로 이야기를 나누곤 했다. 하지만 지난 몇 주 동안 우리의 대화는 인생과 하나님의 본질에 대한 진중한 질문들로 바뀌었다. 성경의 비유와 그분의 기적 이야기로부터 예수님에 대한 논의가 시작되었다. 우리는 그 이야기들의 의미를 함께 고민하고 예수님이 독특하신 분이라는 데 경이로움을 표했다. 그러나 토론은 곧 십자가와 부활이라는 주제로 바뀌었고, 우리는 그 주제에 전혀 상반된 관점을 보였다. 하미드는 이 사건들을 허구라고 생각했고, 나는 역사상 가장 중요한 사건이자 세상에 대한 진짜 이야기의 절정이라고 생각했다. 우리의 강한 우정만이 가식을 버리고 이런 주제에 대해 진솔하고 솔직하게 이야기할 수 있게 해 주었다.

　지난 몇 주에 걸쳐 매주 화요일 밤 앙카라 시내 한 카페에서 만나 복음서에 대해 이야기해 왔다. 매주 복음서 이야기를 프린트해서 토론했다. 무슬림인 하미드가 복음서 이야기를 담은 파일 케이스를 가지고 다니는 것은 위험했지만, 그는 항상 복음서를 읽고 싶어 했다. 새로운 이야기를 나눌 때마다 호기심은 애정으로 바뀌었다. 시간이 지날수록 하미드가 예수님에게 점점 더 관심을 갖는 것처럼 보였다. 하지만 그날 밤은 달랐다. 우리는 책의 마지막 부분인 십자가와 부활에 이르렀다.

　하미드는 내 눈을 똑바로 보면서, 우리가 나눈 거의 모든 이야기를 재미있게 들었지만 결말이 마음에 걸린다고 말했다. 무슬림인 그는 어떻게 메시아가 십자가 처형이라는 끔찍한 행위로 공개적 수치를 당할 수 있는지 이해할 수 없었다. 말도 안 되는 일처럼 보였다. 그래서 그는 예수님의 삶과 가르침에 대한 우리의 애정과 신은 오직 한 분이라는 동의 가운데서 공통점을 찾자고 제안했다. 그는 예수님의 고난을 통한 사랑 이야기는 접어 두려 했다. 하지만 나는 그 주제를 빼놓을 수 없었다. 예수님의 삶과 가르침, 유일하신 하나님의 본질을 정의하는 것이 바로 그 사건이었기 때문이다.

나는 하미드에게 복음서를 함께 읽으면서 이런 토론을 계속하고 싶다고 말했다. 하지만 십자가와 부활이 그 이야기의 중심이라고도 말했다. 복음 이야기에서 하나님의 그 위대한 행위를 빼는 것은 메시지를 부정하고 왜곡하는 것이기 때문이다. 그는 좋은 친구였기에 나에게 십자가의 중요성과 아름다움을 설명할 시간을 주었다. 그는 참을성 있게 집중하였지만 여전히 확신하지 못했다. 그래서 15분 정도 내가 읽은 모든 변증학 서적의 논거를 들려주면서 십자가의 중요성에 대해 짧게 설교한 후, 담배 연기가 자욱한 카페에서 그와 함께 조용히 앉아 있었다.

내 마음은 잠시 다른 곳으로 향했다. 무슬림들이나 십자가를 거부하는 사람들과 나눴던 수백 번의 비슷한 대화가 떠올랐다. 내가 복음을 전할 때 뭔가 놓치고 있지는 않은지 궁금해지기 시작했다. 더 좋은 설명 방법이 없을까?

그때 하미드가 한 말을 평생 잊지 못할 것 같다. 그의 말은 내가 고민하던 바로 그 질문에 실마리가 되었다. "누가복음 6장에서 예수님이 사람들에게 원수를 사랑하라고 명령하신 구절 기억해? 내가 가장 좋아하는 말씀이지!" 그가 말을 이어 갔다. "이 말씀을 읽은 그리스도인이 얼마나 될까? 그렇게 많은 그리스도인이 무슬림을 원수로 여긴다면 그들을 위해 좋은 일을 해야 할 의무가 있지 않을까? 그리스도인들이 정말로 이 말씀을 믿는다면 아프가니스탄에 학교를 짓고, 공항에서 무슬림 난민을 환영하고, 알고 있는 모든 무슬림을 저녁 식사에 초대할 거야." 그러면서 그는 진지한 목소리로 나를 보며 말했다. "짐, 너는 미국으로 돌아가서 그리스도인들에게 이 사실을 가르쳐야 해. 그들이 정말 예수님을 믿는다면 세상이 바뀔 거야!"

그날은 한 무슬림이 나에게 그리스도인들에게 복음을 전하도록 부탁한 날이었다. 그 역설적인 상황에서, 나는 그의 말에 진정성이 있다고 느꼈다. 그리스도인들의 희생적인 사랑과 십자가의 신뢰성 사이에 심오한 연결고리가 있다고 느꼈다. 하지만 나는 약 5년 후에 반자동 소총의 총구를 노려보고 있을 때에야 비로소 그 둘을 연결할 수 있었다.

십자가와 평화 심기

이제 미국으로 돌아온 나는 집에서 페이스북을 보고 있었다. 한 친구는 치즈버거 사진을, 다른 친구는 갓 태어난 아기 사진을 올렸다. 스포츠 토론, 정치인의 명언, 요가 자세도 있었다. 그러던 중 내 마음을 아주 불편하게 만드는 내용을 보게 되었다. 다가오는 집회를 알리는 글이었다. 무장한 오토바이 폭주족 무리가 어느 지역 모스크 밖에서 행사를 계획하고 있었는데, 무기를 가져오고, 코란을 불태우고, 무함마드를 음란하게 표현한 그림을 그리고, 모스크에 기도하러 들어가는 사람들에게 욕설을 퍼붓겠다고 했다. 그들이 지목한 특정 모스크는 그 주에서 난민 비율이 가장 높은 지역에 있었다. 고향과 가족을 떠나온 그곳 사람들은 새로운 문화권에서 살아가는 어려움을 헤쳐 나가고자 최선을 다하고 있었다. 그들 모두는 고문, 자연재해, 인종청소, 전쟁 등 여러 형태의 고통과 위험을 경험해 왔다. 집회를 알리는 페이스북 페이지를 보니, 타국에서 온 이 집 없는 사람들에게 고향으로 돌아가라고 말하겠다며 이미 수백 명이 참가 신청을 했다.

하미드의 말이 떠올랐다. 그는 그리스도인들이 그리스도의 말씀에 순종해야 한다고 나에게 도전했었다. 그래서 나는 키보드 워리어처럼 페이스북에 내 혐오감을 표현했다. 잘 써 내려간 불평을 보니 기분이 한결 좋아졌다. 그러고 나서 컴퓨터를 끄고 기도하기 시작했다. 담대한 믿음의 기도가 아니라 낙담한 제자의 허탈한 기도였다. 예수님의 이름이 다시 한번 진흙탕에 뒹구는 것 같았고, 폭력 사태가 임박한 느낌이 들었다. 그 모스크에 다니는 친구들이 있었기에, 그들이 다치지는 않을까 특히 걱정스러웠다. 누군가 총을 들고 우리 교회를 포위하고 성경을 찢고 예수님을 비방한다면 그리스도인들이 얼마나 끔찍하게 느낄지도 상상해 보았다. 생각만으로도 끔찍했다. 무력감을 느꼈다.

몇 시간 후에 페이스북에 다시 로그인해서 여러 사람이 내 게시물에 댓글을 단 것을 확인했는데, 특히 한 댓글에 큰 충격을 받았다. 우리 교회에 출석하는 에린은 이 집회에 대해 뭔가 조치를 **해야** 하며, 페이스북에 글을 올리는 것만으로는 충분하지 않다고 생각했다. 우리 도시에서 일어난 일이니 우리도 연루된 셈이었다. 뭐라도 해야 했다.

솔직히 꺼림칙하고 두려웠지만, 에린의 말이 옳았다. 그녀의 게시물을 보고 "중동을 이해하는 복음주의자 모임"(Evangelicals for Middle East Understanding)의 대표 애덤 에슬(Adam Estle)과 우리 둘의 친구였던 모스크 지도자에게 연락을 취했다. 우리는 저녁 식사를 함께하며 작은 계획을 세웠다. 불과 24시간을 남겨 두고, 애덤과 나는 도시 전역의 그리스도인들을 초대하여 공격 대상이 된 모스크에 함께 가서 기도하자고 했다.

우리는 (언론 보도와 달리) 시위나 시위에 반대하는 시위를 하기 위해 그곳에 간 것이 아니었다. 몸으로는 물리적 보호벽을 만들고 기도로 영적 보호벽을 만드는 것이 목표였다. 우리는 차분하고 조용하며 친절하고 평화롭고 기도하는 모임이 되기 위해 노력했다. 우리의 반응이 사랑, 희락, 화평, 오래 참음, 자비, 양선, 충성, 온유, 절제(갈 5:22-23) 같은 성령의 열매로 표현되기를 바랐다.

우리 전략은 그곳에 일찍 도착하여 모스크 앞 인도를 가득 메워서, 적대적인 시위대를 길 반대편으로 밀어내는 것이었다. 무슬림 이웃들이 모스크에서 나오면서 권총을 든 시위대가 아니라 우정의 손을 내미는 그리스도의 제자들을 가장 먼저 보게 되기를 원했다.

하지만 우리가 인도에 줄을 선 주된 이유는 우리 몸을 무슬림 이웃을 보호하는 물리적 장벽으로 삼기 위해서였다. 우리는 십자가를 극적으로 표현하고 싶었다. 우리가 (정말 많은!) 총을 든 복면 쓴 남자들과 무슬림 친구들 사이에 선 이유는 예수님이 우리를 위해 서 계셨기 때문이다. 예수님이 우리의 죽음을 흡수하시고 우리에게 생명을 주셨기 때문에 우리는 이웃의 생명을 지키기 위해 기꺼이 총알을 흡수하고자 했다. 예수님이 우리를 위해 자신을 위험에 빠뜨리셨기 때문에 제자인 우리도 무슬림 이웃을 위해 위험에 처할 수밖에 없었다. 그리스도인의 몸을 먼저 통과하지 않는 한 무슬림의 몸을 뚫을 총알은 단 한 발도 없어야 했다.

우리는 영웅심으로 "이웃 사랑 집회"(Love Your Neighbor Rally)를 조직한 것이 아니었다. 오히려 떨리는 손과 긴장된 마음으로 하나님의 보호를 간구했다. 참석자들은 두 유형이 있었는데, 두려워한 사람들과 위험을 제대로 인식하지 못한 사람들이었다. 그렇게 많은 사람이 올 줄은 몰랐다.

시간이 지나면서 소셜 미디어에는 새로운 적대감의 물결이 넘쳐났다. 거의 모든 지역 언론과 중앙 언론 매체에서 이 사건을 다루면서 상황을 악화하는 듯한 선정적 표현을 사용했다. 시위 주최 측은 사람들에게 오토바이에 실을 수 있는 무기를 최대한 많이 가져와서 사용할 준비를 하라고 촉구했다. ISIS는 거리에 피가 난무할 것이라는 불길한 위협을 트위터에 올렸고, 동네 상점들은 문을 닫았다. 설상가상으로 그날은 그해 들어 가장 더운 날이었다. 그냥 집에 있어야 할 이유를 찾기란 어렵지 않았다.

오후 5시경에 우리 쪽 사람들이 도착하기 시작했는데, 처음에는 몇 명밖에 없어서 뭘 해야 할지도 몰랐다. 시위 현장에 있는 것 자체가 익숙하지 않았기에 너무 어색했다. 낮은 참여율을 걱정했던 나의 두려움이 확인된 것만 같았다. 그런데 오후 5시 20분경, 살면서 가장 아름다운 광경을 목격했다. 무슬림 이웃을 사랑하기 위해 위험을 무릅쓴 그리스도인 **수백 명**이 삼삼오오 무리 지어 거리를 행진하기 시작한 것이다. 얼마 안 있어 시위대만큼이나 많은 그리스도인이 모여 평화로운 모습을 보여 주었는데, 약 15개 지역 교회에서 200명 넘는 그리스도인이 모였다. 그리스도인 친구들과 함께 온 다른 배경의 사람도 많았다. 우리는 분위기를 차분하게 하고자 파란 옷을 입기로 했는데, 길거리로 쏟아져 나오는 파란 옷의 홍수를 보면서 나는 그것이 하나님의 눈물, 즉 이 망가진 도시를 보며 흘리시는 슬픔의 눈물과 희생적인 사랑으로 하나 된 그분의 백성을 보며 흘리시는 기쁨의 눈물이라고 상상하기 시작했다.

모든 사람이 도착하자 우리는 모스크 앞 인도에 흩어졌다. 침착함을 유지한 채 기도하고 찬양을 부르며 좋은 대화를 나눴다. 거의 모든 사람이 비아 교회(Via Church)의 목사 조시 하프(Josh Harp)가 만든 팻말을 들고 있었다. 팻말 한쪽에는 "네 이웃을 사랑하라"라는 문구가, 다른 한쪽에는 우리의 목적이 적혀 있었다. 우리는 사람들에게 고함을 지르거나 구호를 외치지 말고 적대적 표현이 적힌 팻말을 가져오지 않도록 부탁했다. 대신 기도하고, 무슬림과 좋은 우정을 나눈 이야기를 들려주고, 우리가 하는 일을 차분하게 설명하고, 예수님이 우리의 동기가 되셨다고 설명해 달라고 요청했다.

길 반대편에는 200명이 넘는 시위대가 있었다. 대부분은 복면을 쓰고 방탄조끼를 입은 채 권총, 칼, 반자동 무기를 소지하고 있었다. 무신론과 신나치주의 등 다양한 배경을 가진 사람들이었다. 소수는 자신들이 그리스도인이라고 주장하기도 했다. 그들의 구호에는 상상할 수 있는 한 가장 저속한 내용이 담겨 있었기에 여기서 반복하지는 않겠다. 그들은 코란을 불태우고, 시위 전에 개최한 "무함마드 그리기" 대회에서 그린 외설적인 그림을 들고 있었다.

거기서 우리가 가장 먼저 할 일은 무슬림 친구들을 위해 기도하고 그들에게 인간 방패가 되는 것이었지만, 시위하는 폭주족들을 위해서도 기도하고 그들에게 다가가도록 사람들을 격려했다. 그들도 하나님의 형상대로 지음을 받았으며, 마스크와 방탄조끼 뒤에는 복음의 치유가 필요한 진정한 두려움과 고통이 있었기 때문이다. 우리의 적은 혈과 육이 아니라 그러한 증오를 낳는 영적 세력, 즉 죄와 우상숭배, 사탄과 마귀이기 때문에 우리는 누군가에 **맞서기** 위해 그곳에 있는 것이 아님을 서로에게 상기시켰다.

시위가 진행되는 동안 우리는 파란 옷 몇 벌을 시위대 쪽으로 보냈다. 우리 중 일부는 그 무더운 날에 얼음물을 가져와서 시위대에게도 나누어 주었다. 그곳에서 가장 시끄럽고 분노에 찬 사람들을 찾아 대화를 시도했다. 그들은 자신의 목소리를 내고 싶어 하는 것이 분명했기 때문에 우리는 단순한 경청만으로도 상황을 완화하는 데 도움이 될 수 있다고 생각했다.

이야기를 들으면서 우리는 그 모든 분노의 이면에 진정한 두려움이 있다는 것을 깨달았다. 선정적인 유튜브 동영상과 라디오 토크쇼에 수천 시간 동안 노출된 데서 비롯된 두려움이었다. 그들은 진정으로 두려웠다. 그러나 군 복무 경험이 있는 소수를 제외하고는 실제로 무슬림을 만난 적이 있는 사람은 거의 없었다. 많은 참전 용사가 외상 후 스트레스 장애로 어려움을 겪고 있었고, 일부는 이라크에서 사지를 잃거나 아프가니스탄에서 가장 친한 친구를 잃었다. 성인으로서 가장 중요한 시기를 무슬림을 적으로 간주하는 법을 배우며 보냈던 것이다. 이내 그들은 식료품점에서 아랍어 몇 마디만 들어도 분노를 느꼈다. 그래서 우리는 계속 그들에게 귀를 기울였다. 몇몇 대화는 눈물과 기도, 하나님이 이 피 흘리는 세상을 고쳐 주시기를 바라는 깊은 갈망으로 마무리되었다.

그날 밤의 많은 것이 기억에 남는다. 모든 일을 침착하게 처리한 무슬림 친구들, 경찰관들의 노고, 방탄조끼를 입고 AR-15 돌격소총으로 무장한 거구의 격렬한 시위자에게 친절을 베푼 파란 옷의 열아홉 살 소녀. 나는 우리 그룹에 합류한 불신자들, 무슬림 친구들, 시위대들과 함께 그리스도에 대해 나눈 많은 대화를 기억한다. 하지만 가장 생생하게 기억에 남는 것은 기도 시간이다. 시위대의 목소리가 커질 때마다 우리는 더 간절히 기도했고, 그때 성령이 적대감의 파도를 잠재우시는 것 같았다. 그날 밤 도시에서 가장 적대적인 거리에 서서, 우리는 하나님을 경배하며 그리스도의 임재를 진정으로 경험했다.

밤새도록 시위대 사람들이 깊은 생각에 잠겨 자리를 뜨는 모습을 볼 수 있었다. 그들 중 일부는 욕설이 적힌 셔츠를 뒤집어 입었다. 일부는 마음이 바뀐 듯 모스크의 지도자를 찾아가 사과하기도 했다. 밤이 끝날 때까지 단 한 발의 총격도, 주먹질도, 체포된 사람도 없었다. 우리는 평화의 왕자께 도시의 평안을 간구했고, **그분이 함께하셨다.**

다음 날 아침에 일어나 전날 밤 일에 대해 하나님께 감사하기 시작했다. 총을 들고 복면을 쓴 사람들 앞에 더 이상 서지 않아도 된다는 사실에 감사했지만, 실제로는 모든 상황이 끝났다는 사실에 슬펐다. 선교적 평화 심기를 위해 교회가 하나가 되었던 아름다운 밤이 기억 속으로 사라지고 결국 잊힐 거라고 생각했기 때문이다. 하지만 이메일을 확인하고 나서야 더 큰 일이 벌어지고 있다는 것을 깨달았다.

전 세계 무슬림이 보낸 메시지가 나를 기다리고 있었다. 그들은 수십 개의 이메일, 페이스북 메시지, 트위터, 음성 메일을 통해 모스크 앞에서 인간 방패를 만들어 사랑을 보여 준 많은 그리스도인에게 감사를 표했다. 파키스탄, 사우디아라비아, 인도네시아, 튀르키예, 아프가니스탄은 물론 미국 내 여러 도시에서 메시지가 답지했다. 나는 그들이 그날 밤 사건을 어떻게 알게 되었을지 궁금해하다가 한 무슬림 남성이 도시 곳곳에 넘쳐났던 희생적 사랑을 아름답게 포착한 사진을 소셜 미디어에 공유했다는 사실을 알게 되었다. 그 사진은 미시오 데이 커뮤니티(피닉스의 한 지역 교회) 소속 신자 네 명이 찍은 것으로, 자막에는 "오늘 저녁 시위대보다 더 많은 그리스도인이 #PHxMosque에 연대하기 위해 모였다고 한다"라고 적혀 있었다. 이 사진은 페이스북에 6,079회 공유되고 트위터에도 비슷한 횟수로 공유되었는데, 공유한 사람들은 대부분 무슬림이었다.

현지 및 해외 언론에서 많은 뉴스를 보도했는데, 그중 일부는 우리의 동기가 십자가였다는 사실을 언급하기도 했다. 예를 들어, 「바이스 뉴스」(Vice News)는 다음과 같이 내 말을 인용했다. "우리가 지금 이 인도에 서 있는 주된 이유는 모스크와 우리의 무슬림 친구들과 잠재적인 폭력과 적대감 사이에 물리적 장벽을 만들기 위해서입니다.…그들이 고통받는다면 우리도 함께 고통받고자 합니다. 예수님이 우리를 위해 그렇게 하셨듯이, 우리도 그들이 처한 잠재적 고통과 위험 사이에 서려는 것입니다."[1]

그 후 몇 달 동안 무슬림 집단과 대화하거나 무슬림 친구들과 커피를 함께할 기회가 수십 번 있었다. 거의 모든 자리에서 "왜 그런 일을 했습니까?"라는 질문을 받았다. 그때 우리는 평화의 하나님과 화목하게 되었기에 피스메이커가 될 수밖에 없었던 과정을 그들에게 나눌 수 있었다. 우리는 자기를 희생하신 그리스도의 십자가 사랑을 선포할 수 있었고, 그렇게 수천 명의 무슬림에게 복음을 전했다.

그 일들을 통해 나는 다른 사람을 위해 고통받는 그리스도인의 희생적인 사랑이 십자가에 대한 최고의 변증임을 깨닫게 되었다. 지금까지 나는 기독교 신앙에 대한 변증을 배우는 데 많은 시간을 들였다. 그 시간을 후회하지는 않지만, 이웃, 특히 오랜 친구 하미드를 사랑하는 방법을 고민하는

---

1   Troy Farah, "Here's What Happened at the Anti-Islam Protest," *Vice News*, May 30, 2015, https://news.vice.com/article/heres-what-happened-at-the-anti-islam-protest-and-draw-muhammad-contest-in-arizona/.

데 더 많은 시간과 노력을 쏟았더라면 좋았을 텐데 하는 아쉬움이 남는다. 하미드는 복음을 너무 많이 들었기에 웬만한 설교자보다 더 잘 외우는 수준이었다. 하지만 그가 그리스도인들의 희생적 사랑을 통해 십자가의 아름다움을 본 적이 있었는지 진심으로 궁금하다.

희생적 섬김으로 드러나는 그리스도의 희생적 사랑

하나님의 선교 교향곡에서 두 번째 선교적 사명인 섬김 악장은 이타적으로 섬기는 삶을 통해 그리스도의 희생적인 사랑을 보여 준다. 다른 사람을 섬기기 위해 우리 삶을 아낌없이 바칠 때, 우리는 그리스도의 너그러운 사랑과 십자가에서 행하신 사역을 본받아 드러낸다. 섬김 악장은 선교의 다른 화음들인 청지기 직분(문화 참여)과 말씀 나눔(전도)과 조화를 이루어 복음을 들어야 하는 세상에 음악이 된다.

그리스도를 따르는 우리가 시간, 돈, 지식, 소유, 집, 삶을 아낌없이 나눌 때 십자가에서 보여 주신 그리스도의 관대하고도 희생적인 사랑을 극적으로 표현하게 된다. 이 장에서는 이러한 측면에서 하나님의 선교에 참여하라는 성경적 부르심에 대해 설명하고자 한다. 희생적인 사랑은 성경 이야기 전반에 걸쳐 반복되는 주제이지만 여기서는 주로 예수님이 들려주신 선한 사마리아인 비유에 초점을 맞출 것이다. 섬김 악장은 희생적이고 창의적이며 구조적인 방식으로 이웃을 사랑하라는 부름이다. 이 장에서는 이러한 사랑을 실천한 사례를 통해 독자들도 자신의 삶에서 같은 사랑을 실천할 수 있도록 격려하고 싶다.

성경 이야기의 핵심은 사랑이다. 사랑은 죄와 사탄, 저주와 사망의 노예가 된 창조 세계를 매우 아끼셔서 이를 구출하기 위한 구조 작전을 시작하신 하나님으로부터 비롯된다. 안타깝게도 영어에서 '사랑'이라는 단어는 그

의미가 많이 퇴색한 것 같다. 북미에서는 일반적으로 사람에 대한 강한 애정을 묘사할 때 이 단어를 사용한다. "나는 우리 아이들을 사랑한다", "아내를 사랑한다"가 그 예다. 하지만 과자나 아이스크림처럼 그다지 중요하지 않은 것에 대한 선호를 표현하는 데에도 사용할 수 있다. 결혼이라는 언약적 헌신과 개인의 간식 선호도를 설명하는 데 똑같은 단어를 사용할 수 있다면 그 결과가 혼란스러울 수 있다. 게다가 영어에서 '사랑'은 종종 진부한 방식으로 사용된다. 탬버린을 든 히피족, 밸런타인데이 카드, 로맨틱 코미디, 서점의 자기 계발서 코너 등을 떠오르게 하는 것이다. 현대의 상업 브랜드에서 슬로건에 '사랑'이라는 단어를 사용하는 브랜드가 얼마나 될까?

엔비에이(NBA): "아이 러브 디스 게임"(I love this game).
맥도날드(McDonald's): "아임 러빙 잇"(I'm Lovin' It).
레브론(Revlon): "러브 이즈 온"(Love is on).
스바루(Subaru): "사랑. 스바루를 스바루답게 만드는 것"(Love. It's what makes a Subaru, a Subaru).

성경에 나타난 '사랑'이라는 단어에 현대 서구 문화의 싸구려 감성을 대입해서 읽기란 너무 쉽다. 따라서 우리는 성경이 사랑을 언급할 때 무엇을 의미하고자 하는지 이해하기 위해 조금 더 열심히 노력할 필요가 있다.

하나님은 사랑의 정의 그 자체시며 모든 사랑이 흘러나오는 샘이시다. 성경이 단순히 "하나님은 사랑이시다"(요일 4:8, 16)라고 말할 정도로 사랑은 하나님의 성품에서 핵심적인 측면이다. 그분의 사랑은 단순한 추상적 원리가 아니다. 하나님이 하늘에서 보내신 우주판 사전이 아니라, 우리 가운데서 살고 죽도록 보내신 인간의 몸, 즉 아들의 모습이 그 사랑을 정의한다. 그리스도를 보면 사랑을 볼 수 있다. 우상숭배와 부패와 불의로 피 흘리는 세상에 대한 깊은 애정과 눈에 보이는 너그러움이 예수님의 삶의 특징이었다. 예수님은 손댈 수 없는 천한 사람을 만지시고, 병자를 고치시며, 이방인과 함께 잔치를 베푸시고, 마귀에게 억압받는 사람들을 건져내시고, 가장 취약한 사람들을 변호하시며, 제자들의 발을 씻겨 주셨다. 하나님의 사랑의 궁극적인 표현은 원수까지도 하나님과 화해시키기 위해 인류의 온전한 고통 속으로 들어가 자신을 희생하신 예수님의 죽음을 통해 나타난다(요 3:16; 요일 4:10). 하나님의 사랑에는 분명 깊은 감정이 포함되어 있지만 희생적인 섬김에서 그 절정에 이른다. 사랑은 너그러움을 통해 드러나는 애정이다.

사랑은 감정이 아닌 섬김으로 표현된다. 예수님은 다음과 같이 섬김의 사명에 대해 설명하셨다. "너희 중에는 그렇지 않을지니 너희 중에 누구든지 크고자 하는 자는 너희를 섬기는 자가 되고 너희 중에 누구든지 으뜸이 되고자 하는 자는 모든 사람의 종이 되어야 하리라. 인자가 온 것은 섬김을 받으려 함이 아니라 도리어 섬기려 하고 자기 목숨을 많은 사람의 대속물로 주려 함이니라"(막 10:43-45). 예수님은 자신을 내어주는 진정으로 위대한 섬김에 참여하도록 제자들을 초대하고 계신다. 바울도 "각각 자기 일을 돌볼뿐더러 또한 각각 다른 사람들의 일을 돌보"(빌 2:4)라고 말하면서 빌립보 교회 성도들에게 똑같이 권면한다. 우리는 "오히려 자기를 비워서 종의 형체를 가지"(빌 2:7)신 그리스도를 본받아야 한다.

누군가를 섬긴다는 것은 자신의 시간, 돈, 능력, 지식, 집, 소유를 다른 사람의 번영에 투자하는 것이다. 이것이 바로 제자들의 발을 씻어 주시고 자신의 발을 십자가에 못 박히신 그리스도에게서 발견할 수 있는 사랑의 유형이다. 그분은 구원을 주시고, 겸손하게 섬기는 삶을 통해 하나님의 사랑을 보여 주셨다. 그리고 그 제자들이 서로 발을 씻기는 섬김의 공동체가 되도록 부르셨다.

성경에서 하나님의 백성은 다른 사람을 섬김으로써 그리스도의 사랑을 나타내야 한다는 요청만큼 널리 퍼져 있고 분명한 주제는 드물다. 예수님은 율법을 인용하여, 전심으로 하나님을 사랑하고 이웃을 자기 몸과 같이 사랑하는 것이 가장 큰 계명이라고 말씀하셨다(레 19:17-18; 신 6:4-5; 마 22:35-40). 하나님 사랑과 이웃 사랑은 분리할 수 없다. 이웃을 사랑하지 않으면서 하나님을 사랑한다고 말하는 것은 우리 삶으로 하나님의 성품에 대해 거짓 증언하는 것이다(요일 4:20-21). 그렇기에 교회는 서로 사랑하는 공동체로 알려져야 한다(벧전 1:22; 요일 4:12). 성령의 첫 열매는 사랑이며(갈 5:22), 그 사랑의 범위는 원수까지 포용할 정도로 넓어야 한다(눅 6:27-36).

하나님의 사랑이 실제적인 너그러움과 섬김으로 표현된 것처럼, 하나님 백성의 사랑도 표현되어야 한다. 그리스도의 희생적 사랑은 아버지 하나님의 사랑을 보여 주며, 세상에 희생적 섬김을 실천할 때 우리는 그리스도의 사랑을 나타낸다.

이웃의 잔디를 깎아 주거나, 어려움을 겪고 있는 가족을 위해 식료품을 사거나, 집을 개방하여 아이들을 맡아 주거나, 주말에 친구의 이사를 돕거나, 직장에서 가장 어려운 과업을 맡기로 선택할 때, 우리는 자신을 내어주시는 하나님의 사랑에 대한 살아 있는 은유로 기능하고 있는 것이다. 복음의 값비싼 은혜를 경험하고 나면, 우리는 예수님을 본받아 자신을 희생하면서까지 다른 사람들에게 자신을 내어줄 수밖에 없다.

선한 사마리아인

사랑과 섬김의 본질을 가장 잘 보여 주는 예시가 선한 사마리아인의 비유(눅 10:25-37)에 들어 있다. 예수님은 유대인 율법 교사가 그분을 시험하기 위해 던진 질문에 대답하시면서 이 이야기를 들려주신다. 그는 예수님께 영생을 얻으려면 어떻게 해야 하는지 물었다. 그러나 예수님은 율법 교사에게 질문을 되돌리시며 그가 생각하는 답을 말해 보라고 도전하셨다. 그는 신명기 6장 5절을 인용하여 하나님 백성의 최고 목표는 모든 것을 다해 하나님을 사랑하는 것이라고 올바르게 대답했다. 그런 다음에는 자신이 예수님의 가르침에 주의를 기울이고 있음을 보여 주기 위해 하나님 백성에게 이웃을 자기 몸과 같이 사랑하라고 명령하는 레위기 18장 5절도 인용했다. 예수님은 그 대답에 동의하신다.

여기까지의 대화는 상당히 안전하고 논란의 여지도 없었다. 대부분의 유대인은 하나님 사랑과 이웃 사랑의 중요성에 동의할 것이기 때문이다. 하지만 율법 교사는 예수님을 시험하려고(눅 10:25) 더 어려운 질문을 던진다. "내 이웃이 누구니이까?" 그의 동기는 순수하지 않다. 오히려 자신의 삶이 사랑과 정의를 드러낸다는 것을 증명하여 '스스로를 정당화'하려는 데 있었다. 사마리아인을 주인공 삼아 이야기를 들려주신 것을 생각해 보면, 예수님은 '이웃'의 정의를 유대 민족으로 제한하려는 민족주의 이데올로기에 대응하고자 하신 것으로 보인다. 예수님은 '이웃'이라는 단어를 간결하게 정의하는 대신, 유대 민족주의자라면 추악하고 반역적인 것으로 간주하고도 남을 이야기를 들려주신다.

이야기는 예루살렘에서 여리고로 가는 위험한 길에서 강도를 당한 (유대인으로 추정되는) 한 여행자부터 시작된다. 강도들은 그를 구타하고 소지품을 훔친 후 심하게 다친 상태로 길가에 버려둔다. 도움을 받지 못한다면 죽을 수도 있는 상황이다.

다행히도 한 유대인 제사장이 그 길을 지나가고 있었다. 제사장인 그는 하나님이 어떤 분인지 알고 자비를 베풀라는 그분의 명령을 이해해야 했다. 그러나 제사장은 이웃을 돕는 대신 피하여 지나갔다. 여행자의 피가 땅을 계속 물들이도록 내버려둔 채 말이다. 두 번째로 나타난 사람은 이스라엘에서 가장 거룩한 지파의 일원으로 성전 봉사를 위해 구별된 가문인 레위인이었다. 분명히 그는 하나님의 마음을 이해하고 이웃에게 동정심을 보일 것이다! 하지만 그는 그렇게 하지 않고 상처 입은 여행자를 서둘러 지나쳤다.

마침내 누군가 멈춰서 그를 도와준다. 유대인들에게는 증오의 대상이었던 사마리아인만이 부상당한 여행자를 가엾이 여겼다. 그는 고통당하고 있는 사람의 상처에 기름을 발라 통증을 완화하고 포도주를 발라 감염을 예방했다. 그런 다음 사마리아인은 여행자를 자신의 짐승에 태워 안전한 곳으로 옮겼다. 마을에 도착한 사마리아인은 지갑을 열어 여관 주인에게 이틀치 품삯을 주고 부상당한 사람을 돌보는 데 비용을 아끼지 말라고 말하며 강도 피해자를 계속 돌보도록 했다. 그는 비용이 더 들면 며칠 후에 마을로 돌아와서 갚겠다고 약속한다.

예수님은 이 비유를 말씀하신 후에 "이 세 사람 중 누가 강도 만난 자의 이웃이 되겠느냐?"라고 말씀하신다. 율법 교사는 '사마리아인'이라는 단어조차 입에 올리기 싫었던지 "자비를 베푼 자"라고 말했다. 그러자 예수님은 그와 함께 듣고 있던 유대인 군중을 향하여 "가서 너도 이와 같이 하라"라고 말씀하신다. 다시 말해, 그들이 진정으로 이웃을 사랑하고자 한다면 이 사마리아인의 모범을 따라야 한다는 뜻이다.

이 이야기에서 이웃을 희생적으로 사랑한다는 것이 무엇을 의미하는지에 대해 많은 시사점을 발견할 수 있다. 이 장에서는 사랑의 세 가지 특징, 즉 희생적, 창의적, 구조적이라는 특징에 초점을 맞추고자 한다.

희생적인 사랑

사랑은 대가를 많이 요구한다. 진정한 사랑은 선물용 카드나 고양이 동영상에서 볼 수 있는 귀여운 감성에서 찾을 수 있는 것이 아니다. 출산의 고통, 소방관의 화상 입은 팔, 시민운동가의 팔에 남은 개가 물어뜯은 자국, 식탁에 음식을 올리기 위해 40년 동안 출근 도장을 찍은 공장 노동자의 시린 무릎이 바로 사랑이다. 사랑은 궁극적으로 희생을 통해 표현된다.

선한 사마리아인 이야기는 우리에게 사랑의 희생적인 본질을 보여 준다. 사마리아인의 행동에 따른 대가를 생각해 보자.

돈을 주었다. 사마리아인은 값비싼 기름과 포도주를 사용하여 여행자를 구했다. 자신의 옷을 찢어 그 천 조각으로 붕대를 만들었을 것이다. 게다가 최소 이틀 치 품삯을 여행자의 숙식비와 의료비로 지불했고, 향후 발생하는 비용도 지불하겠다고 약속했다.

자신의 육체적 편안함을 희생했다. 사마리아인은 자신이 먹으려고 기름과 포도주를 챙겨 왔지만, 자신을 위해 사용하지 않고 부상당한 여행자와 함께 나누었다. 여행자를 짐승에 태우는 대신 자신은 걸어서 여정을 마쳐야 했을 것이다.

시간을 내었다. 사마리아인은 부상당한 사람을 책임지고자 했기에, 그의 상처를 치료하는 데 시간이 소요되었을 뿐만 아니라 그를 위해 천천히 이동하느라 더 많은 시간이 걸렸을 것이다.

자신의 안위를 걸었다. 유대인 남자의 상처는 여리고 길이 얼마나 위험한지 보여 준다. 사마리아인은 부상당한 사람을 돌보느라 자신의 이동성이 떨어지는 것을 감수했다. 그 때문에 강도의 공격에 더 취약해졌을 것이다.

자신의 평판을 걸었다. 사마리아인은 이 유대인을 가까이하고 유대 마을에서 함께 머물면서 유대인과 사마리아인의 사회적 구분을 넘어섰다. 그래서 유대인들은 그를 의심의 눈초리로 바라보고, 동료 사마리아인들은 그를 배신자로 여겼을 것이다.

사마리아인은 대가를 요구하는 사랑의 본질을 보여 준다. 사랑은 너그럽고 희생적이다. 이웃을 자기 몸과 같이 사랑하라는 명령은 우리 삶을 살펴 우리 자신을 돌보는 데 사용하는 시간, 돈, 소유, 능력, 신체적 에너지를 파악하여 이를 이웃의 번영을 위해 사용할 방법을 찾도록 초대한다. 이러한 희생적인 사랑은 영웅적인 행동이 아니다. 우리의 의무를 다하기 위해 용기를 내거나 강인함을 발휘한다고 해서 되는 것이 아니다. 예수님이 모든 사랑의 근원이신 샘이다. 그리스도의 사랑에 흠뻑 빠져 그분과의 연합을 경험하고 십자가의 자비하심에 사로잡힌 사람만이 희생적인 사랑의 삶을 기꺼이 추구할 수 있다.

예수님의 십자가 아래 땅이 붉게 물들었을 때만큼 아름다우면서도 끔찍한 사랑은 없었다. 예수님은 사랑에 이끌려 십자가에서 당신을 내어주심으로써 길을 잃고 상처받고 죄에 빠진 인류를 받아들이셨다. 만물을 지으신 고귀한 창조주께서 자신이 창조한 인간에 의해, 그들에게 주신 손으로, 말씀으로 지으신 나무로 만든 십자가에서 굴욕과 고초를 겪으시고 죽임당하셨다. 십자가에 못 박힌 시신이 만인에게 전시되면서 누구보다 높임을 받으셔야 할 분이 굴욕과 공개적 수치를 당하셨다. 인류의 폐에 생명을 불어넣으셨던 분이 당신의 망가진 폐에 산소를 불어넣기 위해 몸부림치셔야 했다.

치유를 베푸셨던 예수님의 손은 십자가의 못에 상처를 입었지만, 바로 그 상처를 통해 하나님은 상처받고 죄 많은 세상을 치유하셨다. "그는 죄를 범하지 아니하시고 그 입에 거짓도 없으시며 욕을 당하시되 맞대어 욕하지 아니하시고 고난을 당하시되 위협하지 아니하시고 오직 공의로 심판하시는 이에게 부탁하시며 친히 나무에 달려 그 몸으로 우리 죄를 담당하셨으니 이는 우리로 죄에 대하여 죽고 의에 대하여 살게 하려 하심이라. 그가 채찍에 맞음으로 너희는 나음을 얻었나니 너희가 전에는 양과 같이 길을 잃었더니 이제는 너희 영혼의 목자와 감독 되신 이에게 돌아왔느니라"(벧전 2:22-25). 베드로는 이사야 53장 말씀을 인용하여 오랫동안 기다려 온 메시아가 바로 예수님이시라고 말한다. 그분은 친히 상처를 입어 우리를 치유하시고, 길 잃은 양을 선한 목자에게로 돌아오게 하며, 죄 많은 인간을 의롭게 만드신다. 예수님의 고난은 그분의 사랑에서 비롯되었으며, 그 사랑은 자신을 내어주는 너그러움을 통해 나타났다.

우리는 그리스도께서 하신 일을 신뢰함으로써 하나님의 은혜로 구원을 받았다. 예수님의 십자가가 우리가 할 수 없는 일을 이루셨기에, 우리에게 감사와 기쁨이 넘쳐난다. 그러나 십자가와의 관계는 하나님의 너그러우심을 누리는 것을 넘어 우리 자신의 너그러움을 통해서도 드러나야 한다.

십자가는 우리를 하나님께 인도하는 길이며, 이웃에게 인도하는 길이기도 하다. 베드로는 그리스도의 고난이 우리의 유일한 구원의 수단이라고 설명하지만, 그리스도의 고난이 우리가 어떻게 살아야 하는지에 대한 본보기라고도 선언한다. "이를 위하여 너희가 부르심을 받았으니 그리스도도 너희를 위하여 고난을 받으사 너희에게 본을 끼쳐 그 자취를 따라오게 하려 하셨느니라"(벧전 2:21). 하나님의 '부르심'이라는 개념과 관련된 모든 신비에 대해 베드로는 우리가 적어도 한 가지, 즉 자신을 내어주는 사랑으로 부르심을 받았다는 점을 분명히 한다. 그것은 예수님이 걸어가신 길이기에, 우리가 그분을 따른다면 우리의 길이기도 하다.

콜로라도커뮤니티 교회 로버트 젤라이너스(Robert Gelinas) 목사는 십자가를 다른 사람들이 따라갈 수 있도록 의도적으로 눈 속에 남겨둔 발자국에 비교하며 이 구절을 설명한다. "예수님의 죽음은 당신의 길이 되었다. 그리스도께서 십자가에서 우리를 대신하셨을 때 그분은 우리의 고통을 흡수하셨고, 이제 교회는 십자가로 빚어진 공동체로서 고통을 흡수하는 사람들이 되어야 한다."[2] 십자가로 모인 공동체는 동일한 너그러움과 자기를 희생하는 사랑을 나타내도록 부름받았다.

---

2   Robert Gelinas, *Living Sacrifice: The Cross as a Way of Life* (Denver: Wolgemuth & Associates, 2015), p. 37.

"십자가로 빚어진 공동체"인 교회가 희생적인 사랑의 삶으로 부름받은 이유는 무엇일까? 그것은 우리의 희생을 통해 구원이 이루어지기 때문이 아니다. 만약 그렇다면 그리스도께서 하신 일을 축소하는 셈이다. 오히려 우리의 희생은 그리스도의 충분한 희생에 대한 감사와 세상에 하나님의 사랑을 보여 주려는 우리의 열망에서 비롯된다. 그것은 너무나 좋은 소식이기에 나누지 않을 수 없다! 사람들은 좋은 소식을 말로 들을 필요가 있지만, 그것을 삶 속에서 살아내는 모습도 보아야 한다.

다른 사람들의 번영을 위해 시간, 돈, 노력, 능력을 바칠 때 우리는 하나님의 사랑의 메아리를 만들어 내면서 십자가라는 드라마에 경의를 표하는 것이다. 사도 바울은 교회의 사역을 궁핍한 세상에 그리스도라는 보물을 전하는 연약한 질그릇으로 묘사한다(고후 4:7). 우리는 그리스도를 따르는 자로서 고난과 깨짐, 희생적인 삶을 통해 어두운 세상에 하나님의 영광의 빛을 비춘다. 우리는 선물을 드러내기 위해서 찢겨야 하는 복음의 포장지다.

세상이 지켜보는 가운데 십자가를 보여 준다는 것은 어떤 모습일까? 수년 동안 많은 사람이 너그러운 삶을 통해 그리스도의 희생적인 사랑을 보여 주었다. 그중 몇 가지를 소개한다.

로이와 그의 트럭. 사람들은 업무용, 캠핑용, 경주용 또는 부의 상징 등 다양한 이유로 트럭을 구입한다. 내 친구 로이는 내가 만난 사람 중 유일하게 사람들의 이사를 돕고 싶어서 트럭을 구입한 사람이다. 대부분의 사람은, 토요일 아침 일찍 일어나서 동네 주변 쓰레기를 운반해 달라는 친구의 부탁을 받는 것을 두려워한다. 하지만 로이는 십자가로 형성된 완전히 다른 관점을 가지고 있다. 그는 강인하고 숙련된 운전자이며 길눈도 밝다. 다시 말해, 그의 재능과 능력은 사람들의 이동을 돕는 완벽한 요건이다. 내가 그를 알고 지낸 20년이 넘는 시간 동안 그는 내 이사를 십여 차례 이상 도왔다. 그리고 나뿐 아니라 동료, 이웃, 심지어 한 번도 만난 적이 없는 사람들에게도 자신을 내어준다. 그는 자신의 시간, 에너지, 돈을 희생하여 이웃의 이사를 도움으로써 그들의 발을 씻겨 준다. 많은 사람이 그의 성품이 특별하다고 말하고, 무엇이 그를 그렇게 할 수밖에 없게 만드는지 이야기한다. 그러한 말들은 로이에게 섬김을 받으러 온 것이 아니라 섬기러 오신 그리스도의 특별함을 언급할 기회를 제공한다.

티나의 테이블. 티나는 동네 식당에서 종업원으로 일했다. 그런데 몇 년 전 동료의 여자 친구가 갑자기 사망했다. 동료는 큰 충격을 받아 잠시 일을 쉬어야 했다. 티나는 희생적인 사랑의 정신에서 그를 대신해 근무하겠다고 제안했다. 동료는 여자 친구를 잃은 슬픔도 컸지만, 매달 근근이 버티고 살아가야 하는 경제적 어려움도 있었기 때문이다. 그는 오래 쉴 만한 여유가 없었고, 잃어버린 시간을 만회하기 위해 더 많은 교대 근무를 해야 한다는 것을 알고 있었다. 하지만 직장에 복귀한 그는 티나가 자신을 대신해 그렇게 많은 시간을 일했음에도 그동안의 모든 급여가 **본인에게** 지급되고 있었다는 사실에 충격을 받았다. 티나의 희생적인 사랑은 고린도후서 8장 9절이 묘사한 예수님을 보여 주는 살아 있는 해설이었다. "우리 주 예수 그리스도의 은혜를 너희가 알거니와 부요하신 이로서 너희를 위하여 가난하게 되심은 그의 가난함으로 말미암아 너희를 부요하게 하려 하심이라." 티나도 여유롭지는 않았지만 (남편은 의대에 재학 중이었다) 복음의 부요함을 가지고 있었다. 그리스도께서 자신을 위해 일하셨다는 사실을 알기에 그녀는 다른 사람을 위해 아낌없이 일할 수 있었다.

존의 의자. 친구 존은 이발사다. 2007년 금융 위기가 미국을 강타했을 때, 그는 얼마나 많은 사람이 실직하는지를 보았다. 그는 사람들이 새로운 일자리를 찾기 위해 애쓰고 있지만 생계를 유지할 돈이 없는 경우가 많음을 알고, 면접하러 가는 사람들에게 무료로 이발을 해 주기로 결심했다. 존은 그를 사랑하시고 자신을 내어주신 그리스도와 함께 있었기 때문에 이발소에 자리를 마련하고 복음의 너그러움을 생생하게 보여 줄 수 있었다.

이런 희생적인 사랑이 교회의 두드러진 특징이라고 상상해 보라. 우리가 자기 보존이나 자기 이익에 초점을 맞추는 대신 자기희생이 특징인 사람들이라면 어떨까? 특별한 도움이 필요한 사람들이 주변부로 밀려나지 않고 교회에서 마치 왕족처럼 대접받는다고 상상해 보라. 우리가 나그네를 맞이하기 위해 창고를 치우고, 노숙인에게 집을, 난민에게 피난처를 제공한 사람들로 알려진다고 상상해 보라. 그리스도인 가정에서 개방한 침실이 너무 많아서 위탁 양육 제도가 더 이상 필요하지 않다고 상상해 보라. 그리스도인들이 많은 돈을 기부하기 위해 검소한 삶을 사는 사람들로 알려진다면 어떨까? 마을마다 병원, 소규모 기업, 공동 정원, 마약 재활 시설로 가득 차게 될 것이다. 그리스도인들의 주머니에서 돈이 아낌없이 쏟아져 나오는 것을 보며, 주변 사람들은 그리스도의 정맥에서 쏟아져 나온 피를 떠올리게 될 것이다.

창의적인 사랑

세상은 혁신과 창의성으로 가득 차 있다. 그중에 태양광 패널, 암을 찾아내는 기술, 아름다운 그림 같은 일부는 공공의 이익에 기여한다. 바나나 자르는 도구나 개를 위한 인공 고환처럼 사소해 보이는 혁신도 있다. 그런가 하면 어떤 혁신은 천박하기 그지없다. 예를 들어 하나님이 주신 재능을 남용하여 화학무기, 합성 마약, 불륜을 돕는 스마트폰 앱과 같은 악한 것을 만들어 내는 경우다.

창의성과 **사랑**이라는 단어를 결합하는 것은 드문 일이다. 그러나 예수님은 선한 사마리아인 이야기와 이웃을 자기 몸과 같이 사랑하라는 명령을 통해 우리를 창의적인 사랑으로 부르고 계신다. 우리는 상상력을 포함한 온 마음을 하나님과 이웃을 사랑하는 데 사용하는 축복의 기업가, 이웃 사랑의 발명가, 샬롬의 예술가로 부름받았다.

창의성은 예수님의 삶과 선한 사마리아인 비유에서 발견할 수 있는 사랑의 특징이다. 하나님이 우리가 사랑하기를 원하시는 이웃이 누구인지 묻는 율법 교사의 질문에 예수님이 대답하신 방식에서 이러한 창의성을 볼 수 있다. 분명한 것은 예수님이 우리에게 모든 사람을 사랑하라고 요청하신다는 것이다. 예수님은 단 몇 문장으로 이를 명확하고 분명하게 말씀하실 수도 있었을 것이다. 아니면 유대인이 부상당한 사마리아인을 구하는 이야기를 들려주셨을 수도 있다. 두 접근 방식 모두 논점을 전달하는 데 부족하지 않았을 것이다. 하지만 예수님은 창의적인 방식으로 이야기를 들려주셨다. 예수님은 종교적·정치적·민족적 타자인 사마리아인을 이야기의 주인공으로 삼아 이 세상이 고려하지 않는 타자의 가치를 긍정하고 그들이 존엄한 존재이며 존중받아야 한다는 것을 보여 주셨다.

또한 "네 이웃을 네 자신같이 사랑하라"라는 예수님의 명령에서 창의성에 대한 소명을 발견할 수 있다. 언뜻 보기에는 듣기 좋고 무해한 명령처럼 보일 수 있다. 하지만 실제로는 창의적인 사랑을 요구하고 있다. 이 명령은 단순히 좋은 사람이 되라는 것이 아니다. 우리 삶을 살펴보아 스스로를 사랑하고 축복하는 데 사용하는 자원을 파악한 다음, 그것을 이웃을 위한 사랑의 도구로 재창조하라는 것이다. 장 칼뱅은 "우리가 소유한 모든 재능은 하나님이 주신 것이며 이웃을 위해 사용하라는 조건으로 우리에게 맡기신 것"[3]이라는 말로 이를 명확하게 표현했다.

이웃을 자기 몸처럼 사랑하려면 먼저 "어떻게 나 자신을 사랑하고 있는

---

3 John Calvin, *Institutes of the Christian Religion*, trans. Ford Lewis Battles, ed. John T. McNeill (Philadelphia: Westminster, 2006), p. 695 (3.7.5). 『기독교 강요』(CH북스).

가"라는 질문에 답해야 한다. 아마 많은 대답이 떠오를 것이다. 집을 샀을 수도 있고, 학위를 취득했을 수도 있고, 주말 오후에 스테이크를 구워 먹었을 수도 있고, 인생에 도움이 되는 우정을 쌓았을 수도 있고, 정원을 가꾸거나 자전거를 탔거나 돈을 저축했을 수도 있다. 인간관계, 교육, 훈련, 재산, 기술, 성격 특징 등 우리 모두는 자신의 이익을 위해 사용하는 다양한 좋은 것들을 가지고 있다. 그러나 하나님 나라의 독특함은 이러한 것들을 사랑의 자원으로 바라보고 다른 사람을 위해 용도를 바꾸도록 요구한다는 점이다.

지난 10년 동안 서지 네트워크의 일부 교회는 녹슨 삽부터 남는 침실, 자전거, 과자에 이르기까지 단순한 선물을 사랑의 도구로 재탄생시키는 창의적인 방법을 고안해 왔다. 우리는 평범한 물건을 이웃의 번영을 위해 하나님이 주신 자원으로 사용하려고 노력해 왔다. 이러한 이야기 중에서 몇 가지를 소개한다.

우버는 사랑을 싣고

몇 년 동안, 나는 도시 곳곳에서 온 다른 그리스도인들과 만나 가장 좋아하는 동네 식당에서 아침을 먹으면서 함께 이웃을 사랑할 방법을 꿈꿔 왔다. 어느 날 아침, 우리가 던진 간단한 질문이 도시의 유익을 위해 수천 달러가 사용되고 처음 보는 사람들과 수백 번의 깊은 대화를 나누는 결과를 가져다주었다. 그 질문은 이것이다. "어떻게 하면 내 차를 사랑의 도구로 사용할 수 있을까?"

우리 중 몇 사람이 공익을 위해서 우버(Uber) 기사로 등록했다. 우리의 최우선 과제는 안전한 차량 서비스를 제공하여 하나님의 보호 도구로 승객에게 봉사하는 것이었지만, 승객과 함께하는 시간도 창의적인 사랑의 기회로 여겼다. 우리는 차량 서비스로 벌어들인 모든 수익을 기부하기로 했다.

우리는 도시를 위해 봉사하는 중요한 비영리 단체에 지금까지 수천 달러를 기부했다. 하지만 기부금 사용처를 일방적으로 결정한 것은 아니다. 승객들을 이 과정에 초대하여 노숙인 쉼터, 창업 교육 단체, 난민 정착 프로그램 세 가지 옵션 중에서 투표하도록 했다. 그 주에 가장 많은 표를 얻은 단체가 기부금을 받는다. 승객들은 대체로 놀랍고 즐겁다는 반응을 보였고, 단순히 우버를 이용하는 것을 넘어 우리가 사는 곳을 더 좋은 도시로 만드는 방법에 대해 논의했다.

성금 기부도 좋았지만, 그것이 가장 중요한 사랑의 행동은 아니었다. 우리가 이웃을 사랑한 주된 방법은 기술로 인해 발생하는 거리감으로 점점 더 외로워지는 사회에서 깊은 질문을 던지고 따뜻한 대화를 나누는 것이었다. 승객들이 투표를 마치면 거기에 투표한 이유를 물었다. 이 질문은 사소한 수다를 멈추고 세상에서 가장 우려되는 문제에 대한 대화로 나아가는 데 도움이 되었다.

인간은 서로 알려지기 위해 창조되었다. 이는 인류의 가장 근본적인 욕구 중 하나다. 운전자인 우리는 좋은 질문을 던지고 진지하게 경청함으로써 다른 사람들에게 봉사하는 것이 우리 역할이라고 생각했다. 사람들이 누군가 자신의 이야기에 귀 기울이고 있다고 느낄 수 있는 공간을 제공하고 싶었다. 우버 차량에서 얼마나 깊이 있는 대화를 나눌 수 있을지 회의적일 수도 있지만, 자신의 이야기를 진심으로 들어주고 좋은 질문을 던져 주는 사람이 온종일 아무도 없는 사람들이 실제로 있다. 누군가 물어주길 바랐던 무거운 짐에 대해 털어놓으며 눈물을 흘리는 승객이 많았다. 우리는 종종 이런 승객들을 위해 기도할 수 있었다.

물론 모든 대화가 눈물로 끝나지는 않았다! 상상력이 풍부하고 기발하면서도 다소 도발적인 대화도 많았다. 우리는 사람들이 중요한 것에 대해 생각하도록 만들기 위해 장난스러운 질문을 던지는 단순한 행위만으로도 이웃을 사랑할 수 있다는 것을 알게 되었다. "역사 속 인물 중 한 명을 우버

기사로 고용할 수 있다면 누구를 선택하겠는가?" 또는 "당신이 일하면서 배운 교훈 중에 전 세계 모든 사람이 알아야 할 한 가지가 있다면 무엇인가?"라는 질문을 던지기도 한다. 이러한 질문은 종종 삶에 대한 깊은 토론으로 이어졌고, 세상의 문제점이 무엇인지, 궁극적인 해결책은 무엇일지 고민하게 했다. 일주일에 여러 번, 성령의 인도하심에 따라 이러한 대화는 세상의 나쁜 소식에 대항하는 좋은 소식인 창의적이고 희생적인 그리스도의 사랑에 대한 토론으로 이어졌다.

템피 자전거 갱단

어느 금요일 아침 식사 중에, 누군가 최근 뉴스 기사를 언급했다. 오토바이 폭주족 무리가 한 차를 에워싸고, 승객을 끌어내어 잔인하게 공격했다는 내용이었다. 그 과정에서 사람이 거의 죽을 뻔했다고 한다. 우리는 충격을 받아 기도했다. 그리고 이상한 질문을 던지기 시작했다. "어떻게 하면 군중 심리를 공공의 이익을 위해 재해석할 수 있을까?" 우리 중 한 사람이 템피 자전거 갱단(Tempe Bike Gang)이라는 것을 시작하자는 아이디어를 냈다. 자전거를 탄 사람들 무리가 도시를 돌아다니며 무작위로 축복을 비는 행동을 한다는 것이었다. 우리는 이것이 〈선스 오브 아나키〉(Sons of Anarchy: 미국 범죄 드라마 시리즈—옮긴이)의 최신 버전이라고 농담했지만, 황당한 이야기라고 웃으면서도 그것을 추진해야 한다는 확신이 더욱 커졌다.

2014년 3월, 당신이 템피에 있었다면 스무 명이 넘는 수상한 사람들이 자전거를 타고 공원을 휩쓸고 골목을 누비며 자전거 전용 도로를 가득 메운 모습을 보았을 것이다. 15분 정도마다 자전거에서 내려 아낌없는 사랑을 실천하는 우리를 보았을 수도 있다. 동네 공원에서 개똥을 줍기도 했다. 어떤 집 앞에 내려 아름다운 정원을 꾸민 주민에게 '멋진 앞마당' 상을 수여하기도 했고, 마을버스에 올라타 운전기사에게 100달러 팁을 주었다. 커피

숍 바리스타들의 노고를 기리기 위해 서른 개가 넘는 감사 쪽지를 나눠 주었다. 자전거를 타고 마을을 돌아다니던 모르는 사람들이 우리의 맹랑한 사랑의 실천을 보고 "와서 나를 따르라!"라는 예수님의 음성을 들은 듯 우리와 함께하기로 했던 것처럼, 당신도 우리와 함께하고 싶다는 충동을 느꼈을지도 모른다.

이 간단한 창의적 사랑의 표현은 우리의 자원을 외부로 돌릴 방법을 찾음으로써 자신을 희생하신 그리스도의 사랑을 보여 준다. 그리 복잡하지 않다. 속도를 늦추고 생각하고 기도하고 우리의 기술, 재산, 자원, 시간, 상상력을 이웃을 섬기는 데 사용할 수 있는 의도적인 방법을 진지하게 생각하면 된다.

그리스도인과 관련된 많은 단어 중 사람들이 **창의성**과 **사랑**을 가장 먼저 떠올린다면 어떨까? 우리가 단순하지만 혁신적인 축복의 행위로 가득 찬 사람들이 되어서 하나님 아버지의 창의성과 그리스도의 희생적인 사랑을 보여 준다면 어떨까? 그리스도인들이 선함의 혁신가로 알려진다면 어떨까? 일론 머스크(Elon Musk), 스티브 잡스(Steve Jobs), 토머스 에디슨(Thomas Edison)이 혁신을 이룬 것처럼 우리도 창의적인 사랑을 진지하고 계획적으로 고민한다면 어떻게 될까?

구조적인 사랑

마르코스는 네바다주 리노에 있는 한 교량 설계를 담당한 건축가다. 그는 이 일에 어떤 가치가 있을지 고민했다. 그는 비영리 단체에서 일하거나 선교 활동을 하는 것같이 '중요한' 일을 하는 게 시간을 더 잘 쓰는 것이 아닐지 고민했다. 자신이 사소하다고 생각하는 일에 인생을 낭비하고 싶지 않았고, 대신 하나님과 이웃을 사랑하고 싶었다. 단순히 출퇴근 시간을 단축해 주는 다리 조명 설비를 설계하고 싶지 않았다. 그는 좌절감에 빠져 "리노 사람들을 보지도 않고 어떻게 그들을 사랑할 수 있겠어요? 리노에는 두어 번가 봤을 뿐이고 대부분의 업무는 애리조나에 있는 사무실 책상에서 이루어집니다. 차라리 그곳으로 이사 가서 좋은 이웃이 되는 편이 나을 것 같아요"라고 말했다. 나는 그가 하는 일의 결과가 그 도시 사람들의 삶을 어떻게 개선하거나 악화할지 생각해 보라고 도전했다. 그러자 그는 눈을 크게 뜨더니 갑자기 휴대폰을 꺼내 계산기에 숫자를 입력하기 시작했다.

그는 자신이 작업 중인 교량 덕분에 운전자들이 매년 수십만 시간의 운전 시간을 절약할 수 있다는 사실을 깨달았다. 교통 체증으로 낭비할 시간을 친구나 가족과 함께 좋은 예술 작품을 만들거나 좋은 책을 읽거나 좋은 일에 참여하는 시간으로 바꿀 수 있다. 이 다리는 그 도시에 엄청난 시간을 절약해 줄 수 있다! 마르코스가 일의 의미를 새로이 인식하면서 새로운 흥분을 느끼는 것을 알 수 있었다. 마르코스는 자신이 매일 하는 일, 즉 구조적인 사랑으로 세상의 발을 씻겨 주는 일을 통해 섬김 악장에 참여할 수 있음을 깨달았다.

마르코스처럼 대부분의 사람은 "네 이웃을 사랑하라"라는 계명을 식사 대접, 고민 들어주기, 이사 돕기, 노숙인 쉼터 자원봉사 등 개인적인 선행과 연관시킨다. 물론 그 모두가 하나님의 선교에 참여하는 좋은 방법이다. 그러나 선한 사마리아인 비유는 사랑에 또 다른 차원이 있음을 보여 준다. 사랑은 개인적일 수도 있지만, 구조적일 수도 있다.

선한 사마리아인 비유를 자세히 살펴보면 구조적인 사랑의 예를 볼 수 있다. 사마리아인은 부상당한 사람을 개인적으로 돌본 후에 마을 한가운데에 내려놓고 다른 누군가가 자신의 역할을 대신해 주기를 기대할 수도 있었을 것이다. 무엇보다 사마리아인은 부상자를 안전하게 데려다주기 위해 이미 자신의 생명과 명성을 걸고 그 죽어 가던 사람을 돌보는 데 엄청난 신체적·정서적 노력을 기울였다. 그는 피 흘리고 있는 유대인 형제를 그냥 지나친 종교 지도자들보다 더 많은 일을 한 것이 분명하다. 자신의 역할을 다하고 최종 목적지로 떠난 사마리아인을 비난할 사람은 거의 없을 것이다.

하지만 사마리아인의 사랑은 개인적이면서도 구조적이었다. 그는 자신이 떠난 후에도 부상당한 사람을 계속 돌볼 수 있는 시스템을 만들었다. "그 이튿날 그가 주막 주인에게 데나리온 둘을 내어주며 이르되 이 사람을 돌보아 주라. 비용이 더 들면 내가 돌아올 때에 갚으리라 하였으니"(눅 10:35). 예수님 당시 여관 주인에게는 의료 서비스를 제공할 의무가 없었다. 하지만 선한 사마리아인은 부상당한 이웃을 위해 음식, 물, 주거, 의료 서비스 및 보호를 제공하는 시스템을 협상하고, 조직하였으며, 필요한 자금을 댔다. 이것이 바로 그리스도의 사랑을 실천하고 세상의 발을 씻긴다는 의미의 한 측면이다.

사랑에 대한 요청은 누군가가 우리 시야를 떠난다고 해서 끝나지 않는다. 사랑은 눈에서 멀어진다고 해서 마음에서도 멀어지지 않는다. 우리는 선한 사마리아인의 모범을 따르고 이웃의 삶에 영향을 미치는 체계에 긍정적으로 기여함으로써 이웃의 번영을 추구하도록 부름받았다. 예를 들어, 일자리를 제공하는 사업을 시작하거나, 좋은 정책에 투표하거나, 책임감 있는 공급망을 구성하거나, 세상에 좋은 일을 하는 단체에 기부하는 것을 통해 우리는 이웃을 사랑한다.

존경받는 작가이자 농부인 웬들 베리(Wendell Berry)는 오늘날 우리가 겪는 고통의 상당 부분이 해로운 개인이 아니라 해로운 시스템에서 비롯된다는 사실을 지적했다. 그는 다음과 같이 말한다. "우리에게는 오래전부터 이어져 온 이웃 사랑과 협력이라는 문화적 규범이 있다. 산업 도구와 산업 무기들로 인해 상상하기 힘든 고통이 모든 생명체에 가해지면서 이것은 매우 중요해졌다. 하나밖에 없는 이 지구에서 계속해서 살아남고자 한다면, 시민들이 자신의 이웃에게 기대하는 것과 마찬가지로 우리는 과학계, 산업계, 정부에게도 이웃다운 행동을 기대해야 할 것이다."[4] 베리의 말은 이웃을 사랑하라는 요청과 이웃의 삶에 영향을 미치는 시스템에 대한 기여를 분리하지 말라고 권면한다. 고용, 시민 참여, 재정 투자 등 우리가 참여하는 기타 시스템은 이웃을 사랑하는 수단 혹은 현대판 여리고 길에서 이웃이 고통받는 것을 방치하는 수단이 될 수 있다.

성경 이야기 곳곳에서 구조적인 사랑에 대한 요청을 볼 수 있다. 창조 때부터 우리는 하나님이 복잡하게 조율된 생태계를 통해 우리의 신체를 유지하는 음식, 물, 공기를 제공하신다는 것을 알 수 있다(시 104편). 타락 이후에는 죄와 고통으로 가득 찬 세상의 가혹한 현실로부터 하나님의 창조 세계를 보호하고 자비와 정의의 구조적 양식을 확립하기 위해 하나님이 율법을 제정하신 것을 볼 수 있다.

우리는 그리스도의 삶에서도 구조적인 사랑의 예를 볼 수 있다. 그분은 개인적으로 각 마을을 방문하신 것이 아니라, 성령의 내주하심으로 복음을 선포하고 실천하게 된 사람들로 구성된 공동체(교회)를 형성하셔서 세상에 구원을 선포하신다. 교회는 하나님이 복음의 축복을 땅끝까지 확장하기 위해 사용하시는 구조적 수단이다. 교회가 세워진 후에는 유기적으로 함께 '생활하는' 사람들의 모임 이상의 구조와 체계가 만들어졌다. 예를 들어 사도행전 6장에서 사도들은 가난한 사람들을 섬기고, 구조적인 인종 차별에 맞서 싸우고, 복음 전파에 더 많은 시간을 할애하기 위해 식량 분배 체제를 만드는 것을 볼 수 있다.

제도와 과정에 참여함으로써 이웃을 사랑할 방법은 여러 가지가 있다. 예를 들면 문화 만들기, 반응하는 정의 등이 그렇다.

---

[4] Wendell Berry, *Our Only World* (Berkley: Counterpoint, 2015), p. 156. 『오직 하나뿐』(이후).

문화 만들기

하나님 백성은 굶주린 사람들을 먹이도록 부름받았다. 하지만 어떻게 해야 할까? 굶주리는 이웃이 한 명이라면, 매일 식사를 준비해 가져다주는 친밀한 형태의 섬김을 통해 그리스도의 사랑을 보여 줄 수 있다. 하지만 이것이 유일한 방법은 아니다. 만약 당신이 사업을 시작하고 이웃을 고용하여 일하게 한다면 어떨까? 이렇게 하면 당신의 추가 수입에 의존하지 않고도, 사업 수익을 통해 보다 지속 가능한 방식으로 이웃의 배고픔을 덜어 주는 시스템을 만들 수 있다. "물고기를 주면 하루를 먹여 살릴 수 있고, 물고기 잡는 법을 가르치면 평생을 먹여 살릴 수 있다"라는 옛 속담이 있다. 또 다른 접근 방식은 도시 농장을 시작하는 것이다. 많은 사람이 환경 조건이나 불공정한 법 때문에 식량에 대한 접근이 제한되어 배고픔에 시달리고 있다. 도시 농장은 빈 땅을 풍요로운 잔치로 바꾸는 토양 관리 시스템을 만들 수 있다. 이 농장은 배고픈 사람 한 명에게만 식량을 제공하는 것이 아니라 수백, 수천 명에게 식량을 제공할 수 있다.

마르틴 루터는 다음과 같이 말한다.

'일용할 양식'을 위해 기도할 때는 일용할 양식을 얻고 누리는 데 기여하는 모든 것을 위해 기도하는 것이다.…사고를 확장하여 밀가루 통과 오븐뿐만 아니라 일용할 양식을 생산하고 가공하여 온갖 영양분으로 우리에게 전해 주는 넓은 들판과 농토와 온 나라에까지 닿도록 기도해야 한다.…하나님은 우리가 쟁기질하고 심지 않아도 곡식과 열매를 쉽게 주실 수 있지만 그렇게 하기를 원치 않으신다.[5]

---

[5] Samuel Janzow, ed. *Luther's Large Catechism: A Contemporary Translation with Study Questions* (St. Louis: Concordia, 1988), p. 90. 『마르틴 루터 대교리문답』(복있는사람).

다시 말해, 농업은 하나님이 굶주린 사람들을 먹이시는 주된 방법이다. 우리를 사랑하시는 아버지는 하늘에서 비스킷을 내려 주시지 않고, 농부와 제빵사를 불러 땅의 흙에서 은혜의 빵 조각을 경작하게 하셔서 우리에게 일용할 양식을 공급하신다.

다른 형태의 문화 만들기도 마찬가지다. 건설, 보험, 항공, 법 집행, 배관, 유소년 스포츠, 농산물 직판장 등은 모두 하나님이 공급하시는 수단이며 이웃의 번영에 기여하는 시스템이다. 이러한 활동에 참여할 때, 우리는 실제로 구조적인 사랑에 참여하면서 하나님이 공급하시는 통로가 되는 것이다. 비록 우리가 이웃과 항상 물리적으로 함께 있지는 못할지라도, 우리는 이웃을 사랑하라는 하나님의 부르심에 순종할 수 있다.

반응하는 정의

시스템과 제도는 샬롬의 통로가 될 수도 있지만, 고통과 아픔의 통로가 될 수도 있다. 우리가 이웃을 사랑할 수 있는 방법 중 하나는 이웃에게 해를 끼치는 제도, 구조, 문화적 규범을 바꾸려고 노력하는 것이다. 때로 이것은 우리가 이웃과 창조 세계 모든 측면의 번영에 기여하는 좋은 공공 정책을 추구하라는 요청을 받고 있다는 뜻이다. 법이 사람의 마음을 바꿀 수는 없지만 우상숭배, 상처, 불의의 영향으로부터 이웃을 보호하는 하나님의 은혜의 도구가 될 수 있다.

예를 들어, 1970년대까지 존재한 '레드라이닝'(redlining) 관행 때문에 아프리카계 미국인들은 '집값을 보호하려는' 백인들만 살 수 있는 특정 지역의 주택을 구입하지 못했다. 집값이 상승함에 따라 백인 가정은 여러 세대에 걸쳐 가족에게 물려줄 부를 축적할 수 있었다. 이로 인해 아프리카계 미국인 가정에는 경제적 불이익이 발생했고, 이는 여러 세대에 걸친 파급 효과를 가져왔다. 이 정책에 도전하고 이를 뒤집은 사람들은 모두 정의를 추구하며 이웃을 사랑하는 데 일조했다. 학계에서는 레드라이닝을 연구했고, 백인 주택 소유주들은 변화를 지지했으며, 정치인들은 더 나은 정책을 만들고, 비영리 단체는 아프리카계 미국인 주택 소유주들에게 저금리 주택 융자를 제공했다.

구조적 정의에 대한 헌신은 정치 참여에만 국한되어서는 안 되며, 회사, 가족, 우리가 소속된 자원봉사 단체를 포함한 모든 공동체의 불공정한 정책이나 제도에 대항하는 활동도 포함해야 한다. 앞부분에서는 우리의 일상 업무가 이웃을 사랑하는 행위가 될 수 있는 방법에 대해 설명했지만, 우리 일이 이웃에게 해를 끼치는 수단이 될 수도 있다. 낙태가 늘면서 수익이 증가하는 많은 기관 혹은 득보다 실이 많은 제품을 계속 판매하는 제약 회사를 생각해 보라. 시스템이 무질서해져서 다른 사람들의 번영이 아닌 고통에 기여하게 될 때 불의가 생겨난다. 문화를 만드는 적극적인 활동이 구조적 사랑의 행위인 것처럼, 이웃을 해하고 하나님의 세상을 파괴하는 시스템에 도전함으로써 이웃을 사랑하는 것도 마찬가지다.

정의에 대한 우리의 관심은 궁극적으로 정의의 하나님이신 그분의 성품에 뿌리를 두어야 한다(시 146:5-9; 사 30:18; 렘 9:23-24). 정의에 대한 하나님의 열정은 성경에서 볼 수 있는 정의와 자비에 대한 많은 명령을 통해 알수 있다(신 10:17-20; 미 6:8; 약 1:27). 이러한 명령은 종종 가장 취약한 사람들을 돌보라는 책망으로 나타난다. 신명기 10장 17-18절은 하나님을 완전히 공의로우시며 "사람을 외모로 보지 아니하시며" "뇌물을 받지 않으시는" 분으로 묘사한다. 이 구절은 하나님을 고아와 과부와 나그네를 적극적으로 옹호하시는 분으로 묘사한다. 하나님은 약자를 옹호하시는 분이기 때문에 그 백성에게 "너희는 나그네를 사랑하라. 전에 너희도 애굽 땅에서 나그네 되었음이니라"(10:19)라고 명령하신다.

구약성경에서는 과부, 고아, 나그네, 궁핍한 자 등 '약자 사인조'라고 불리는 이들을 특별히 강조하는 것을 볼 수 있다(신 24:19-22; 슥 7:10). 신약성경에서도 취약 계층에 대한 특별한 관심을 볼 수 있는데, 예를 들어 야고보서에서는 순수하고 흠이 없는 경건이란 "고아와 과부를 고난 중에 돌보고 자기를 지켜 세속에 물들지 않게 하는 것"(1:27)이라고 말한다. 이러한 취약 계층은 사회적 영향력과 힘이 거의 없으며 조작과 착취와 억압의 위험에 놓여 있다.

신구약성경에서 히브리어 '쩨다카'(*tsedaqah*)와 그리스어 '디카이오쉬네'(*dikaiosunē*)가 자주 사용되는 것을 봐도 정의가 성경의 핵심 관심사라는 것을 알 수 있다. 두 단어 모두 일반적으로 '의'(righteousness)로 번역되며, 많은 사람이 개인으로서 도덕적으로 올바른 삶을 사는 것과 이를 연관시킨다. 하지만 이 단어들은 사실은 정의(justice)의 개념과 밀접하게 연관되어 있다. "대부분의 현대인은 성경에서 '의'라는 단어를 볼 때 성적 순결이나 기도 및 성경 공부를 부지런히 하는 것 같은 개인적 도덕성의 관점에서 생각하는 경향이 있다. 하지만 성경에서 '짜데카'(*tzadeqah*)는 가정과 사회의 모든 관계를 공정하고 관대하며 공평하게 처리하는 일상적인 삶을 의미한다."[6] 따라서 예수님이 "너희는 먼저 그의 나라와 그의 의[디카이오쉬네]를 구하라"(마 6:33)라고 말씀하신 것은 하나님을 신뢰하면서 하나님 나라의 정의로운 관계들에 헌신하라는 뜻이다. 또한 마태복음 23장 23절에서 예수님은 "율법의 더 중한 바 정의와 긍휼과 믿음"을 소홀히 여기는 바리새인들의 위선을 정죄하신다. 예수님은 가장 취약한 사람들의 필요를 채우는 것을 예수님 자신에게 음식, 물, 거처, 의복을 제공하는 것과 동일시하실 정도로 정의와 자비에 열정적이셨다(마 25:31-46).

---

6   Timothy Keller, "What Is Biblical Justice?," *Relevant*, August 23, 2012, https://relevantmagazine.com/god/practical-faith/what-biblical-justice.

정의를 추구하는 것은 궁극적으로 사랑의 행위다. 이웃, 특히 가장 취약한 이웃을 사랑한다는 것은 그들에게 해를 끼치는 제도, 관행, 법률, 정책에 도전하고 변화시키는 것을 의미한다. 마틴 루터 킹 주니어는 누가복음 10장에 나오는 사마리아인이 유대인 이웃을 도운 후 어떤 일이 일어났을지 상상해 보라고 권유하며 이를 설명한다. "한편으로 우리는 인생의 길가에서 선한 사마리아인 역할을 하도록 부름받았지만, 그것은 처음 행동에 불과할 것이다. 언젠가는 여리고 길 전체가 변화되어야만 사람들이 인생의 고속도로를 여행하는 동안 지속적으로 구타당하고 강도당하는 일이 사라질 것이란 사실을 깨달아야 한다."[7] 그는 우리에게 이웃의 즉각적인 필요를 개인적으로 돌보고 그들 삶에 영향을 미치는 더 광범위한 시스템을 개선하기 위해 노력함으로써 이웃을 사랑하라고 도전한다. 사랑은 출혈을 멈추게 하는 것을 넘어 애초에 출혈을 예방하는 정의를 추구하는 것까지 포함한다. 사랑은 여리고 길과 관련하여 정의롭고도 제대로 시행되는 법을 만드는 것이다. 사마리아인과 유대인을 갈라놓은 인종차별을 해소하는 것이다. 범죄를 예방하기 위해 가로등을 개선하는 것이다. 부상당한 여행자를 돕는 최초의 선한 사마리아인 병원을 설립하기 위해 기금을 모으는 것이다. 시민 평등권 운동의 시발점이 된 한 집회에서 마틴 루터 킹 주니어와 함께 강연한 레슬리 뉴비긴은 "선한 사마리아인을 곳곳에 배치하는 것만으로는 충분하지 않으며, 도로도 지켜야 한다"[8]라고 말했다.

우리가 1세기 중동의 마을에 살고 있지는 않지만, 우리가 지금 살고 있는 모든 도시, 산업, 이슈를 관통하는 여리고 길이 있다는 사실을 기억하는

---

7   Martin Luther King Jr., "Beyond Vietnam: A Time to Break Silence," *Common Dreams*, January 15, 2004, https://www.commondreams.org/views04/0115-13.htm/.
8   Lesslie Newbigin, "The Churches and the CASA," *National Christian Council Review* 93 (1973): p. 546.

것이 중요하다. 비유적으로 말하자면, 우리 모두는 여리고 길을 가다가 부상당한 여행자를 우연히 만나게 된다. 당신 주변에는 무엇이 보이는가? 소말리아 난민이 보이는가? 내 친구 조엘은 그들이 얼마나 큰 트라우마를 겪었는지 알게 된 후부터 무료 상담사로 봉사하고 있다. 가정이 필요한 아이들이 보이는가? 내 친구 데네는 두 아이를 입양했을 뿐만 아니라 친부모가 자녀와 재결합할 수 있도록 돕는 단체를 설립했다. 공과금 납부에 어려움을 겪는 사람들이 보이는가? 제프라는 친구는 직원들에게 업계 표준보다 훨씬 높은 임금을 지급하기로 했다.

정의를 추구할 때 우리는 지역 환경, 도시, 산업, 우리 주변 사람들에게 즉각적으로 영향을 미치는 문제에 주의를 기울여야 한다. 정의를 추구한다는 것은 소셜 미디어의 모든 이슈에 분노를 표출하는 것이 아니다. 날카로운 지적을 하는 것이 아니라 변화를 만드는 것이다. **우리의** 여리고 길에서 부상당한 이웃을 돌보는 것이다.

우리 집을 턴 장발장

세상은 하나님 백성의 희생적이고 창의적이며 구조적인 사랑을 통해 그리스도의 사랑을 보아야 한다. 이쯤 되면 섬김 악장이 사형선고나 감당하기 힘든 짐이거나 지루한 금욕주의의 삶을 요구하는 것은 아닌지 의아할 것이다. 사실은 정반대다. 분명 우리는 예수님을 따르기 위해 자기 자신에 대해서 죽고 자기 십자가를 지라는 부름을 받았다. 그러나 고난을 통한 사랑의 경험에는 깊고 형언할 수 없는 기쁨이 있다. 이것이 예수님이 십자가로 가시는 길에 느끼신 기쁨이며(히 12:2), 우리가 그리스도의 고난의 교제에 참여할 때 얻을 수 있는 기쁨이다(빌 3:9-11). 다른 사람을 위해 자신을 쏟아부을 때, 우리는 고난의 자리가 바로 하나님을 만나는 곳이라는 것을 알게 된다. 다른 사람을 사랑하는 행위와 우리가 하나님의 사랑을 경험하는 것 사이에는 신비한 관계가 있다(요일 4:11-12). 우리는 다른 사람을 사랑함으로써 하나님의 사랑을 얻는 것이 아니라, 희생적인 사랑을 경험함으로써 우리를 향한 하나님의 사랑을 체험적으로 만나게 된다. 사람마다 오래 머물고 싶어하는 장소가 있듯이 예수님은 고난의 자리에서 시간을 보내기 좋아하신다. 영화 관람, 맛있는 커피 마시기, 농구 등 좋아하는 활동이 있듯이 예수님도 좋아하시는 활동이 있다. 예수님은 발 씻기기를 좋아하시기에, 다른 사람을 위해 자신을 내어주는 기쁨을 경험하는 자리로 우리를 초대하고 계신다.

2012년에 나는 고난의 자리에서 예수님을 만났다. 불과 몇 주 사이에 딸은 자폐증 진단을 받고, 아내는 유방암에 걸릴 확률이 90퍼센트에 달하는 유전적 결함이 있다는 진단을 받았다. 설상가상으로 중앙아시아 무슬림을 대상으로 한 사역이 어느 중앙아시아 국가 민족주의자들의 관심을 끌었고, 그들은 내 가족에 대한 노골적인 살해 협박 편지를 보냈다. 그 시기는 잔인할 정도로 힘들었고, 내 안에는 저급한 분노심이 있었다. 머릿속은 이 상황을 해결하기 위한 전략으로 가득 차 있었다. 나는 민족주의자들에게서 자신과 가족을 보호하기 위해 총을 빌렸다. 자폐증 치료법과 유방암 예방 식단을 검색하며 밤을 새웠다.

이보다 더 나쁜 상황은 없다고 생각했던 어느 날 오후, 점심을 먹고 돌아와 집에 문제가 생겼다는 사실을 알게 되었다. 누군가 집에 침입해 거실을 뒤지고 수천 달러 상당의 물건을 훔쳐 갔다. 무슨 상황인지 아직 다 파악하지도 못했는데, 뒷문의 블라인드가 여전히 흔들리는 것을 보고 도둑이 방금 집을 나갔거나 아직 집 안에 있다는 것을 깨달았다. 두 번 생각할 겨를도 없이 분노에 휩싸여 삽을 들고 집 안을 뒤졌다. 욕을 내뱉으며 진흙 묻은 삽으로 도둑들의 턱을 때릴 기회를 노렸다. 하지만 그들은 어디에도 없었다.

도둑이 들어 물건을 잃어버렸을 뿐만 아니라 지난 몇 달 동안 딸의 미래, 아내의 건강, 우리의 안전과 미래의 꿈까지 도둑맞았기 때문에 내 마음은 분노로 끓어올랐다. 그들이 가져간 수천 달러 상당의 물품 중에는 가족사진이 모두 담긴 하드 드라이브도 있었다. 과거의 추억을 빼앗긴 것 같고, 하나님이 우리 미래를 훔쳐 가시는 것만 같았다.

도둑을 맞은 지 몇 주 후, 내 마음이 얼마나 독으로 가득 찼는지 깨닫기 시작했다. 내 마음은 교만한 보상 심리와 복수에 대한 갈망으로 가득 차 있었다. 그러나 나는 하나님이 나에게 빚진 것은 아무것도 없으시다는 것과, 우리가 집에 없을 때 도둑이 들었다는 사실에 감사해야 한다는 것을 알게 되었다. 나는 내 분노가 좋은 삶에 대한 나의 시각과 연결되어 있다는 것을 깨닫기 시작했다. 나는 고통 없이 풍요롭고 즐거운 삶을 원했다. 그러나 나는 나 자신에 대해 죽고, 내 삶을 찾으려면 잃어야 한다는 성경의 부르심에 대해 생각하기 시작했다. 그 말씀이 정말 사실인지 확인할 기회였다.

나는 제니와 엘리아나를 비롯한 다른 사람들을 섬기는 데 에너지를 집중하기 시작했다. 그리스도의 사랑을 마음에 새기기 위한 훈련으로 나는 다른 사람들을 몰래 섬기기 시작했다. 덕분에 살면서 하나님의 사랑을 가장 풍성하게 경험한 시기가 되었다. 그 시절 나는 다른 사람들에게 집중하는 동안 내가 경험한 하나님의 사랑에 사로잡혀 예상치 못한 순간에 눈물을 흘리곤 했다.

당시 나는 성경과 『레미제라블』을 함께 읽고 있었다. 장발장이 주교를 만나는 장면을 읽으면서 마음이 찢어지는 듯했다. 이야기에서 발장은 춥고 배고프고 궁핍한 처지다. 그는 음식과 쉼터를 제공한 가톨릭 주교의 집에서 자비와 안식을 얻는다. 발장은 어떻게 은혜를 갚았을까? 그는 주교의 집에서 귀중한 물건을 훔친다. 결국 발장은 경찰에 붙잡히고, 경찰은 발장을 주교의 집으로 데려가 발장이 훔친 물건이 주교의 것인지 묻는다. 주교가 도난 사실을 확인해 주기만 하면 당연히 발장은 감옥으로 보내졌을 것이다. 그러나 주교는 큰 연민과 자비를 베풀어 도난당한 것이 아니라 발장에게 선물한 것이라고 경찰에게 말한다. 주교는 사랑을 통해 적을 형제로 바꾸었고, 그 경험은 발장의 삶의 궤도를 바꾸어 놓는다.

『레미제라블』의 그 부분을 읽기 전까지만 해도 도둑을 잡아서 뭉툭한 삽 끝부분으로 도둑의 얼굴을 때리는 상상을 하곤 했다. 하지만 이내 내 죄를 깊이 뉘우쳤다. 내 마음이 옳지 않다는 것을 알았기에, 원수를 용서하고 사랑한다는 것이 어떤 의미인지 탐구해야 했다. 그래서 우리는 그들을 위해 기도하기 시작했다. 아내는 지혜롭게도 우리 집을 강탈한 사람들에게 용서를 표현할 수 있는 표지판을 만들자고 제안했다.

솔직히 누가 그 글을 볼지 의심스러웠다. 하지만 우리는 사랑의 훈련 차원에서 집 바깥에 그 글귀를 붙였고, 우리 마음도 말씀과 같이 되기를 기도했다. 우리는 번화가를 마주한 벽에 약 사흘 동안 그 내용을 테이프로 붙였다가 떼어 냈다. 우리는 이 원수들에게 하나님의 축복이 임하기를 계속 기도했고, 결국에는 그들의 행복을 진정으로 바라기 시작했다. 우리는 그들의 사연과 남의 집을 털도록 그들을 내몬 상황이 무엇이었는지 궁금해지기 시작했다.

약 2주 후, 앞마당에서 일하고 있었는데 한 남자가 수줍게 다가왔다. 그는 뭔가 할 말이 있는 것이 분명한데도 잡담을 하면서 이상하게 행동했다. 한참 후에야 그는 잡담을 멈추고 아이패드를 꺼내더니 내 마당에서 아이패드를 발견했다며 돌려주고 싶다고 말했다. 도난당한 그 아이패드였다.

그가 말하지 않았어도 우리 둘 다 그가 우리 집에 침입한 사람이며 보상하러 왔다는 것을 알 수 있었다. 나는 우리 집 창문을 깨고 침실 서랍을 뒤져 수천 달러를 훔쳐 간 남자의 눈을 응시하고 있었다. 몇 주 전에 그 남자를 봤더라면 삽으로 때렸을 것이다. 하지만 그 순간에 성령이 역사하셔서, 십자가의 기쁨과 최근 『레미제라블』에서 읽은 자기를 희생하는 사랑의 모범을 상기시켜 주셨다. 그때 내 입에서 나오는 말에 나도 놀랐다. 나는 그에게 아이패드는 선물이니 그냥 가져가라고 말했다.

그는 눈에 눈물이 그렁그렁해서는, 자신의 인생 이야기를 들려주기 시작했다. 우리가 '용서'라고 쓴 팻말을 붙인 벽 바로 맞은편 집에 그의 사촌이 산다고 했다. 그는 한동안 그 사촌과 함께 지냈고 매일 집을 나설 때마다 우리가 만든 팻말을 바라봐야 했단다. 우리에게서 훔친 물건은 이미 대부분 장물로 넘어갔고 아이패드만 남았다고 했다. 그는 체포 영장이 발부되었고 자수하러 가는 길에 우리 집에 먼저 들르고 싶었다고 했다. 나는 불과 몇 주 전만 해도 우리 집 부엌 창문을 부수고 옷장을 뒤지던 남자와 한 시간 동안 집 앞마당에 서서 깊은 대화를 나누었다.

그가 던진 질문을 생각해 보면 훔친 배낭에 들어 있던 내 일기장을 읽은 것이 분명했다. 그 일기장에는 내가 쓴 기도문과 성경 묵상, 죄와의 싸움이 담겨 있었다. 다른 사람이 그 글을 읽었다는 사실을 알면 매우 수치스러웠겠지만, 하나님의 이상한 은혜로 그 글들이 그에게 복음에 대한 질문을 불러일으켰다. 그 놀라운 대화를 다 소개하기는 어렵다. 우리는 출소하면 만나서 우리 집 앞마당을 공동 정원으로 만들자고 약속했다. 그렇게 작별 인사를 나누고 그는 경찰서로 향했다.

그 만남에 대한 많은 것이 내 마음속에 흐릿하게 남아 있고 아직 해결하지 못한 많은 질문이 있다. 그와 나눈 대화가 그에게 회심의 순간이 되었는지, 아니면 그가 단지 이상한 팻말을 만드는 이웃이 섬기는 하나님에 대해 궁금했을 뿐인지는 잘 모르겠다(혹시 이런 이야기를 하는 안드레를 만나면 내가 찾고 있다고 전해 주길 바란다). 하지만 그 놀라운 아침에 관해 많은 것이 불분명했음에도 불구하고 한 가지 확실한 것은 예수님이 그곳에 계셨다는 것이다. 안드레를 사랑하여 그가 잘되기를 간절히 바라고 있을 때 나는 그리스도의 임재를 경험했다. 원수에서 형제가 된 사람을 사랑할 때의 기쁨이 아이패드 백만 대에서 느끼는 즐거움보다 더 컸다.

안타깝게도 이웃을 향한 나의 사랑이 그날 안드레를 향했던 사랑과 항상 같지는 않았지만, 이런 종류의 자기희생적 사랑에서 진정한 기쁨과 풍성한 삶을 발견할 수 있다는 것은 확신한다. 창조의 섭리는 이 세상의 논리와는 반대로 흘러간다. 세상은 자신과 자기 사람들을 돌보라고 말한다. 개인에게는, 소비주의와 자기방어의 삶을 살라고, 물건과 경험을 얻는 데 삶을 투자하라고 말한다. 가정에는, 세상에 참여하는 대신 숨어서 자신을 보호하라고 말한다. 교회에는, 자기 교회의 성장과 번영에만 집중하라고 말한다. 국가에는, 자국을 최우선으로 두라고 말한다. 그러나 이러한 사고방식은 "먼저 그의 나라를 구하라"라는 예수님의 부르심에 반하는 거짓말이다. 이 사고방식은 만족이라는 환상을 만들지만, 결국에는 공허할 뿐이다. 끊임없이 자신의 내면만을 들여다보는 사람들은 결국 영적으로 자기중심적이 되어, 이웃의 삶을 착취함으로써 자신의 삶을 유지하려 든다. 이기적인 삶은 분노, 질투, 냉소주의라는 독소로 가득 차 있다. 그것은 결국 인간성을 상실하게 만드는 폭력과 분열로 전이된다. 이기심과 자기 보존에서는 진정한 기쁨을 찾을 수 없다.

우리는 오로지 목숨을 잃어야만 생명을 얻고, 내어줌으로써 받으며, 빵을 나눔으로써 배불리 먹을 수 있다. 희생적이고 창의적이며 구조적으로 이웃의 발을 씻기 위해 무릎 꿇을 때, 거기서 우리를 기다리고 계신 분을 발견하게 된다. 우리 왕이신 예수님도 함께 발가락을 닦아 주고 계신다. 그렇다고 해서 이 일이 덜 더러워지지는 않지만, 그리스도와 연합하는 비길 데 없는 기쁨을 우리에게 준다. 자기 보존과 이기적인 야망 대신 자기를 희생하는 사랑을 선택함으로써, 우리는 복음을 알아야 할 세상에 십자가를 보여 줄 수 있는 특권을 갖게 된다.

6장

말씀 나눔

입을 열어 성령의 능력 나타내기

1822년 어느 따뜻한 봄날, 루트비히 판 베토벤(Ludwig van Beethoven)이라는 독일 작곡가가 마지막 교향곡을 발표하는 콘서트홀에 입장하기 위해 많은 군중이 비엔나 거리에 모여들었다. 이 교향곡은 음악 형식에 대한 세상의 인식을 완전히 바꿔 놓게 될 것이다.

자리를 찾아 앉은 청중은 플루트의 밝은 소리, 바순의 풍부한 음색, 심벌즈의 쿵쾅거리는 소리가 어우러진 편곡에 놀라고 즐거워할 준비가 되어 있었다. 그때까지만 해도 그들이 곧 어떤 음악을 듣게 될지 짐작조차 하지 못했다. 베토벤은 자신의 마지막 교향곡의 마지막 악장에서 그때까지 교향곡에 단 한 번도 사용한 적이 없는 악기를 선택했다.

그것은 사람의 목소리였다.

베토벤의 교향곡 9번은 작곡가가 사람의 목소리를 담은 최초의 교향곡으로서 세계 최초의 합창 교향곡이다. 클래식 음악은 더 이상 이전과 같을 수 없게 되었다. 교향곡은 항상 스토리텔링이 중심이었지만, 교향곡 9번 이후 인간이 세상을 향해 가사를 노래하기 시작하면서 그 스토리는 더욱 명확해졌다.

교향곡 9번만큼이나 중대한 순간이 있었다. 9번 교향곡은 웅장했지만, 하나님의 선교 교향곡에 인간의 목소리가 더해지던 그날에 비할 수 없다. 기원후 33년 어느 따뜻한 봄날, 예루살렘 거리에 많은 군중이 모였다. 그날 예수님의 제자들은 칠칠절을 기념하기 위해 예루살렘에 모였다. 맥추절이라고도 하는 칠칠절은 추수와 하나님의 풍성한 공급을 기념하는 유대 절기로, 하나님의 백성이 그 정체성을 되새기고 야웨께 삶을 다시 헌신하는 언약 갱신 의식이었다. 성전이 맥추절 기념의 중심이었기 때문에 전 세계에 흩어진 유대인들은 예루살렘으로 긴 순례 여행을 떠나야 했다.

제자들은 거리를 걸으면서 수십 개의 외국어를 들었을 것이다. 메소포타미아, 이집트, 카파도키아에서 온 사람들을 보며 모든 민족에게 복음을 전하라는 예수님의 명령을 떠올렸을 것이다(눅 24:46-48; 행 1:7-8). 그러나 예수님은 성령이 임하여 그 사명을 감당할 힘을 주실 때까지 그곳에서 기다리라고 분명한 지침을 주셨었다.

제자들은 여전히 예루살렘에 머물면서 상황을 지켜보고 기다리고 인내심을 가지고 기도하고 있었다. 바로 그때, 위대한 지휘자이신 하나님이 선교 교향곡에 인간의 목소리를 더하셨다. 불길과 거센 바람 소리 속에서 제자들은 각기 다른 언어로 말하기 시작했고, 예루살렘에 모인 모든 언어 집단이 이해할 수 있는 말로 하나님의 강력한 행적을 선포했다. 이 이상한 소란스러운 소리에 제자들 주위로 많은 군중이 모여들기 시작했다. 어떤 사람들은 제자들이 술에 취한 줄 알았지만, 곧 그들의 언어로 복음이 선포되는 것을 듣기 시작했다. 이때 베드로가 일어나 다양한 나라에서 온 청중에게 복음을 선포했다. 그는 이스라엘 역사를 이야기하면서, 예수님이 진정한 메시아시며 누구든지 주의 이름을 부르는 사람은 구원받을 것이라고 말했다. 그날 하루만 최소 3천 명이 베드로의 메시지에 반응하여 세례를 받았다.

그날 이후로 하나님 백성의 선교에는 적극적인 언어적 복음 선포가 포함되었다. 하나님 백성은 지금도 우리가 살고 일하고 예배하는 방식을 통해 우리 하나님의 유일성을 드러내라는 요청을 받고 있다. 그러나 성령이 임하신 이후로는 그리스도의 사역을 통해 사람들을 가족으로 초대할 수 있는 권한을 부여받았으며, 이를 위해서는 말이 필요하다. 사도행전은 하나님 백성이 성령의 능력을 받아 예루살렘에서 시작하여 땅끝까지 복음을 입으로 선포한 이야기다. 오순절 이전까지 선교는 한 국가와 한 지역을 중심으로 이루어졌다. 그러나 성령이 임하셔서 하나님의 백성은 모든 민족과 지역에 복음을 전하도록 부름받았다. 베토벤이 교향곡 9번에 환희의 송가 가사를 더한 것처럼, 하나님은 교회가 열방에 큰 기쁨의 좋은 소식을 노래할 수 있도록 복음의 가사를 주셨다.

마지막 악장

선교 교향곡의 세 번째 악장은 우리가 말씀 나눔이라고 부르는 악장이다. 이 악장은 우리 입을 열어 복음을 선포함으로써 사람들을 그리스도께로 인도하는 성령의 사역에 동참하는 것이다. 하나님은 영광스럽고 사랑이 많으실 뿐만 아니라 예수님의 삶과 죽음, 부활을 통해 사람들을 그분과 화목하게 하도록 초대하고 계신다. 교회 성도들은 갈등으로 가득한 세상에 평화의 복음을 선포하는 그분의 대사로 부름받았다. 이 장에서는 이 악장에 의도적으로 참여하는 방법을 설명하고, 우리가 어떻게 효과적으로 입을 열어 열방에 복음을 노래할 수 있는지에 대한 몇 가지 예를 제시하고자 한다.

사도행전을 복음 전파를 위한 초기 교회의 선교 역사로 보는 사람들도 있지만, 모호하고 종종 혼란스러워했던 제자 집단을 통한 성령의 강력한 선교 사역의 역사로 보는 편이 더 정확하다. 복음의 진보는 인간의 독창성이나 힘이 아니라 성령이 주도하시고 힘을 주시고 이끄시는 것이다. 하나님의 선교 교향곡에서 성령이 선두에 서신다.

사도행전과 요한복음에서 성령님은 교회의 효과적인 증언과 연관되어 있다(행 1:8; 요 15:26-27). 성령은 하나님의 성품을 드러내시고, 사람들의 죄를 깨닫게 하시며, 사람들이 회개하고 예수님을 믿도록 하시는 궁극적인 선교사다. 그러나 성령은 교회의 성대를 통해 복음을 노래하신다. 그분은 교회의 수많은 목소리가 조화를 이루며 예수님을 말로 증언하도록 인도하시는 합창 지휘자시다.

믿음은 하나님 백성이 선포하는 하나님 말씀을 들음으로써 생기기 때문에(롬 10:13-15), 복음을 입으로 선포하는 것은 교회의 최우선 순위였다. 교회는 복음 전파를 위해 특정한 사람들을 임명할 정도로 복음 전파의 우선순위가 높았다(엡 4:11; 딤후 4:5). 바울은 서신서에서 교회가 입으로 하는 증언을 통해 복음이 전파되고 있다고 암시한다(빌 1:14; 살전 1:7-8). 바울과 베드로는 모두 교회가 복음의 메신저라고 암시하는 언어로 교회의 선교적 정체성을 설명한다. 바울은 교회에 화해 사역이 주어졌으며 하나님은 그 백성의 **말**을 통해 화해를 호소하신다고 말한다(고후 5:18-20). 베드로는 교회를 하나님의 권능을 말로 선포하도록 부름받은 거룩한 제사장 직분으로 묘사한다(벧전 2:9).

복음을 말로 선포하는 것이 하나님의 선교에서 중요한 측면이라는 점은 분명하지만, 신약성경에서 의아한 점은 일반 성도에게는 복음을 말로 전하라는 직접적인 명령이 주어지지 않았다는 것이다. 왜 서신서에는 일반 성도에게 전도하라고 명령하는 구절이 몇 구절밖에 없을까? 그 이유는 사람들이 **성도들에게** 신앙에 대해 먼저 물어볼 정도로 교회가 독특하고 특별한 성격을 지녔기 때문일 가능성이 크다. 교회 공동체의 너그러움, 열매 맺는 사역, 서로 사랑하는 가족, 고난 중에도 희망을 품는 것, 용기 있는 공공 생활은 그들의 이웃과 차별화되었고 어디를 가든지 질문을 불러일으켰다.

당신이 매일 광대처럼 옷을 입는다고 상상해 보라. 광대 복장 이야기를 꺼내기가 얼마나 어려울까? 쉬울 것이다. 당신은 가만히 있으면 된다. 가는 곳마다 사람들이 이상한 옷차림에 대해 물어볼 테니까 말이다. 아침에 개를 산책시키러 나가면 왜 핼러윈 복장을 했냐고 물어보는 이웃이 있을 것이다. 회의 전에는 동료들이 화려한 가발에 대해 물어볼 것이고, 심지어 동네 바리스타도 한마디 할 것이다. 문제는 광대 복장에 대해 대화를 시작할 수 있느냐 없느냐가 아니라, 이에 대해 제대로 설명할 수 있느냐다. 베드로가 하나님 백성에게 "너희 속에 있는 소망에 관한 이유를 묻는 자에게는 대답할 것을 항상 준비하되 온유와 두려움으로 하고"(벧전 3:15-16)라고 당부한 것이 바로 이런 의미일 것이다.

하나님 백성은 우스꽝스러운 의상을 입어서가 아니라 그리스도의 성품이라는 독특한 옷을 입기 때문에 눈에 띄어야 한다(골 3:12-14). 탐욕과 소비주의로 점철된 세상에서 하나님 백성은 너그러움의 옷을 입도록 부름받았다. 성적 욕망으로 물든 세상에서 우리는 견고한 결혼 생활과 깊은 우정을 가진 사람들로 구별되어야 한다. '나 우선주의'가 팽배한 세상에서 우리는 사회에서 가장 취약한 사람들의 번영을 희생적으로 추구함으로써 복음을 보여 주어야 한다. 진정 그렇게 산다면 우리는 독특하고 뚜렷한 존재로 돋보일 것이며, 세상이 갈망하고 있는 치유를 보여 줄 것이다. 초기 그리스도인들의 삶이 그렇게 매우 독특했기 때문에 사람들은 그들의 신앙에 대해 질문을 던질 수밖에 없었다. 그래서 서신서에서는 복음에 부합하는 그리스도를 닮은 성품을 지니고, 독특한 생활 방식과 유일하신 하나님에 대해 질문하는 사람들에게 대답할 준비가 되어 있는 것이 중요하다고 강조한다(골 4:5-6; 벧전 3:15).

교회가 진정으로 그리스도의 고유한 성품을 드러내고, 열매 맺는 문화 사역에 온전히 참여하고(청지기 직분 악장), 희생적으로 다른 사람들을 사랑한다면(섬김 악장), 말씀으로 이웃에게 복음을 선포할 기회가 부족하지 않을 것이다. 문제는 우리가 그들의 질문에 답할 준비가 되어 있느냐는 것이다.

세 가지 주요 변화

우리는 청지기 직분 악장과 섬김 악장과 조화를 이루는 방식으로 말로 예수님을 증언할 준비를 해야 한다. 여기에서는 21세기 교회가 복음을 선포하는 데 도움이 될 개념과 실천의 세 가지 주요 변화를 제안하고자 하는데, 대부분은 사도행전의 선교적 리듬에서 비롯된 것이다.

1. **기성품에서 맞춤 상품으로.** 아테네의 바울처럼 우리는 대량 생산자보다는 장인처럼 사려 깊고 상황에 맞는 방식으로 복음을 제시해야 한다.
2. **조작하는 마케팅에서 복음 스토리텔링으로.** 영접 기도를 대가로 천국을 약속하는 값싼 복음을 전하기보다는 복음 이야기라는 사건을 선포해야 한다.
3. **대본 읽기에서 성령의 음성에 귀 기울이기로.** 말씀 나눔 악장은 단순히 이웃과 대화를 나누는 것에 그치지 않고, 기도를 통한 하나님과의 끊임없는 대화에 뿌리를 두고 있다. 인간의 목소리가 아름다운 복음의 음악을 만들기 위해서는 성령의 인도하심과 조율이 필요하다.

기성품에서 맞춤 상품으로

좋아하는 밴드나 가수를 떠올려 보라. 그들이 당신이 사는 동네에 와서 그들의 음악을 들을 기회가 생겼는데 다음 중 하나를 선택해야 한다고 상상해 보라. (가) MP3 플레이어로 음악 듣기, (나) 공연장에 가서 라이브 공연

보기, (다) 집에서 친한 친구들과 함께 라이브 공연 즐기기.

대부분은 거실이라는 친밀한 공간에서, 그리고 친한 친구들 사이에서 자신이 좋아하는 밴드의 음악을 듣고 싶어 하지 않을까? 하지만 이유가 뭘까? 전문적으로 마스터링한 MP3는 거실에서 연주하는 것보다 훨씬 더 높은 음질을 제공하기 때문에, 더 좋은 음질의 음악을 듣고 싶은 것이 이유일 수는 없다. 또한 엄청난 고가의 장비를 갖춘 전문 공연장에 비하면 집은 초라하기 짝이 없다.

그렇다면 왜 우리는 세련된 것보다 개인적인 것을 선택할까? 인간은 최종 결과물뿐만 아니라 과정, 곧 친밀감의 경험에서도 가치를 찾는 관계적 존재이기 때문이다. 좋아하는 가수가 특정 장소와 시간에 **당신의** 친구들을 위해 연주한다는 것은 익명의 대중을 위해 녹음된 그 어떤 훌륭한 연주보다 더 의미가 깊다. 우리가 거실을 선택하는 이유는 소수의 특정 청중이 함께할 수 있는 아름답고 개인적인 무언가가 있기 때문이다. 지역에서 로스팅한 커피, 수제 가구, 장인이 만든 빵, 오래된 이발소의 간단한 손질 등 지난 몇 년 동안 지역의 장인 정신에 대한 관심이 급증했다. 사람들은 주류 회사보다 지역 양조장을, 대형 마트의 냉동 채소보다는 농장에서 판매하는 토종 토마토를, 라디오에서 나오는 획일화된 팝송보다 언더그라운드 힙합을 더 선호한다. 글로벌보다 로컬, 양보다 질, 효율성보다 우수성을 강조하는 것이다.

이러한 장인 정신으로의 움직임은 제조업과 대량 생산에 대한 비난이 아니라 이를 바로잡기 위한 시도이며, 진자를 다른 방향으로 움직이고자 하는 시도다. 장인 정신도 표준화된 생산도 모두 필요하다. 너트와 볼트, 의료 장비, 건축 자재 등의 표준화된 생산이 없다면 세상은 훨씬 더 비싸고, 잠재적으로 더 위험한 곳이 될 것이다. 수작업과 대량 생산 사이에서 균형을 잡는 것이 중요하다.

그러나 복음을 말로 선포하는 것에 관한 한, 장인 정신보다는 산업 혁명과 대량 생산의 승리가 우리 상상력을 더 많이 형성했다. 우리 중 많은 사람이 복음을 몇 가지 포괄적인 요점으로 요약한 다음 대량 생산하여 가능한 한 다수에게 배포하는 것이 전도의 목표라고 생각한다. 대중에게 다가가기 위해 제작한 전도지와 비디오 등 기타 유형의 복음 제시 자료를 널리 배포함으로써 많은 유익이 있었던 것이 사실이다. 그러나 다시 수작업 전도 쪽으로 진자를 움직일 필요가 있다. 신학자들은 이를 상황화(contextualization)라고 부르는데, 이러한 접근 방식은 사도행전 전체에 걸쳐 나타난다.

사도들은 어디를 가든, 변하지 않는 복음의 사건, 특히 예수님과 그분의 부활이 중심이 되는 복음을 선포했다. 그들은 배경에 관계없이 모든 사람에게 회개하고 예수님을 믿으라고 요청했다. 그러나 그들의 접근법은 청중에 따라 달라졌다(고전 9:20-23). 유대인 청중에게 설교할 때는 예수님을 주인공으로 하여 이스라엘 이야기를 재구성했다. 이스라엘의 깊은 갈망과 기대가 그리스도를 통해 어떻게 성취되었는지를 보여 주었다. 예수님을 이스라엘의 진정한 메시아이자 왕, 속죄한 희생양, 최고의 대제사장, 하나님의 복을 가져온 아브라함의 진정한 후손으로 묘사했다. 예수님의 부활을 통해 역사에 임한 하나님의 통치에 대해 이야기했다. 사도들은 종종 구약성경을 인용하고 유대인들에게 친숙한 이미지를 사용하여 우상숭배에 도전하면서도 유대 이야기의 선함을 긍정하는 예수님의 초상화를 그렸다. 무엇보다도, 이스라엘의 모든 성경이 어떻게 궁극적으로 예수님을 가리키는지 보여 주었다.

그러나 바울은 유대인이 아닌 청중을 대상으로 연설할 때는 다른 접근 방식을 취했다. 그는 그들의 문화적 관심사에 호소하여 그들이 가진 질문에 대한 해답이 예수님께 있음을 보여 주었다. 그리스와 로마의 공허한 우상들에서 돌이켜 살아 계신 하나님 안에서 생명을 찾으라고 권면했다. 그러나 그는 청중의 이야기와 상징과 언어를 사용했다. 예를 들어, 바나바와 바울이 루스드라에 들어갔을 때 어떤 일이 일어났는지 생각해 보라. 그리스 신화에 빠져 있던 이 이방인 지역에서는 건강, 농업의 풍요, 다산, 그리고 풍요로운 삶이라고 생각하는 모든 것을 이교 신들에게 구했다(행 14:8-23). 그곳에 도착한 사도들은 한 번도 걷지 못하던 지체장애인을 고쳤다. 이 기적에 경외심을 느낀 도시 사람들은 바울과 바나바가 그리스 신 제우스와 헤르메스의 화신이라고 선포하기 시작했다. 이에 응하여 사도들은 건강과 풍요를 가져다주는 신적 능력에 대한 그들의 갈망을 확인하면서 루가오니아 사람들의 문화 이야기를 열정적으로 언급한다. 그러나 바울과 바나바는 치유와 풍성한 수확을 가져다주는 능력은 그리스 신들이 아닌 야웨에게서 온다고 주장하며, 하나님이 이 땅에 성육신하신 **진정한** 이야기로서 부활하신 예수님을 가리킨다.

사도행전 17장에서 바울이 철학과 종교의 토론 장소인 아테네 아레오바고에 들어갔을 때도 이 점을 다시 확인할 수 있다. 바울은 철학자들의 가장 심오한 질문에 대한 해답이 부활하신 예수님께 있음을 보여 준다. 그는 크레타 섬의 에피메니데스(Epimenides)가 지은 제우스에게 바치는 찬송가와 스토아 시인 아라투스(Aratus)의 시 "파이노메나"(Phainomena)를 인용하며 그들의 문화 이야기를 예수님 중심의 방식으로 다시 들려준다. 바울은 그리스 시와 철학에 통달하여서 그리스어와 문학 표현을 사용하여 예수님을 드러내는 복음 전도 장인이었다. 그는 심지어 알지 못하는 신에게 바쳐진 제단을 발견하고는 그 기회를 이용하여, 알 수 없는 하나님을 사실은 예수님을 통해 알 수 있다고 선포했다.

사도행전 전체에서 우리는 특정 장소의 특정 사람들에게 복음을 전하는 데 가장 적합한 단어를 신중하고 기도하는 마음으로 선택하여 전도하는 장인의 모습을 바울과 다른 사도들에게서 발견할 수 있다. 또한 1세기 교회는 하나의 표준화된 내러티브를 제공하는 대신, 각기 다른 문화에 속한 청중을 위해 그리스도의 생애 이야기를 전하는 네 복음서를 남겼다. 이 복음서들은 성령의 영감을 받아 다양한 청중의 필요에 맞게 잘 기록되고 세심하게 만들어진 복음서다.

장인 정신으로 전도에 접근하고 특정 그룹에 관심을 집중한다면 어떻게 될까? 복음은 예수님의 삶과 죽음과 부활 사건에 뿌리를 두고 있지만, 우리의 언어와 은유와 방법은 우리가 만나는 특정 청중에게 그 의미를 설명할 수 있도록 상황에 맞게 조정되어야 한다. 복음의 대량 생산에 대해서는 덜 생각하는 대신, 어떻게 하면 소수의 특정 집단에게 아름답고 의도적으로 말할 수 있을지에 대해 더 많이 생각한다면 어떻게 될까?

이것은 어때 보이는가? 회계사가 수천 명에게 배포할 일반적인 팸플릿을 작성하는 대신, 회계에 대한 개인화된 신학적 성찰을 작성하여 동료들과 공유할 수 있다. 어떤 사람이 매주 같은 식당에 가서 종업원들과 친해지고, 하나님의 은혜를 표현하기 위해 익명으로 다른 고객의 식사비를 지불하고, 종업원에게 하나님의 아낌없는 은혜에 대해 이야기할 기회를 찾는다고 상상해 보라. 자녀에게 매일 손글씨로 기도문을 써서 선물하는 아버지를 상상해 보라. 매주 직접 화장실을 청소하며 직원들을 섬기기로 결심하고, 직원들에게 발을 씻기시고 섬기러 오신 왕에 대해 이야기할 기회를 찾는 상사를 상상해 보라. 다음 히트곡을 만들려고 노력하는 대신 소수의 고등학생을 위해 아주 특별한 노래를 작곡하여 그들과 함께하는 시간이 하나님의 선물임을 보여 주는 음악가를 상상해 보라. 커피를 로스팅하거나 가구를 만들거나 그림을 그리는 방법을 천천히 그리고 신중하게 배우는 것처럼, 우리는 특정 시점에 특정 집단 사람들과 공감할 수 있는 언어, 상징, 이미지를 포함하여 복음을 전달하는 풍부한 방법을 추구해야 한다.

전도에 대한 이러한 접근 방식에는 네 가지 특징이 있다.

구체적이다. 하나님은 주권적으로 우리 각자를 소수의 특정한 사람들 사이에 두셨다. 그러므로 우리는 어떤 이미지, 비유, 이야기, 질문이 특정한 상황의 사람들에게 다리가 될 수 있을지 생각해 보아야 한다. '우리 배구부', '같은 동네에 사는 우리 이웃', '우리 사무실의 다른 회계사들'이 가진 질문과 문제에 대해 예수님이 어떻게 해답이 될 수 있는지 하나님께 여쭈어야 한다. 우리는 작은 규모로 생각하고 우리가 가장 잘 아는 사람들이 던지는 질문을 분별하는 데 큰 가치를 두어야 한다.

많은 대가를 요구한다. 십자가에서 자신을 쏟아부으신 예수님의 길을 따라 우리는 이웃을 사랑하기 위해 시간, 기술, 훈련, 재정, 우정을 기꺼이 제공해야 한다. 이웃을 사랑하는 한 가지 방법은 시간을 내어 사람들을 알아가고 그들의 이야기에 귀를 기울이는 것이다. 또한 우리는 소수에게 복음을 전하는 데 많은 시간을 할애하는 것을 시간 낭비라고 생각하지 말고, 어떻게 하면 경솔하지 않고 의도적으로 복음을 전할 수 있을지 기도하고 묵상하는 데 기꺼이 시간을 내야 한다.

기도해야 한다. 우리가 초점, 의도성, 장인 정신을 강조하지만, 사람들은 성령의 역사를 통해서만 복음을 이해하게 된다는 것을 기억해야 한다. 창조 세계 위에 운행하시며 장인들에게 성막을 만들 능력을 주셨던 동일하신 성령님이(출 28, 35장) 장인 정신의 전도를 통해서 예수님의 초상화를 그리실 수 있다.

고품질이다. 복음이 진정으로 아름답다면, 우리는 그것을 아름답고도 계획적으로 전달해야 하지 않을까? 우리의 방법은 우리가 전하는 메시지에 대해 우리가 믿는 바를 나타내는데, 슬프게도 종종 그 방식은 복음이 세상의 진정한 이야기라기보다는 대형마트 PB상품 같은 구원 보증서라는 인상을 전달한다. 복음은 무료이지만 싸구려가 아니다. 그 대가는 그리스도의 생명이다. 복음은 세상에서 가장 위대한 메시지이자 비교할 수 없는 보물이다. 전도에 대한 우리의 접근 방식은 우리가 엄청난 가치를 제공한다는 사실을 나타내야 한다.

수작업 전도의 어려운 점은 몇 가지 간단한 단계로 처방할 수 없다는 것이다. 일반적인 대본이 없다. 우리의 말은 성령과 이웃의 말을 잘 듣는 데에서 나와야 한다.

2000년대 초, 나는 애리조나 주립대학교 근처 외국인 거주자들이 많은 동네에 살기로 한 친구들로 구성된 작은 공동체의 멤버였다. 우리의 규칙적인 선교 활동 중 하나는 매주 같은 중동 식당에서 식사하는 것이었다. 그렇게 우리는 식당 주인인 모하메드와 좋은 친구가 되었다. 거의 매일 멤버 중 누군가는 식당에 들러 차를 마시며 그와 함께 시간을 보냈다. 우리는 가족, 사업, 국제 관계, 음식 등 모든 주제에 대해 이야기했다. 모하메드가 가장 자신 있게 내세우는 음식은 이 마을에서 최고라고 확신하는 후무스였다.

모하메드의 멋진 요리를 칭찬하고 그에게 하나님의 영광을 조금이나마 보여 주기 위해 우리 중 몇몇이 그의 훌륭한 후무스와 그 후무스를 만든 인간을 창조하신 하나님에 대한 존경을 표하는 짧은 글을 썼다. 이 글은 존경의 제스처이자 하나님의 창조성과 너그러움을 가리키는 구속적인 은유였다. "최초의 요리사이신 하나님은 우리 입맛을 만족시키고 생명을 유지하도록 병아리콩을 선물로 주셨습니다. 후무스는 효율과 기능뿐 아니라 세상을 친절하고 맛깔나게 만드는 데에도 관심 있으신 하나님을 떠올리게 합니다." 이 글은 이어서 예수님을 하나님의 환대의 얼굴, 즉 자신과 함께 잔치에 오라고 세상을 초대하시는 분으로 언급했다.

후무스에 대한 글은 대부분의 사람에게는 실없는 행동처럼 보일 수 있지만, 모하메드에게는 큰 의미가 있었다. 누군가 자신의 일에 대해 깊이 생각하고 감사를 표하는 시간을 가졌다는 사실을 그는 영광으로 여겼다. 이 글은 장인의 작품을 기리는 수작업 전도였다. 글 쓰는 데 걸린 세 시간은 결국에는 복음에 대한 더 자세한 설명과 그리스도 안에서 하나님의 너그러우심에 응답하라는 호소로 이어진 많은 대화를 끌어냈다.

조작하는 마케팅에서 복음 스토리텔링으로

몇 년 전만 해도 나는 우편함을 확인하는 것으로 하루를 마무리하곤 했다. 주차장 진입로에 차를 세우고 차에서 내려 우편물 더미에 손을 집어넣곤 했다. 나는 가장 좋아하는 튀르키예 작가이자 아나톨리아(Anatolia)의 삶에 대한 흥미진진한 소설을 쓰는 오르한 파묵(Orhan Pamuk)의 책이 배달되기를 기다리고 있었다. 그의 이야기는 나를 1517년 오스만 제국이라는 다른 세상으로 이끌었다. 매일 퇴근길에 집으로 돌아갈 때마다 좋은 소식, 좋은 이야기가 도착하기를 기다렸다.

하지만 닷새 연속으로 실망했다. 우편함에는 쿠폰만 가득했다. 쿠폰이 나쁜 것은 아니지만 정말로 좋은 소식은 아니다. 가끔 유용할 때도 있지만, 우리 마음이나 상상력을 사로잡지는 못한다. 모든 쿠폰 배후에는 무언가를 팔려는 누군가가 있고, 쿠폰에 "무료"라고 적혀 있어도 항상 함정이 있기 때문이다.

안타깝게도 많은 사람이 좋은 소식을 전하는 것이 아니라 쿠폰을 뿌리는 것처럼 전도에 접근한다. 마치 예수님이 사람들을 천국으로 데려다주는 공짜 쿠폰인 것처럼 가능한 한 많은 우체통에 넣기만 하면 된다고 생각한다. 전도를 받는 사람들은 예수님이 자신에게 유익한 분이라고 생각하더라도, 뭔가 함정이 있을 것이라고 의심한다.

복음은 천국행 쿠폰이 아니라 세상에 대한 진실한 이야기다. 오르한 파묵의 소설처럼 몇 시간 동안만 마음을 사로잡는 매혹적인 이야기가 아니라, 우리 삶 전체에 의미를 부여하는 궁극적인 이야기다. 단순히 즐거운 저녁 시간을 제공하는 것이 아니라 깊고 영원한 기쁨을 선사한다. 대부분의 좋은 이야기는 우리가 세상에 대해 더 많이 알 수 있도록 도와주지만, 복음

이야기는 세상을 **만드신** 하나님을 소개한다. 오직 이 메시지만이 모든 인생을 이해하게 해 준다.

이 이야기의 주인공 예수님은 비길 데가 없으신 분으로, 세상의 가장 깊은 질문에 해답을 제시하신다. 복음서를 읽다 보면 그분의 독특한 개성이 페이지마다 빛나는데, 죄와 사탄, 죽음이라는 악당들의 가면을 벗기고 하나님과 인류의 진정한 얼굴을 보여 준다. 그분은 십자가에 못 박힌 몸을 무기로 죽음을 죽이셨다. 우리를 죄의 폭정에서 해방해 주셨다. 우상숭배라는 폭탄을 제거하시고 우주적 테러리스트를 물리치셨다. 약한 자에게 힘을 주시고, 길 잃은 자를 찾으시며, 보이지 않는 것을 보시며, 원수를 형제로 만드시는 그의 영웅담은 흥미진진한 반전으로 가득 차 있어 우리의 관심을 집중시킨다.

예수님은 천국 무료 입장 쿠폰이 아니다. 그분은 인생 드라마의 진정한 주인공이시다. 그분의 이야기는 심심한 청중을 즐겁게 하기 위한 허구의 작품이 아니다. 그 이야기는 회개와 믿음을 통해 책 속으로 뛰어들어 그분 이야기와 진정한 삶 속으로 들어가도록 우리를 초청한다.

안타깝게도 많은 그리스도인이 우리가 구원 쿠폰을 나눠 주거나 물건을 강매하는 등 수단과 방법을 가리지 않고라도 거래를 성사시키는 것을 하나님이 원하신다고 생각한다. 하지만 사도행전의 전도 방식을 살펴보면 열정적인 이야기꾼들이 온 땅에 복음을 전하는 모습을 볼 수 있다. 예수님과 사도들은 새, 농작물, 그리스 시, 출산과 같은 단순한 것들을 복음의 메아리이자 비유로 언급한다. 이러한 비유는 일상의 단순한 것들 뒤에 숨겨진 깊은 의미를 보여 주며, 대담하고 설득력이 있다. 그러나 개인적인 이익보다는 사랑에서 나온 것이기 때문에 교묘하지 않다. 그들은 하나님이 만물의 창조주이시며, 죄가 하나님의 선한 작품을 더럽혔고, 예수님이 엉망진창인 세상을 구원하셨다고 말한다. 그들은 예수님을 팔기 위한 상품이 아니라 알려져야 할 하나님으로 대한다. 우리가 입을 열어 복음을 선포할 때, 사도들의 모범을 따라 복음 이야기를 전하는 방법을 배워야 한다. 그 방법에는 여러 가지가 있지만 여기서는 세 가지를 강조하고자 한다. 세상의 이야기를 다시 들려주고, 우리 개인의 이야기를 기억하고, 예수님의 이야기를 다시 들려주는 것이다.

세상의 이야기를 다시 쓰다

사도행전을 보면, 사도들은 성령의 능력을 받은 이야기꾼들이었음을 알 수 있다. 그들은 사람들의 특정한 질문과 관심사를 다루면서, 성경 이야기의 관점에서 그들 지역의 문화 이야기를 다시 들려주었다. 그들은 선한 창조 세계가 하나님이 주신 관대한 선물임을 지적하고, 세상의 고통이 어떻게 세상과 우리를 구원하실 하나님의 필요성을 나타내는지 보여 주었다. 그들은 사람들에게 삶의 일상적인 것들이 어떻게 복음을 반영하는 메아리인지를 보여 주었다.

우리가 사도들을 따라서 세상의 이야기를 다시 들려주는 법을 배우고 싶다면 디트로이트(Detroit) 모타운(Motown: 미국의 유명 레코드 레이블—옮긴이) 박물관에서 일하는 열정적이고 지식이 풍부한 투어 가이드에게서 배우는 것이 현명할 수 있다. 모타운 관광의 특징을 한 단어로 표현한다면 바로 '재주술화'(reenchantment)다. 재능 있는 가이드는 그룹 템테이션스(The Temptations)가 춤 동작을 연습하는 모습을 보거나 마빈 게이(Marvin Gaye)가 바닥에 앉아 노란 메모지에 가사를 낙서하는 모습을 보는 것이 어땠을지 상상할 수 있도록 도와준다. 박물관에 있는 모든 것의 의미를 다시 상상할 수 있게 돕는 것이다.

예를 들어, 어느 방 한구석에는 가수 다이애나 로스(Diana Ross)가 사용했던 작은 책상이 있는데, 대부분의 사람은 눈치채지 못할 것이다. 투어 가이드는 다이애나 로스가 한때 모타운의 비서였고 책상에 앉아 전화를 받으면서 하루를 보냈다는 흥미로운 이야기를 들려주었다. 하루는 다른 밴드의 백업 가수가 나오지 않아서 사운드 체크에 대신할 사람이 필요했다. 그들은 방을 둘러보다가 다이애나 로스를 발견했다. 다이애나 로스가 무대에 올라 강력한 보컬을 선보이자 모두가 숨을 죽였다고 투어 가이드는 말했다. 그날 프로듀서들은 먼지 쌓인 책상 위에 계약서를 올려놓았고, 이 계약으로 역사상 가장 위대한 R&B 보컬리스트의 경력이 시작되었다고 한다. 바로 그때, 가이드가 그 책상 위에 올라가서 로스의 히트곡을 부르기 시작했다. 중고 가게에서나 볼 수 있는 먼지투성이 낡은 책상이 아름답고 열정적이며 매혹적인 스토리텔링 덕분에 갑자기 경이로움과 의미로 가득 차게 되었다.

모타운 박물관의 가이드에게서 복음 이야기를 전하는 것에 대해 무엇을 배울 수 있을까? 어떤 면에서 말씀 나눔 악장에 참여하는 것은 우주의 투어 가이드가 되는 것과 같다. 우리는 인생의 해설자가 되어 사람들이 가장 단순한 것들 뒤에 숨겨진 깊은 의미와 경이로움을 볼 수 있도록 돕는다.

광합성에서부터 농사, 모래밭, 고층 건물에 이르기까지 전 지구는 경이로움으로 가득하지만, 대부분의 사람은 이를 놓치고 있다. 이 놀라운 것들은 하나님의 영광을 엿볼 수 있는 하나님 이야기의 단편을 제공한다. 하지만 대부분의 사람은 이러한 단편적인 모습에 진정한 맥락을 부여하는 참된 이야기, 즉 모든 생명의 진정한 의미를 보여 주는 이야기를 들어 본 적이 없다. 우리는 사람들이 그랜드 캐니언을 위엄 있는 하나님을 나타내는 초상화로, 부드러운 커피 한 잔을 선한 창조 세계를 들려주는 메아리로, 관절염을 죄에 사로잡힌 세상에 대한 증거로, 결혼을 그리스도의 사랑의 드라마로, 보수한 집을 다가올 만물의 회복을 예고하는 것으로 볼 수 있도록 돕는 여행 가이드의 특권을 누리고 있다. 하박국 2장 14절은 "물이 바다를 덮음같이" 온 땅이 하나님의 영광을 아는 지식으로 가득 차게 될 날을 이야기한다. 하나님의 여행 가이드인 우리는 우리가 살고 일하고 노는 장소가 이미 하나님의 영광으로 가득 차 있음을 보여 줌으로써 하나님의 선교의 한 측면에 동참할 수 있다.

전도는 강압적인 영업이 아니라 삶의 단순한 것들에서 발견할 수 있는 깊은 의미를 보여 주는 재주술화 과정이다. 박물관 투어 가이드가 기념물의 깊은 의미를 설명하여 사람들이 각 전시물 뒤에 숨겨진 이야기를 이해하도록 도와주는 것처럼, 우리는 삶을 이해하게 도와주는 더 큰 이야기를 들려준다. 사람들이 세상에서 만나는 선하고 감동적이고 아름다운 것들은 하나님의 창조 세계의 선함을 보여 주는 기념비다. 이 세상의 악, 고통, 아픔은 죄와 사탄, 죽음의 실체를 보여 주는 기념비다. 희생, 영웅적 행동, 회복의 모든 행위는 복음의 기념비 역할을 한다. 우리에게는 이런 기념물들로 사람들의 관심을 끌어들이고, 그것들이 가리키고 있는 위대한 이야기를 전할 수 있는 특권이 있다.

창조 세계의 기념비 우주 투어 가이드인 우리는 기쁨, 아름다움, 장엄함, 선함, 정의를 증언하는 하나님의 선물로 사람들의 관심을 끌 수 있다. 건축, 우정, 목공, 잘 작성된 컴퓨터 코드, 아늑한 오두막은 모두 하나님의 선하심을 보여 주는 기념비다. 우리는 이러한 것을 즐기는 사람들을 질타해서는 안 되며, 오히려 하나님의 세계를 누리는 즐거움을 바탕으로 이 세상의 모든 좋은 선물이 어떻게 하나님으로부터 오는지를 그들에게 보여 주어야 한다.

템피 북부 지역은 장소 만들기, 도심 정원 가꾸기, 공예에 관심이 많다고 알려져 있다. 그래서 '템피 자전거 갱단'(5장을 보라)은 식물이 가득한 창의적이고 아름다운 앞마당과 환대를 보여 주는 정원을 가꾼 사람들에게 '플레이스메이커'(placemaker) 상을 수여하기로 했다. 대부분의 집주인은 이 희한한 상에 약간 당황해하면서도 고마워했다.

이들과의 관계가 발전하면서 좋은 건축물과 도심 정원, 걷기 좋은 동네를 좋아하는 이유를 물어볼 수 있었다. 이러한 대화는 그들에게 하나님을 주목할 기회를 만들어 주었다. 그들은 최고의 플레이스메이커인 그분의 형상대로 만들어진 존재다. 최고의 도시 장소 만들기는 예수님이 친히 우리를 위해 하신 장소 만들기를 반영한다. 예수님은 우리가 아름답게 회복된 창조 세계에서 안전하고 공동체적으로 하나님과 다른 사람들과 함께 살 수 있는 장소를 준비하고 계신다.

타락의 기념비 속임수를 쓰는 동료, 정치적 무능력에 대한 뉴스, 핵전쟁의 위협, 감기의 공통점은 무엇일까? 이 모두는 우리가 사는 세상이 망가져 있고 치유가 필요하다는 것을 일깨워 준다.

우리는 죄가 세상을 왜곡하고 상처를 입히는 방식에 사람들이 주목하게 함으로써 그들을 섬길 수 있다. 다른 사람의 고통을 외면하거나 주제를 바꾸거나 그냥 무시하기는 쉽다. 그러나 이 세상의 망가진 모든 것은 우상숭배, 상처, 불의라는 현실을 가리킨다. 우리가 복잡한 세상 문제들에 대해 토론할 때, 우리는 사람들로 하여금 우리 모두가 얼마나 절망적이고 거짓 구원자들이 얼마나 부적절한지 볼 수 있도록 돕는다. 성령만이 우리의 죄를 깨닫게 하고 그리스도를 보여 주실 수 있지만, 성령은 종종 망가진 세상을 사용하여 인간 반역의 결과에 대한 토론을 열어 주실 것이다.

세상에 그렇게 많은 고통과 두려움, 불의가 존재하는 이유를 묻다 보면 우리가 해결하기에는 너무 큰 문제임을 깨닫게 된다. 우리에게는 '바깥' 세상에 있는 죄뿐만 아니라 우리 마음속에 전이된 죄까지 해결할 수 있을 만큼 크신 구세주가 필요하다.

한번은 어떤 사람에게 기회가 주어진다면 '발명을 취소하고 싶은 것' 한 가지를 꼽아 달라고 한 적이 있다. 그는 페이스북이라고 답했다. 이유를 물었더니 페이스북을 사용하는 모든 사람이 '가짜로' 행동한다고 이야기했다. 결국 우리 대화는 아담과 하와가 부끄러워하며 무화과나무 잎으로 벗은 몸을 숨긴 창세기 3장 이야기로 흘러갔다. 나는 페이스북을 21세기의 무화과나무 잎, 즉 사람들이 자신의 본모습을 다른 사람들로부터 감추기 위해 입는 가면으로 생각하는 이유를 나눌 수 있었다. 나는 십자가에서 우리의 수치를 해결해 주시고 우리가 하나님께 온전히 알려지고 온전히 사랑받을 수 있게 해 주신 그리스도에 대해 말했다. 이러한 대화가 가능했던 것은 내가 대화를 표면적인 수준에 머물게 하지 않고 망가진 세상에 대해 더 깊이 탐구하는 데 도움이 되는 질문을 계속 던졌기 때문이다.

내가 아는 몇몇 의료 전문가는 예수님을 상처 입은 치유자, 즉 우리 고통 속으로 들어오셔서 우리 고통에 해답이 되신 분이라고 말한다. 사람들이 고통받는 이유에 대한 값싼 답은 없지만, 육체적 고통은 우리가 알지 못했던 현실을 증언한다. 인간의 몸은 번영하기 위해 만들어졌지만 고통으로 인해 왜곡된 걸작이라는 것이다. 이 의료 전문가들은 예수님을 십자가의 비참한 고통을 견뎌 내신 분으로서 고통받는 세상에 공감할 수 있는 분이라고 설명한다. 우리가 왜 고통받는지 이해하지 못하더라도 예수님 안에서 우리는 우리와 함께 고통받으러 오신 하나님을 본다. 그분의 상처에서 우리의 치유를 발견한다. 부활하신 예수님의 몸은 관절염에 걸린 손이 조각상을 만들고, 마비된 사람이 브레이크 댄스를 추고, 암이 먼 추억이 될 날의 예고편이다.

능숙한 전도자인 친구 목사가 머리를 자르러 갔다. 미용사는 동성애자였고, 침묵 속에서 두 사람은 약간의 어색함을 느끼고 있었다. 마침내 친구가 입을 열어 미용사에게 어떤 세상에서 살고 싶은지 물었다. 그는 인간과 자연이 조화를 이룬 세상이라고 말했다. 그는 야외 활동을 좋아했고 인류가 지구를 망가뜨리고 있는 데 대해 몹시 불안해하고 있었다. 그러자 친구는 기독교 신앙이 바로 그런 조화를 이야기한다는 사실을 아느냐고 물었다. 그 미용사는 놀라서 "아니요!"라고 대답했다.

친구 목사는 계속해서 말했다. "하나님은 세상을 만드시고 인간에게 세상을 돌보는 임무를 주셨어요. 하지만 우리의 반역 때문에 이제 우리는 그것을 자신의 이기적인 이익을 위해 써 버리죠. 성경은 하나님이 그 관계를 어떻게 치유하고 계신지에 대해, 예수님을 중심으로 한 이야기를 들려줘요. 언젠가 하나님이 그분의 일을 완성하실 때, 인간과 다른 피조물의 관계가 회복될 거예요."

미용사는 충격을 받았다. 그리고 이렇게 말했다. "저는 그리스도인들이 죽을 때 천국에 가는 것이 중요하고, 이 세상에는 신경 쓸 필요가 없다고 말하는 것만 들었어요." 친구는 성경을 잘못 이해한 일부 사람들이 그렇게 믿지만 그것이 성경 이야기는 아니라고 말했다. 그 미용사는 다음 주일에 친구의 교회에 나왔고, 자신의 파트너에게 "이 목사님이 전하는 좋은 소식을 꼭 들어봐야 해!"라고 말했다.

구속의 기념비 인간의 마음은 영웅과 희생 이야기에 끌린다. 그것이 우리 구세주를 떠올리게 해 주기 때문이다. 수염이 덥수룩한 다 큰 아저씨도 부상당한 선수가 마지막 순간에 슛을 성공시켜 경기에서 승리하는 장면을 보면서 눈물을 흘린다. 최신 마블(Marvel) 영화를 보기 위해 영화관에는 긴 줄이 늘어선다. 9/11 테러 현장의 최초 구조대원들만큼 존경받는 사람도 드물다.

우리의 작은 영웅담과 희생 이야기는 완전하지 못한 구원자를 드러내지만, 희생적인 사랑으로 세상을 구원하신 그리스도의 메아리가 되기도 한다. 그래서 우리는 이러한 이야기를 확산시켜야 한다고 믿는다. 그들은 복음의 살아 있는 기념비다. 우주 투어 가이드인 우리는 이러한 이야기들을 기념하고, 사람들이 왜 이 이야기들에 그토록 끌리는지 탐구할 수 있도록 좋은 질문을 던지며, 모든 희생과 영웅 이야기가 가리키는 더 큰 이야기에 대해 정중하게 사람들에게 들려줄 수 있다.

나는 그리스도의 자기희생적인 사랑을 이야기할 때 아내의 생명을 구한 작은 무슬림 여성 에브루 박사 이야기를 자주 들려준다. 튀르키예에서 아내의 주치의였던 그녀는 우리 딸 엘리아나를 분만해 주었다. 그러나 그녀는 우리에게 의사 이상의 존재였으며, 하나님의 환대와 자신을 내어주는 사랑을 몸소 보여 주었다. 대부분의 의사는 가능한 한 빨리 예약된 환자를 진찰하고 넘어가려 하지만, 에브루 박사는 우리를 알아 가는 데 시간을 할애했다. 자신의 도움이 필요할 때를 대비해 개인 휴대전화 번호도 알려 주었다. 나중에 에브루 박사의 휴대폰 번호는 우리 가족에게 단순한 편의만 제공한 것이 아니라, 구세주가 되어 주었다.

딸을 출산할 때는 진통에서 분만까지 여섯 시간도 채 걸리지 않았고 합병증도 없었다. 하지만 6주 후 앙카라의 선선한 봄날 밤, 아내가 하혈하기 시작했다. 아내는 재킷을 입으려고 손을 뻗다가 의식을 잃고 바닥에 쓰러졌다. 나는 한 팔로 갓난 딸을 안고 다른 팔로는 의식을 잃은 채 피를 흘리고 있는 아내를 안아야 했다. 혼란스럽고 두려운 마음에 아내의 휴대전화를 들고 에브루 박사에게 전화를 걸었다. 내 말이 채 끝나기도 전에 그녀는 "당장 병원으로 오세요!"라고 말했다.

전화를 끊자마자 친구 마크가 도착했다. 축 늘어진 아내를 함께 들고 계단을 내려가 택시를 탔다. 10분 만에 구벤릭(Guvenlik) 병원에 도착했고 에브루 박사가 침착하게 맞이해 주었다. 박사는 아내를 서둘러 수술실로 옮기고 나를 대기실로 안내했다. 네 시간이 넘는 시간 동안 나는 아기를 품에 안고는 아내의 웃음소리를 다시 들을 수 있을지, 딸이 엄마를 기억하게 될지 걱정하고 있었다. 지친 간호사가 나를 찾아와서 아내가 괜찮다고, 에브루 박사가 아내를 살렸다고 말해 주었을 때에야 나는 걱정스러운 기도를 마침내 멈출 수 있었다.

간호사는 회복실로 함께 걸어가면서 아내가 피를 더 많이 흘렸더라면 사망하거나 심각한 뇌 손상을 입을 수 있었다고 말했다. 하지만 에브루 박사가 아내를 서둘러 수술실로 옮겼고, 그 긴 시간 동안 이루어진 수술로 아내의 생명을 구했다. 이 모든 일은 에브루 박사가 이미 12시간 동안 분만 담당 교대 근무를 마친 후에 일어났다. 그녀는 이미 잠자리에 든 한밤중에 내 전화를 받았다. 그녀는 잠이 필요하고 또 자도 된다는 것을 알았기에 쉽게 전화를 무시할 수도 있었다. 하지만 전화를 받아 주었고, 큰 희생을 감수하면서 아내의 생명을 구했다.

그 이야기를 들려주면 친구들은 종종 감동하여 눈물을 흘리곤 한다. 왜 그럴까? 자기를 희생하는 아름다운 사랑이 그리스도의 희생적인 사랑을 떠올리게 해 주기 때문일 것이다. 이 이야기를 들려줄 때마다 그리스도 안에 있는 하나님의 사랑에 대해, 말 그대로 수백 번의 대화를 나눌 수 있었다. 나는 십자가를 믿지 않는 이 작은 무슬림 여성이야말로 내가 읽은 최고의 성경 주석 중 하나라고 사람들에게 말한다. 에브루 박사가 아내를 위해 한 일을 그리스도께서 세상을 위해 하셨다고 말한다.

선한 창조 세계, 타락의 파괴적인 영향, 아름다운 구원 이야기는 모두 복음의 메아리를 제공한다. 우리 역할은 그 메아리에 귀를 기울여 세상에 알리는 것이다. 우리 역할은 창조, 타락, 구속의 기념비를 찾아 우주 투어 가이드가 되어 그 뒤에 숨겨진 깊은 의미를 설명하는 것이다.

실제 대화의 역동성을 반영할 수 없기에, 내가 제시한 예들이 다소 진부하게 들릴 수도 있다. 그러나 이 예들은 각본이 아니라, 상상력을 자극하기 위한 몇 가지 짧은 예시를 제공하기 위한 것이다. 궁극적으로, 각 사람은 하나님이 자신을 배치하신 맥락을 살펴보고 이렇게 질문해야 한다. **내 주변**

사람들이 던지는 질문 중 예수님이 답이 되는 것은 무엇인가? **내가 처한 상황의 경험을 성경 이야기에 비추어 어떻게 다시 진술할 수 있을까?**

우리 개인의 이야기 기억하기

사도행전은 교회의 선교적 정체성을 '증인'이라는 단어로 설명한다. 증인은 자신이 보고 들은 것을 증언하는 사람을 가리키는 법정 용어다. 사도들은 그리스도의 삶과 죽음, 부활의 증인이었다. 그들의 사명은 그들이 직접 눈으로 본 것을 세상에 전하는 것이었다.

우리는 어떠한가? 우리는 복음 사건의 증인인가? 사실, 우리는 부활하신 주 예수님을 직접 눈으로 보지는 못했다. 그러나 실제 사건을 직접 보지는 못했지만 부활의 영향력이 우리 삶을 강력하게 변화시켰기 때문에 여전히 증인의 역할을 한다. 우리는 사도들의 증언에 우리의 목소리를 더하여서 증언한다. 사도들은 예수님의 삶과 죽음, 부활의 실제 사건을 증언했다. 우리는 그 사건이 우리 삶에 미친 영향을 증언한다. 복음이 우리 삶을 어떻게 변화시켰는지에 대한 자신의 작은 이야기로 복음의 큰 이야기를 구체화하여 소개한다.

우리가 입으로 복음을 전할 수 있는 가장 간단한 방법은 우리 개인의 이야기와 예수님이 우리를 어떻게 구원해 주셨는지를 말하는 것이다. 이를 보여 주는 한 가지 아름다운 예가 예수님이 우물가에서 사마리아 여인을 만나신 장면이다. 그분은 우리의 갈증을 해소하는 생수로 자신을 나타내신다. 사회적 지위와 상관없이 그분을 아는 것만으로 아버지 하나님께 나아갈 수 있게 하는 메시아로 나타내신다. 많은 사람이 요한복음에 나오는 이 장면을 잘 알지만, 그다음 장면을 간과하는 경우가 많다. 사마리아 여인은 즉시 마을로 돌아가 자신의 간증을 나눈다. 그 결과는 어땠을까? "여자의 말이 내가 행한 모든 것을 그[예수]가 내게 말하였다 증언하므로 그 동네 중에 많은 사마리아인이 예수를 믿는지라"(요 4:39). 하나님은 이 여인을 그 사마리아 마을의 부흥을 위한 도구로 사용하셨다. 당시에는 여성에게 권력이나 지위가 없었고, 더구나 이혼을 여러 번 했기에 평판도 좋지 않았을 것이다. 교육을 받았거나 경험이 많은 것도 아니었다. 예수님을 만난 지 얼마 되지 않았기 때문에 사실 예수님에 대해서 잘 알지도 못했다.

그러나 이 여인은 메시아를 개인적으로 만난 것과 그분이 자신의 삶을 어떻게 변화시켰는지에 대한 이야기를 갖고 있었다. 우리도 마찬가지다. 말씀 나눔 악장을 연주하기 위해 우리가 알아야 할 것이 있다면, 하나님이 우리 삶에서 어떻게 역사하셨는지에 대한 이야기뿐이다. 톰 슈레이더(Tom Shrader)가 말했듯이, "복음을 믿을 만큼 안다면, 전할 만큼 아는 것이다." 우리 개인의 경험을 사람들에게 이야기하는 것만으로는 충분하지 않지만, 우리 이야기는 복음 이야기로 향하는 진입로가 될 수 있으며 복음의 현재적 능력을 증언할 수 있다.

예수님의 이야기 다시 들려주기

복음 이야기를 전하는 또 다른 방법은 복음서에 나오는 예수님 이야기를 다시 들려주는 것이다. 이것은 그리 어렵지 않다. 복음서에 몰입하여서 사람들이 특정한 상황에서 씨름하고 있는 질문, 관심사, 어려움들과 연결되는 이야기들을 기도하면서 찾아내면 된다. 그런 다음 그 이야기들을 반복해서 읽으면서 시간을 보내는 것이다. 그 이야기들이 당신 마음속에 스며들어 기도 생활에 맛을 더하도록 하라. 그 이야기들이 모든 대화에 자연스럽게 흘러나올 정도로 삶의 일부가 될 때까지 읽고 묵상하라.

그 이야기들을 익히는 데 시간을 할애하라. 암기하는 것이 아니라 일상 대화에서 쉽게 다시 말할 수 있을 정도로 **익히는** 것이다. 그런 다음 기도하면서 사람들에게 들려줄 기회를 찾으라. 어색하게 격식을 차릴 필요는 없다.

대화 상대에게 이야기를 들려줘도 괜찮을지 물어보거나 _____에 대한 이야기를 들어본 적이 있는지 물어보는 것으로 시작하면 된다.

삶과 죽음에 대한 질문으로 씨름하는 사람들에게 예수님이 나사로를 죽은 자 가운데서 다시 살리신 이야기와 부활과 생명이라고 주장하신 예수님 이야기를 들려줄 수 있다. 죽음과 질병을 다스리시는 예수님의 권능에 초점을 맞추거나 예수님이 그 기적을 행하시는 것을 직접 봤다면 어땠을지 물어볼 수도 있다. 예수님이 나사로의 죽음에 눈물을 흘리셨다는 것과 예수님을 통해 하나님이 이 세상의 고통과 아픔에 어떻게 개입하시는지에 대해 이야기하는 것도 적절할 수 있다. 예수님은 죽음을 정복하셨지만, 죽음으로 인한 고통이 가득한 끔찍한 현실에서 우리와 함께 울고 계신다. 이러한 대화는 자연스럽게 예수님의 죽음과 부활, 눈물 흘리는 세상의 눈에서 눈물을 닦아 주실 미래의 회복에 대한 토론으로 이어질 수 있다.

누가복음 10장에 나오는 예수님의 선한 사마리아인 비유(5장을 보라)는 여러 유형의 사람들에게 들려줄 수 있는 또 다른 강력한 이야기다. 세상에서 선을 행하고 싶어 하는 사람들에게 이 이야기를 들려줄 수 있다. 그들의 자원봉사, 너그러움, 공공의 정의를 위한 노력을 칭찬한 다음 '선한 사마리아인'이라는 말이 어디에서 유래했는지 들어본 적이 있는지 간단히 물어볼 수 있다. 이 이야기를 들려주면 인류가 세상에서 선행을 하고 싶어 하는 이유에 대한 대화가 이어지고, 그리스도 안에서 하나님의 너그러우심과 우리가 가치 있다고 생각하는 사람뿐만 아니라 원수까지도 사랑하고 존중하라는 예수님 사랑의 독특한 성격에 대한 토론으로 이어지곤 했다. 이러한 토론은 종종 우리가 하나님께 적대적인 원수였을 때에 그리스도께서 어떻게 우리를 사랑하셔서 우리를 위해 죽으셨는지에 대해 토론할 기회로 이어진다. 또한 이 비유는 소위 기독교 지도자라는 많은 사람의 위선과 인종차별에 비판적인 사람들에게도 좋은 이야기다. 예수님도 그러한 위선을 직시하고 거부하셨으며, 세상에서 무시되고 억압받는 사람들을 가까이하셨다는 사실을 알려 주는 것이 중요하다.

어떤 그리스도인들은 '구원'받는 방법을 체계적으로 설명하는 것이 진짜 전도라고 생각하도록 훈련받았기 때문에 예수님 이야기를 전하는 것이 제대로 된 전도 방법이라고 생각하지 않는다. 그들은 로마서나 갈라디아서를 인용한 다음에 사람들에게 영접 기도를 할 기회를 제공하지 않는 한 성경적이지 않다고 생각한다(아이러니하게도 그런 영접 기도는 성경 어디에도 없다). 초기 교회의 주요 전도 도구는 예수님의 삶과 죽음, 부활을 상황에 맞게 재구성한 사복음서였다. 로마서와 갈라디아서가 주어진 것은 우리가 거기서 몇 문장을 잘라내어 문맥에서 떼어내고, 그것들을 깔끔한 원칙 목록으로 재배열한 다음, 모든 대화에 최대한 빨리 끼워 넣도록 하기 위해서가 아니다.

그러나 예수님 이야기를 전할 때는 주의해야 한다. 사람들이 로마서와 갈라디아서의 전체 맥락에서 몇 구절만을 떼어내는 것처럼, 우리는 복음이라는 전체 이야기에서 복음서 이야기들만 추출할 위험을 안고 있다. 청중이 이미 믿고 있는 어떤 이념이나 우상숭배를 긍정하고, 사람들이 듣고 싶어 하는 것에 대한 증거 본문으로 예수님 이야기를 사용하고 싶은 유혹을 받을 수 있다. 공통의 기반을 다지고 대화 상대의 삶에서 좋은 점을 긍정하는 것은 현명한 방법이지만, 우리가 예수님의 죽음과 부활을 선포하고 사람들에게 옛 생활을 회개하고 그리스도를 믿으라고 초청할 때까지는 충분하지 않다는 사실을 아는 것도 중요하다. 물론 모든 대화에서 모든 것을 말할 필요는 없다. 예수님이 제자들에게 한자리에서 모든 것을 설명하지 않으셨던 것처럼, 우리도 이러한 이야기를 나누고 사람들에게 숙고할 시간을 제공한 다음 계속해서 더 깊이 들어가도록 그들을 초대하는 것이 현명할 때가 많다.

예수님 이야기를 전하는 것은 우리 말을 사용하여 사람들을 복음서로 이끄는 것이다. 이는 그들이 그리스도의 얼굴을 바라보게 될 때 아버지 하나님의 영광을 보기 시작하고, 회개하고 믿으라는 성령의 초대를 듣게 될 것을 알기 때문이다. 요한복음 1장 18절은 "본래 하나님을 본 사람이 없으되 아버지 품속에 있는 독생하신 하나님이 나타내셨느니라"라고 말한다. 이러한 이야기를 전하는 우리의 목적은 사람들에게 재미와 영감을 주거나 삶에 도움이 되는 몇 가지 원칙을 제공하는 것이 아니다. 그리스도의 얼굴에 나타난 하나님의 영광을 보여 주는 것이 목적이다.

대본 읽기에서 성령의 음성 듣기로
복음이란 무엇인가?

하나님의 선교 교향곡에 열방에 복음의 말씀을 노래하는 선교 합창단이 있다면, "그들이 노래하는 가사는 무엇일까?"라는 질문이 제기될 수 있다. 우리가 전하는 좋은 소식에는 어떤 말씀이 들어가야 할까? 성경은 우리에게 복음 선포를 위한 포괄적인 대본을 주지는 않는다. 대신 성경 이야기에 뿌리를 두고, 자신의 문화를 이해하며, 그들의 문화적 맥락에서 특정 질문에 대한 답으로서 그리스도를 선포하는 데 도움을 주시는 성령께 의지했던 그리스도인들에 대해 말해 준다. 구약성경에 대한 베드로의 해석부터 알지 못하는 신에 대한 바울의 설명, 예수님을 말씀으로 묘사하는 요한복음부터 예수님을 다윗의 자손이자 주님으로 묘사하는 마태복음에 이르기까지, 성경은 복음을 다양한 방식으로 선포한다.

그러나 몇 가지 공통된 주제가 있는데, 특히 신약성경에서 우리에게 제공하는 복음의 다양한 요약들 사이에 그러하다. 예수님이 처음 선포하신 복음은 하나님 나라가 그분 안에 도래했다는 것이다(막 1:14-15). 바울은 고린도전서 15장 1-5절에서 이와 다르지만 분명하고 결정적인 복음의 정의를 제시한다. "형제들아 내가 너희에게 전한 복음을 너희에게 알게 하노니…이는 성경대로 그리스도께서 우리 죄를 위하여 죽으시고 장사 지낸 바 되셨다가 성경대로 사흘 만에 다시 살아나사 게바에게 보이시고 후에 열두 제자에게와." 이 본문에는 밀접하게 연관된 복음 선포의 특징이 적어도 세 가지가 있다. 복음의 중심은 예수님이다. 복음은 긴 이야기의 절정으로서 하나님 나라의 기쁜 소식을 선포한다. 복음은 구원의 메시지다.

복음의 중심은 예수님이다

복음을 선포할 때 우리는 실제 역사적 사건들을 알리는 것이다. 이것은 너무나 당연하게 들릴 수 있다. 하지만 많은 사람이 복음을 어떻게 구원받을 수 있는지에 대한 추상적인 개념이나 원리로 축소한다. 심지어 역사적 사건들조차도 그 사건들에 대한 이론으로 축소하곤 한다. 그러나 신약성경은 구체적인 사건들에 초점이 맞춰져 있다. 그리스도의 삶과 죽음, 부활과 승천, 성령의 부으심은 하나님이 구원하시고 그 나라를 가져오시는 실제 역사적 사건들이다. 마가는 마가복음을 "하나님의 아들 예수 그리스도의 복음의 시작이라"(1:1)라고 소개한다. 이 짧은 구절은 복음 이야기 전체가 예수 그리스도에 관한 좋은 소식임을 함의한다. 복음은 예수님 이야기 전체와 관련이 있지만, 확실히 그분의 죽음과 부활이 중심적이고 지배적인 위치를 차지한다. 예수님은 세상을 하나님과 화목하게 하기 위해 우리 죄를 대신하여 죽으셨고, 부활은 새 창조의 첫 열매다(고전 15:20-24).

복음은 긴 이야기의 절정인 좋은 소식이다

1세기 하나님 백성은 하나님의 임재가 이스라엘로 돌아와 망가진 세상을 회복하실 날을 갈망하고 있었다. 그들의 이야기는 절정을 향해 나아가고 있었고, 메시아가 돌아와 만사를 바로잡기를 기다리고 있었다. 바울이 예수님의 복음이 "성경대로" 된 것이라고 말할 때, 그는 복음이 하나님이 이스라엘의 열망, 곧 망가진 모든 것을 회복하고 온 세상을 다스리기 시작하기를 바랐던 열망을 성취한다고 말하는 것이다.

'복음'이라는 단어는 말 그대로 '좋은 소식'을 의미한다. 1세기 하나님 백성은 기대감에 차서 이사야 52장 같은 구절을 읽었는데, 이 본문은 왕이신 하나님이 다스리신다는 기쁜 소식이 평화와 기쁨, 구원을 가져온다고 말한다. 그들은 하나님의 구속 사역이 절정에 이르고, 하나님이 우상숭배와 불의, 고통을 몰아내실 날을 고대하고 있었다. 예수님이 하나님 나라가 임했다고 선포하셨을 때, 그분은 오랫동안 기다려 온 하나님의 회복이라는 좋은 소식이 찾아왔으며, 그것이 자신을 통해 도래했음을 선포하셨던 것이다.

현대인들에게 왕이나 왕국이라는 개념은 낯설고, 구원이라기보다 판타지의 영역인 것처럼 생각된다. 그러나 예수님이 하나님 나라의 도래를 선포하실 때, 그분은 세상 마지막 날을 구체적으로 선언하시는 것이다. "하나님이 통치하시는 날이 임했다!" 이 메시지는 바울의 글에서도 넘쳐난다. 그리스도로 인해 우리는 때가 찬 시점에 이르렀고(갈 4:4; 엡 1:10), "구원의 날"이 왔으며(고후 6:2), "새 창조"가 이루어졌고(고후 5:17), "말세"(고전 10:11)와 "후일"(딤전 4:1)이 우리에게 임했으며, 우리는 이제 그 나라의 기업을 함께 누린다(골 1:13-14). 복음은 하나님 나라가 그리스도를 통해 세상에 침입하여 망가진 모든 것을 회복하고 새롭게 한다고 선포한다. 그리스도의 초림으로 시작되었지만 그분의 재림 때까지 완성되기를 기다린다는 의미에서 하나님의 회복이 '이미'이면서도 '아직'이라는 것이 사실이지만, 우리가 복음을 선포할 때는 그리스도가 우리를 우상숭배와 죽음, 깨짐, 불의라는 나쁜 소식에서 구출하시는 좋은 소식이라는 점을 기억해야 한다.

복음은 구원의 메시지다

하나님은 세상을 멸망시키고 다시 시작하셔서 죄를 처리하실 수도 있었다. 그러나 그분은 창조 세계를 새롭게 하고 그분의 형상을 지닌 반역자들을 구조하기로 선택하셨다. 복음은 그리스도께서 성경 전체 이야기의 목적을 성취하시는 것, 곧 인간을 그 회복의 중심에 두고 만물을 회복하시는 것이다. 복음은 구원하고 구속하고 화목하게 하고 치유하고 해방하시는 하나님의 능력을 보여 준다. 하나님은 인간의 반역이 끼친 끔찍한 영향으로부터 그분의 선한 창조 세계를 회복하고 계시며 그분의 회복은 그분의 선한 창조 세계 전체로 확장된다. 이는 모든 사람이 구원받으리라는 뜻은 아니다. 옛 생활을 회개하고 그리스도를 믿어야만 그 나라에 들어갈 수 있기 때문이다. 예수님은 구원의 유일한 근원이시다. "다른 이로써는 구원을 받을 수 없나니 천하 사람 중에 구원을 받을 만한 다른 이름을 우리에게 주신 일이 없음이라 하였더라"(행 4:12). 그리스도를 믿는 사람들에게 하나님의 구원하시는 능력은 용서, 하나님과의 새로운 관계, 칭의, 성령의 새롭게 하시는 능력, 평화 등 많은 축복과 선물을 가져다준다. 그러나 그것은 살아 있는 믿음과 참된 회개, 값비싼 순종과 희생적 사랑이라는 요구도 동반한다.

우리가 복음을 선포할 때, 우리는 예수님의 탄생과 삶, 가르침, 죽음, 부활, 승천의 이야기를 전하는 것이다. 이 메시지는 포괄적인 구원의 좋은 소식이다. 창조 세계를 회복하고 죄와 사탄과 죽음에서 인류를 구조하시는 하나님의 선교는 그리스도, 곧 진정한 영웅을 통해 성취된다. 우리가 복음을 선포할 때, 우리는 이 타락한 세상의 깨짐에 대한 답이 있으며, 우리를 노예로 만들어 왜곡시키는 죄에 대한 답이 있다고 선언하는 것이다. 그리스도 안에서 하나님은 역사에 개입하시어 우리 모두를 괴롭히는 죄와 깨짐, 타락을 다루고 계신다.

들음으로 말하기

성경의 여러 구절이 복음 선포에 포함해야 할 내용의 대략적인 윤곽을 제시하지만, 확실히 모든 상황에 대한 대본을 주지는 않는다. 우리는 성령을 의지하여 복음의 언어로 말하는 법을 배워야 한다. 복음을 전하는 법을 배우는 것은 새로운 언어를 배우는 것과 같다. 좋은 교사는 언어 학습자에게 단어 목록을 주고 하나하나 따라 하게 하지 않는다. 오히려 학생을 그 언어에 몰입시키고 각각의 특정 상황에 역동적으로 반응할 능력을 갖추게 한다.

튀르키예에 살면서 6개월 동안 그 나라 말을 배웠다. 발음이 가장 큰 문제였는데 선생님은 말하기보다는 듣기에 집중하라고 조언했다. 발음 문제는 내 구강 구조와는 아무 상관이 없었고 오히려 단어를 정확하게 듣지 못하는 것이 문제였다. 그래서 혼자서 발음하려 애쓰는 대신 원어민이 단어를 발음하는 것을 듣는 데 집중함으로써 어려움을 극복할 수 있었다. 그리스도를 모르는 사람들에게 복음의 언어로 말하기 힘들 때, 우리는 종종 무슨 말을 해야 할지 고민하느라 너무 많은 에너지를 쏟는다. 우리는 하나님을 의지하는 기도 생활을 통해, 복음의 궁극적인 원어민이신 성령의 음성을 듣는 데 집중해야 한다.

초기 교회는 기도에 전념했다. 그들은 성령 없이는 아무것도 할 수 없다는 것을 알았기 때문에 오순절에 성령이 임하실 때까지 예루살렘에서 기다리며 기도했다. 그런 다음 복음을 선포할 능력을 받아 온 세상으로 흩어졌다.

초기 교회는 부활과 성령 강림 사이 50일 동안만 기도한 것이 아니었다. 기도는 그들이 한 **모든 일**의 시작이었다. 그것은 호흡과 같았다. 그들은 기도하면서 성령을 들이마시고 전도하면서 생명의 말씀을 내쉬었다. 기도할 때 그들은 생명의 위협을 받는 상황에서도 담대히 말할 용기를 얻었다. 그들은 복음을 전한다는 이유로 배척당하고 매를 맞고 투옥되고 심지어 죽임을 당했다. 그러나 그들 중 다수가 날 때부터 용감한 사람이어서가 아니라 성령이 기도를 통해 그들에게 하나님의 담대함과 소망을 주셨기에 죽음을 마주하고도 흔들리지 않을 수 있었다.

사람들에게 예수님을 전하기가 두렵다면, 더 열심히 노력하는 것이 아니라 기도를 통해 하나님께 가까이 다가가고 성령께 힘과 용기를 달라고 간구하는 것이 답이다. 디모데후서 1장 7-8절에서 바울은 디모데에게 성령이 소심함의 해독제라고 말한다. 성령은 능력과 사랑, 자제력의 원천으로, 역경 속에서도 굳건히 복음을 선포할 수 있게 해 준다. 우리는 전하지 않는 자신을 합리화하거나 다 잘될 것이라고 스스로 말하는 대신, 믿음의 근원이자 소망의 대상이며 우리 입을 여시는 사랑의 샘이신 그리스도께로 우리를 부르시는 성령의 음성에 귀를 기울여야 한다.

성령은 또한 우리의 전도 활동을 이끄셔서 우리에게 담대함을 주시고 언제, 어디서, 어떻게 말해야 할지를 깨닫게 하신다. 사도행전 13장에서 안디옥 교회가 금식하며 하나님께 예배하고 있을 때 성령은 바나바와 바울을 이방인들에게 보내라는 지시를 내리셨다. 사역 후반에 바울은 다음에 어디로 가야 할지 확신이 없었지만 성령의 인도하심을 받아야 한다는 것을 알았다. 누가는 그 장면을 다음과 같이 묘사한다.

> 성령이 아시아에서 말씀을 전하지 못하게 하시거늘 그들이 브루기아와 갈라디아 땅으로 다녀가 무시아 앞에 이르러 비두니아로 가고자 애쓰되 예수의 영이 허락하지 아니하시는지라. 무시아를 지나 드로아로 내려갔는데 밤에 환상이 바울에게 보이니 마게도냐 사람 하나가 서서 그에게 청하여 이르되 "마게도냐로 건너와서 우리를 도우라" 하거늘 바울이 그 환상을 보았을 때 우리가 곧 마게도냐로 떠나기를 힘쓰니 이는 하나님이 저 사람들에게 복음을 전하라고 우리를 부르신 줄로 인정함이러라. (행 16:6-10)

성령은 실제로 그들이 특정 지역에서 복음을 전하지 못하게 하셨는데, 이는 그들을 마게도냐로 인도하고자 하셨기 때문이다. 우리는 전도가 수와 양의 문제라고 생각할 때가 많다. 얼마나 많은 사람과 대화했는지로 전도를 평가하고 싶은 유혹을 받아, 모든 대화에 무차별적으로 복음 제시를 끼워 넣거나 전도지로 세상을 도배하려 한다. (우리는 이런 접근 방식을 너무 많이 비판하고 싶지는 않다. 예수님에 대해 전혀 말하지 않는 것보다는 분명히 낫기 때문이다!) 그러나 아마도 더 나은 전도 방식은 성령이 우리를 어디로 인도하고 계실지, 무슨 말을 하기 원하시는지, 누구에게 말하기 원하시는지 귀 기울이는 데 초점을 맞추는 것일 테다. 성령이 바울을 마케도니아로 부르셔서 복음을 전파하게 하신 것처럼, **우리가 귀 기울일 때** 성령은 그분이 일하고 계신 곳으로 우리를 인도하실 것이다. 우리는 전도를 "사람들을 하나님께로 데려오는 것"으로 생각하지 말고, 오히려 하나님이 우리를 사람들에게로 데려가고 계시며, 이미 그들 삶 가운데 역사하시고 **우리를** 초대하여 성령과 조화를 이루게 하신다는 것을 깨달아야 한다.

한 예로, 어느 날 내 친구 델라노와 브라이언은 식당에서 점심을 먹다가 성령이 다른 손님의 점심값을 내라고 말씀하신다고 느꼈다. 그들은 그 식당의 단골이었기에 평소에 알고 지내던 종업원 제니퍼에게 그 손님의 계산서를 가져다가 브라이언의 카드로 결제해 달라고 부탁했다. 제니퍼는 이 친절한 행동에 놀라면서도 기꺼이 그렇게 했다. 그런데 약 15분 후, 제니퍼가 눈에 띄게 동요한 모습으로 눈물을 흘리며 델라노와 브라이언의 자리로 돌아왔다.

그녀는 그 손님이 암에 걸렸다는 진단을 받고 병원에서 막 돌아왔다고 했다. 그 손님은 누군가 식사비를 대신 냈다는 사실을 알고는 눈물을 터뜨리며 하나님이 자신을 사랑하시고 돌보고 계시는 증거 같다고 말했다고 했다. 그리고 (신자가 아니었던) 제니퍼에게 죽음 앞에서도 예수님을 믿는 자신의 신앙에 대해 이야기했다고 했다.

제니퍼는 델라노와 브라이언에게 그 손님에게 위로가 필요하다는 것을 어떻게 알았냐고 물었다. 두 사람은 그 손님을 모르지만 식사 기도를 하면서 하나님이 그 사람의 점심값을 내기 원하신다는 것을 느꼈다고 말했다. 그 순간 제니퍼는 하나님의 능력을 보고 울음을 터뜨렸다. 그녀는 너무 놀라워서 많은 동료에게 그 이야기를 들려주었다.

그 후로 몇 주 동안 제니퍼와 다른 여러 종업원은 델라노가 식당에 올 때마다 예수님에 대해 질문했다. 손님들에게 생선 타코를 가져다주고 바닥을 닦는 사이에, 그들은 델라노의 테이블로 와서 인생의 가장 큰 질문에 대해 이야기를 나누었다.

델라노는 성령이 자신과 브라이언이 그 손님의 식사비를 지불하도록 인도하셔서 강력한 복음의 은유를 보여 주셨다고 느꼈다. 그는 그 상황을 하나님의 은혜에 대한 은유로 보았고 제니퍼에게 자신과 브라이언이 사랑 때문에 다른 사람의 식사비를 지불한 것처럼 예수님도 우리를 하나님과의 잔치에 초대하려고 죽으셨다고 말했다. 예수님의 죽음은 우리의 공로가 아니라 하나님의 사랑에 근거한 것이었다. 제니퍼는 이미 자신의 죗값을 치르시고 자신과 함께 잔치를 베풀기 원하시는 하나님의 아낌없는 은혜에 대해 들으며 다시 한번 깊은 감동을 받았다.

이 만남 직후 제니퍼는 이사를 갔고 델라노와 브라이언과는 연락이 끊겼다. 그들은 그녀가 예수님을 믿게 되었는지는 알지 못한다. 그러나 그들은 성령이 제니퍼의 삶에서 일하고 계셨고, 그날 그들에게 어떻게 복음을 전해야 할지 보여 주셨다고 확신한다. 성령이 아니었다면 그토록 강력한 순간은 만들어지지 못했을 것이다. 델라노와 브라이언이 식당에 들어섰을 때 그들은 하나님의 선교 가운데 말씀 나눔에 참여하고 싶었다. 그들은 모든 손님에게 전도지를 나눠 주거나 억지로 대화를 시도하는 것같이 자신들의 힘과 지혜로 그 상황에 접근하려고 할 수도 있었다. 그러나 그들은 투지보다는 은혜의 길을, 인간의 무력함보다는 성령의 능력을 택했다.

하나님의 선교에서 말씀 나눔이라는 측면에 참여하고자 한다면, 먼저 듣는 것부터 시작해야 한다. 하나님이 우리에게 두 귀와 한 입을 주셨기 때문에 말하는 것보다 두 배 더 많이 들어야 한다는 속담이 있다. 이 속담에는 지혜가 담겨 있다. 잘 말하고 싶다면 잘 들어야 한다. 우리는 성령이 세상 가운데 하시는 일에 귀를 기울이고 그분이 이미 하고 계신 일에 동참해야 한다. 성령의 인도하심과 능력에 의지함으로써 우리는 입을 열어 복음을 들어야 하는 사람들에게 복음을 노래하는 특권을 누릴 수 있다.

7장

듣기

하나님의 교향곡에서 자기 자리 찾기

애리조나주 피닉스에 있는 악기 박물관(Musical Instrument Museum)은 세계에서 가장 크고 다양한 악기 컬렉션을 보유하고 있다. 날씬한 밴조같이 생긴 '상시엔'(sanxian)이라는 중국 악기부터 밴조의 통통한 사촌 격인 인도의 '사라스바티 비나'(saraswati veena)까지 200여 국가와 지역에서 온 1만 5천여 개의 다양한 악기가 전시되어 있다. 푸에르토리코의 '귀로'(guiro), 네팔의 '펫바남'(phet banam), 튀르키예의 '우드'(ud), 심지어 고대 중앙아시아의 뼈 피리도 있다.

대부분의 관람객에게 이 악기들은 생소하지만, 악기의 모양과 디자인을 보면 대충 어떤 종류의 악기인지 알아차릴 수 있다. 하지만 그 악기의 고유한 소리가 어떠하며 그 소리를 내기 위해서 어떻게 연주해야 하는지는 쉽게 파악할 수 없다. 만약 이 악기 중 하나를 연주하는 법을 배워야 한다는 요청을 받았다면 무엇부터 시작하겠는가?

아마도 악기가 어떻게 만들어졌는지 관찰하는 것부터 시작했을 것이다. 재료와 디자인을 주의 깊게 살피고, 이전에 접한 비슷한 악기와 비교했을 것이다. 악기를 집어 들고 시험 삼아 연주해 보았을 것이다. 시행착오를 거치면서 어떤 소리가 나는지 확인했을 것이다. 악기 연주를 시도하면서 악기의 가능성과 한계를 경험해 볼 것이다. 이전에 그 악기를 연주해 본 사람을 찾아서 도움을 요청할 수도 있다. 그런데 만약 악기 **제작자**를 알게 되어 악기를 만든 의도를 이해할 수 있다면 어떨까? 그 정보와 함께 충분한 시간과 주의를 기울인다면 그 악기에 생명을 불어넣어 의도된 아름다운 음악을 만드는 방법을 배울 수 있을 것이다.

하나님의 선교 교향곡에서 우리는 하나님의 악기다. 하나님은 각 개인과 신자 공동체가 청지기 직분, 섬김, 말씀 나눔이라는 독특한 소리를 이 교향곡에 더하도록 만드셨다. 하나님의 선교 교향곡에서 우리의 역할을 분별하는 과정은 악기 박물관에 전시된 악기를 연주하는 방법을 알아내는 것과 크게 다르지 않다.

첫째, 우리는 창조주께 가까이 다가가 그분의 음성에 귀를 기울여야 한다. 박물관에 전시된 무생물 악기들과 달리 우리는 창조주와 그분의 사명(선교), 우리를 창조하신 목적을 매우 잘 알 수 있다. 그러나 박물관의 큐레이터들처럼 하나님은 우리의 부르심에 어느 정도 신비를 남겨 두시고, 하늘에서 들려오는 음성으로 우리에게 말씀하시는 대신 실험하고 탐색하며, 다른 사람들의 조언을 구하고, 교향곡에서 우리 역할을 감당하면서 하나님이 우리를 만드신 독특한 방식을 관찰하도록 우리를 초대하신다.

이번 장의 목적은 선교라는 교향곡에서 개인과 공동체가 각자의 역할을 분별하도록 돕는 것이다. 우리는 하나님의 장엄한 교향곡에 초대되어 청지기 직분, 섬김, 말씀의 노래를 연주하도록 부름받았지만, 하나님이 우리의 시간과 재능, 보물을 어디에 집중하길 원하시는지 알아내는 것은 어려운 일일 수 있다. 현악기, 목관악기, 금관악기, 타악기? 악기가 너무 많은데 어떤 악기를 선택해야 할까? 세상에는 수많은 문제가 있는데, 어떤 문제부터 해결해야 할까? 하나님이 우리를 어떤 악기로 만드셨고, 어떤 소리를 연주하도록 부르셨는지 알아내야 한다.

이 장에서는 소명 교리에 대한 간략한 개요와 함께, 세상의 고통을 해결하기 위해 각자의 은사와 열정을 어디에 사용할 수 있는지 생각해 봄으로써 하나님이 우리 각자가 감당하도록 의도하신 일의 유형을 분별하는 데 도움이 되는 틀을 제시한다. 마지막으로 하나님의 선교에서 자신의 자리를 찾기 위한 일곱 가지 지혜를 제시하며 마무리한다.

소명이란 무엇인가?

'소명'(vocation)이라는 단어는 '부름'(calling)을 의미하는 라틴어 '보카레' (*vocare*)에서 유래했다. 이 단어는 특정한 일을 위해 하나님의 부르심을 받은 것을 의미한다. 많은 사람이 소명을 정말 만족스러운 직업을 찾기 위한 개인적인 탐색으로 생각할 수도 있지만, 소명에 대한 성경적 이해는 우리가 아닌 하나님으로부터 시작된다. 하나님은 우리를 부르셔서 그분의 선한 일에 동참하게 하신다. 팀 켈러(Tim Keller)의 말처럼, "누군가가 하라고 시키고 이편에선 자신이 아니라 불러 준 이를 위해 그 요구에 따를 때에 일은 소명이 될 수 있다. '개인적인 이해를 초월해서 어떤 존재를 섬기는 사명'으로 일의 본질을 재설정하지 않으면 부르심이란 의식이 자리 잡을 수 없다.… 전반적으로 자기완성의 도구이자 자아실현의 수단이라는 노동관은 개인을 파괴[한다]."[1] 소명은 우리 스스로를 섬기는 것이 아니라 하나님께 영광을 돌리고 이웃을 사랑하는 것이다. 우리 자신을 '찾는' 것이 아니라, 오히려 하나님을 예배하는 가운데 자신을 잃어버리고 하나님이 우리에게 의도

---

1 Timothy Keller, *Every Good Endeavor: Connecting Your Work to God's Work* (New York: Penguin Group, 2012), p. 2. 『일과 영성』(두란노).

하신 좋은 일을 찾는 것이다. 성경에는 선교적 소명(missional calling), 일에 대한 소명(occupational calling), 직업적 소명(vocational calling)이라는 세 가지 차원의 소명이 있다. 첫째, 하나님은 한 백성을 하나님과 그분의 선교로 부르신다. 둘째, 우리를 일반적인 일로 부르시고 우리 앞에 놓인 책임에 충실하도록 하신다. 셋째, 우리 각자에게 의도하신 특정한 일을 하도록 우리를 부르신다.

선교적 소명: 우리가 받은 정체성. 소명의 가장 중요한 측면은 그리스도의 사역을 통해 하나님과 화해하고(롬 1:6), 그분의 화해 사역에 동참하라는 부르심이다(고후 5:17-21). 은혜로 하나님의 자녀로 입양된 다음(엡 1:4-5), 총체적 선교라는 가족 사업에 동참하는 것이다(엡 1:10). 그리스도의 제자가 된다는 것은 그분의 선교에 동참하는 것이다. 선택받는다는 것은 보내심을 받는다는 것이다. 성경 전체에서 우리는 **선택**(소명의 다른 말) 교리가 선교 교리와 연결되어 있음을 알 수 있다. 하나님은 이스라엘 백성을 택하셔서 열방의 빛이 되고 축복의 통로가 되게 하셨다. 교회의 소명도 마찬가지다. 우리는 선교라는 가족 사업에 동참하도록 부름받고 선택되었다.

일에 대한 소명: 우리가 해야만 하는 일. 우리 소명에서 가장 광범위한 측면이다. 즉 일을 통해 하나님이 우리 앞에 두신 것에 책임을 지라는 일반적인 소명이다. 여기서 '일'은 우리의 성격, 은사, 능력에 국한되지 않고 청구서를 지불하고, 재산을 관리하고, 자녀를 돌보고, 가난한 사람들에게 관대하고, 정의를 추구하고, 하나님의 모든 명령에 순종하는 등 하나님의 세상에서 우리가 하도록 부름받은 일반적인 일을 의미한다. 이러한 일은 인간이 져야 할 책임의 일부이기 때문에 우리가 **반드시 해야 하는** 일이다. 성령의 능력으로 신실하고 열매 맺는 거룩한 삶을 사는 것은 인간의 일반적인 소명이기에, 각자의 개성에 따라서 차별화되지 않는다.

직업적 소명: 우리가 하도록 의도하신 일. 많은 사람이 어릴 때 듣던 말

과 달리, 어른이 되더라도 우리가 원하는 무엇이든 될 수 있는 것은 아니다. 하나님은 우리 각자가 특정한 일을 할 수 있도록 특별하게 준비된 특정한 종류의 사람으로 만드셨다. 하나님은 세상을 창조하시기 전에 선교라는 교향곡을 작곡하시고 우리 각자가 연주해야 할 몇 가지 특정 파트를 정하셨다. 직업(vocation)은 소명의 가장 구체적인 측면으로, 하나님이 우리를 창조하셔서 맡기고자 하신 특정한 일에 참여하라는 부르심이다. 바울은 "우리는 그가 만드신 바라. 그리스도 예수 안에서 선한 일을 위하여 지으심을 받은 자니 이 일은 하나님이 전에 예비하사 우리로 그 가운데서 행하게 하려 하심이니라"(엡 2:10)라고 말한다. 이 구절의 풍부한 표현은 우리를 특정한 일을 위해 하나님이 만드신 미니어처 걸작으로 묘사한다. 이 본문 앞에 나오는 자주 인용되는 구절(엡 2:8-9)은 우리가 어떻게 구원을 받느냐는 질문에 답한다. 우리의 선행이 아니라 하나님의 은혜로 말미암는다는 것이다. 그러나 10절은 우리가 무엇을 **위해** 구원받았는지, 즉 하나님이 우리를 위해 계획하신 특별한 선한 일을 알려 준다. 이 구절에서 "만드신 바"라는 단어는 그리스어 '포이에마'(*poiēma*)로, 영어 단어 '시'(poetry)가 거기서 유래했다. 시인이 의도적으로 한 단어 한 단어에 공을 들이듯이, 하나님은 의도적이고 섬세하게 우리 삶의 각 측면을 빚으셨다. 하나님의 선교를 위해 그분은 우리 삶을 구성하는 경험, 성격 특성, 열정, 능력을 특별하게 의도적으로 조합하셨다.

하지만 하나님이 우리가 어떤 선한 일을 하도록 창조하셨는지 어떻게 알 수 있을까? 우리가 무슨 일을 하도록 지음받았는지 어떻게 알 수 있을까? 하나님의 교향곡에서 우리는 어디에 자리를 잡고 어떤 악기를 연주해야 할까?

이러한 질문들에 대한 답을 알려면 교향곡의 위대한 작곡가이자 지휘자이신 하나님의 음성에 귀를 기울여야 한다. 성령의 음성을 듣는 첫 번째 방법은 기도하고 공동체에서 함께 말씀을 읽는 것이다. 성령은 말씀에 비추어 어떻게 살아야 하는지 지혜를 주신다. 때때로 성경과 오늘날의 세상에서, 우리는 하나님이 분명하고 명백한 방식으로 말씀하셔서 사람들에게 특정한 상황에서 어떻게 행동하기를 원하시는지에 대한 구체적인 지침을 주시는 것을 볼 수 있다. 우리 중 많은 사람이 경험하지는 못했지만, 나는 오늘날에도 여전히 그런 일이 일어나고 있다고 믿는다.

하나님의 부르심에 귀를 기울이는 전형적인 경험은, 공동체에서 살면서 하나님이 나를 만드신 독특한 방식과 그분이 내 앞에 두신 환경과 기회를 인식하면서 내 삶에 귀를 기울이는 데서 비롯된다. 어떤 물건이 어떻게 설계되었는지를 살펴보면 제작자의 의도를 알 수 있다. 삽은 접시에서 음식을 뜨는 용도가 아니라 정원을 가꾸는 용도로 만들어졌다는 것을 알 수 있다. 베개 모양은 그것을 지갑으로 사용하기보다는 베고 쉬도록 설계되었음을 보여 준다. 인간도 마찬가지다. 하나님이 우리를 어떻게 설계하셨고 어떻게 우리 환경을 주권적으로 조율하셨는지를 살펴보면, 하나님이 우리를 어떤 도구로 만드셨는지 알 수 있다.

이 장의 나머지 부분은 삶의 성찰을 돕는 데 초점을 맞출 것이다. 위대한 작곡가가 당신의 열정, 은사, 부담, 기회, 환경을 특별하게 만드신 방식에 주의를 기울임으로써 당신은 하나님이 당신을 지으셔서 의도하신 선한 일을 분별할 수 있다.

직업 최적점 찾기

직업 최적점(vocational sweet spot)은 사람들이 자신의 소명을 발견하는 데 도움을 주는 도구다. 이 도구는 일반적으로 하나님이 각 사람을 창조하신 목적을 나타내는 좋은 지표가 되는 네 범주를 확인하여 사람들이 자신의 삶에 귀를 기울이도록 도와준다. 이 틀에는 여러 버전이 있지만, 여기서는 에 이미 셔먼(Amy L. Sherman)의 저서 『하나님 나라 소명』(Kingdom Calling)[2]에 나오는 틀을 적용했다.

도표 7.1

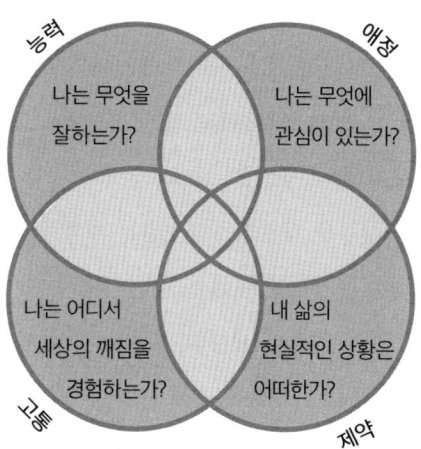

네 가지 범주는 다음과 같다.

능력: 나는 무엇을 잘하는가?
애정: 나는 무엇에 관심이 있는가?
고통: 나는 어디서 세상의 깨짐을 경험하는가?
제약: 내 삶의 현실적인 상황은 어떠한가?

프레드릭 비크너(Frederick Buechner)는 "하나님이 우리를 부르시는 곳은 자

---

2 Amy Sherman, *Kingdom Calling: Vocational Stewardship for the Common Good* (Downers Grove, IL: InterVarsity, 2011), pp. 107-108.

신의 깊은 열정과 이 세상의 절실한 필요가 만나는 곳이다"[3]라고 썼다. 당신을 창조하셔서 맡기고자 하신 일을 발견하는 방법은 당신에게 큰 기쁨을 주는 일을 생각해 보고(애정), 그 일이 세상의 아픔을 해결하는 데 어떻게 사용될 수 있는지 살펴보는 것이다(고통). 예를 들어, 가르치는 일에서 큰 기쁨을 느끼는 사람은 그 은사를 사용하여 타락의 영향에 맞서 싸울 방법을 찾아야 한다. 더 나은 정치 담론을 장려하기 위해 사회학이나 시민학을 가르치는 것을 선택할 수 있다. 어려움을 겪는 학교에서 경력을 쌓아 희생적인 십자가 사랑을 보여 줄 수도 있다. 교회 개척자가 되어 하나님을 절실히 필요로 하는 세상에 성경을 가르칠 수도 있다. 이 모두가 가르치는 일에 열정을 가진 사람이 세상 문제에 참여하는 방법이다.

비크너의 틀은 우리의 애정과 세상의 고통이 겹치는 지점을 파악하도록 초대한다. 우리가 제시하는 틀에는 능력과 제약이라는 두 범주가 더 포함된다. 우리의 능력은 소명에 대한 단서 역할을 한다. 하나님이 우리 개성에 부여하신 독특한 은사 그리고 경험을 통해 습득한 기술을 확인함으로써 우리는 우리가 어떤 일을 하도록 창조되었는지 더 잘 분별할 수 있다. 예를 들어, 앞에서 언급한 어떤 교사가 수학을 설명하는 것보다 문학을 분석하는 데 더 능숙하다면 대수학 대신 영어를 가르쳐야 한다는 좋은 지표가 될 수 있다. 하나님은 특별한 장점을 각자에게 주셔서 그분의 영광과 다른 사람의 유익을 위해 사용하게 하신다.

그다음으로는 제약이 있다. 이는 신체적 한계, 관계적 책임, 재정 상황, 학력, 지리적 현실 등 우리가 할 수 있는 일의 범위를 제한하는, 하나님이 주권적으로 우리 삶에 허락하신 환경이다.

---

3   Frederick Buechner, *Wishful Thinking: A Seeker's ABC* (San Francisco: HarperOne, 1993), p. 119. 『삐딱한 그리스도인을 위한 통쾌한 희망사전』(복있는사람).

이 도구는 데이터를 입력하면 자동으로 소명을 계산해 주는 수학 방정식이 아니다. 오히려 이러한 각 범주는 하나님이 하시는 일을 보며 소명에 대한 단서를 찾는 데 도움이 되는 렌즈 역할을 할 수 있다. 또는 이러한 범주를 자신의 삶에 귀를 기울이는 데 도움이 되는 헤드폰이라고 생각하라. 소명에 대해 질문하는 과정에서 어느 정도의 물음표는 항상 남아 있을 것이다. 하나님은 우리가 작업 공정을 수행하는 직원이 아니라 아버지를 의지하며 그분께 가까이 나아가는 자녀로서 관계를 맺기 원하시기 때문이다. 어느 정도의 신비와 불확실성이 없다면 믿음은 필요 없을 것이다. 이러한 범주를 선한 목자의 음성을 듣도록 귀를 훈련하는 것이라고 생각하라.

능력: 나는 무엇을 잘하는가?

당신은 무엇을 잘하는가? 이 질문에 정직하고 겸손하게 답할 수 있다면, 당신을 창조하시어 의도하신 일을 파악하는 데 한 걸음 더 나아간 것이다. 우리의 소명을 성찰하는 것은 부정직하거나 교만해질 수 있는 완벽한 조건을 만들 수 있기에 이는 도전이 될 수 있다. 우리는 자신의 장점을 파악하려고 할 때 정직하지 못할 때가 많다. 우리 중 많은 사람이 자신의 삶을 정확하게 평가하기보다는 자신이 가장 중요하다고 생각하는 장점에 대해 무의식적인 편견이 있다. 다른 은사보다 설교를 강조하는 교회에 다니고 있다면 설교를 자신의 장점으로 여기고 싶은 유혹을 받을 수 있다. 대도시의 도심에 살고 있다면 장인으로 일하는 것보다 기업가 정신을 더 높이 평가하고 싶은 유혹을 받을 수 있다. 이런 편견이 별것 아닌 것처럼 보이지만, 그렇지 않다. 이는 우리 시간을 낭비하게 하고 하나님이 주신 재능을 세상에 내보이지 못하게 한다. 우리는 환경으로 형성된 편견을 통해 자신의 장점을 걸러 내는 일이 없도록 스스로 정직하게 평가해야 한다.

게다가 자신의 장점을 파악하다 보면 교만해지려는 유혹에 빠지기도 한다. 감사보다는 위대함에 대한 환상으로 가득 차게 될 때가 많다. 교만은 또 다른 미묘한 방식으로도 나타날 수 있다. 자신의 장점을 인정하지 않을 때 우리는 인간의 장점이 인간에게서 비롯되었다는 믿음을 은연중 드러내는 것이다. 그러나 이러한 은사가 모든 재능, 경험, 관계, 능력을 주시는 하나님에게서 온 것이라면, 능력을 인정하는 것은 교만한 것이 아니라 정직한 것이다. 하지만 이 모든 과정은 기도하는 자세로 임해야 한다. 고백과 감사는 이 질문에 정직하고 겸손하게 답하게 해 주는 중요한 실천이다.

이 질문에 대한 성찰을 어떻게 시작할 수 있을까? 간단하게는, 앉아서 자신이 가진 능력과 그 능력이 삶에서 어떻게 발휘되는지 목록을 작성해 보는 것이다. 이런 질문을 던져 보라. "나의 타고난 은사는 무엇이며, 어떤 경험과 훈련을 갖고 있는가?" 하나님은 은사와 경험을 모두 주시는 분이다. 그분은 당신의 고유한 개성을 만드셨고 또한 역사의 주권자시다. 그분은 다양한 방법을 사용하여 우리가 그분의 사명을 준비하게 하신다.

이 질문이 어렵게 느껴진다면 다음과 같은 몇 가지 연습 문제가 도움이 될 수 있다.

1. 성취를 적은 자서전을 써 본다. 인생의 각 시기를 되돌아보며 자신이 가장 잘하는 일이 무엇이었는지 생각해 보라.
   내가 무언가를 잘해 낸 첫 번째 기억은 무엇인가?
   어렸을 때 잘한 일은 무엇인가?
   초등학교 때는?
   10대, 20대, 30대, 40대 때는?
   다양한 시기에 이룬 성취 사례로 두어 쪽을 채운 후, 관찰하는 시간을 가져 보라. 반복해서 계속 나타나는 공통 주제는 무엇인가? 하나님은 당신을 독특한 일을 위해 독특한 방식으로 만드셨기 때문에,

인생의 모든 시기에 그 독특함이 드러난 것을 알 수 있을 것이다.

2. 조언자를 많이 찾는다. 가까운 사람이 우리 자신보다 우리를 더 잘 아는 경우가 많으며, 하나님이 우리를 어떻게 만드셨는지 볼 수 있는 거울 역할을 할 수 있다. "의논 없이 세워진 계획은 실패하지만, 조언자들이 많으면 그 계획이 이루어진다"(잠 15:22, 새번역). 이 말씀은 조언자가 많으면 모든 실패를 피할 수 있다고 약속하지는 않지만, 지혜와 분별력이 공동체를 통해 나온다는 하나님의 창조의 일반적인 패턴을 말해 준다.

하지만 때로는 우리를 가장 잘 아는 사람에게 물어보는 것에도 단점이 있다. 그들은 종종 우리를 너무 잘 알기 때문에 우리가 듣고 싶어 하는 말을 알고 있고, 그래서 우리에게 필요한 말을 솔직하게 하지 않을 수 있다. 또한 사람들은 첫인상이라는 렌즈로 우리를 바라보는 경향이 있다. 예를 들어, 우리 팀에는 스무 살 인턴 시절에 처음 만났던 남성이 있다. 지금은 그리스도를 닮은 성품과 엄청난 리더십 능력을 갖춘 스물여덟 살의 목사가 되었음에도 내가 여전히 그 시절의 렌즈로 그를 보고 있다는 사실을 최근에야 깨달았다. 지난 몇 년 동안 내가 한 모든 조언은 아마도 내 잘못된 관점으로 왜곡되었을 것이다.

너무 잘 아는 사람이 아닌 사람에게 조언을 구하는 것이 현명할 때가 많다. 목회자, 영적 지도자, 직업 상담가같이 편견이 적고 허심탄회하게 말해 줄 수 있는 사람을 찾으라.

3. 시험과 평가. 스트렝스파인더(Strengthsfinder), 마이어스-브릭스 유형 지표(MBTI), 디스크(DISC) 평가 등 자신의 능력을 돌아보는 데 도움이 되는 도구와 평가도 많이 있다. 이러한 도구는 다른 정보들과 함께 하나님이 우리를 어떤 사람으로 만드셨는지 성찰하고 우리의 장점, 은사, 능력을 설명할 언어를 제공하는 데 도움이 될 수 있다. 물론 이러

한 평가 결과를 토대로 정체성을 확립해서도 혹은 이 도구들을 두려워해서도 안 된다. 이러한 평가는 단순히 자기 성찰을 돕는 도구일 뿐이다.

애정: 나는 무엇에 관심 있는가?

우리가 주목해야 할 또 다른 중요한 범주는 감정이다. 무엇을 가장 좋아하는가? 우리의 독특함은 종종 선호도에서 드러난다. 어떤 사람은 손으로 작업하는 것을 좋아하고, 어떤 사람은 머리로 분석하는 것을 선호한다. 어떤 사람은 팀의 일원일 때 일을 잘하고, 어떤 사람은 혼자 일하는 것을 선호한다. 오후 내내 책을 읽으며 시간을 보내는 사람이 있는가 하면 대화에서 가장 큰 기쁨을 찾는 사람도 있다. 우리는 이러한 것을 사소한 취향이라고 생각할 수 있지만, 하나님이 우리를 어떻게 만드셨는지를 보여 주는 강력한 지표가 될 수 있다. 하나님이 특정한 일을 하도록 우리를 창조하셨다면, 깊은 기쁨을 통해서 그 일에 우리의 관심을 끌게 하시는 것이 당연하다.

부정적인 감정 또한 소명을 드러내는 강력한 지표가 될 수 있다. 무엇이 당신을 화나게 하는가? 무엇이 슬프게 하는가? 딱 꼬집어 말할 수 없는 이유로 어떤 이슈에는 마음이 움직이지만, 다른 문제에는 그렇지 않다. 구조적 불의에는 분노하면서도 한부모 가정의 어려움에는 그다지 분노하지 않을 수 있다. 아마도 하나님이 당신을 특정 문제에 더 민감하게 만드셨기 때문일 것이다. 우리 죄의 영향을 받은 미성숙한 반응조차도 우리가 삶을 바라보는 독특한 관점을 나타내는 지표가 될 수 있다. 예를 들어, 나는 무질서를 싫어하고 질서가 없는 교회, 회사, 가정을 쉽게 비판하던 사람을 알고 있다. 어렸을 때 그녀의 비판은 거칠고 인격 모독적이었으며 성령의 열매가 결여되어 있었다. 하지만 그리스도 안에서 성장하고 그 죄를 죽이려고 노력하면서 그녀는 여전히 무질서를 선명하게 바라보면서도, 가혹하게 비판하거나 다른 사람들에게 나쁜 영향을 주는 대신, 이제는 그러한 관점을 하나님이 자신을 창조하신 독특한 방식으로 섬길 기회로 여긴다는 것을 알게 되었다. 그리스도를 닮아 성장하고 성숙해 가면서 그녀는 무질서에 질서를 부여하여 하나님의 형상과 그리스도의 사랑을 드러냈다.

당신은 어떠한가? 아무 일 없는 자유로운 하루가 주어진다면 어떻게 보내겠는가? 무언가를 제대로 즐긴 첫 번째 기억은 무엇인가? 인생의 다른 시기는 어떠했는가? 당신의 부정적인 감정은 하나님이 당신을 창조하신 방식에 대해 무엇을 말해 주는가?

고통: 나는 어디서 세상의 깨짐을 경험하는가?

대부분의 사람은 자신을 만족시키고, 자신의 장점을 살릴 수 있는 일을 찾고 있다. 이는 잘못된 것이 아니며 오히려 좋은 출발점이다. 그러나 우리가 진정으로 하나님의 선교에 참여하고 싶다면, 그다음 단계는 우리 은사를 사용하여 세상의 아픔에 동참하고, 우리 능력과 애정을 세상의 고통에 쏟을 방법을 찾는 것이다.

우리 주변에는 깨지고 망가진 것투성이다. 지금 당신이 앉아 있는 자리와 얼마 떨어지지 않은 곳에 암세포가 몸속에서 자라고 있는 사람들이 있을 가능성이 높다. 또 다른 사람들은 이혼 서류를 제출하고 있다. 외로운 사람들도 있다. 어떤 사람들은 페이스북에 인종차별적인 댓글을 달고 있다. 당신이 지금 책을 읽고 있는 이 순간에도 교사들이 지쳐 사직서를 쓰고 있고, 학생들이 지쳐 대학 진학의 꿈을 포기하고 있다. 하천이 오염되고, 테러리스트들이 음모를 꾸미고, 거짓 복음이 전파되고, 아이들이 납치되고, 부모들이 울고 있다.

유한한 인간인 우리는 끝이 보이지 않는 고통으로 가득한 세상과 어떻게 관계해야 할까? 말로 표현할 수 없는 아픔이 세계의 폐부를 찌르고, 우리는 모든 헤드라인 뉴스에서 온 세상이 숨을 헐떡이고 있는 소리를 듣는다. 타락은 모든 사회, 모든 가정, 모든 개인에게 영향을 미치는 심각한 부상을 초래했다. 세상은 죄로 인해 피를 흘리고 있다.

상처 많은 세상에 어떻게 반응해야 할까? 우리의 제한된 힘과 능력으로 어떤 상처를 치유해야 할까? 우리는 상처 입은 여행자를 돕는 선한 사마리아인이 되고 싶지만, 그 여행길에는 우리를 포함한 **모든 사람**이 부상자인 것 같다! 우리는 유한한 존재여서 세상 모든 상처를 돌보기에는 시간도 재능도 돈도 영향력도 부족하다. 우리는 선택해야 한다. 간호사가 되기로 하면 교사는 될 수 없다. 빈곤 퇴치를 위해 100달러를 기부하면 성매매 근절을 위한 기부는 포기하는 것이다. 우리를 둘러싼 세상은 좋은 소식이 선포되고 일을 통해 복음이 표현되는 것을 절실히 필요로 한다. 하지만 우리가 무엇에 집중해야 할지 어떻게 결정할 수 있을까?

소명 분별에서 가장 큰 어려움은 우리의 기술과 능력이 세상의 필요와 교차하는 지점을 찾는 것이다. 『직업의 비전』(Visions of Vocation)의 저자 스티븐 가버는 초점을 좁히는 방법에 대한 통찰력을 제공하며, 우리 삶의 경험에 주의를 기울이도록 독려한다. 그는 가장 어렵고 중요한 질문 중 하나가 "당신이 무엇을 아는지 안다면, 이제 무엇을 할 것인가?"[4]라고 말한다. 다시 말해, 당신은 당신의 경험, 특히 세상의 깨짐에 대한 당신의 경험에 연루되어 있다. 우리 모두는 특정한 고통의 시기를 겪으며 죄의 구체적인 영향과 밀접하게 마주쳤다. 이러한 경험이 꼭 무작위적인 것은 아닐 수 있다. 특정 장소나 사람, 문제에 주의를 기울이게 하시려는 하나님의 방법일 수 있다.

예를 들어, 내 친구 제시는 매우 똑똑하지만 어린 시절 읽기에 어려움

---

4 Steven Garber, *Visions of Vocation: Common Grace for the Common Good* (Downers Grove, IL: InterVarsity, 2014), p. 162.

을 겪었다. 같은 반 친구들이 몇 분이면 끝낼 숙제를 몇 시간씩 걸려서 하곤 했다. 학교생활이 힘들어서 열여섯 살에 학교를 자퇴하고 검정고시를 봤는데, 학교에서는 전혀 알아채지 못하거나 도와주지 않았던 학습 장애가 있다는 사실을 깨달았기 때문이다. 하지만 결국에는 대학에 진학하여 특수 교육을 공부하기로 결심했고, 예정보다 몇 년 빨리 학위를 마쳤다. 학교생활에 어려움을 겪었던 여성이 여러 전공 중에 교육학을 선택했다는 것은 아름다운 아이러니가 아닐 수 없다. 하지만 이것이 바로 하나님이 우리의 고통을 통해 일하시는 신비롭고 놀라운 방식이다. 제시는 배움에 어려움을 겪고, 남들과는 다른 사고방식을 가지고, 반 친구들과 선생님들에게서 '열등생' 취급을 받는다는 것이 어떤 것인지 잘 알고 있다. 그 아픔을 알고 그런 어려움을 경험한 덕분에 제시는 특별한 도움이 필요한 아이들에게 훌륭한 교사가 되어 줄 수 있었다. 하나님은 그녀의 어려움을 사용하셔서 그런 사람들의 특별한 아픔에 주목하게 하셨다.

이것은 많은 사람에게 해당된다. 누군가는 사랑하는 사람의 병상 곁을 지켰기 때문에 간호사가 될 수 있고, 누군가는 조종하는 리더십의 피해를 보았기 때문에 관리자가 될 수 있으며, 혼란스러운 삶을 경험했기 때문에 프로젝트 관리자가 될 수도 있다. 하나님은 "우리의 모든 환난 중에서 우리를 위로하사 우리로 하여금 하나님께 받는 위로로써 모든 환난 중에 있는 자들을 능히 위로하게 하시는"(고후 1:4) 분이다. 우리가 겪는 고통의 목적은 우리가 완전히 이해하기에는 너무 크고 복잡하지만, 하나님이 고통 가운데서 우리를 위로하실 때 우리와 공감하시며 다른 사람들에게 위로를 전하는 통로가 될 수 있도록 우리를 준비시키신다는 것을 우리는 알고 있다. 당신은 세상의 깨진 모습을 어떻게 경험하였는가? 그러한 모습들은 당신이 독특하게 참여하도록 준비된 것이 무엇인지에 대한 단서가 될 수 있다.

일반적으로 말해서, 우리는 자신이 경험한 문제에 적극적으로 참여할 때 가장 큰 열매를 맺을 수 있다. 직업에 대한 신실함은 단순히 일을 즐기는 것(물론 좋은 일이다)을 넘어, 예수님이 만물을 회복하실 때 일어날 일에 대한 표징으로서, 우리의 기술과 열정을 의도적으로 사용하여 죄의 가시와 엉겅퀴에 맞서 싸우는 것을 포함한다.

그렇다면 당신이 무엇을 아는지 알고, 당신이 경험한 바를 경험했으니, 이제 어떻게 할 것인가?

제약: 내 삶의 현실적인 상황은 어떠한가?

"내 인생에서 무엇을 해야 하는가?"라는 질문에 답하는 데 도움을 주려는 현대의 많은 틀은 이상주의적인 경향이 있다. 그 틀들은 종종 한 사람의 책임과 현실적인 상황에는 크게 관심을 두지 않고 "꿈을 따르라"라고만 말한다. 만성 통증이나 어린 자녀의 필요, 지역 사회, 교육 수준에 따라오는 한계를 고려하지 않는다. 삶의 현실적인 상황을 고려하지 않고 소명 의식만 추구하다 보면 가족, 건강, 우정 등을 소홀히 하거나, 이러한 제한적인 상황이 자신이 해야 할 일을 하지 못하게 하는 불공정한 장애물이라고 결론을 내리고 환멸을 느끼게 된다.

이런 것들이 제약이다. 제약은 하나님이 주권적으로 당신 삶에 허락하시는 실제적이고 제한적인 상황이다. 신체적 제약, 관계적 제약, 재정적 제약일 수도 있고, 만성 통증, 학력 부족, 연로한 부모나 어린 자녀를 돌봐야 할 필요성, 재정 부족 등 여러 가지 제한 요소가 있다. 이런 것들은 하나님이 예기치 않고 설명할 수 없는 방식으로 당신에게 공급하시는 동안에 그분의 능력을 보여 주시려는 시련일 수도 있다. 하나님은 만성 통증을 고쳐 주시거나 익명의 후원자를 보내 주실 수도 있다. 하나님은 때때로 우리의 한계를 없애는 방식으로 공급하신다. 하지만 한계를 주시는 방식으로 공급하시기도 한다.

한계 또는 제약은 사실 하나님이 우리를 부르신 일을 보여 주시는 표시일 수 있다. 한계는 우리의 능력, 애정, 세상의 고통이 우리에게 열어 주는 잠재적인 선택지 중 일부를 제거함으로써 우리 삶에 집중하게 한다. 예를 들어, 어떤 교사가 연로한 부모와 어린 자녀를 돌보고 있다고 가정해 보자. 그의 최종 학력은 학사일 것이다. 이러한 상황에서는 두바이에 있는 대학에서 가르치는 것과 같은 몇 가지 옵션은 고려 대상에서 제외된다. 두바이의 생활비는 대가족이 살기에는 너무 비싸고, 기후는 연로한 부모에게 큰 부담이 될 것이다. 석사 학위가 없는 것도 대학에서 가르치는 데 걸림돌이 될 것이다. 물론 하나님은 이 교사가 두바이에서 일할 수 있도록 대학의 기준과 임금 수준을 바꾸실 능력이 있으시며, 그런 상황에서 하나님의 공급을 위해 기도하는 믿음이 필요할지도 모른다. 하지만 이런 제한적 상황이 하나님의 공급하심일 수도 있다. 하나님이 이미 그를 두신 지역의 필요에 초점을 맞추도록 하시는 방법인 것이다. 상황은 종종 우리가 아무 방향으로나 표류하지 않도록 하는 닻의 역할을 한다. 제약은 우리가 특정한 장소에 뿌리를 내리고 특정한 일에 집중하게 만든다.

사도 바울의 사역에서 이를 확인할 수 있다. 그는 로마를 넘어 복음을 전하고 싶었지만, 그의 궁극적인 목표였던 스페인까지 도달했다는 증거는 없다. 하나님은 체포와 투옥 등 바울의 삶에 제약을 두셨다. 최고의 선교사였던 바울은 더 많은 미전도 종족에게 복음을 전할 수도 있었지만 옥에 갇혀야 했다. 인간적인 관점에서는 낭비처럼 보일 수 있다. 하지만 바울은 로마 감옥에서 에베소서, 빌립보서, 골로새서, 빌레몬서 같은 편지를 썼다. 단순히 개인적인 서신이라고 생각했던 편지를 쓰는 동안 성령은 바울이 존재조차 몰랐던 캐나다, 브라질, 나이지리아, 중국 같은 곳에서 전 세계 그리스도인이 매주 읽는 바로 그 성경을 쓰도록 인도해 주셨다. 하나님은 로마 너머 **아주 먼** 곳에서 그의 글을 사용하신다!

하나님은 또한 바울에게 신비한 "육체에 가시"를 주셨다(고후 12:7-10). 이 가시가 실명, 공격적인 적대자, 박해로 인한 만성 통증 등 정확히 무엇이었는지는 알 수 없지만, 바울이 하나님이 제거해 주시기를 원했던 제한적인 상황이었다는 것은 알 수 있다. 하지만 그 가시는 바울을 하나님의 은혜에 의지하는 자유로움에 묶어 주는 선물로 드러났다.

당신의 제약은 무엇인가? 당신 삶의 현실적인 상황은 어떠한가?
누구를 책임져야 하는가? 자녀, 배우자, 연로한 부모, 직원, 공동체 구성원 등
재정 상황은 어떠한가?(급여, 부채, 자산)
하나님은 당신 앞에 어떤 기회를 주셨나?
이미 약정하고 헌신한 사항은 무엇인가?(계약, 교회 등록, 주택 담보 대출)
당신의 신체적 한계는 무엇인가? 가족과 친구들의 신체적 한계는 무엇인가?
어떤 종류의 자격증이 있으며, 그 범위는 어디까지인가?
당신의 '위치'(국적, 언어 등)가 어떤 방식으로 제약이 되는가?

이러한 사항을 인식하는 것이 중요하다. 하나님은 그것들을 삶에서 없애 주실 수도 있고, 감내하라고 요구하실 수도 있다. 어느 쪽이든, 제약을 무시하거나 외면하는 것은 결코 현명하지 않다. 대가를 계산하고, 앞으로 나아갈 때 분명한 소명 의식을 가져야 한다. 그러나 이러한 제한 요소는 특정 지역, 산업 또는 이슈에 대한 구체적이고 즉각적인 관심에 집중하도록 하나님이 당신 삶에 주신 선물일 수도 있다.

종합하기

직업 최적점은 자동으로 명확한 답을 제시하는 절대부등식이 아니다. 그보다는 인생의 중요한 측면과 하나님의 선교 교향곡에 자신이 어떻게 들어맞을 수 있는지 생각해 볼 수 있도록 도와주는 도구다. 하나님은 우리 각자를 특정한 일을 통하여, 세상을 향한 복음의 음악을 연주하는 특별한 종류의 악기로 창조하셨다. 자신의 진정한 능력, 애정, 제약에 주의를 기울이고 그것이 세상의 고통과 어떻게 겹치는지 살펴보는 것은 내 삶 가운데 일하시는 하나님께 주의를 기울이는 것이다.

자신의 직업 최적점에 대해 생각해 보면 특정 직업이나 대의를 제시하지 않는다는 것을 알 수 있다. 그것은 단정적이지 않으며, 다양한 좋은 일이 거기에 들어맞을 수 있다. 이 성찰의 목적은 당신을 창조하셔서 참여하게 하시고자 하는 일에 대해 폭넓게 이해하는 것이다. 이런 질문들을 찬찬히 생각해 보는 시간을 마련하라. 반나절 수련회나 일주일 동안 매일 한 시간씩 시간을 내어 기도하는 마음으로 자신의 직업 최적점에 대해 생각하는 시간을 가져보라. 당신에게 솔직하게 이야기해 줄 수 있는 사람들, 특히 당신이 속한 공동체와 상의하여 진행하라.

당신을 창조하셔서 맡기고자 부르신 일에 대해 폭넓은 인식을 가진 다음에는 어떻게 해야 할까? 기도를 통해 하나님 말씀과 성령의 음성에 귀를 기울이라. 하나님의 구체적인 인도하심이나 믿음으로 전진하도록 하나님이 주신 자유를 최대한 누리며 앞으로 나아가라. 당신이 실수할 수 있고 이기적인 동기로 하나님 말씀을 왜곡할 수도 있다는 것을 인정하라. 당신을 잘 알고 아끼는 사람들에게 지혜와 조언을 구하는 데 시간을 투자하라.

소명에 관한 몇 가지 지혜

다른 사람의 조언에 귀를 기울이는 것 외에도, 자신의 소명에서 신실함을 추구하는 가운데 지혜를 얻은 사람들을 그리스도의 몸에서 찾아보는 것도 중요하다. 그래서 다른 사람들의 지혜를 몇 가지 소개하는 것으로 이 장을 마무리하고자 한다. 이 스승들은 사려 깊은 지도자부터 시장의 충실한 일꾼, 어린아이에 이르기까지 다양하다. 이 지혜의 말들이 하나님의 교향곡에서 자신의 위치에 대해 생각해 보는 계기가 되기를 바란다.

소명은 당신에 관한 것(만)이 아니다

자기 성찰은 좋은 것이다. 당신의 성격, 경험, 은사, 능력을 빚으신 하나님의 독특한 방식을 파악하면서 삶과 소명에 대해 성찰하는 시간을 갖는 것은 현명한 일이다. 그러나 자기 몰입과 이기주의에 빠질 위험도 있다. 자기 성찰은 열매 맺는 사역의 씨앗이 될 수 있지만 자아도취의 씨앗이 되기도 한다. 후자는 우리가 소명의 궁극적인 목적이 성취감과 만족감을 주는 일을 찾는 것이라고 생각할 때 발생한다. 그렇지 않다.

만족감은 소명이 주는 놀라운 혜택이 될 수 있으며 종종 소명을 확인하는 데 도움이 되지만, 가장 중요한 것은 아니다. 다른 사람을 섬김으로써 하나님을 사랑하는 것이 가장 중요하다. 우리는 이웃의 발을 씻겨 주어야 하지, 자기만족이라는 욕조에 몸을 담그려 해서는 안 된다.

조지 워싱턴 카버(George Washington Carver)의 인생은 다른 사람들을 위해 신실하게 소명을 추구한 훌륭한 예다. 훌륭한 식물학자이자 발명가인 그는 배우기를 즐기고, 야외에서 시간을 보내며 새로운 것을 만들기 좋아했다. 그는 이러한 열정과 재능을 자신만 누리는 것이 아니라 다른 사람들을 위해서도 사용해야 한다고 생각했다. 그는 해방된 노예들이 사용할 수 있는 농업 기술을 개발하여 그들이 농부로서 번창하도록 돕는 일에 연구와 혁신의 초점을 맞추었다. 카버는 자신의 일을 진심으로 즐겼고 종종 (말 그대로) 일을 멈추고 꽃향기를 맡곤 했다. 하지만 그는 계속해서 꽃을 연구하고 꽃의 잠재력을 끌어낼 방법을 찾았다. 그는 음식, 종이, 비누, 페인트에 사용될 식물을 재배하여 세상에서 가장 취약한 사람들이 번영하는 데 기여했다.

군중심리에 휘둘리지 말라

기업가 정신. 지역 사회 개발. 도심 사역. 아프리카의 에이즈. 난민. 도심 농업. 성매매.

이 모두는 지난 몇 년 동안 교회를 휩쓴 선교와 관련된 유행과 주제들이다. 매번 새로운 물결이 일 때마다 하던 일을 멈추고 그날의 새로운 이슈에 집중하라는 요청이 따라온다. 사람들은 통계를 제시하고, 학회에 초대하며, 중후한 목소리의 성우가 이 새로운 대의가 실제로 세상에서 가장 중요한 이슈인 이유를 알려 주는 설득력 있는 동영상을 보여 준다. 이런 홍보에는 지금 당장 이 대의에 동참하지 않으면 인생을 낭비하는 것이며, 다른 사람들을 고통스럽게 하는 일에 일조하게 된다는 메시지가 담겨 있다.

새로운 이슈가 탄력을 받을 때마다 많은 사람이 새로운 대의를 받아들이기 위해 그동안 집중하던 일을 내려놓는다. 그래서 또 다른 눈물겨운 영상으로 탄력의 방향을 바꾸지 않는 한, 기존 대의를 위한 활동은 자금 감소와 인력 부족을 겪게 된다. 이러한 군중심리는 부산한 움직임을 만들어 낼지언정 운동으로까지 나아가지 못한다.

우리가 탁구공처럼 이리저리 튕겨 다니는 이유는 무엇일까? 우리의 집중력이 부족하고, 인내심을 그다지 중요하게 여기지 않는 사회 분위기 때문일 수도 있다. 하지만 대개는 우리가 직업을 통해서든 자원봉사를 통해서든 세상에서 의미 있는 일을 찾으려고 노력하기 때문일 것이다. 우리는 이 시대의 가장 중요한 이슈에 관여해야만 우리의 삶이 중요해질 것으로 생각한다. 하지만 이런 사고방식은 독이 된다. 그것은 우리의 지위를 거의 구세주 수준으로 끌어올리고, 그 이슈를 소비할 상품이나 의미 부여를 위한 묘약처럼 생각하게 한다.

세계에서 149번째로 시급한 문제를 해결하는 것이 뭐가 문제일까? 83번째로 영향력 있는 도시에 사는 것이 뭐가 문제일까? 하나님은 149번째 문제를 위해 당신을 일으켜 세우신 것처럼 148개의 다른 긴급한 문제들을 위해 일꾼들을 일으켜 세우실 수 있다. 당신 고향을 위해 일꾼을 세우신 것처럼 맨해튼을 위해 그렇게 하실 수 있다. 우리는 가장 중요한 문제가 무엇인지 묻지 말고 하나님이 우리를 두신 곳에서 **우리가** 무엇을 하길 원하시는지 물어야 한다. 우리 앞에 놓인 깨짐을 해결하기 위해 우리의 은사와 능력을 어떻게 사용할 수 있을까? 당신이 세상을 바꿀 수는 없지만 타이어와 기저귀를 교체하는 것은 **할 수 있다.** 당신이 하는 일이 미칠 영향력을 통제할 수는 없지만, 매일 아침 일어나 하나님의 정원의 작은 구석을 충실히 가꾸는 종으로서 그분이 당신 앞에 두신 사람, 장소, 문제를 축복하기로 결심할 수는 있다. 당신의 일은 역사에서 잊힐지 모르지만, 하나님 아버지는 결코 잊지 않으실 것이다.

앞 장에서 언급한 앤디의 사례에서 이러한 신실함의 좋은 예를 찾아볼 수 있다. 그는 30년 동안 보험 설계사로 일했다. 그 일은 소명(그가 창조된 목적)이라기보다는 직업(해야만 하는 일)에 가까웠지만, 그는 30년 동안 충실하게 목적을 가지고 일해 왔다. 그는 자신의 일이 형편이 어려워진 사람들에게 하나님의 보호를 확장하는 것으로 생각하면서, 탁월하게 업무를 수행하려고 노력한다. 그는 타락에 맞서는 좋은 보험 정책을 만든다. 그의 사무실은 경제적으로 어려운 지역에 있으며, 의도적으로 그 지역 사회에 뿌리를 내리고 있다.

앤디는 보험 설계사로서 자신의 업무에 충실하지만, 진정으로 재능 있는 전도자이자 멘토이기도 하다. 이런 일들이 하나님이 그를 창조하셔서 맡기고자 하신 독특한 일인 것 같다. 이런 일로 돈을 벌지는 않지만, 그는 직장 밖에서 자신의 소명(부르심)을 실천할 방법을 찾았다. 그가 주로 사용하는 방법 중 하나는 그가 시작한 '바운딩 무즌'(Bounding Moosen)이라는 달리기 클럽을 통해서다. 이름은 우스꽝스러울지 몰라도 이 클럽에는 진지한 의도가 담겨 있다. 이 클럽은 세상의 고립감 속에서 공동체를 제공하고 기술이 몸을 대체하는 세상에서 건강한 운동을 제공함으로써 타락에 맞서고 있다. 게다가 그는 매주 클럽에서 함께 모이는 시간을 자신의 재능인 멘토링과 전도에도 활용할 수 있다. 많은 사람이 앤디를 아버지 같은 존재로 여기게 되었고, 이러한 교류를 통해 그들은 그리스도의 사역으로 말미암아 하나님을 아버지로 알게 되었다.

보험 설계사로서나 바운딩 무즌의 멤버로서나 앤디에게서 빛나는 가장 인상적인 특성은 아마도 신실함일 것이다. 그는 다른 일에 참여하라는 권유를 수없이 들었지만, 하나님이 자신 앞에 놓으신 일에 집중하고 있다. 그는 다른 사람들이 요청하는 일에 관심을 갖고 힘이 닿는 대로 지원하지만, 하나님이 그에게 예비하신 특정한 일에 흔들림이 없다.

우리는 일에서 의미를 **발견하는** 것이 아니라 일에 의미를 **부여한다**. 온 세상이 하나님의 소유이기에 우리는 복음 이야기라는 렌즈로 모든 삶의 의미를 볼 수 있다. 지혜로운 청지기 직분을 통해 아버지의 영광을, 희생적인 섬김을 통해 그리스도의 사랑을, 말씀 나눔을 통해 성령의 능력을 나타내려고 노력한다면 당신은 어느 곳에서나 모든 사람 사이에서 연주될 수 있는 하나님의 선교 교향곡에 들어간 것이다. 동네에서 어린이 두어 명을 돌보고 이웃 십여 명을 섬기는 당신의 하루는 결코 헛되지 않다. 소도시에서 중간 관리직으로 일하는 것은 신성한 일이다. 단조롭고 평범한 삶이 아니라 풍미가 가득한 삶이다. 복음의 정수에 흠뻑 젖은, 당신의 모든 상상을 초월하여 더 큰 의미로 가득 찬 삶이다. 사업을 시작하든 트럭을 운전하든, 베이징에 살든 텍사스에 살든, 당신에게는 하나님께 영광을 돌리고 이웃을 사랑하며 세상을 돌볼 기회가 있다. 우상을 쫓는 삶, 심지어 섬김이라는 성전에서까지 중요성의 우상을 쫓는 삶만이 헛되이 낭비되는 삶이다.

삶에 대한 명확한 비전을 세우되, 연필로 작성하라

매트 퍼먼(Matt Perman)은 그의 저서 『그다음은 무엇이 최선인가』(*What's Best Next?*)에서 삶의 목적을 명확하게 표현하는 비전 선언문인 '인생 목표'를 개발하라고 권장한다. 그는 "당신 삶의 모든 것을 지배하는 열정적이고 하나님 중심의 목표가 있어야 한다. 즉 당신의 사명에서 비롯되는 삶의 우선순위를 지시하는 전체적인 목표와 메시지가 있어야 한다"[5]라고 말한다.

기본적으로 인생 목표란 소명 의식을 글로 명확하게 표현한 선언이다. 인생 목표는 산만함으로 가득한 세상에서 집중력을 갖게 한다. 진로 변경, 이주, 새로운 자원봉사 기회 등 인생에서 새로운 기회나 결정에 직면할 때마다 인생 목표 또는 비전 선언문의 렌즈로 이를 평가할 수 있다.

성경에서 이런 방식의 집중에 대한 선례를 분명히 볼 수 있다. 모세는 하나님의 백성을 인도하는 데 전념했다. 에스더는 하나님의 백성을 보호하는 데 집중했다. 솔로몬은 열정적으로 지혜를 추구했다. 바울은 이방인에게 복음을 전하는 데 헌신했다. 이러한 분명한 소명이 그들의 삶을 인도하고 결정에 영향을 미쳤다.

이러한 집중은 역사에서도 찾아볼 수 있다. 마틴 루터 킹 주니어는 미국

---

[5] Matt Perman, *What's Best Next? How the Gospel Transforms the Way Things Get Done* (Grand Rapids: Zondervan, 2014), p. 178.

역사상 가장 재능 있는 지도자 중 한 명으로 다양한 이슈에 관여할 수 있었지만, 자신의 재능과 경험에 이끌려 시민권 운동에 집중했다. C. S. 루이스는 명석한 두뇌로 다양한 직업을 가질 수 있었지만, 더 명망 있는 직책을 희생하면서까지 자신의 재능인 글쓰기에 집중했다. 마더 테레사(Mother Teresa)는 세계 최고 권력자들에게 영향력을 행사할 수도 있었지만, 가장 취약한 이들의 상처를 치유하기 위해 캘커타 거리를 택했다. 이러한 사람들의 발자취를 따라가면서 우리는 그들의 선명한 비전과 집중력을 본받아야 한다.

인생 목표가 무엇인지 잘 모르겠다면 다음 두 가지 질문부터 시작해 보길 권한다.

필요한 돈이 충분하고 원하는 것은 무엇이든 할 수 있다면 어떤 일을 하겠는가?
앞으로 3년 동안 단 한 가지 일만 할 수 있다면 어떤 일을 하겠는가?

비전에 대한 감각이 생겼다면 간결하고 기억하기 쉬운 방식으로 표현해 보라. 그것을 적어 두고 매일 바라보라. 화면 보호기로 설정하거나 예술 작품으로 만들어 보라. 암송하라. 어떻게 해서든 항상 눈앞에 두라. 인생에서 큰 결정을 내릴 때나 하루를 계획하는 작은 결정을 내릴 때 필터로 활용하라.

이 실천은 매우 유용할 수 있지만 몇 가지 위험도 따른다. 첫째, 모든 좋은 것(특히 우리가 가장 좋아하는 것)이 예배 수단에서 예배 대상으로 바뀔 수 있음을 유념하라. 장 칼뱅은 인간의 마음을 "우상 공장"이라고 불렀는데,[6] 주의하지 않으면 마음은 무엇이든 우리 삶의 주요 초점으로 바꿀 수 있다.

---

6   John Calvin, *Institutes of the Christian Religion*, trans. Ford Lewis Battles, ed. John T. McNeill (Philadelphia: Westminster, 1960), p. 108 (1.11.8).

우리 인생 목표는 부차적이고 오직 예수님만이 최우선이어야 한다. 이러한 우선순위가 흐트러지면 삶의 다른 중요한 측면(가족, 이웃, 건강, 교제)을 소홀히 하게 되고 하나님만이 만족시킬 수 있는 영혼은 채워지지 않는다.

둘째, 비전은 (비유컨대) **연필로** 써야 한다. 인생의 시기에 따라 상황과 과제가 종종 변하는 것이 현실이다. 게다가 우리는 시간이 흐르면서 하나님과 자신, 세상을 더 잘 알게 되는 편이다. 더 깊은 소명 의식은 종종 더 깊은 성숙과 함께 발전한다. 인생 목표는 시간이 지나면서 평가하고 수정해야 하는 것이지 고정된 것이 아니다.

셋째, 자기 자신에만 몰두하지 않도록 주의하라. 집중해야 할 일을 찾을 때, 삶의 다른 영역을 덜 중요하거나 시간 낭비하는 것으로 치부하며 등지지 않도록 하라. 가족, 친구, 교회, 지역 사회, 특히 세상에서 일어나는 다른 일들을 후원하고 격려하며 이해할 수 있는 여유를 남겨 두라. 분쟁 지역을 위해 눈물을 흘리라. 친구가 소속된 비영리단체에 기부하라. 투표에 관심을 가지라. 개척 교회를 위해 기도하라. 훌륭한 선생님에게 격려 편지를 쓰라. 당신의 소명 안에 다른 이들의 소명에 최소한의 역할을 할 수 있을 만큼의 여유를 만들어 두라. 시간, 돈, 자원, 노력의 80퍼센트는 당신의 인생 목표에 쏟되, 나머지 20퍼센트는 다른 이들을 지원하는 데 사용하라. 당신은 사람들이 필요하고, 그들도 당신이 필요하다.

직업 최적점에 맞는 직업은 약속이 아니라 특권이다
마트에 빵을 사러 간다고 상상해 보라. 계산하다가 포장이 찢어진 것을 발견하고는 점원에게 말하자 점원은 친절하면서도 흔쾌히 즉시 새 빵을 찾아 준다. 살면서 최고의 고객 서비스를 받은 당신은 그 점원의 이름과 삶에 대해 물어보기로 한다. 그녀는 이름이 시린이고 파키스탄에서 왔다고 말한다. 파키스탄 어느 지역에서 왔는지 몰라서, 어떤 언어를 쓰는지 물어본다. 시린은

5개 국어를 할 줄 알지만 우르두어가 모국어라고 대답한다. 더 자세히 묻자 그녀는 박해를 피해 미국으로 왔다고 말한다. 파키스탄에서는 의사였단다.

왜 미국에서는 의사를 하지 않느냐고 묻자, 자격증이 통용되지 않기 때문이라고 대답한다. 가족을 부양해야 하기에 의대를 다시 다닐 여유는 없다. 언젠가는 간호사가 될 계획이지만, 현재 맡은 책임 때문에 자신의 기술과 열정을 활용하여 세상의 고통을 해결하는 직업을 구할 수 없다. 하지만 의학적인 배경지식이 있고 다양한 언어를 구사하는 그녀는 세상에 중요한 섬김을 제공할 수 있다. 그녀는 여가 시간에 지역 난민 정착 기관에서 자원봉사를 하면서 다른 난민들을 섬기고 그들이 미국 의료 제도를 이용할 수 있게 돕고 있다.

자신의 재능으로 세상을 축복하는 직업에 종사하는 것은 큰 특권이다. 그러나 많은 경우 책임져야 할 삶의 현실 때문에 자신의 직업 최적점에 맞는 일을 직업으로 삼기 어렵다. 시린과 마찬가지로 우리 중 많은 사람이 정규 근무 시간 밖에서 자신의 소명을 추구할 방법을 찾아야 한다. 예술가는 평일에는 재무제표를 만들고 주말에야 예술 작업을 해야 할지 모른다. 낮에는 회의를 계획하고 밤에 정원을 가꾸어야 하는 사람도 있다. 이것이 삶의 현실이다. 자신의 재능을 완벽하게 활용하여 세상에 영향을 미치는 직업을 갖는 것은 우리에게 당연히 주어지는 권리가 아니다.

직업 최적점에 부합하는 직업을 찾아야 할까? 물론이다! 우리는 방법을 찾기 위해 열심히 노력해야 한다. 하지만 이 과정은 더디게 진행될 수도 있고 혹은 전혀 이루어지지 않을 수도 있다. 정식 직업과 우리의 열정 및 능력이 어느 정도 겹친다면, 기뻐하고 감사하며 기회를 최대한 활용해야 한다. 그런 기회가 오지 않는다면 시린의 모범을 따라야 한다. 시린은 자원봉사와 비공식 관계를 통해 세상을 위해 자신의 재능을 사용할 다른 방법을 찾았다. 시린은 마트에서 일하는 것을 하나님과 이웃을 섬길 신성한 기회로 여겼다.

에덴의 뒷문은 없다

죄는 온 세상을 잔인하게 망가뜨렸다. 모든 나라, 도시, 이웃, 산업, 인간의 마음속에 죄가 존재한다. 우리가 어디에 선교적 노력을 집중하든 고난과 고통에 직면하게 된다. 어디를 둘러보아도 파라오도 서러워할 만한 잔인한 우상, 하나님의 선한 세상을 꼬이게 만들어 괴롭히는 불의, 치유되지 않고 곪아 터진 상처를 발견할 수 있다. 모든 인생은 가시와 엉겅퀴로 가득하다. 그런데 어떤 사람들은 일과 선교 가운데 만나는 고난을 자신이 엉뚱한 일을 하고 있다는 신호로 받아들인다. 그들은 "나는 그 일에 열정이 없어요"라고 말한다. 또는 "내가 정말 이 일에 부름을 받았다면 훨씬 더 쉽게 할 수 있을 텐데"라고 푸념하기도 한다. "내가 진정으로 즐길 수 있는 일을 찾고 있을 뿐이에요"라고 말하는 사람도 있다. 보람 있고 의미 있고 생산적이며 즐겁고 고통과 복잡함이 없는 일을 찾는 것이 잘못은 아니다. 문제는 예수님이 다시 오셔서 만물을 회복하실 때까지는 그런 일을 (적어도 완전히) 찾을 수는 없다는 것이다.

사람들이 완벽하고 고통 없는 일을 찾고 있는 것은 하나님의 선한 창조 세계에서 우리가 경험해야 할 샬롬인 에덴을 찾고 있는 셈이다. 안타깝게도 에덴으로 다시 돌아갈 뒷문은 없다. 예수님이 만물을 새롭게 하실 때까지 우리는 완전한 샬롬을 찾지 못할 것이다. 완전한 샬롬에 대한 열망은 옳고 선하지만, 새로운 유형의 일이나 직업, 소명을 통해서는 결코 충족되지 않을 것이다. 그리스도의 다가올 통치 안에서만 궁극적으로 찾을 수 있다.

고통과 고난이 있다고 해서 반드시 더 푸른 초원으로 옮겨 가야 한다는 신호는 아니다. 고통의 존재가 바로 하나님이 당신을 그 밭에 심으신 이유일 수도 있다. 아마도 그분은 당신을 그곳에 두셔서 가시와 엉겅퀴를 다듬고 온 땅에 가져올 미래 번영의 전조를 보여 주게 하셨는지 모른다.

뭐든 시작하라

"내 인생에서 무엇을 해야 할까?"라는 질문을 고민하느라 개인들이 들인 시간은 얼마나 될까? 도시를 섬길 계획을 세우고 어떤 영역에 집중해야 하는지 토론하느라 소그룹들이 들인 시간은 또 얼마나 될까? 분석만 하고 아무 것도 하지 않는 것을 주의하라! 교회들이 선교 참여를 위한 완벽한 전략 계획을 세우는 데 몇 달(때로는 몇 년!)이 걸린다. 심사숙고하는 것은 좋지만, 모든 상황을 파악하고 나서야 시작하겠노라고 마음먹지 않는 것이 중요하다.

때로 행동 자체가 성찰을 위한 최고의 환경을 만들어 준다. 당신의 섬김이 타인을 향하도록 방향을 잡아 주어 자기중심적 활동으로 변질되지 않게 한다. 또한 하나님과 자신, 그리고 세상의 복잡성을 이해하는 데 도움이 되는 실제적인 경험을 제공한다. 행동은 내 머리 밖 세상이 있다는 것을 깨우쳐 준다. 개인적으로 계획을 세우든 공동체의 일원으로 계획을 세우든, 하나님이 구체적으로 어떻게 선교에 참여하기를 원하시는지 잘 모르겠다면 일단 **뭐든** 시작하고 계속 하나님께 귀를 기울이라.

내 친구 마테오는 하나님이 자신의 삶에서 무엇을 하기 원하시는지 몰랐다. 그는 미래에 교회를 개척하거나 일종의 구호 및 개발 활동을 할 거라고 막연하게 생각했다. 그전까지는 애리조나 주립대에서 문예 창작 학위를 취득하고, 자신의 창의적인 재능으로 세상에 봉사할 수 있을지를 고민했다. 하지만 영화 제작자가 되리라고는 전혀 상상하지 못했다.

20대에 마테오는 큰 질문을 던지며 자신의 삶의 궤적을 이해할 수 있는 지혜를 주시기를 기도했다. 그는 여러 방법으로 하나님의 선교에 참여했고 공동체와 관계를 유지했다. 이를 통해 자신을 더 잘 이해할 수 있었고 자신이 세상에 기여할 수 있는 일이 무엇인지 더 잘 알게 되었다.

어느 날, 그는 친구들과 그랜드 캐니언의 하바수파이(Havasupai) 폭포로 하이킹을 가기로 했다. 막 카메라를 구입한 그는 새로운 기술을 배우고 싶었다. 그랜드 캐니언에서 하루를 보내고 텐트를 치고 나니 비가 세차게 내리기 시작했다. 강물이 차오르면서 협곡 물을 가두는 댐에 가해지는 압력도 커졌다. 결국 댐이 터지면서 협곡을 따라 홍수가 쏟아져 내리기 시작했다. 당황한 야영객들은 협곡 벽을 타고 높은 지대로 올라갔다. 마테오와 친구들은 원래 야영장보다 6미터 정도 높은 곳에 있는 바위에서 피할 곳을 찾았다. 수위가 계속 상승하자 그들은 기도했다. 그런데 마테오는 이 아름답고도 무시무시한 순간을 새 카메라로 찍을 정신이 있었다.

마침내 일행은 헬리콥터로 구조되었다. 구조대가 그들을 안전한 곳으로 옮기는 동안, 하나님은 마테오를 새로운 선교지로 인도하고 계셨다. 그는 카메라에 담긴 사진을 훑어보면서 놀라운 장면을 몇 장 포착한 것을 깨달았다. 대부분의 사람은 추억을 간직하거나 대화를 나누기 위해 사진을 사용하지만, 마테오는 샬롬을 추구할 기회로 여겼다. 그는 사람들이 자신의 사진과 지역 예술가들의 다른 작품을 볼 수 있도록 전시회를 열었다. 작품 판매 수익금은 홍수 피해를 입은 하바수파이 부족의 마을을 재건하는 데 사용되었다.

마테오는 자신이 사진뿐만 아니라 영상 촬영에도 재능이 있다는 것을 깨닫고 기술을 연마하기 시작했다. 그는 하늘이 주신 홍수라는 경험을 통해 얻은 새로운 기회와 인맥을 활용하였다. 그는 다른 사진작가들에게서 배우고 새로운 장비를 구입하면서 사진을 하나님의 영광과 다른 사람들을 섬기는 데 사용할 방법에 대해 고민하기 시작했다.

그렇게 해서 마테오는 시각적 평화 만들기에 초점을 맞춘 단체를 설립했는데, 여기서는 이미지를 사용하여 사람들이 서로 가지고 있는 고정관념을 깨 준다. 그는 하나님의 아름다운 세상을 담은 이미지를 통해 창조 세계의 아름다움을 보여 주고, 사람이 담긴 사진을 통해 모든 사람 안에 있는 하나님의 형상을 보여 주고자 했다. 그의 이미지는 스틸 사진과 장편 다큐멘터리 등으로 전 세계에 전시되어 왔다. 이제 영화 제작자가 된 그는 프로젝트마다 의도적으로 청지기 직분을 수행하면서 하나님의 창조성과 아름다움을 보여 주려 애쓰고 있다. 그는 자신의 기술을 통해 다른 사람들을 희생적으로 섬길 방법을 찾고 있다. 그는 영화 제작 분야에서 복음을 전할 수 있는 발판이 될 만한 풍부한 구속사적 은유를 발견하기도 했다. 마테오는 영화 제작자가 될 계획은 없었지만, 손으로는 선한 일을 하면서 눈과 귀를 계속 열어 두었다. 우리는 그의 모범을 잘 따라야 한다.

결론

하나님의 선교에 참여하려 할 때, 하나님이 우리를 창조하셔서 맡기고자 하신 일의 종류, 즉 특별한 소명을 분별하려고 노력하는 것은 현명한 일이다. 음악가가 어떤 악기를 연주할지 일찍부터 파악해야 하는 것처럼, 우리도 하나님이 우리를 어떤 도구로 만드셨는지 파악해야 한다. 소명을 분별하는 과정에서 우리의 능력, 애정, 고통, 제약 등을 성찰하는 것이 도움이 될 수 있다. 그런 심사숙고가 가치 있는 만큼이나, 지나친 분석 때문에 아무것도 하지 못하게 되는 유혹을 거부해야 한다. 다음 장에서는 하나님의 선교에서 우리 자리를 찾는 방법에 대해 계속 생각해 볼 것이다. 그러나 우리의 초점은 소명이라는 큰 그림의 질문에서 하나님의 선교에 비추어 우리 개인의 삶을 좀 더 좁게 재구성하는 것으로 옮겨 갈 것이다. 이를 통해 당신이 집중해야 할 선교 영역을 스스로 분별하고, 그 영역에서 청지기 직분, 섬김, 말씀 나눔이라는 노래를 연주할 실질적인 방법을 기도하는 마음으로 꿈꾸도록 도울 것이다.

8장

연주하기

하나님의 교향곡에 참여하기

킴은 음악을 좋아한다. 항상 콧노래를 하거나 노래를 부르거나 가까이 있는 가구를 악기 삼아 두들기곤 한다. 그녀가 어떤 스타일인지 예측할 수 있을 것이다. 무슨 말을 해도 항상 노래를 떠올리기 때문에 대화가 쉽지 않다. 그녀의 음악 취향은 모타운에서 모차르트에 이르기까지 폭넓다. 악기로 가득 찬 방이 있다면 그녀는 거의 모든 악기를 집어 들어서 생각보다 괜찮은 연주를 해낸다. 피아노는 "젓가락 행진곡"을 넘어서는 수준이고, 기타로 간단한 팝송을 연주할 수 있으며, 드럼으로 리듬을 꽤 잘 타고, 고등학교 밴드 시절에 배운 클라리넷 실력으로 몇 곡을 연주할 수 있다. 킴은 악보를 읽고 음악 이론의 세세한 부분을 설명할 수 있으며 흥미로운 앨범을 추천할 수 있다. 하지만 한 가지 악기에 집중하는 법을 배우고 그 악기에 숙달하기 위해 수천 시간을 투자하지 않는다면 킴은 결코 의미 있는 음악을 만들 수 없을 것이다.

선교라는 교향곡에서 우리 중 많은 사람이 킴과 비슷하다. 우리는 하나님을 사랑하고, 그분의 선교를 이해하며, 모든 사람과 모든 장소와 모든 삶에서 그분이 영광 받으시기를 갈망한다. 가끔씩 자원봉사에 참여하고 기부를 하거나 도움이 필요한 이웃을 도우면서 선교의 여러 측면에 참여한다. 하지만 킴과 마찬가지로 **특정한** 사람들이나 장소, 문제에 선교적 의도성을 가지고 집중적으로 관여하는 경우는 드물다. 이 장에서는 당신이 집중해야 할 선교의 특정 영역을 스스로 발견하고, 그 특정 상황에서 청지기 직분, 섬김, 말씀 나눔이라는 노래를 연주하는 방법에 대해 논의하고자 한다.

집중의 중요성

아이러니하게도 집중의 중요성에 대해 쓰고 있는 지금 이 순간에도, 두어 문장을 채 쓰지 못하고 다른 곳에 한눈을 파는 나 자신을 발견한다. 컴퓨터 앞에 앉아 있지만 집중하지 못하는 내 모습이야말로 이 문제의 살아 있는 예시다. 휴대폰은 쉴 새 없이 윙윙거리며 집중력을 흐트러뜨리고 있다. 점심 약속 확인, 재미있는 밈(meme), 나한테 묻기보다 검색하면 쉽게 찾을 수 있는 질문에 이르기까지 내 휴대폰에는 읽지 않은 문자 메시지가 수십 개다. 글을 쓰는 대신 페이스북을 훑어보며 지금 이 순간 수백 명의 친구들이 무슨 생각을 하고 있는지 확인하고 싶은 유혹을 받는다. 누군가 정치에 대해 화를 내고 있거나, 맛있는 샌드위치를 먹고 있거나, 심오한 명언을 공유하고 있지는 않을까? 북한의 핵 위협, 학교 총기 사고, 연예인 가십, 다가오는 미식축구 시즌 전망에 대한 뉴스 알림은 내 집중력을 앗아 간다.

글쓰기에 집중하고 싶지만, 동료들과 어디서 점심을 먹을지를 고민해야 한다. 사무실에서 10분 거리에 있는 200여 개 식당의 장점에 대해 이미 5분 동안 토론했다. 가장 건강한 음식을 제공하는 식당을 선택하려고 하지만, 어떤 식단이 최선인지 혼란스럽다. 건강 전문가들의 상반된 주장이 머릿속을 맴돌면서 간단한 메뉴 선택이 어려운 퍼즐이 된다. 고기를 먹어야 할까? 지방을 피해야 할까? 설탕을 빼야 할까? 식재료 원산지는 어디일까? 온라인에는 선택에 참고할 수많은 팟캐스트, 웹사이트, 샘플 메뉴가 있으며, 모두 최고 수준으로 관리되고 있다고 선전한다. 식당에 도착해서도 선택해야 할 것들은 줄어들지 않는다. 메뉴판 한 면만 보아도 1700년대 사람들이 평생 보았을 것보다 더 많은 종류의 음식이 나와 있다.

아직 점심까지 두어 시간 남았으니 글 쓸 시간은 충분하다. 하지만 타이핑을 시작하자 복도에서 들리는 대화에 집중이 흐트러지고, NBA 역사상 최고의 선수가 누구인지를 따지는 대화에 끼어들고 싶은 유혹이 생긴다. 그러나 나는 절제력을 발휘하여, 음악을 들으면서 그런 생각을 차단하기로 한다. 그런데 **어떤** 음악을 듣지? 라틴 음악, 최애곡 재생 목록, 클래식 기타, 유명한 교향곡, 재즈 연주, 아니면 모타운? 음악 앱을 스크롤하다 보면 선택의 폭이 너무 넓어 정신이 마비될 지경이다. 수백만 곡 중에서 단 **한** 곡만 선택해야 할까? 그저 집중에 도움이 되는 음악을 찾고 싶었을 뿐인데 정신이 완전히 산만해진다.

우리는 매일 아침 눈을 뜨면 앞으로 1,440분을 어떻게 보낼지 선택해야 한다. 부유한 서구 세계에는 하루를 보내는 방법에 대한 선택지가 압도적으로 넘쳐난다. 활주로만큼이나 긴 뷔페에 보통 크기 접시를 들고 다가가는 셈이다. 우리는 많은 시간 선택지를 바라보며 그중 가장 좋은 것을 선택하려고 노력한다. 휴가는 어디로 가야 할까? 어느 대학에 진학해야 할까? 어디에 살아야 할까? 직장은? 예배는? 선택의 폭이 넓다는 것은 선물일 수도 있지만, 도무지 감당이 안 되는 경우도 많다. 우리는 많은 일을 할 수 있지만, 거의 아무것도 하지 않거나 혹은 내 친구 킴처럼 아주 산만하고 썩 좋지 않은 방식으로 일하고 있을 때가 많다. 분석만 하다가 암석처럼 굳어 버린다.

우리를 산만하게 만드는 것이 너무 많기에, 특히 하나님의 선교에 참여하는 방법을 선택할 때는 그 어느 때보다 더 의도적인 자세를 가져야 한다. 우리가 너무 많은 선택지에 압도당한다면 별 도움이 못 되는 다음 네 유형

중 하나가 되기 쉽다.

1. **메뉴만 보는 사람**. 식당에서 선택 폭이 너무 넓어 굳어 버린 사람처럼, 메뉴만 보는 사람은 항상 하나님의 선교에 참여할 완벽한 방법을 찾으려고 노력하다가 심사숙고와 토론에만 머물러 있다. 때로 개인과 공동체는 자신들이 하나님의 선교에 어떻게 부합하는지 파악하기 위해 몇 달 또는 몇 년을 보내기도 한다. 선택지에 압도되어 앞으로 나아가지 못한다.
2. **탁구공**. 어떤 개인이나 공동체는 한 가지 선교 영역에 집중하다가 빠르게 다른 영역으로 전환하는 경우가 있는데, 대체로 어떤 대의에 대한 흥분 정도로 결정이 이루어진다. 이러한 사람들은 처음에는 '올인'하지만 곧장 다른 일로 넘어가고 마는데, 대개 흥미가 떨어지거나 일이 힘들거나 새로운 사역이나 단체에서 매력적인 제안을 들었기 때문이다.
3. **샘플 시식가**. 코스트코는 시식으로 유명하다. 그래서 일부러 점심을 거르고 가서 작은 컵에 담긴 무료 음식으로 배를 채우는 사람들이 있다. 그들은 영양이 풍부한 식사 대신에 군만두, 전병, 훈제 소시지 몇 조각에 만족한다. 이러한 방식으로 선교에 접근하는 사람들이 있다. 이들은 수많은 섬김의 기회에 참여하지만 의도성과 깊이가 부족하다. 1년에 한 번 노숙인 쉼터에서 자원봉사를 하고, 크리스마스마다 동네에서 길거리 파티를 열고, 가끔 직장에서 예수님 이야기를 꺼내고, 교회 개척을 위해 헌금한다. 모든 삶을 선교의 기회로 생각하는 것은 맞지만, 그들에겐 선교 초점이 부족하다.
4. **하역망**. 어떤 사람들은 맡은 책임이 너무 많아서, 마치 사방으로 뻗친 고무 밧줄로 엮은 하역망이 된 느낌을 받는다. 이들은 바쁜 일정에 더 이상 다른 일을 추가할 시간이나 에너지가 없으며, 교회와 지역 비영리

단체가 제시하는 새로운 봉사 기회에 엄청난 부담감을 느낀다. 그들은 삶에 다른 일을 하나 더 추가할 여유가 없기 때문에 이미 하고 있는 일에 선교적 의도를 불어넣는 데 집중해야 한다. 예를 들어, 여러 일을 하면서 나머지 시간은 모두 자녀를 돌보아야 하는 싱글맘이라면 큰 헌신이 필요한 자원봉사 프로그램에 참여할 수는 없지만, 이미 하고 있는 일을 청지기 직분과 섬김, 말씀 나눔으로 채울 방법을 찾을 수 있다.

선교 초점: 사람, 장소, 문제에 의도적으로 참여하기

레슬리 뉴비긴은 선교적 **차원**(dimension)과 선교적 **의도**(intention)를 유용하게 구분한다. 우리 삶에는 선교적 **차원**이 있다. 친구와 가족, 기술과 돈의 사용, 이웃과 직장에서의 삶, 이 모든 것이 그리스도 안에서 새로워진 새로운 인간성을 가리킨다. 그러나 선교적 **의도**도 필요하다. 우리는 좋은 소식을 알리는 데 의도적으로 초점을 맞춘 활동을 아울러야 한다. 여기에 뉴비긴은 중요한 경고를 덧붙인다. "교회가 선교 **자체**이기 때문에 교회가 하는 모든 일에는 선교적 차원이 있다. 그러나 교회가 하는 모든 일에 선교적 의도가 있지는 않다. 교회의 삶에서 선교적 의도에 집중하는 지점이 없다면, 교회의 전체 삶에 적합한 선교적 차원 또한 잃게 될 것이다."[1]

교회에 적용되는 것은 우리 각자에게도 적용된다. 우리 삶 전체가 다가오는 하나님 나라를 증언하므로, 우리는 그 증언에 신실하거나 그렇지 않을 것이다. 그러나 우리 삶에서 선교 초점(mission focus), 즉 선교적 의도를 가지고 참여할 특정 장소나 사람이나 문제를 정할 수 있다면 우리는 모든 삶에

---

1   Lesslie Newbigin, *One Body, One Gospel, One World: The Christian Mission Today* (London: International Missionary Council, 1958), p. 43(강조는 원저자).

서 선교적 사명을 **진정** 살아낼 수 있을 것이다.

선교 초점은 당신이 창조되어 해야 할 이상적인 일에 관한 것이 아니라는 점에서 사명이나 소명과는 다르다. 그것은 바로 지금 삶의 현실에 관한 것이다. 지금 여기서 당신 삶의 한 영역을 발견하여 청지기 직분, 섬김, 말씀 나눔을 통해 증언할 방법을 의도적으로 찾는 것이다.

장소. 선교 초점을 정하는 한 가지 방법은 장소에 따른 것이다. 동네나 일터 또는 커피숍이 선교 초점이 될 수 있다. 한 젊은 전업주부는 아이들과 공원에서 상당히 많은 시간을 보낸다. 그래서 공원을 선교 초점으로 삼아서 주기적으로 공원에 오는 다른 부모들과 관계를 쌓을 수 있었다.

사람. 또 다른 방법은 직장 동료처럼 특정한 그룹, 혹은 예술 동아리, 미얀마 난민 집단, 자녀 축구팀의 다른 부모들처럼 공통 관심사를 가진 사람들을 통해 파악하는 것이다.

문제. 죄는 온 세상 모든 곳에 영향을 미치며 다양한 신체적·사회적·영적 문제를 일으켰다. 노숙인, 공동체 부족, 정치적 긴장, 자폐증 같은 특정 문제에 초점을 맞춰 하나님의 선교에서 자신의 역할을 발견할 수 있다.

모든 사람은 특정 장소와 연결되어 있고 특정 문제를 가지고 있기 때문에 다른 두 가지 없이는 나머지 하나를 찾을 수 없다. 따라서 어떤 사람들은 선교 초점에서 세 가지 모두를 정하고 싶을 수도 있다. 예를 들어, 당신이 사는 기숙사(장소)에서 소비주의와 외로움(문제)에 시달리고 있는 대학생(사람)에 초점을 맞출 수 있다. 하지만 한 범주에만 집중하여 선교 초점을 정하는 것이 더 간단하게 느껴진다면 그렇게 하길 바란다.

선교 초점을 정하는 목적은 끊임없는 심사숙고로 인한 결정 회피에서 벗어나 적극적인 참여로 전환하기 위해서다. 그럼에도 **약간**의 성찰은 중요한데, 다음은 선택의 폭을 좁히고 초점을 맞추는 데 도움을 주기 위한 활동들이다.

유용한 세 가지 활동

시간 추적. 무슨 일을 하며 시간을 보내는지 살펴보라. 우리 대부분은 이미 선교의 잠재적 영역에 속해 있지만 의도성이 부족하다. 첫 번째 연습은 대부분의 시간을 소비하는 일과 그 일들이 일어나는 장소를 목록으로 작성해 보는 것이다. 선교의 잠재적 동역자가 될 수 있는 다른 신자들과 브레인스토밍을 해 보라. 가능한 한 철저하게 작성하라. 별도의 종이를 마련하면 더 많은 활동을 추가할 수 있을 것이다.

활동	장소	주당 활동 시간	다른 신자들

별것 아닌 것 같아도 실제로는 많은 시간을 소비하는 생활 영역이 있다는 것을 눈치챘을 것이다. 일주일 동안 점심 식사에 8시간을 소비하거나 헬스장에서 6시간을 소비했을 수도 있다. 이러한 시간을 모두 줄여야겠다는 충동이 가장 먼저 일어날 수 있겠지만 잠시 멈추라. 그러한 시간이 단지 선교적 의도를 부여하면 되는 영역일 수도 있기 때문이다. 예를 들어 러닝머신에서 달리는 대신 난민들과 축구를 하거나, 혼자 식사하는 대신 매일 동료들과 함께 점심을 먹을 수도 있다.

선교 초점 브레인스토밍. 시간 추적기에 쓴 내용을 바탕으로 선교 초점이 될 수 있는 잠재적 영역을 브레인스토밍하라. 선교 초점이 될 수 있는 사람, 장소, 문제를 셋 이상 찾아보라.

장소	사람	문제

아이스크림 고갈. 앞으로 5년 동안 집중할 선교 초점을 **하나만** 고르라. 그 분야에 전념하지 않으면 세상의 모든 아이스크림이 영원히 사라진다고 상상해 보라. (지금 당장, 삶의 이 특별한 시기에 할 수 있는 일을 선택하라.) 아이스크림을 위해 어떤 영역을 선택하겠는가?

이제 선교 초점을 정하고 아이스크림 고갈에서 세상을 구했으니, 나머지 활동에서 그 선교 초점을 사용하라. 다음 질문들은 당신이 특정 초점 영역에서 청지기 직분, 섬김, 말씀 나눔의 노래를 연주할 수 있도록 준비하는 데 도움이 될 것이다. 다른 곳으로 옮겨 가야 한다고 하나님이 분명하게 말씀하실 때까지는 당신이 파악한 영역이 어디든 그곳에 머물러 있기를 바란다.

청지기 직분의 노래 연주하기

이 책에서 살펴본 바와 같이, 우리는 손으로 하는 일을 통해 하나님의 형상을 나타내려고 노력할 때 청지기 직분 악장에 참여한다. 일은 하나님의 영광스러운 성품과 선한 창조 세계를 극적으로 표현하며, 그분의 나라를 미리 보여 준다.

사람이 하나님의 형상대로 지음받았기에, 우리가 일하는 방식은 하나님의 성품과 그분의 나라에 관한 무언가를 전달한다. 한편으로 일은 그분의 지혜, 창의성, 공급하심 같은 여러 특징을 극적으로 표현한다. 반면에 탁월하지 못한 일은 우리 삶이 묘사해야 할 하나님의 이미지를 왜곡한다. 조종하는 관리자는 하나님을 자의적이고 변덕스러운 존재로 묘사하는 살아 있는 이단이다. 최소한의 일만 하면서 웹 서핑으로 시간을 때우는 산만한 근로자는 하나님을 창조 세계에 완전히 무관심한 존재로 묘사함으로써 하나님의 이미지를 왜곡하는 것이다. 무책임한 부모는 동떨어져 계신 하나님을 그려 내며, 이기적인 시민은 하나님 나라 샬롬을 파괴하고, 부정직한 수공업자는 하나님을 신뢰할 수 없는 분으로 묘사한다.

자신이 하는 일이 하나님에 대해 무엇을 전달하고 있는지 생각해 보는 것은 좋은 습관이다. 다음 질문에 대해 시간을 내어 글을 쓰거나 공동체와 함께 토론해 보라.

당신이 집중하는 선교 초점에서 어떤 일이 이루어져야 하는가?
그 일이 잘 이루어질 때 하나님의 어떤 성품이 드러날까?
그 일이 잘 이루어질 때 하나님 나라를 어떻게 미리 보여 줄 수 있을까?
그 일이 제대로 이루어지지 않을 때 하나님의 성품과 나라를 어떻게 왜곡하게 될까?
내가 돌이켜야 할 것은 무엇인가? 어디서부터 시작해야 하는가?

이 질문들을 묵상하면서 하나님의 성품과 그 나라의 다양한 측면을 묵상하는 시간을 가져 보라. 그런 다음, 각자가 집중하는 특정 영역에서 이를 표현할 방법을 브레인스토밍하라. 예를 들어, 자신이 일하는 이발소가 선교 초점이라면, 면접을 가는 구직자들에게 무료로 이발을 해 주거나, 이발소 직원들을 위한 최고의 보험 설계를 찾아보거나, 임금을 넉넉하게 지급함으로써 하나님의 공급하심을 반영할 수 있다. 또는 공동체, 대화, 관계를 촉진

하는 방식으로 가구를 배치하여 하나님의 보호와 창의성, 환대를 보여 주려 할 수도 있다. 텔레비전을 없애는 대신 큰 칠판을 놓고 그날의 토론 질문을 적을 수도 있다. 이는 하나님의 넉넉하심, 공급, 환대를 드러내는 독특한 환경을 만들기 위한 창의적인 단계가 될 것이다.

이런 것들이 당신의 선교 초점에서는 어떤 모습인가? 아래 표를 사용하거나 자신의 노트에 옮겨 적으라.

하나님의 성품	일을 통해 하나님의 성품을 드러내는 창의적인 방법
공급:	
평화:	
창의성:	
환대:	
보호:	
회복:	
신실하심:	
지식:	
소통:	
자비:	
기타:	

하나님의 나라	선교 초점에서 하나님 나라 미리 보기를 제공하는 창의적 방법
화해:	
안전:	
축제:	
치유:	
감사:	
기쁨:	
사랑:	
연약한 이들에 대한 존중:	
정의:	
의미:	
기타:	

정원사가 식물을 심는 **적극적인** 일과 잡초를 뽑는 **수동적인** 일 모두를 감당해야 하는 것처럼, 우리는 하나님의 창조 세계의 잠재력을 개발하고 겸손하게 관리함으로써 그 광채를 더 빛나게 하도록 부름받았다. 따라서 우리가 집중하는 영역에서 책임져야 할 하나님의 창조 세계의 요소를 파악하는 것이 중요하다. 우리는 (1) 창의적으로 경작하고 (2) 신실하게 유지하는 것이 어떤 모습인지 파악해야 한다.

예를 들어, 선교 초점이 동네 공원이라면, 이웃이 서로 알아 갈 수 있도록 가족 발야구 리그를 조직하여 야구장이 될 잠재력을 키울 필요성을 파악할 수 있다. 신실한 유지 관리를 위해서 매일 공원을 산책하며 바닥에 떨어진 쓰레기를 줍거나 시와 협력하여 낙서 위에 페인트를 칠할 수도 있다.

다음 질문에 대해 글을 쓰거나 성찰하는 시간을 가져 보라.

나의 선교 초점 영역에서 창의적 개발에 필요한 창조 세계의 요소는 무엇인가?

나의 선교 초점 영역에서 창조 세계의 어떤 요소를 충실하게 유지해야 할까?

하나님의 세상을 더 잘 관리하고 그분의 성품을 드러내는 청지기가 되려면 어떤 기술을 개발해야 할까?

섬김의 노래 연주하기

이 책 5장에서는 희생적인 섬김의 삶을 통해 그리스도의 사랑을 어떻게 드러내는지 생각해 보았다. 우리가 가진 모든 것은 우리의 유익과 행복뿐만 아니라 다른 사람들의 번영을 위한 하나님의 선물이다. 우리는 삶의 일상 요소를 우리가 집중해야 할 가까운 이웃의 번영을 위해 사용할 방법을 생각해야 한다. 우리 삶을 자세히 살펴보고, 우리가 가진 자원을 파악한 다음, 그러한 자원을 이웃 사랑의 도구로 어떻게 사용할지 다시 구상해 보아야 한다.

다음 두 가지 활동은 이웃을 사랑하고 섬기는 방법을 기도하는 마음으로 창의적으로 구상하는 데 도움이 될 것이다. 첫 번째 활동인 인생 살피기는 자신의 삶을 새롭게 바라보고 매일 이웃을 사랑하고 섬기는 방법을 상상하도록 도와준다. 두 번째 활동인 당근 케이크 게임은 인생 살피기라는 바탕 위에 창의력과 기발한 생각을 더해 준다.

인생 살피기

예수님이 이웃을 "자기 몸과 같이" 사랑하라고 명령하실 때는 우리가 우리 자신을 사랑하는 방식을 돌아보고 그것들을 이웃을 축복하는 자원으로 사용하라고 말씀하신 것이다. 30분 동안 내 삶의 다음 요소들을 성찰해 보라. 당신의 선교 초점 영역에 있는 사람들을 사랑하기 위해 이러한 것들을 사용할 수 있는 간단한 방법을 생각해 보라. 당신 삶의 자산을 어떻게 사랑의 도구로 사용할 수 있을까?

삶	의도적인 사랑을 위한 아이디어
교육/훈련:	
집:	
식사 시간:	
주말:	
아침 시간:	
저녁 시간:	
휴가:	
취미/여가 활동:	
자녀 활동:	
소유물:	

모임/관계:	
휴일/기념일:	
기술:	
돈:	
기타:	

당근 케이크 게임

알든 모르든, 우리 각자에게는 다른 사람들을 축복하고 섬길 수 있는 많은 자원이 있다. 당근 케이크 게임은 우리가 가진 것을 탐색하고 그러한 것들을 세상의 망가진 부분과 연결하는 활동이다. 이 게임의 이름은 누군가가 당근 케이크를 처음 만들었을 때 어땠을지 상상한 데서 유래했다. (당근 케이크가 어떻게 발명되었는지는 **모르지만**, 여기서 상상한 것과 같지는 않았으리라고 확신한다.) 어떤 가족이 이웃을 초대해 식사하는데, 식사 한 시간 전에야 후식을 준비하지 않았다는 사실을 알게 되었다고 상상해 보라. 그들은 찬장과 식료품 창고를 샅샅이 뒤져 재료를 찾다가 밀가루, 물, 설탕, 베이킹파우더, 당근을 우연히 발견한다. 그리고 전혀 상관없어 보이는 이 재료들을 조합하여 세계 최초의 당근 케이크를 만들기로 결심한다.

창의적인 이웃 사랑법을 배우는 것은 새로운 레시피를 개발하는 것과 비슷하다. 우리는 삶의 식료품 창고를 들여다보고, 무엇이 있는지 살펴보고, 다른 이들에게 사랑을 보여 줄 수 있는 새로운 디저트를 상상한다. 이 작업에는 천재적인 재능이나 괴짜 같은 성격이 필요하지 않다. 다음 세 가지를 볼 수 있는 능력만 있으면 된다.

1. 망가진 세상(문제)
2. 당신이 가진 자원(은사)
3. 문제 해결에 당신의 자원을 사용할 수 있는 방법(창의적 사랑)

우리가 단지 속도를 늦춰서 망가진 세상의 모습과 자전거, 스마트폰, 회계학 학위같이 단순한 것들 안에 내재한 잠재적 축복을 성찰할 수 있다면, 우리 마음은 우리 손끝에 있는 구원의 잠재성에 압도될지 모른다. 세상에는 우리가 평생 실행할 수 있는 것보다 더 많은 아이디어가 있다!

게임 진행 방식은 다음과 같다.

1단계: 당신의 선교 초점 영역에 있는 문제들을 적어 본다. 그런 다음, 카드 한 장에 한 가지 문제(외로움, 인종차별, 독이 되는 정치 담론 등)를 적어서 색인 카드 더미를 만든다. 이것이 문제 카드다.

2단계: 다른 카드 더미를 가져와서 하나님이 주신 모든 자원(자전거, 앞마당, 제빵 기술 등)을 적는다. 이것은 인생 살피기 활동에서 나열한 자원과 비슷하지만, 여기서는 좀 더 구체적으로 적어야 한다. "훈련/교육" 대신에 "마케팅 학사 학위" 같은 것을 적으라. 이것이 자원 카드다.

3단계: 두 카드 더미를 각각 섞은 다음, 자원 카드와 문제 카드를 한 장씩 뽑는다.

4단계: 특정 자원을 사용하여 세상의 망가진 부분을 해결할 방법을 브레인스토밍하는 시간을 가지라. 때로는 우스꽝스러운 조합이 나올 수도 있지만(지친 교사를 돕기 위해 팬케이크 레시피를 사용하는 것은 그다지 가망 있는 선교 사역이 아니다), 이 연습을 통해 자원과 이웃의 필요 사이의 새로운 관계를 보게 되어 상상력을 자극할 수 있다는 점은 놀랍다.

다음은 이 연습이 어떤 모습일지 보여 주는 몇 가지 예다.

예시 1: 난민을 위한 컴퓨터 수리
  당신의 자원: 컴퓨터 수리 능력
  세상의 문제: 거의 빈손으로 도착하여 새로운 사회에 적응하는 데 어려움을 겪고 있는 난민들
  창의적 사랑: 난민을 위해 오래된 컴퓨터를 모아서 복원하고, 영어 소프트웨어를 설치하고 도시의 중요한 정보가 담긴 파워포인트 프레젠테이션을 제공하는 그룹을 조직한다.

예시 2: 노숙인을 위한 마당 정원
  당신의 자원: 50제곱미터 앞마당
  세상의 문제: 노숙인들을 위한 신선한 채소 공급 부족
  창의적 사랑: 집 앞마당에 텃밭을 가꾸고 노숙인들을 초대해 언제든지 맘껏 먹을 수 있게 한다.

예시 3: 외로운 아기 엄마들을 위한 놀이 그룹
  당신의 자원: 조직/행사 기획 능력
  세상의 문제: 고립감과 외로움을 느끼는 아기 엄마들
  창의적 사랑: 아이들에게는 즐거움을, 엄마들에게는 우정을 쌓을 기회를 제공하는 놀이 그룹을 만든다.

예시 4: 냉랭한 직장 분위기를 해결하기 위한 레시피
  당신의 자원: 요리 솜씨와 오븐
  세상의 문제: 불친절하고 냉소적인 직장 분위기
  창의적 사랑: 동료의 생일에 동료가 좋아하는 후식을 만들어 모두가 함께 즐기며 동료에 대한 감사를 표현하는 시간을 마련한다.

이 연습의 요점은 '완벽한' 답을 찾는 것이 아니라 상상력의 근육을 키우는 것이다. 문제를 새로운 시각으로 바라보고, 우리가 가진 모든 것이 잠재적인 축복의 도구라는 관점을 키울 기회다. 이제 당근 케이크 게임을 통해 이웃을 실질적으로, 희생적으로, 창의적으로 사랑할 방법을 꿈꾸는 시간을 가져 보라.

말씀 나눔의 노래 연주하기

6장에서는 그리스도를 모르는 사람들과 복음의 말씀을 나누는 것의 중요성에 대해 논의했다. 우리는 일종의 전도 공식을 따르는 획일적인 접근 방식을 피하고 상대방을 존중하고 상황에 맞으며 성령의 인도를 받는 전도의 중요성을 나누었다. 사실, 전도는 특정 상황에서 성령이 이미 하고 계신 일에 귀를 기울이고 성령이 부르시는 노래에 내 목소리를 더하는 것이라고 말할 수 있다.

당신의 선교 초점에 있는 사람들의 삶을 형성하고 있는 이야기를 파악하라. 이러한 이야기는 소비주의, 개인주의, 민족주의와 같은 여러 이데올로기의 영향을 받을 수 있다. 예를 들어, 교외 지역의 소비주의는 경제적으로 감당하기 힘든 보트를 사는 것같이 물질주의적 성향이 강한 반면, 도심 지역의 소비주의는 세계 여행과 같은 경험을 사는 것을 중시할 수 있다. 더 나은 이야기를 전달하기 위해서는 상대가 어떤 삶을 살고 있는지 파악하는 것이 중요하다.

성령은 우상숭배적인 문화 이야기 가운데도 복음의 단서, 성경 이야기의 메아리를 심어 놓으셨다. 모든 사람은 하나님의 형상대로 창조되었고 모든 피조물은 창조주를 증언하기 때문에 하나님의 성품이라는 메아리가 곳곳에 있다. 모든 사람은 매일 하나님이 지으신 세상의 압도적인 선함과 죄와 그 영향의 파괴적인 실체를 경험하기 때문에 창조와 타락의 메아리는 어디에나 있다. 그리고 모든 문화적 맥락에서 하나님의 창조 세계의 회복을 반영하는 사람들이 있다. 이들은 봉사하고 회복하고 베풀고 치유함으로써 그리스도의 구속 사역을 가리킨다.

당신의 상황에 내재된 성경 이야기의 메아리를 파악하는 데 도움이 되도록 다음 사항을 생각해 보라.

하나님의 메아리. 당신 주변에서 하나님의 성품을 엿볼 수 있는 곳은 어디인가? 동료에게서 창의성을, 이웃에게서 환대를, 지역 교사에게서 지혜를 발견할 수 있는가? 당신이 처한 상황에서 하나님의 형상을 지닌 사람들을 통해 그분의 형상이 어떻게 드러나는지 파악함으로써, 당신은 그들에 대해 감사하고 그들이 하나님을 어떻게 반영하는지 보여 주는 긍정을 통한(affirmational) 전도를 할 수 있을 것이다.

창조 세계의 메아리. 당신 주변 사람들은 하나님의 세계에서 어떤 점을 좋아할까? 그들은 창조 세계의 선함을 어떻게 경험하고 있는가? 예를 들어, 정원 가꾸기나 목공예, 만화책, 새로운 기술을 좋아할 수 있다. 어떻게 이러한 좋은 것들을 긍정함으로써 각각이 하나님의 선물인지 보여 줄 수 있을까?

타락의 메아리. 당신이 속한 사회에서 사람들이 겪고 있는 가장 큰 어려움은 무엇인가? 그들은 타락한 세상의 현실을 어떻게 경험하고 있는가? 육체적 고통에 시달리는 사람들은 십자가에서 인간의 고통 속으로 들어오셔서 우리를 죽음에서 건지시기 위해 죽으시고 부활하신 그리스도에 대해 들어야 한다. 경제적 또는 생태학적 불의에 분노하는 사람들은 부당한 체포와 처형이라는 불의함을 견디시고 어느 날 다시 오셔서 세상을 공평하게 심판하시고 억압받는 모든 사람을 해방하실 구세주에 대해 들어야 한다.

회복의 메아리. 그리스도의 사역을 반영하는 치유의 예를 어디에서 볼 수 있는가? 예를 들어, 직원들에게 혜택을 제공하기 위해 자신이 받을 수도 있는 급여의 일부를 희생하는 고용주를 알고 있을 수 있다. 아이를 입양한 가족을 알고 있다면 우리를 가족으로 입양하신 하나님을 그 가족이 어떻게 반영하는지 이야기해 줄 수 있을 것이다.

자신의 문화적 맥락에서 복음 이야기의 메아리를 생각해 보는 시간을 가진 후에는 복음을 어떻게 전해야 할지 기도하며 생각해 볼 수 있다. 당신이 놓인 환경에서 제기되는 질문과 공명할 수 있는 예수님의 이야기를 발견할 수 있다. 그리스도의 사역을 설명하는 구속의 비유와 은유를 찾을 수 있다. 더 나아가 당신의 환경에 내재된 문화적 이야기 가운데 복음의 메아리를 울려 내는 것들을 찾아볼 수도 있다.

"예"라고 말하기

선교 초점의 영역을 정하고 청지기 직분, 섬김, 말씀 나눔의 노래를 연주하는 데 도움이 되는 몇 가지 활동을 살펴봤으니, 이제 다음 단계는 매주 하나님의 선교에 어떻게 의도적으로 참여할지 정하는 것이다. 이웃을 사랑하고 복음을 전하기 위한 창의적인 아이디어를 떠올린다 해도 그 계획을 실천하지 않는다면 아무 소용이 없다. 매주 시간을 내어 이웃을 축복할 방법을 기도하는 마음으로 찾아보라. 이 과정에서 다음 질문이 도움이 될 수 있다.

청지기 직분: 이번 주에 나는 어떻게 일을 통해 하나님의 성품을 나타내려 하는가?

섬김: 이번 주에 어떻게 희생적으로 섬길 계획인가?

말씀 나눔: 이번 주에 예수님에 대해 어떻게 이야기할까?

또는 매주 BLESS라는 약어를 사용할 수도 있다. 이 질문은 워싱턴 소마 커뮤니티(Soma Communities)에서 시작되었지만 피닉스에 있는 많은 서지 네트워크 교회에서 사용하고 있다.

B − 축복하기(Bless): 이번 주에 누구를 실질적으로 축복할 수 있는가?
L − 듣기(Listen): 이번 주에 누구의 이야기를 의도적으로 들어야 할까?
E − 먹기(Eat): 이번 주에 누구와 식사해야 할까?
S − 말하기(Speak): 이번 주에 의도적으로 누구에게 좋은 소식을 나누어야 할까?
S − 안식하기/축하하기(Sabbath/Celebrate): 이번 주에 어떻게 쉬어야 할까? 누구를 쉼에 초대할 수 있는가?

집중하는 데 사용하는 질문이 중요한 것이 아니라, 하나님의 선교에 의도적이고 적극적으로 참여하기로 정기적으로 재헌신하는 것이 중요하다. 무의식적인 수동성에 빠지지 않으려면 하나님의 선교에 동의하는 방식을 정기적으로 정의하는 것이 현명하다.

"아니요"라고 말하기

선교 초점 영역을 정하는 것은 좋지만, 시간을 내서 실제로 참여하지 않으면 그 장점이 훼손될 수 있다. 우리는 순종할 부분을 파악해야 할 뿐만 아니라, 생활에서 선교 초점을 실천할 공간을 만들기 위해 어떤 좋은 것들을 자제할지도 결정해야 한다.

선교 초점에 집중하는 데 더 많은 시간, 에너지, 자원을 확보할 수 있도록 삶에서 제거할 수 있는 것들의 목록을 작성하라. 여러 운동팀을 지도하는가? 일주일에 한 번 이상 뉴스를 읽거나 시청하는가? 먼 동네에 가서 외식하는가? 더 큰 집을 구하는가? 석사 학위를 받는가? 다른 도시로 이사하는가? 수업을 가르치고 있는가? 이 모두는 좋은 일이기에 거절하기 어렵다. 하지만 우선순위를 미리 정하면 선교 초점에 방해가 되는 것들이 나타났을 때 거절할 수 있다.

어떤 것을 거절해야 할까?	왜 거절해야 할까?
예: 먼 동네에 가서 외식하기	예: 대신에 동네 식당 직원과 단골들을 알아갈 수 있다.
예: 더 큰 집으로 이사하기	예: 대신에 대학 근처에서 살 수 있다.

순종하고 거절할 부분을 구체적으로 정하는 것은 분명 도움이 되지만, 성령을 우리 계획으로 가두려고 해서는 안 된다는 점도 기억해야 한다. 하나님은 우리가 전혀 예상하지 못한 기회를 주실 수 있으며, 우리는 이에 응답할 준비가 되어 있어야 한다. 선교를 준비하는 가운데 성령의 인도에 열린 자세를 유지하는 것이 현명하다.

통합 〉 제거

앞선 활동은 당신 삶에서 어떤 부분을 제거하도록 권장하였다. 하지만 제거보다 더 중요한 것은 통합이다. 우리 삶에서 대부분의 측면은 완전히 제거하기보다는 의도성을 부여해야 한다.

우리는 친구, 시민, 직원, 교인, 가족, 이웃, 자원봉사자 같은 많은 모자를 쓰고 있다. 선반 **하나**에 이 모자를 모두 보관할 공간을 찾으려면 힘들 것이다. 우리는 다양한 역할을 세분화하고 단절시키는 사회에 살고 있다. 우리에게는 정해진 업무 시간이 있고, 그 시간은 보통 가족과 떨어져 있다. 우리 중 많은 사람이 주로 앉아서 일하는 직업을 가지고 있기 때문에 체육관에 가서 따로 운동을 해야 한다. 자동차와 모바일 기술을 너무 많이 사용하기 때문에 이웃과 대화하지 않고도 몇 주를 보낼 수 있다. 우리는 삶을 단순화하고 재통합하여 진정한 삶과 선교에 집중할 수 있는 공간을 더 많이 만들어야 한다.

파편화된 삶을 자세히 검토하면, 겹치는 영역을 더 많이 만들 수 있는 실용적인 방법을 발견할 수 있다. 매달 여러 식당에서 식사하는 대신 한 곳에 집중하여 그곳에서 우정을 쌓아 보라. 운동과 봉사를 통합할 수도 있다. 혼자서 운동하는 대신 이웃 어르신들을 위해 마당 일을 하거나 공동 정원에서 일해 보라. (가족이나 친한 친구와 함께 이 일을 한다면 또 다른 통합 영역을 찾은 것이다.)

같은 동네에서 생활하고 일하고 놀 수 있다. 그러려면 더 작거나 덜 세련된 집에 살게 될 수도 있지만, 지역을 선택하기 전에 이웃을 먼저 선택한다면 어떨까? 교제, 선교, 소명이 거주지 선택의 핵심 요소라면 어떨까? 넷플릭스 몰아 보기 대신 단체 영화 관람이나 독서 모임을 선택한다면 어떨까? 소셜 미디어를 주요 기도 제목을 나누는 경건 생활에 통합시키고 다른 이들에게 격려의 글을 쓰는 도구로 제한하여 활용하면 어떨까?

내 친구 맥스는 통합적이고 의도적인 삶을 보여 준 좋은 예다. 그는 몇 년 동안 주요 대학에서 유학생들과 함께 일하며 훌륭한 성과를 거둔 것으로 유명했다. 그는 하나님이 자신을 어디에 두셨는지 관찰하면서 유학생을 자신의 선교 초점으로 정했다. 그래서 그는 삶의 모든 측면을 살펴보면서 통합할 수 있는 지점을 찾았다.

그는 자전거로 출퇴근하면서 운동한다. 유학생 거주 지역을 지나면서 그곳에 사는 사람들을 위해 기도한다. 같은 동네에서 생활하고 일하고 논다. 식사 시간의 대부분을 학생, 동료 교수, 또는 같은 선교 초점을 지닌 신자들을 만나는 기회로 삼기 위해 전략적으로 계획한다. 그래서 자기 집으로 사람들을 초대하여 온 식구와 함께 식사하거나, 외국인이 운영해서 유학생들이 많이 몰리는 인근 식당에 가곤 했다.

맥스는 유학생들과 일하고 있었기 때문에 다른 문화에 관한 책을 읽거나 영화를 보고자 했다. 또한 해외 봉사 활동에 섬김의 초점을 맞췄다. 물론 다른 관심사도 있었지만, 대부분의 시간을 같은 지역에서 같은 사람들과 함께하면서 같은 주제에 집중했다. 삶의 중요한 측면을 제거하기보다는 통합하고자 했다.

다음에 나오는 삶의 영역들에 대해 생각해 보고 그곳에 선교 초점을 통합할 수 있는 간단한 방법을 생각해 보라.

생활	통합을 위한 아이디어
교육/훈련:	
집:	
식사 시간:	

주말:	
아침 시간:	
저녁 시간:	
휴가:	
취미/여가 활동:	
자녀 활동:	
소유물:	
모임/관계:	
휴일/기념일:	
기술:	
돈:	
기타:	

하나님의 교향곡에 참여할 때, 우리는 의도적으로 자신을 제한하여 이웃을 사랑할 수 있도록 집중할 수 있는 특권을 얻는다. 한 가지 주의할 점은 우리 삶에는 이러한 집중도 필요하지만 놀이와 휴식, 안식의 공간도 필요하다는 것이다. 삶에서 어느 정도 다양성을 누리는 것도 좋은데, 그래야 하나님의 창조 세계의 다양한 선물을 누릴 수 있기 때문이다. 집중하고자 하는 욕구가 강박이나 우상이 되지 않도록 주의하라. 이에 대해서는 다음 장에서 자세히 설명하겠다.

9장

지속하기

하나님의 교향곡에서 인내하기

노래방에서 "아이스 아이스 베이비"(Ice Ice Baby) 같은 반짝 히트곡을 부르는 사람을 쉽게 볼 수 있다. 미국 사람들은 "후 렛 더 독스 아웃"(Who Let the Dogs Out)을 장난스럽게 따라 부르며, 뒷마당에 개들을 풀어 놓은 사람이 누구인지 묻곤 한다. 결혼식 피로연에서는 예상대로 어정쩡한 모습을 한 아저씨가 무대로 달려 나와 밤새 기다렸던 노래 "마카레나"(Macarena)에 맞춰 몸을 꼬기 시작한다.

반짝 히트곡은 기억하기 쉽고, 강한 인상을 남긴다. 메시지가 단순하며 따라 부르기도 쉽다. 부족한 깊이는 폭넓은 청중으로 상쇄된다. 하나님의 선교에 참여하는 우리 모습이 마치 그런 노래 같을 때가 많다. 단기 선교, 눈에 띄는 해시태그가 달린 캠페인, 최신 유행 전도법, 일시적인 의제를 위한 대규모 집회 등 우리 중 많은 사람이 단기간의 열정으로 점철된 선교 참여 유형에 쉽게 영향을 받는다.

하지만 하나님의 선교는 단기적이지 않다. 여러 세대에 걸쳐 이어지며, 우리가 완전히 이해할 수 없을 만큼 깊이가 있다. 그것은 복잡하며 우리의 온전한 관심을 요구한다. 한순간의 기분 전환을 위한 노래가 아니라, 수 세기 동안 지속되도록 세심하게 만들어진 교향곡과 같다. 대부분의 반짝 히트곡은 쉽게 따라 부를 수 있지만, 교향곡 연주에 참여하려면 많은 시간을 집중해야 한다(때로 고통스러운 인내도 필요하다). 하나님이 우리를 부르고 계시는 선교 참여도 마찬가지다. 하나님은 우리에게 "영향력을 행사하라"라거나 "세상을 바꾸라"라거나 더욱이 "급진적이 되라"라고 요청하시지 않는다. 시련을 신실하게 견뎌 내고 선을 행하는 일에 지치지 말라고 요구하신다(약 1:12; 갈 6:9). 때로 하나님은 우리의 작지만 신실한 순종을 통해 위대한 일을 이루시기도 하지만, 그 결과는 우리가 아니라 그분께만 달려 있다.

앞 장에서는 선교 초점 영역을 식별하는 것이 얼마나 중요한지를 논의했다. 집중하기도 어렵지만 오랫동안 그 집중력을 충실히 유지하기란 훨씬 더 어렵다. 그리스도인들, 특히 서구의 많은 그리스도인은 한곳에 집중하기보다 이리저리 옮겨 다닌다. 새로운 선교 활동에 대한 열정과 흥분이 사라지고 상대적으로 단조로운 장기 활동이 이어질 때, 계속해서 참여를 유지하기가 힘들다. 어떤 사람들은 지루해서 이리저리 시선을 옮기기도 하고, 어떤 사람들은 지쳐서 시들해지기도 한다. 영향력을 끼치려 했지만, 희생적인 노력에도 불구하고 아무것도 변하지 않는 것 같을 때 우리는 낙심할 수 있다.

어떻게 인내심을 키울 수 있을까? 어떻게 하면 단기 유행을 좇는 대신, 성경적으로 또 장기적으로 선교에 대해 생각할 수 있을까? 어떻게 하면 단 며칠, 몇 주, 몇 달이 아니라 수년, 심지어 수십 년 동안 의도성과 사랑을 가지고 선교 참여를 지속할 수 있을까? 이 장에서는 그리스도와의 관계를 유지하고 장기적으로 그분의 선교에 참여하는 데 도움이 되는 세 가지 실천을 개발하는 데 초점을 맞출 것이다. 이러한 실천에는 변혁적 안식일, 인간답게 기도하기, 소망의 탄식이 포함된다.

변혁적 안식일

안식일을 규칙적으로 지키는 것이 선교에 지속적으로 참여하는 데 필수인 이유는 우리가 다시 하나님께 집중하고, 피조물이라는 본질을 인식하며, 이웃을 기억하는 데 도움을 주기 때문이다. 안식일은 단순히 하루를 쉬는 것 이상의 의미가 있다. 안식일은 엿새 동안 일하고 하루를 쉬는 창조 세계의 신성한 리듬이다. 우리는 이레 중 하루를 기도와 놀이, 예배와 경이로 채우는 시간으로 떼어 둔다. **일**을 통해 하나님을 예배하는 것에서 **휴식**을 통해 하나님을 예배하는 것으로 일주일 중 단 하루를 전환하는 것, 곧 쉼이라는 단순한 선물은 아무리 강조해도 지나치지 않다. 하루만 거룩하고 나머지는 거룩하지 않은 것이 아니다. 오히려 하루가 거룩해야 나머지 모든 날도 거룩할 수 있다.

창세기 2장 1-3절에 안식일이 처음 등장한다. 하나님은 엿새 동안 세상을 창조하신 후에 쉬셨다. 지치셨기 때문이 아니라, 창조 세계의 선함을 기뻐하고 창조 세계의 패턴, 즉 엿새 동안 일하고 하루를 쉬는 리듬을 세우기 위해서 쉬셨다. 안식일을 지키라는 첫 번째 명령은 십계명에 나온다(출 20:8-11; 신 5:12-15). 흥미롭게도, 이 안식일 계명은 하나님 백성에게 매우 중요했기 때문에 안식일 위반에 관한 율법은 살인이나 간음 같은 금지 사항 중 하나로 열거되어 있다. 예수님이 오셨을 때 하나님 백성을 위해 안식일이 변화되었다. 예수님은 당신이 안식일의 근원이자 주인이며 사람이 안식일을 위해 있지 않고 안식일이 사람을 위해 있다고 말씀하셨다(막 2:23-28). 그분은 수고한 모든 이들에게 풍성한 안식, 즉 그리스도와의 연합에서 오는 깊은 안식을 주셨다(마 11:28). 그리스도 안에서 우리는 구약 시대 사람들보다 안식일을 실천하는 방법에 있어 더 많은 자유를 누리지만, 하나님의 창조 리듬을 따르는 지혜는 여전히 남아 있다. 그리스도는 안식일을 우리에게 은혜를 베푸시는 통로로 사용하신다.

전형적인 근무 시간이나 주당 근무 시간이란 개념이 허물어지고 있기에 우리는 그 어느 때보다 더 의도적으로 휴식의 리듬을 만들어야 한다. 낮과 밤, 일과 휴식의 자연스러운 리듬 대신에 이제 우리는 (모바일 기기를 통해) 항상 손끝에서 업무를 처리할 수 있게 되었다. 일이 삶의 모든 틈새에 스며드는 것이 그 어느 때보다 쉬워졌다. 우리 중 많은 사람이 더 이상 일출과 일몰 사이의 태양 빛이 아니라 주머니 속 업무 감독 스마트폰의 끊임없는 불빛에 따라 일과 휴식의 리듬을 형성한다. 야간이나 주말에 일하는 것 자체를 잘못이라고 할 수는 없다. 하지만 안식일과 휴식을 장려하는 문화적 규범이 거의 사라진 지금, 우리 삶에서 휴식의 필요성에 주목하고 이를 위한 시간을 따로 마련하는 것이 더욱 중요해졌다.

유진 피터슨은 안식일에는 적어도 두 가지, 즉 기도와 놀이가 있어야 한다고 제안한다.[1] 첫째로, 기도, 공동 예배, 말씀을 풍성히 먹는 것 등을 통해 하나님과 다시 연결되는 시간을 가져야 한다. 둘째, 등산을 하거나 맛있는 음식을 먹거나 게임을 하거나 음악을 만들거나 아이들과 장난을 치면서 하나님의 선하신 세계를 기뻐하는 시간을 가져야 한다. 안식일은 하나님과 그분의 창조 세계에 대한 경외심을 가지고 경배하며 놀라워할 기회다. 안식일은 단순히 하루를 쉬는 것 이상의 의미로, 하나님께 영광을 돌리고 이웃을 위해 일하는 원동력이 되는 의도적인 예배 행위다. 우리가 일에 진지하다면 휴식에 대해서도 그러해야 한다. 우리가 하나님의 선교에 진지하게 참여하려 한다면 안식일을 실천하는 데도 그러해야 한다.

---

[1] Eugene Peterson, *Working the Angles: The Shape of Pastoral Integrity* (Grand Rapids: Eerdmans, 1987), p. 57. 『균형있는 목회자』(좋은씨앗).

하나님께 다시 집중하기

안식일을 지키지 않는 사람들은 종종 그것이 사소한 죄이거나 심지어 그들의 철저한 직업윤리에서 비롯된 불가피한 일일 뿐이라고 생각한다. 그러나 하나님 나라에서 안식을 거부하는 것은 반역죄다. 자급자족을 선언하거나 다른 독재자를 신뢰함으로써 하나님의 세상을 식민지화하려는 시도다. 하나님이 주신 안식이라는 선물을 외면하는 것은 하나님의 세상이라는 땅에 우상숭배의 깃발을 꽂는 것이다.

자급자족하는 선교 활동의 추악한 아이러니는 선교의 목적 자체인 하나님에 대한 예배를 훼손한다는 것이다. 그런데도 우리는 선교 활동을 하면서도 선교의 목적을 잊어버리는 경우가 많다. 청지기 직분의 목적은 우리 자신의 영광이 아닌 하나님의 영광을 드러내는 것이다. 섬김의 목적은 그리스도의 사랑을 드러내는 것이지, 사랑의 행동으로 우리가 영웅이 되는 것이 아니다. 말씀 나눔의 목적은 자신의 유창한 화술이나 영향력을 과시하는 것이 아니라 예수님의 좋은 소식을 알리는 것이다. 자신의 힘으로 선교 참여가 이뤄질 때, 우리는 원칙을 무시한 채 쉼을 거부하기 시작한다. 성령을 의지하는 대신 자립하려고 할 때, 전형적으로 가장 먼저 사라지는 것이 휴식이다. 동시에 우리는 자기 힘을 과대평가하여 쉼이 정말 필요 없는 것처럼 행동하고, 하나님의 힘을 과소평가하여 마치 하나님이 우리 없이는 그분의 선교를 완수할 수 없는 것처럼 행동한다. 하지만 우리는 하나님이 아니기 때문에 하나님만이 하실 수 있는 일, 즉 **세상을 구원하는 일은 할 수 없다**.

때로 우리가 휴식을 거부하는 이유는 자존적이어서가 아니라 우상의 노예가 되었기 때문이다. 어떤 사람들은 중요한 사람이 되고 싶은 욕구를 충족시키려고 굶주린 사람들에게 음식을 나눠 준다. 또 다른 사람들은 해외 선교라는 고귀한 일을 핑계 삼아 경험이라는 우상을 만족시키면서 인스타그램 피드를 이국적인 배경의 사진들로 채운다. 어떤 사람들은 사는 도시의 경제적 번영을 추구하기 위해 회사를 시작하지만, 소비주의의 신에게 제단을 쌓는 일에 서서히 빠져든다. 삶의 물살은 우리를 서서히 우상숭배로 끌고 갈 수 있지만, 하나님은 안식일 실천이라는 밧줄을 우리에게 던져 주셨다.

이 실천은 우리 삶의 잠재적인 우상들을 뒤엎어서 기도, 말씀 읽기, 감사, 함께 모여 하나님의 풍성하심을 찬양하는 일에 방해받지 않는 공간을 제공한다. 또한 우리 마음을 성찰하고 모든 삶의 방향을 하나님께로 재정립하는 데 필요한 여유를 제공한다. 안식일은 우리의 일에서 벗어나 하나님의 일을 기뻐할 수 있는 온전한 하루의 선물이다. 말 그대로 멈춰 서서 장미꽃 향기를 맡고, 식사를 음미하고, 알람 없이 낮잠을 자고, 예술 작품을 만들고, 기발한 장난을 즐길 수 있는 시간이다. 우리의 모든 감각에 하나님의 선하심을 일깨우는 날이다.

안식일은 우리에게 하나님이 얼마나 필요한지 상기시키는 의도적인 비효율의 시간이기도 하다. 매주 하루씩 온전히 일을 멈추면 50년 동안 2,600일의 업무를 '잃어버리게' 된다. 그 시간 동안 무엇을 성취할 수 있을까? 생산성을 얼마나 더 높일 수 있을까? 학위를 취득하거나, 사회복지관에서 자원봉사를 하거나, 큰돈을 벌어 유용하게 사용할 수 있을지 모른다. 그러나 안식일의 비효율성은 의도적이며, 이를 통해 하나님은 선교가 우리 힘이 아닌 **하나님의** 능력에 달려 있음을 일깨워 주신다. 일할 시간이 줄어들면 우리는 떡과 물고기를 취하여 수많은 사람을 먹이는 방법을 아시는 주님께 더 의존하게 된다. 안식일은 우리가 충분히 열심히 일하거나 충분한 시간을 투자하면 선교를 완수할 수 있다는 환상을 깨뜨린다. 그러나 우리가 안식일의 휴식을 누리는 동안에도 하나님은 계속 일하시며 선교가 그분께 속해 있음을 우리에게 깨닫게 해 주신다.

우리의 피조물 됨을 인식하기

우리가 하나님이 아니라는 사실을 인식하는 것만으로는 충분하지 않다. 더 나아가 우리 존재가 진정 무엇인지 인식해야 한다. 우리는 인간이다. 우리는 최고의 효율성을 위해 최적화된 기계가 아니다. 인간성을 제거하면서까지 생산성을 높일 수는 없다.

우리가 인간이라는 사실을 인정한다는 것은 우리에게 한계가 있다고 인정하는 것이다. 로봇과 달리 인간은 음식, 수면, 아름다움, 공동체, 안전, 다양성 같은 것을 필요로 한다. 이러한 진정한 인간적 욕구를 충족시키지 못한다면 우리 자신에게 정직하지 못한 것이자 창조주께도 영광을 돌리지 못하는 것이다. 제자로의 부르심 때문에 하나님의 영광과 이웃의 유익을 위해서 결핍을 감수해야 할 때도 있지만, 잠자지 않고 일하는 것을 성화와 동일시하거나 금욕적인 일중독을 제자도와 동일시하는 것에 속아서는 안 된다. 티시 해리슨 워런(Tish Harrison Warren)은 『오늘이라는 예배』(*Liturgy of Ordinary*)에서 다음과 같이 말한다. "일중독과 이미지 홍수, 지나친 카페인, 오락 중독 그리고 무엇이든 과급한 우리 문화에서 우리는 피조물로서의 조건에 굴복해야 할 필요가 있지만 이는 종종 제자도에서 간과된다."[2] 우리는 흔히 제자도를 복음을 위해 목숨을 버릴 만큼 예수님을 신뢰하라는 요청이라고 생각한다. 하지만 때로는 복음을 **믿기** 때문에 베개에 머리를 대고 누울 만큼 예수님을 신뢰하라는 요청일 수도 있다. 우리는 인생의 3분의 1을 잠을 자면서 보낸다. 잠이 필요하다는 것은 우리가 하나님이 아님을 증명하는 동시에, 그분이 신뢰할 만한 분임을 보여 준다.

우리 몸은 매일 무너져 내리기에, 먹고 마시고 자는 일상의 리듬을 통해

---

[2] Tish Harrison Warren, *The Liturgy of the Ordinary: Sacred Practices in Everyday Life* (Downers Grove, IL: InterVarsity, 2016), p. 152. 『오늘이라는 예배』(IVP).

우리를 회복해 주시는 하나님의 손길이 필요하다. 우리 영혼도 마찬가지다. 타락한 세상의 우상숭배, 고통, 상처, 불의가 매주 우리 영혼을 찢어 놓는다. 안식일은 함께 드리는 예배, 공동체, 축제, 하나님의 선하신 창조 세계를 기뻐하는 것을 통해 하나님이 우리 영혼을 다시 꿰매어 주시는 매주의 리듬이다. 안식일은 우리를 회복하고, 속도를 늦추게 하며, 우리가 하나님이 아님을 상기시킨다. 우리는 자신의 한계를 인정하고, 우리를 회복하고 활력을 불어넣는 선물들을 받기 위한 시간을 마련하여 하나님께 순종한다.

하지만 우리는 종종 하나님의 선물인 쉼을 소홀히 하고, 목표 달성을 위해 매일 일하며 밤샘을 견디려는 유혹을 받는다. 우리는 좋은 음식을 영양보충제로, 복잡한 공동체를 세련된 소셜 미디어로, 느린 경이로움을 효율적인 엔터테인먼트로 대체하고 싶은 유혹을 받는다. 하나님의 선교에 참여하고자 하면서도 효율성과 성공을 추구하느라 창조주가 주신 쉼의 리듬을 끊어 버리는 경우가 많다.

역설적이게도, 성과를 얻기 위해서는 깊은 휴식이 꼭 필요하다. 할 일 목록에서 벗어나 하루를 쉬면 신선한 아이디어와 새로운 관점이 떠오르곤 한다. 하나님을 향한 경외심, 경이로움, 감사로 가득 찬 마음보다 일에 대한 더 나은 동기 부여는 없다. 안식일은 그러한 마음을 기를 수 있는 공간을 만든다.

이웃을 기억하기

우리는 또한 증언과 정의를 위해서 안식일을 실천한다. 언뜻 보기에 일주일에 한 번 일을 쉬라는 계명은 살인, 도둑질, 거짓말, 간음하지 말라는 계명과 같이 두기에 어울리지 않는 것 같을 수 있다. 다른 계명에 비해 안식일은 중요하지 않은 것만 같다. 그러나 이 명령은 하나님 백성이 안식을 주지 않고 지속해서 노동 할당량을 늘리던 파라오의 경제적 압제로부터 해방된 직후에 주어졌다는 사실을 기억해야 한다. 하나님은 그 백성에게 안식일을 주셔서 부족과 불안, 끝없는 노동으로 점철된 파라오의 억압적인 통치가 끝났음을 매주 사람들에게 상기시켜 주는 구체화된 실천을 만드셨다. 파라오의 폭정은 하나님의 은혜, 곧 풍성함, 예배, 교제, 축제로 대체되었다.

우리는 파라오가 폭정을 휘두르던 이집트에 살고 있지는 않지만 현대 사회에도 나름의 폭군들이 존재한다. 끊임없이 울리는 휴대폰, 24시간 계속되는 뉴스, 끝없는 소비 기회는 마치 파라오처럼 우리에게 할당량을 늘리고 더 많은 것을 요구하는 거짓 신들의 특징이다. '더 많이'라는 비인간적인 시스템은 모든 사람의 삶을 피폐하게 만들지만, 특히 취약 계층에게 더 큰 대가를 요구한다. 가장 저렴한 제품을 찾는 수요는 가난한 사람들의 임금을 갈취하고, 소비가 만들어 낸 쓰레기는 세상에서 깨끗한 물을 강탈하며, 바쁜 일정은 아이패드를 제3의 부모로 만들어 아이들로부터 인간적인 상호작용을 빼앗는다. 우리는 속도, 생산성, 소비에 열광하는 세계에 살면서 탈진하여 방향을 잃고 있다.

안식일은 예수님이 다시 오실 때 우리가 경험하게 될 번영을 증언하는 대안적인 삶의 리듬을 만들어 낸다. 안식일을 누리는 것은 우리 시대 폭군들에 대한 저항 행위이며, 우리와 함께 다른 삶의 방식에 동참하도록 사람들을 초대하는 것이다. 월터 브루그만(Walter Brueggemann)은 말한다. "안식일은 믿음으로부터 나오는 자유의 초석이다. 믿음을 가지고 일을 멈추는 것은 저항 행위다. 이는 우리 사회에 만연한 불안 시스템에 동참하지 않겠다는 것을 온몸으로 선언하는 것이다. 우리는 경제, 인간관계, 삶의 모든 영역에서의 분주함과 탐욕, 더 많은 것을 추구하는 삶으로 규정되지 않을 것이다."[3] 우리가 세상에 증언할 수 있는 가장 변혁적인 방법 중 하나는 매주 하

---

3   Walter Brueggemann, *Sabbath as Resistance: Saying No to the Culture of Now* (Louisville: Westminister, 2014), p. 32. 『안식일은 저항이다』(복있는사람).

루 안식에 참여하는 것이다. 전화기를 끄고 사람들을 만나고, 또 다른 회의를 하는 대신 낮잠을 길게 자고, 소셜 미디어에서 정치에 대해 토론하는 대신 친구들과 감사를 나눔으로써 우리는 그리스도의 평화와 그분의 새 창조를 정의할 다가오는 안식의 그림을 사람들에게 보여 줄 수 있다.

이것은 우리가 세상 한쪽 구석에 숨어서 우리만을 위해 할 일이 아니다. 다른 사람들도 동참하도록 초대해야 한다. 이스라엘 백성이 안식일의 축복을 자기 땅에 사는 이방인들에게도 전하라는 요청을 받았던 것처럼, 예수님이 세리와 창녀들과 함께 잔치를 벌이셨던 것처럼, 우리에게는 다른 사람들, 특히 우리가 아는 가장 취약하고 억압받는 사람들에게 안식일의 축복을 나눌 기회가 있다.

그것이 어떤 모습일지 상상할 수 있는가? '더 많이'라는 우리 문화의 시끄러운 요구를 거절하는 대신에, 하루를 따로 떼어서 놀이를 하고 하나님께 찬송하고 예술 작품을 만들고 정처 없이 걷고 맛있는 식사를 하면서 길고 긴 대화를 나누는 공동체를 상상할 수 있는가? 매주 이 축제의 리듬 속에 노숙인, 특별한 도움이 필요한 어린이들, 갓난아기, 마지막 여생을 보내는 어르신들을 의도적으로 포함하는 것을 상상할 수 있을까? 여러 언어로 함께 기도하는 모습을 상상할 수 있는가? 화면의 이미지를 보는 것보다 하나님의 형상대로 지어진 동료의 얼굴을 들여다보는 데 더 많은 시간을 보내는 사람들의 공동체를 상상할 수 있는가? 자존하기보다는 하나님을 신뢰하기로 선택한 사람들이 충분한 휴식을 누리고, 서두르지 않으며, 근심하지 않는 것보다 더 대항문화적인 증언이 있을까?

안식일에 대한 헌신은 정의, 자비, 지혜, 창의적 청지기 직분이라는 하나님의 방식으로 일하기 위한 우리의 헌신을 새롭게 하는 길이다. 유진 피터슨은 다음과 같이 말한다.

우리 가운데 어느 누구도 이웃이나 남편 또는 아내나 자녀나 회사의 직원들을 그런 식으로 대하지 못하게 하려고, 안식일을 지키라는 명령이 주어졌다. 우리가 다른 사람들을 대할 때 그들이 **누구**인가라는 측면보다는 그들이 무엇을 **할** 수 있는가 하는 면을 더 관심 있게 보기 시작하는 순간, 우리는 인간성을 훼손시키고 공동체를 어지럽게 만든다. "나는 이번 주에 쉬지 않아도 되니까 안식일을 지키지 않겠어"라고 주장해도 소용없다. 우리들의 삶은 상당히 복잡하게 연결되어 있으므로 안식일에 일을 하게 되면 의도했든 의도하지 않았든 간에 상관없이 필연적으로 다른 사람들을 그 일에 관여하게 만드는 관계를 초래한다. 안식일 준수는 근본적인 친절과 호의다. 안식일 준수는 이웃들 속에 있는 하나님의 형상을 보존하여 그들을 우리의 필요에 따라 평가하는 것이 아니라 있는 그대로의 모습을 보게 하기 위해 명령으로 주어졌다.[4]

안식일을 지킴으로써 우리는 우리가 인간이며 우리 이웃도 그러하다는 사실을 기억한다.

인간답게 기도하기

안식일의 가장 중요한 실천 중 하나가 기도지만, 기도는 그날 하루만이 아니라 우리 삶 전체로 스며들어야 한다. 하나님의 선교에 참여하는 것은 기도를 통한 하나님의 능력으로 유지된다. 하나님의 힘을 구하는 규칙적인 기도의 리듬이 없다면, 시간 관리, 유행하는 방법, 부자들에 대한 아첨, 미친 듯이 일하기 등 다른 '힘'의 원천을 찾고 싶은 유혹에 빠질 수 있다.

우리는 기도를 통해 선교에 집중하고 선교를 수행하는 데 필요한 힘을

---

4 Peterson, *Working the Angles*, p. 71.

얻는다. 기도는 우리의 성품을 형성하고 의지를 강화한다. 기도는 하나님이 우리를 빚으시고 인도하시는 수단이다. 기도의 중요성에 이의를 제기하는 사람은 거의 없을 것이다. 하지만 개인적으로 기도 생활이 충분하다고 느끼는 사람도 거의 없다. 기도가 중요하지 않다고 생각해서가 아니라 기도하는 **방법**을 잘 모르기 때문에 기도에 집중하지 못할 수도 있다. 우리는 컴퓨터처럼 기도하는 것이 아니라 인간답게 기도하는 법을 배워야 한다.

컴퓨터는 멀리 떨어진 서버와 정보를 주고받는 무생물이다. 컴퓨터에는 감정, 관계, 상상력, 장소에 대한 주의력이 없다. 무엇보다도 컴퓨터에는 인간이 가진 오감(사람에 따라서는 열다섯 가지 감각)이 없다.

많은 사람이 방에서 혼자 구부정한 자세로 눈을 감고 두 손을 모은 채 기도해야 한다고 생각한다. 이런 생각은 어디서 온 것일까? 적어도 성경에서 나온 것은 아니다! 이렇게 하면 방해받지 않고 집중할 수 있을지는 모르나, 최악의 경우 컴퓨터처럼 기도하는 자세가 될 수 있다. 하나님이 마치 먼 곳에 있는 먼지 쌓인 서버인 양 정보 전달에만 집중하게 만들어 기도가 따분해질 수 있다. 이런 기도는 우리의 감각을 단절시키고, 우리가 처한 환경을 무시하며, 아름답고도 망가진 하나님의 세계와 우리 자신을 분리한다. 이것은 하나님이 의도하신 기도와는 거리가 멀다.

모든 감각으로 기도하기. 하나님은 시각, 후각, 청각, 미각, 촉각을 주셨다. 이스라엘의 절기부터 성찬식 떡 맛, 세례의 물까지, 성경에는 우리의 모든 감각을 사용하는 예배에 대한 예시가 아주 많다. 감각에 주의를 기울인다면 더 인간적인 기도 생활이 될 것이다. 쓰레기통 옆에 서서 자신의 죄를 고백해 보라. 도시가 내려다보이는 산에 올라가서 그 도시에 속한 공동체를 위해 기도하라.

모든 장소에서 기도하기. 기도 내용과 관련된 장소를 찾아보는 것은 어떨까? 매일 다른 장소에서 특정 기도 제목을 떠올리며 기도하는 기도 산책로를 만들어 볼 수도 있다. 놀이터에서는 자녀를 위해 기도하고, 빵집에서는 일용할 양식을 위해 기도할 수 있다. 기념비, 동상, 박물관은 역사적 비극이나 불의를 떠올리게 하여 망가진 세상을 애통해하는 기도와 상처 입은 하나님의 창조 세계를 회복해 달라는 간구에 도움이 될 수 있다.

모든 삶에서 기도하기. 많은 경우 기도를 소위 삶의 성스러운 부분으로 제한하여, 교회 건물에서나 정해진 경건의 시간에 드려야 한다고 여긴다. 하지만 우리는 사무실에 출근하거나 정원에서 잡초를 뽑는 것 같은 평범한 일상을 포함하여 우리 삶 전체를 하나님의 얼굴 앞에서 살아간다. 왜 이런 일들을 위해서는 기도하지 않는가? 페이스북 피드와 뉴스 헤드라인을 기도 제목으로 바꾸면 어떨까? 이웃과의 대화에서, 직장의 프로젝트가 예기치 않게 잘 진행되었을 때, 또는 정말 좋은 책을 읽었을 때 마주하는 모든 선, 기쁨, 진리, 아름다움의 근원이신 하나님을 인정하며 기도해 보는 건 어떨까?

모든 감정을 담아 기도하기. 하나님은 우리가 언제 두렵고 화나고 혼란스럽고 부끄럽고 슬픈지 알고 계신다. 우리 마음을 하나님께 숨길 수 없으므로 시편의 모범을 따라 이러한 깊은 감정들을 주님께 가져가야 한다. 인터넷에서 읽은 얼토당토않은 대화들에 화가 날 때 그 분노를 하나님께 가져가라. 의심과 싸우고 있을 때 하나님은 당신의 질문을 두려워하지 않으신다는 것을 알아 두라. 통장을 보고 두려움을 느낄 때 그 두려움을 하나님께 매달리는 기회로 삼으라.

성경은 삶의 모든 것으로 하나님을 예배하도록 우리를 초대한다. 우리는 인간의 감각과 감정을 가지고 실제 인간처럼 자유로이 기도할 수 있다. 우리는 의미 있는 장소에서 하나님을 만나야 한다. 기도는 소고기 안심부터 외교 정책에 이르기까지 우리 삶의 모든 영역에 관여해야 한다. 그랜드 캐니언, 대학 농구 선수권, 벌꿀오소리, 청록색을 주신 하나님과의 대화를 '지루하다'라는 단어로 설명해서는 안 된다. 문제는 우리의 나약한 의지가 아니라 빈약한 상상력이다. 복음이 모든 창조 세계를 구속하는 것이라면, 그리고 하나님의 선교가 모든 삶에 관여한다면, 기도도 우리의 모든 활동과 일상을 다루어야 하지 않을까?

소망의 탄식

이 책을 마무리하면서, 목표 의식을 갖고 기도하는 마음으로 하나님의 선교에 참여하기만 하면 항상 큰 영향력을 끼칠 수 있다고 약속할 수 있다면 좋을 것이다. 신실하기만 하다면 항상 열매를 맺으며, 청지기 직분과 섬김, 말씀 나눔 악장에 참여하면 반드시 세상을 변화시킬 것이라고 말할 수 있었으면 좋겠다. 하지만 전 세계 곳곳에서 그리스도인들이 하나님의 선교에 충실히 참여하고 있지만, 세상을 바꾸는 데는 한참 못 미치는 것이 사실이다.

마약 재활 분야에서 일하는 내 친구 진이 최선의 노력을 다하고 있지만, 헤로인 과다복용으로 주사 자국 가득한 팔을 늘어뜨리고 있는 모습을 엄마에 대한 마지막 기억으로 간직하고 있는 소녀가 여전히 있다. 기독교 환경 단체들이 최선의 노력을 다하고 있지만, 태아에게 해를 끼칠 수 있는 발암 물질을 옹호하는 로비스트들이 존재한다. 이 부부와 가까이 지내며 그들을 위해 간절히 기도하는 소그룹이 있지만, 지금 이 순간에도 어딘가에선 이혼 서류에 도장을 찍으면서 혼인 관계가 끝나고 있다.

강한 소명 의식을 가지고 선교 초점에 의도적으로 우리 삶을 바친다 할지라도, 대부분은 세상을 변화시키기에 역부족이다. 아무리 훌륭한 교사라도 모든 학생을 다 가르칠 수는 없고, 아무리 좋은 정책이라도 예상치 못한 부정적인 영향을 끼치며, 아무리 훌륭한 의사라도 환자의 생명을 잃는다. 타락한 세상에서 삶과 선교의 어려운 현실을 맛본 우리는 어떻게 계속 나아갈 수 있을까?

가까운 현실을 사는 법 배우기

이 점에서 스티븐 가버의 글이 도움이 된다. 그는 '가까운'(proximate) 현실, 즉 지금 여기에서 우리 삶의 현실과 화해할 필요성에 관해 이야기한다. 가버는 그리스도인들이 바로 지금 여기에서 모든 것을 바로잡을 수는 없을지라도 **조금의** 변화, **조금의** 정의, **조금의** 회복을 위해 노력해야 한다고 촉구한다. 그리스도인은 **다가오는** 하나님 나라의 표지판으로서 부름받았다.

예수님이 재림하실 때 우리 눈에서 모든 눈물을 닦아 주시고 무너진 모든 것을 회복하실 수 있다. 분명 그렇게 하실 것이다. 우리는 세상에 궁극적인 치유나 변화를 가져올 수 없으며 오직 예수님만이 하실 수 있다. 우리는 자신의 현재 능력보다는 그분이 미래에 회복하실 것을 신뢰하는 법을 배워야 한다.

그때까지 우리는 궁극적인 해결책이 아니라 만물을 새롭게 하실 분에 대한 증인으로서 쟁기를 손에 들고 정의와 공동선을 위해 열심히 일하도록 부름받았다. "우리의 소명이 무엇이든, 그것은 항상 결혼과 가족, 직장과 예배, 가정과 광장, 도시와 전 세계에서 아무것도 하지 않는 대신 무언가를 하면서 가까운 이들과 평화를 이루는 것을 의미한다. 그것은 냉정한 계산이 아니라, 희망을 품기 어려울 때도 희망에 따라 살기 위한 선택이다."[5] 우리의 모든 선교 활동은 다가오는 하나님 나라를 보여 주는 기도다.

세상은 예산이 부족한 교사, 혼란스러운 정책 입안자, 고군분투하는 기업가들로 가득하다. 그들은 세상을 바꾸려고 노력했지만 세상은 잔인하고 쉽게 바뀌지 않는다는 것을 깨달았다. 우리 대부분은 결국 자신이 영웅이 아니라는 현실을 받아들여야 한다. 가버가 자주 말했듯이 우리는 단지 희망

---

[5] Steven Garber, *Visions of Vocation: Common Grace for the Common Good* (Downers Grove, IL: InterVarsity, 2014), p. 203.

의 단서들일 뿐이다. 예수님처럼 우리도 하나님 나라를 향한 표지과 창문을 제공한다. 예수님은 시각장애인과 지체장애인 중 일부만을 고치셨다. 몇몇 죽은 자들을 살리셨지만 그들은 다시 죽었다. 예수님의 사역은, 이미 임하기 시작했지만 아직 도착하지 않은 한 나라를 가리켰다.

우리가 기대할 수 있는 최선이란 조금의 선, 조금의 정의, 조금의 화해, 표지와 창문 같은 가까이 있는 정의라는 사실을 깨닫게 될 때, 사람들은 세상에 여러 다양한 자세로 반응하는 경향이 있다. 그중 일부는 그들이 그리스도의 멍에를 짊어진 것을 보여 주는 아름다운 자세다. 하지만 복음을 기초로 하지 않았기 때문에 망가진 자세도 있다. 다음과 같은 예를 들 수 있다.

팔짱 낀 냉소주의. 냉소적인 그리스도인들은 세상의 망가진 모습을 정확하게 보고 유토피아적 비전은 바보들에게나 어울린다는 것을 알고 있다. 그들은 "이 일이 절대 안 되는 이유는…"이란 말을 되뇐다. 이들은 대개 지적이고 말을 잘하며, 해체의 달인이다. 자신의 실패에는 약간 실망하고 다른 사람들의 실패에는 극도로 실망하는 경우가 많다. 이들은 행동하지 않으며, 그들의 말과 생각 너머에 있는 망가진 세상에는 거의 신경 쓰지 않는다. 무너뜨릴 힘은 넘치지만 세우는 힘은 없다. 스스로 현실주의자라고 생각하기 좋아하지만, 그리스도의 부활이라는 **현실**과 세상에 영향을 미치는 그분의 능력이라는 **현실**은 사실상 부인한다.

어깨를 으쓱하는 무관심. 다른 그리스도인들은 망가진 세상에 대해 무슨 상관이냐는 듯 반응한다. 그들은 "음…네가 모든 일을 다 할 수는 없어"라는 말을 달고 산다. 이런 사람들은 팝콘을 들고 세계 뉴스를 본다. 이슈에는 관심이 있어도 사람에는 크게 관심이 없기 때문이다. 모든 문제에 관여할 수 없음을 이해하고 자신의 유한함을 인정한다. 그러나 어깨를 으쓱해 보이는 무관심은 두 가지 측면에서 비인간적이다. 첫째, 무관심을 키우려면 사람을 사람으로 보지 않고 이슈로 바라봐야 한다. 먹을 것이 없는 사람은 빈곤 이슈가 되고, 질병에 걸린 사람은 건강관리 이슈가 된다. 그러나 하나님의 형상을 지닌 사람들은 단순한 흥밋거리 그 이상이다! 둘째, 고통에 무관심한 것은 망가진 세상으로 인해 **마땅히** 느껴야 할 슬픔을 억누르며 스스로를 비인간화하는 것이다. 심드렁하게 어깨를 으쓱하는 것은 그분의 형상대로 인간을 창조하신 하나님을 모욕하는 것이다.

등 돌리는 단순화. 어떤 사람들은 단순히 고통을 외면하거나 상황이 그렇게 나쁘지는 않다고 스스로 설득하는 방식으로 세상의 상처에 대응한다. 눈을 감고 귀를 막고 상처의 증거를 피하기만 한다. 때때로 그들은 바쁜 일정이나 오락으로 주의를 분산시켜 세상을 시끄럽게 만들고 창조 세계의 탄식 소리를 지워 버린다. 때때로 중요한 문제에 관여하지만 항상 안전한 거리를 두고, 단순화된 이념과 그들의 편견을 정당화하는 미디어로 자신을 보호한다. 슬퍼하거나 깊이 고민하거나 긴장을 만들기를 꺼린다. "그 사람들이 이렇게만 한다면…"이 이들의 좌우명이다. 자유 시장, 전도, 정부 규제, 교육, 구조적 불의, 개인 책임 등 단순주의자들은 (그것이 무엇이든) **한 가지**를 모든 것에 대한 해답으로 규정함으로써 세상의 복잡성을 피한다.

바쁜 손길의 행동주의. 세상을 바꾸겠다는 자신감 넘치는 비전이 다소 순진하고 과장된 것일지라도, 실제로 무언가를 하고 있는 이들에게는 칭찬을 아끼지 말아야 한다. 이들은 혁신, 해시태그, 캠페인, 모금, 정책, 전략, 기술, 인식을 가장 창의적이고 영감을 불러일으키는 방식으로 수행하기만 한다면 얼마든지 상황을 개선할 수 있다고 믿는다. 이들은 좋은 일에 참여하지만 피상적이다. 자신의 일이 실제로 다른 사람들에게 어떤 도움을 주는지보다는 자신의 열정 수준과 활동 양에 따라 일의 가치를 평가한다. 이들은 속도를 늦추고, 울고, 애도하고, 복잡성을 이해하는 법, 심지어 스스로 세상의 고통에 어떻게 기여했는지 고백하는 법을 배우지 못했다. 정의와 공동선을 추구하는 것은 어느 정도 도움이 될 수 있지만, 충분한 성찰과 관계 형성 없이 서둘러 행동에 옮기는 경우가 많다. 이들의 순진한 낙관주의는 세상의 비극적인 죄와 고통을 가볍게 여기기 때문에, 특히 가장 취약한 사람들에게 그들의 일은 종종 잘난 체하는 행동으로 인식된다.

소망의 탄식

그러나 세상의 고통에 대한 정당한 반응도 있다. 복음에 의해 형성되고, 세상의 깨짐과 아름다움을 모두 고려하며, 우리의 유한성과 그리스도의 무한한 능력 사이의 균형을 맞추는 반응이다. 이는 소망의 탄식인데, 지금 이 세상에서 샬롬을 추구하고 그리스도의 재림을 고대하라는 하나님의 부르심을 충실히 따르면서도 상처 입은 세상의 깊은 고통에 대해 피조물과 함께 신음하는 것이다. 로마서 8장 18-30절은 피조물과 인류가 함께 신음하며 얽매인 세상이 해방될 미래의 영광의 날을 기다리는 그림을 그려 준다.

성경적인 애통과 탄식의 기도는 죄로 황폐해진 세상의 현실을 인정하고 애도하며 죄, 죽음, 비극, 개인적 문제, 국가적 재난 등에 대한 슬픔과 좌절과 분노를 표현한다. 강력하고 감성적인 이미지를 사용하여 깨짐의 본질을 묘사하고 하나님이 개입하시기를 호소한다. 탄식시는 하나님의 성품에 다시 초점을 맞추면서 끝난다.

예수님의 생애를 포함하여 성경 곳곳에서 탄식하는 기도를 볼 수 있지만, 주로 시편과 선지서에 나온다. 시편의 3분의 1 이상이 탄식시인데, 이는 하나님 백성에게 세상의 우상숭배, 불의, 고통을 정직하게 평가하도록 가르친다. 또한 우리의 가장 깊고 솔직한 감정을 가식 없이 하나님께 가져갈 수 있다고 가르친다. 하나님은 이미 우리 마음을 알고 계시므로 우리는 그분 앞에서 울면서, 심지어 고함을 지르면서 가장 어두운 부분을 그분께 가져갈 수 있다. 우리는 경외함 없이 경솔하게 하나님께 나아가지 않으며, 희망 없이 나아가지도 않는다. 탄식시 한 편(시 88편)을 제외하고는 모두 하나님에 대한 희망이나 신뢰를 표현하고 있지만, 이것은 고난과 고통을 미사여구로 덮어 버리는 순진한 희망이 아니다.

진정으로 소망을 품고 하나님이 주실 미래의 회복을 신뢰하려면 먼저 정직하게 기도하는 마음으로 세상의 잔인함을 마주해야 한다. 애통은 눈을 크게 뜨고 세상에 만연한 죄의 영향력과 하나님의 미래 회복을 모두 똑똑히 보는 것이다. 명확하고 정직하게 세상을 보는 사람은 사랑하는 친구의 죽음이나 동료의 도덕적 실패, 수천 시간 동안 일해도 아무런 가시적 성과가 없는 것에 대해 하나님께 부르짖을 수 있다. 이 험난한 세상에서 인내하며 하나님의 선교에 계속 참여하려면, 거기에 종종 수반되는 고통, 실패, 비극을 다룰 수단이 필요하다. 이 세상의 공포에 대해 정직하게 하나님께 나아가지 않는 이들은 무관심, 순진함, 정신없는 분주함, 단순한 해결책 같은 유혹을 받을 것이다. 그러나 우리가 눈물 젖은 뺨, 갈라진 목소리, 정직한 외침으로 하나님께 나아갈 수 있다면, 인내와 냉철한 희망으로 하나님의 선교를 추구할 수 있을 것이다.

소망의 탄식을 내뱉는 사람들은 두어 가지 영역에서 가까이 있는 정의를 추구한다. 그들은 어디에나 있는 세상의 깨짐에 깊은 관심을 보이지만, 모든 일에 관여할 수 없다는 것도 안다. 그들의 관심은 단순히 걱정이나 불안으로 끝나지 않고 기도로 이어진다. 뉴스를 보거나 또 다른 암 진단 소식을 듣거나 사회적 불의에 관한 기사를 읽으면서 눈물을 흘리며 애통해한다. 자신이 할 수 있는 것이 그것뿐일지라도 다른 사람들에게 공감하고 하나님께 기도로 마음을 드린다. **모든 것**을 바꿀 수 없다는 것을 알면서도 여전히 **무슨 일**이든 하려고 노력한다. 만물을 새롭게 하실 분을 갈망하며 기다리면서 지금 일한다.

스티븐 가버는 말한다. "우리 주변 망가진 세상의 복잡성에 눈감지 않고, 원래 의도된 모습과 다른 세상의 고통을 계속해서 느끼며, 그 어려움을 알면서도 무감각해지지 않고 그 고통에 참여하기로 선택하는 것이 얼마나 어려운지 우리는 마음속 깊은 곳에서부터 알고 있다."[6] 망가진 세상의 냉혹한 현실을 마주할 때, 우리의 자세에 주의를 기울이고 십자가와 부활이 그 자세를 형성하도록 하자. 그리스도의 부활과 만물의 새롭게 하심 사이에서 어떻게 살아야 할지 고민하는 고린도 교회에 권면한 바울의 말에 귀 기울여 보라. "견실하며 흔들리지 말고 항상 주의 일에 더욱 힘쓰는 자들이 되라. 이는 너희 수고가 주 안에서 헛되지 않은 줄 앎이라"(고전 15:58).

결론: 지하철에 울려 퍼진 교향곡

2007년 1월의 어느 회색빛 금요일 아침, 그래미(Grammy)상을 수상한 바이올린 연주자 조슈아 벨(Joshua Bell)의 클래식 연주 여섯 곡을 듣기 위해 천 명 넘는 사람들이 공연에 참석했다. 하지만 그들 대부분은 공연이 끝날 때까지 그 공연에 대해 알지 못했다. 휴대폰 문자 메시지를 보거나 급히 베이글 가게를 찾느라 정신이 팔려서 지하철역에서 연주하고 있던 이 천재 음악가를 보지도 듣지도 못한 채 그냥 지나쳤다.

진 웨인가튼(Gene Weingarten)이 「워싱턴 포스트」에 기고한 글은 워싱턴 DC 지하철역 바로 앞에 있는 랑팡 플라자(L'Enfant Plaza)에서 조슈아 벨이 43분 동안 클래식 명곡을 연주한 사회적 실험을 묘사한다.[7] 세계 최고의 음

---

6 Garber, *Visions of Vocation*, p. 222.
7 Gene Weingarten, "Pearls before Breakfast: Can One of the Nation's Great Musicians Cut through the Fog of a D.C. Rush Hour? Let's Find Out," *Washington Post*, 2007년 4월 8일, https://www.washingtonpost.com/lifestyle/magazine/pearls-before-breakfast-can-one-of-the-nations-great-musicians-cut-through-the-fog-of-a-dc-rush-hour-lets-find-out/2014/09/23/8a6d46da-4331-11e4-b47c-f5889e061e5f_story.html?utm_term=.b66a8377708d/.

악가가 "청바지와 긴팔 티셔츠, 워싱턴 내셔널스(Washington Nationals) 야구 모자"를 착용하여 정체를 감췄다. 세상에서 가장 아름다운 음악이 무료로 연주되고 있었지만, 이 음악을 알아채거나 거기에 관심을 기울이는 사람은 거의 없었다. 대부분은 음악을 완전히 무시하거나 어깨를 으쓱하고는 그냥 지나쳤다. 행인 1,097명 중에 멈춰서 음악을 들은 사람은 단 **7명**뿐이었다!

선교라는 교향곡을 연주할 때 우리도 종종 비슷한 경험을 한다. 우리가 청지기 직분, 섬김, 말씀 나눔에 참여할 때, 세상은 보통 무관심한 듯 어깨를 으쓱하며 지나친다. 청지기 직분의 노래를 통해 하나님의 영광을 바라보기보다는 다른 것에 시선을 고정하고 지나쳐 버린다. 섬김의 노래를 통해 그리스도의 사랑을 바라보고자 잠시 멈추기보다는 서둘러 자신의 일상 업무에 몰두한다. 말씀 나눔의 노래를 통해 복음에 귀를 기울이기보다는 우리를 귀찮은 존재, 이기적으로 구걸하는 사람으로 취급한다. 때로는 우리 노력이 별다른 영향을 미치지 못해 스스로 낙담하기 쉽다.

그러나 우리는 우리가 모으는 군중의 규모 때문에 하나님의 선교에 참여하는 것이 아니다. 선교의 음악에 반응하는 이가 7명이든 7,000명이든 간에 우리는 항상 함께하시는 한 분이 계신다는 것을 안다. 그분은 우리의 구원자이자 왕이신 예수님이시다. 그분은 교회가 모든 민족을 제자로 삼을 때에 항상 함께하겠다고 약속하셨다(마 28:18-20). 우리는 우리의 주된 청중이신 그분을 넘치도록 사랑하기 때문에, 그리고 **그분이** 우리 이웃을 넘치도록 사랑하시기 때문에 하나님의 선교에 참여한다. 선교의 긴 여정 속에서, 우리는 보통 무관심하고 때론 적대적인 세상 앞에서 예수님의 노래를 연주해야 하는 도전에 놓인다. 그러므로 우리에게는 선교라는 교향곡의 작곡가이자 지휘자이신 하나님과의 지속적인 교제로만 유지될 수 있는 인내가 필요하다.

추천 자료

Arias, Mortimer. *Announcing the Reign of God: Evangelization and the Subversive Memory of Jesus*. Philadelphia: Fortress, 1984.

Barrs, Jerram. *The Heart of Evangelism*. Wheaton: Crossway, 2005.

Bartholomew, Craig G., and Michael W. Goheen. *The Drama of Scripture: Finding Our Place in the Biblical Story*. 2nd ed. Grand Rapids: Baker Academic, 2011. 『성경은 드라마다』(IVP).

Bauckham, Richard. *The Bible and Mission: Christian Witness in a Postmodern World*. Grand Rapids: Baker, 2003. 『성경과 선교』(새물결플러스).

Berry, Wendell. *Our Only World*. Berkley: Counterpoint, 2015. 『오직 하나뿐』(이후).

Borthwick, Paul. *Great Commission, Great Compassion: Following Jesus and Loving the World*. Downers Grove, IL: InterVarsity, 2015.

Bosch, David J. *Transforming Mission: Paradigm Shifts in Theology of Mission*. Maryknoll, NY: Orbis, 2006. 『변화하는 선교』(CLC).

Brueggemann, Walter. *Sabbath as Resistance: Saying No to the Culture of Now*. Louisville: Westminster, 2014. 『안식일은 저항이다』(복있는사람).

Card, Michael. *A Sacred Sorrow: Reaching Out to God in the Lost Language of Lament*. Colorado Springs: NavPress, 2005. 『잃어버린 노래, 애가』(조이선교회).

Conn, Harvie. *Evangelism: Doing Justice and Preaching Grace*. Philipsburg, NJ: P&R, 1992. 『복음전도』(아가페출판사).

Crouch, Andy. *Culture Making: Recovering Our Creative Calling*. Downers Grove, IL: InterVarsity, 2013. 『컬처 메이킹』(IVP).

Dawn, Marva J. *Keeping the Sabbath Wholly: Ceasing, Resting, Embracing, Feasting*. Grand Rapids:

Eerdmans, 1999. 『안식』(IVP).

Dickson, John. *The Best Kept Secret of Christian Mission: Promoting the Gospel with More Than Our Lips*. Grand Rapids: Zondervan, 2010.

Escobar, Samuel. *The New Global Mission: The Gospel from Everywhere to Everyone*. Downers Grove, IL: InterVarsity, 2003.

Flemming, Dean E. *Contextualization in the New Testament: Patterns for Theology and Mission*. Downers Grove, IL: InterVarsity, 2005. 『신약성경의 상황화』(한국해외선교회출판부).

_____. *Recovering the Full Mission of God: A Biblical Perspective on Being, Doing, and Telling*. Downers Grove, IL: InterVarsity, 2013. 『하나님의 온전한 선교』(대서).

Foster, Richard. *The Celebration of Discipline: The Path to Spiritual Growth*. San Francisco: HarperOne, 2018. 『리처드 포스터 영적훈련과 성장』(생명의말씀사).

Garber, Steven. *Visions of Vocation: Common Grace for the Common Good*. Downers Grove, IL: InterVarsity, 2014.

Gelinas, Robert. *Living Sacrifice: The Cross as a Way of Life*. Denver: Wolgemuth & Associates, 2015.

Goheen, Michael W. *The Church and Its Vocation: Lesslie Newbigin's Missionary Ecclesiology*. Grand Rapids: Baker Academic, 2018. 『교회의 소명』(IVP).

_____. *Introducing Christian Mission Today: Scripture, History, and Issues*. Downers Grove, IL: InterVarsity, 2014. 『21세기 선교학 개론』(CLC).

_____. *A Light to the Nations: The Missional Church and the Biblical Story*. Grand Rapids: Baker Academic, 2011. 『열방에 빛을』(복있는사람).

_____. "The Missional Calling of Believers in the World: The Contribution of Lesslie Newbigin." In *A Scandalous Prophet: The Way of Mission after Newbigin*, edited by Thomas F. Foust, George R. Hunsberger, J. Andrew Kirk, and Werner Ustorf, pp. 37-54. Grand Rapids: Eerdmans, 2001.

Keller, Timothy. *Every Good Endeavor: Connecting Your Work to God's Work*. New York: Penguin Group, 2012. 『일과 영성』(두란노).

King, Martin Luther, and Coretta Scott King. *Strength to Love*. Minneapolis: Fortress, 2010.

Love, Rick. *Glocal: Following Jesus in the 21st Century*. Eugene, OR: Cascade, 2017.

Miller, C. John. *Outgrowing the Ingrown Church*. Grand Rapids: Zondervan, 1986.

Nelson, Tom. *Work Matters: Connecting Sunday Worship with Monday Work*. Wheaton: Crossway, 2011.

Newbigin, Lesslie. *Foolishness to the Greeks: The Gospel and Western Culture*. Grand Rapids: Eerdmans, 1986. 『헬라인에게는 미련한 것이요』(IVP).

_____. *The Gospel in a Pluralist Society*. Grand Rapids: Eerdmans, 1989. 『다원주의 사회에서의 복음』(IVP).

Padilla, C. Rene. *Mission between the Times: Essays on the Kingdom*. 2nd rev. ed. Carlisle, UK: Langham, 2010. 『복음에 대한 새로운 이해』(대장간).

Perman, Matt. *What's Best Next? How the Gospel Transforms the Way Things Get Done*. Grand Rapids: Zondervan, 2014.

Peterson, Eugene. *Working the Angles: The Shape of Pastoral Integrity*. Grand Rapids: Eerdmans, 1987. 『균형있는 목회자』(좋은씨앗).

Plantinga, Cornelius, Jr. *Not the Way It's Supposed to Be: A Breviary on Sin*. Grand Rapids: Eerdmans, 1995. 『우리의 죄, 하나님의 샬롬』(복있는사람).

Rah, Soong-Chan. *Many Colors: Cultural Intelligence for a Changing Church*. Chicago: Moody, 2010.

_____. *Prophetic Lament: A Call for Justice in Troubled Times*. Downers Grove, IL: InterVarsity, 2015.

Reformed Ecumenical Synod. *The Church and Its Social Calling*. Grand Rapids: Reformed Ecumenical Synod, 1980.

Roberts, Bob. *Glocalization: How Followers of Jesus Engage the New Flat World*. Grand Rapids: Zondervan, 2009. 『T-월드』(GLPI).

Sherman, Amy. *Kingdom Calling: Vocational Stewardship for the Common Good*. Downers Grove, IL: InterVarsity, 2011.

Sicks, Chris. *Tangible: Making God Known through Deeds of Mercy and Words of Truth*. Colorado Springs: NavPress, 2013.

Smith, James K. A. *Letters to a Young Calvinist*. Grand Rapids: Brazos, 2010. 『칼빈주의와 사랑에 빠진 젊은이에게 보내는 편지』(새물결플러스).

Srygley, David. *From Cloisters to Cubicles: Spiritual Disciplines for the Not-So-Monastic Life*. Bloomington, IN: WestBow, 2015.

Stevens, R. Paul. *The Other Six Days: Vocation, Work, and Ministry in Biblical Perspective*. Grand Rapids: Eerdmans, 1999.

Stone, Bryan. *Evangelism after Christendom: The Theology and Practice of Christian Witness*. Grand Rapids: Brazos, 2007.

Stott, John R. W., and Christopher J. H. Wright. *Christian Mission in the Modern World*. Downers Grove, IL: InterVarsity, 2016. 『선교란 무엇인가』(IVP).

Swoboda, A. J. *Subversive Sabbath: The Surprising Power of Rest in a Non-Stop World*. Grand Rapids: Brazos, 2018.

Warren, Tish Harrison. *The Liturgy of the Ordinary: Sacred Practices in Everyday Life*. Downers Grove, IL: InterVarsity, 2016. 『오늘이라는 예배』(IVP).

Webber, Robert E. *Ancient-Future Evangelism: Making Your Church a Faith-Forming Community*. Grand Rapids: Baker, 2003. 『기독교 사역론』(CLC).

Willard, Dallas. *Spirit of the Disciplines: Understanding How God Changes Lives*. New York: HarperCollins, 1999. 『영성훈련』(은성).

Wolters, Albert M. *Creation Regained: Biblical Basics for a Reformational Worldview*. 2nd ed. Grand Rapids: Eerdmans, 2005. 『창조 타락 구속』(IVP).

Wright, Christopher J. H. *Mission of God's People: A Biblical Theology*. Grand Rapids: Zondervan, 2010. 『하나님 백성의 선교』(IVP).

Wright, Tom. *Bringing the Church to the World: Renewing the Church to Confront the Paganism Entrenched in Western Culture*. Minneapolis: Bethany, 1993.

옮긴이 김일호는 성균관대 교육학과(B.A.)와 총신대학교 신학대학원(M.Div.) 및 국제신학대학원대학교(Th.M.)를 졸업하고 아신대학교 일반대학원에서 신약학 박사과정을 수료했다(A.B.D). 사단법인 미셔널신학연구소에서 디렉터로 일하면서 선교적 성경 해석학을 한국교회에 소개하는 일에 관심을 갖고 있다.

미셔널신학번역총서 03

하나님의 선교를 연주하다

초판 발행_ 2024년 7월 15일

지은이_ 마이클 고힌, 짐 멀린스
옮긴이_ 김일호
펴낸이_ 정모세

펴낸곳_ 한국기독학생회출판부
등록번호_ 제2001-000198호(1978.6.1)
주소_ 04031 서울시 마포구 동교로 156-10
대표 전화_ (02) 337-2257 팩스_ (02) 337-2258
영업 전화_ (02) 338-2282 팩스_ 080-915-1515
홈페이지_ http://www.ivp.co.kr 이메일_ ivp@ivp.co.kr
ISBN 978-89-328-2274-7

ⓒ 한국기독학생회출판부 2024

책값은 뒤표지에 있습니다.
무단 전재와 복제를 금합니다.